Fulfillment Service

풀필먼트 서비스의 이해

최수호 · 최정일 공저

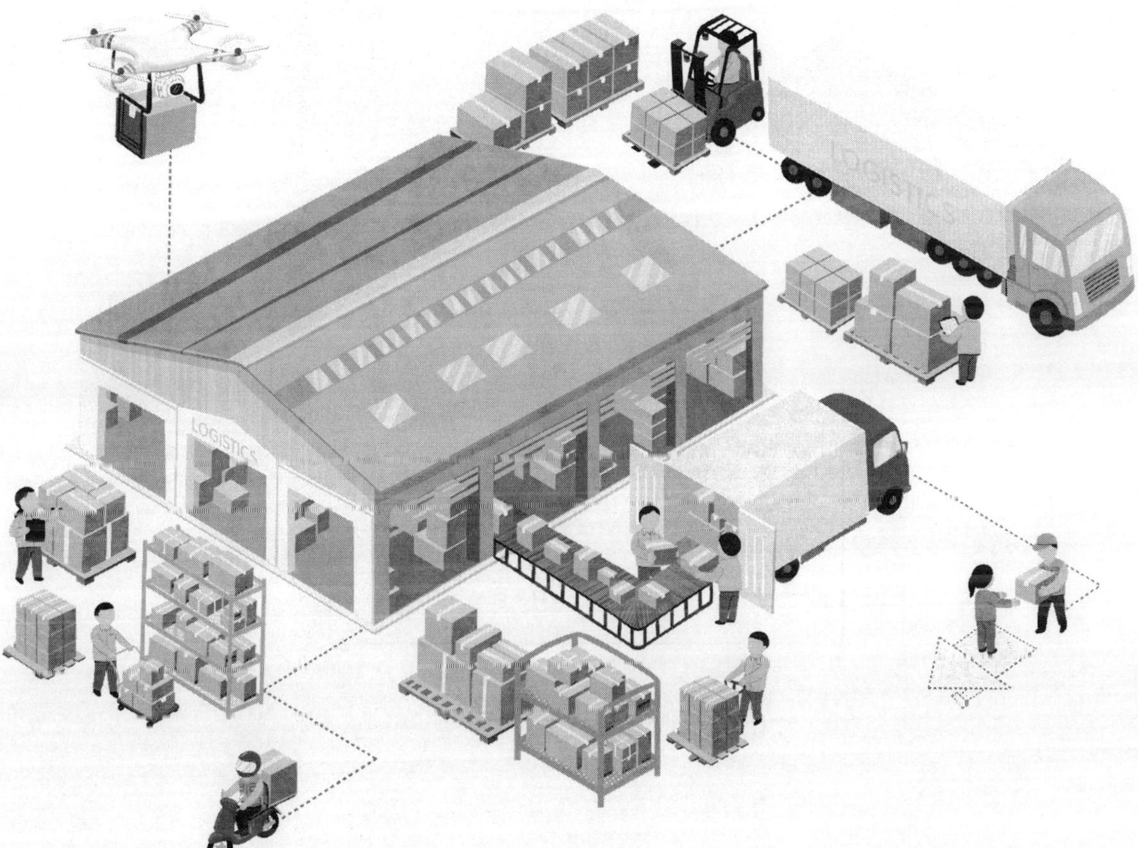

도서출판 상학당

欲爲大者 當爲人役

크고자 하거든 남을 섬기라

머리말

기술이 발달하면서 물류와 유통분야에서도 수많은 혁신이 일어나고 있습니다. 20년전만 해도 필요한 물건은 직접 나가서 구매를 했었지만, 지금은 집에서 편하게 물건을 구매하고 받을 수 있습니다.

특히 배송속도 측면에서 많은 혁신이 일어나고 있으며, 당일배송과 새벽배송에서 이제는 1시간 배달로 바뀌고 있습니다. "지금 주문하면 1시간 뒤에 문 앞에서 만나요." "녹기 쉬운 아이스크림부터 깨지기 쉬운 화장품까지 안전하게 도착해요."

"내일 아침, 오늘 저녁에 모두 내가 원하는 시간대로 지정할 수 있어요." "직접 마트에 가지 않아도 신선식품부터 생필품까지 문 앞에서 편하게 받을 수 있어요. 아이들 학용품이나 간식거리도, 인기상품이나 추천 식재료도 바로 주문할 수 있어요."

출근 전에 샐러드로 아침을, 퇴근 후에 신선한 소고기를 넣은 볶음밥으로 저녁을 즐길 수 있습니다. 매일 새로운 과일로 계절의 변화를 느낄 수 있습니다. 다양한 영양소를 골고루 섭취할 수 있는 식단으로 매일 건강관리를 받고 있습니다.

이처럼 배송서비스는 빠르게 변화하고 있으며 추후 개정판이 나올 때에는 지금 이 책의 세목이 바뀌게 될 수도 있습니다. 그러나 빠르게 변화하고 있는 물류서비스이지만 아직까지 다른 나라와 비교했을 때 다소 부족한 면이 있습니다.

국토교통부 업무의 우선순위는 부동산, 건설, 교통, 항공, 항만, 물류라고 어느 신문에서 읽은 바 있습니다. 물류부서는 타 부서에 비해 예산이 적고 규모도 적어서 국토부 공무원들은 기회가 되면 건설이나 교통분야로 옮겨가기를 기대한다고 합니다.

대한민국은 반도체와 휴대전화, 조선, 철강, 자동차, 정유화학 등에서 세계 상위권을 다투고 있습니다. 반면 물류는 세계 수준에 도달하지 못하고, 우리의 물류기업도 매출액 기준으로 세계 30위권에 진입하지 못하고 있습니다.

세계은행이 최근 발표한 물류성과가 좋은 나라로 독일, 스웨덴, 벨기에, 호주, 일본, 싱가폴, 홍콩 등이 높은 순위로 선정되었습니다. 반면 우리나라는 중국과 비슷한 수준인 20위권 밖에 머물고 있어 우리의 물류 위상은 많이 낙후되어 있습니다.

우리의 물류성과를 향상시키고 국가물류의 경쟁력을 높이기 위한 노력이 필요해 보입니다. 국가 경제발전을 위해서는 국가 전체의 물동량이 증가되어야 합니다. 물류강국을 위해 물류를 담당하는 중앙조직을 강화하고 혁신적인 정책개발이 뒤따라야 합니다.

이 책을 쓰는 과정에서 여러 선배님들이 작성한 다수의 저서를 열심히 공부할 수 있어 뜻깊은 시간을 보냈습니다. 인터넷을 검색하면서 유통·물류관련 기업체와 물류전문가들이 올린 다수의 글들을 모두 찾아보고 싶은 마음으로 시간가는 줄 몰랐습니다.

책을 쓸 수 있는 계기를 만들어주고 많은 부분에서 함께 참여하고 작성한 성결대 최정일 교수님께 깊이 감사를 드립니다. 또한 이 책이 나오기까지 많은 도움을 주신 교수님들과 여러 지인들께 감사를 드리며, 이 책을 출판해 주신 도서출판 상학당의 남승우 사장님께도 깊은 감사를 드립니다.

끝으로 이 책을 통해 풀필먼트 서비스를 공부하는 여러 학생들에게 행운이 가득하기를 바라는 마음입니다. 학생들이 이 책으로 풀필먼트를 이해하는 데 조금이나마 도움이 된다면 저의 가장 큰 보람이 될 것입니다.

더운 여름 오후
시원한 가을 바람을 기다리면서
저자 올림

차 례

제4장 풀필먼트 이해

제5장 풀필먼트의 디지털 관리시스템

제6장 풀필먼트의 수요예측

제7장 풀필먼트 재고관리

제8장 디지털 물류정보시스템

제9장 마이크로 풀필먼트 센터

제10장 풀필먼트의 스마트 기술

부록

제1장

물류의 디지털화

4차 산업혁명 시대에 디지털 기술과 인공지능 기반의 물류 혁신은 물류산업의 성장과 경쟁력 확보에 필수적인 요소가 되고 있다. 물류의 디지털화는 첨단 물류센터 공급 확대와 물류센터의 자동화 및 최적화, 디지털 트랜스포메이션 가속화 등으로 진행되어 나갈 것이다.

01 물류에 대한 이해

물류는 원자재 생산지에서부터 최종 소비자까지 연결하는 중요한 요소로 제품이 원활하게 흐를 수 있도록 지원하는 역할을 한다. 또한 물류는 제품에 대한 수요와 공급을 맞추기 위한 역할을 수행하기도 한다.

1. 물류의 중요성

과거 산업혁명 이후 기업이 제품에 대한 수요가 넘치던 시기에는 제품을 얼마나 생산하고 보관할 것인지에 대한 고민이 거의 없었다. 하지만 시간이 흐르고 제품의 수요보다 공급이 증가하면서 제품을 얼마나 생산하고 창고에 보관할지 고민하기 시작하였다. 이로 인해 기업은 수요와 공급의 불균형으로 인한 문제가 발생하게 되었다.

(1) 공급이 수요를 초과하는 경우

기업이 수요를 과잉 추정하여 제품을 많이 만들어 판매하는 경우 제품을 구매하려는 소비자보다 제품의 수가 더 많게 되어 품절이 될 가능성은 낮아지게 된다. 이는 제품 판매에 대한 서비스율이 높아지면서 소비자를 만족시키게 된다.

그러나 팔리지 않는 제품으로 인해 자금이 과잉 투입되어 필요한 곳에 투자를 못하게 되는 단점이 있다. 또한 생산된 제품을 보관하는 창고 공간이 한정되어 있어 보관시설을 증대하는 등 보관비용이 발생하게 된다. 재고비용 발생으로 인원 및 장비의 소요가 증가되고, 재고관리가 이루어지지 않을 수 있다.

(2) 수요가 공급을 초과하는 경우

제품을 구매하려고 하는 소비자가 너무 많아 기업에서 생산한 제품이 부족하게 되는 경우 상대적으로 재고비용은 감소하게 된다. 창고에 입고된 제품들이 빠르게 판매되면서 재고회전율이 증가하고, 보관시설의 소요가 감소하게 된다. 이 경우 기업은 제품의 보관비용을 줄이고 제품을 적게 생산함으로써 남는 자금을 다른 곳에 활용할 수 있다는 이점이 있다.

그러나 수요보다 공급이 적기 때문에 소비자는 구매 시기에 제품을 구매하지 못하는 품절 현상으로 인해 만족도가 낮아지게 된다. 이런 상황이 장기적으로 지속되면 기업은 판매 손실이 발생하고, 서비스율이 낮아지면서 소비자 불만족으로 이어지게 된다.

(3) 풀필먼트 센터의 등장

이러한 문제는 실제 제품 수요자인 소비자와 관련이 있으며, 소비자에게 제품을 배송하기 전 단계인 물류센터에 제품을 얼마나 보관하고 얼마나 빠르게 배송할지에 대한 사항과 관련되어 있다. 기존의 물류센터에서 더 나아가 최근에는 풀필먼트(Fulfillment) 센터가 등장하면서 수요와 공급의 균형을 맞추기 위한 노력이 나타나고 있다.

오늘날 소비자는 과거와 다르게 더 빠르고 정확하게 제품을 배송받기 원하고 있다. 이를 위해 기업은 소비자가 주문할 만한 제품들을 미리 예측하고, 소비자 가까운 물류센터에 보관해 두었다가 주문과 동시에 배송하면 된다.

하지만 물류센터의 공간은 한정되어 있기 때문에 모든 제품을 하나의 물류센터에 보관하기는 무척 어려울 것이다. 따라서 고객이 주문할 만한 제품들을 미리 파악하고 필요한 제품들만 물류센터에 보관하였다가 빠르게 배송하는 것이 핵심이라 할 수 있다.

2. 물류의 개념

초기 물류의 개념은 물적 유통(Physical Distribution)으로 단순히 물건을 이동시키고 보관한다는 의미로 사용하였다. 물류는 조달이나 배송 등을 의미하는 것으로 전략적인 개념이 없는 단순한 물적 이동의 기능만 의미로 사용하였다.

(1) 물류의 인식 변화

물류는 기업이 제품을 생산하면 그것을 필요한 장소에 자동차나 기차, 배, 항공기 등을 이용하여 이동시키고 단순히 창고에 보관하는 것으로 인식하였다. 시간이 지나면서 과거와 다르게 제품에 대한 소비자들의 인식이 변하면서 물류의 개념과 중요성도 변하게 되었다.

과거 기업에서는 생산비용을 줄이기 위해 제품 단가를 줄이는 것이 목적이었으나 더 이상 가격을 줄이지 못하게 되자 물류비용을 감소시키려 하였다. 또한 소비자가 다양한 제품에 대한 욕구를 충족시키기 위해 빠르고 안전한 배송을 선호하게 되자 기업도 물류에 대한 관심을 갖게 되었다.

이후 물류에 대한 개념은 물적 유통에서 로지스틱스(Logistics)로 변하게 되었다. 로지스틱스는 원래 기업에서 사용하던 용어가 아니라 군대에서 물자의 조달, 보관, 보급을 담당하는 군수업무의 의미로 사용하였다.

우리는 군수나 병참이라는 용어로 사용하였다. 군사업무에서 로지스틱스는 전쟁에서 군인들이 싸우는데 필요한 군수물자를 지속적으로 공급하는 활동이며, 전선에 있는 군인들이 싸우는 능력을 유지하기 위해 후방에서 지원하는 활동이었다.

이는 필요한 군수품을 적시적소에 조달하고, 보관 및 보급하는 것이 군대에서 로지스틱스의 주요 업무였다. 군대에서는 수많은 물자가 필요하기 때문에 물자 보급의 차이가 전쟁의 승패를 가를 수 있다고 할 정도로 매우 중요한 문제라 할 수 있다.

(2) 물류의 구분

물류에 대한 개념을 기업에서 활용한 것이 앞에서 설명한 로지스틱스이다. 로지스틱스는 필요한 양의 물품을 가장 적은 경비로 빠르고 정확하게 원하는 장소로 보내면서 가치를 창출하는 경제활동을 의미한다.

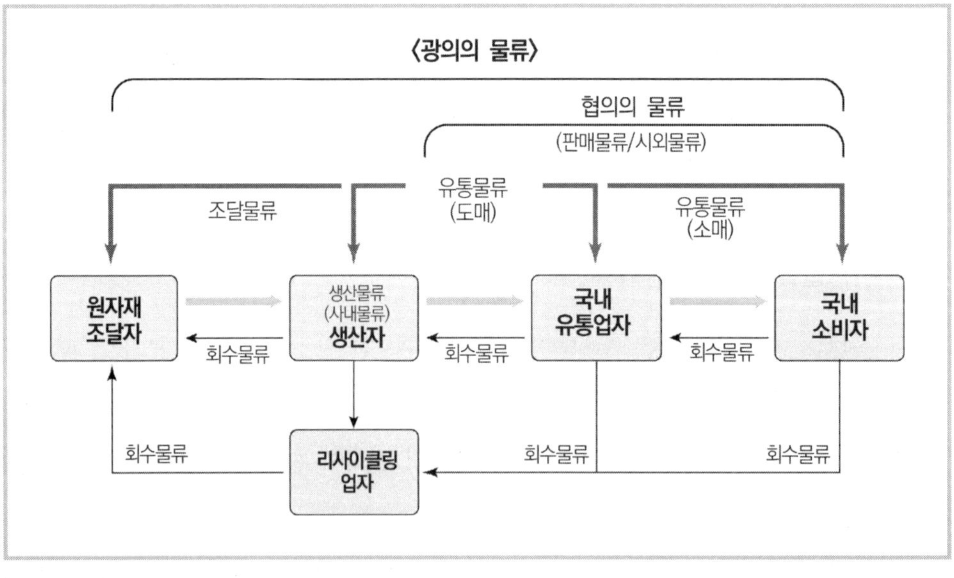

[그림 1-1] 물류의 분류 (출처 : 국토교통부)

물류는 자재 및 제품의 포장, 하역, 수송, 분류, 수리, 보관, 정보통신 등 여러 활동을 포함하고 있다. 기업이 다른 기업과의 차별화를 위해 '새로운 이윤의 근원', 그리고 '경쟁 우의의 원천'이라는 전략적 개념으로 변하고 있다. 현재는 물적 유통과 로지스틱스를 동일한 개념으로 인식하면서 사용하고 있다.

[그림 1-1]은 협의의 물류와 광의의 물류로 구분하여 실명하고 있다. 협의의 물류는 생산자로부터 유통업자, 소비자로 이어지는 과정으로 생산자에서 소비자까지 제품이 이동하는 경로이다. 광의의 물류는 원자재 조달자로부터 생산자, 유통업자, 소비자로 이어지는 과정을 포함하고 포장, 수송, 보관, 하역 등 주문처리, 시장예측, 고객서비스를 모두 포함하고 있다.

02 물류의 구성요소

물류는 운송활동, 보관활동, 포장활동, 하역활동, 유통가공활동, 물류정보활동으로 구성되어 있으며 그 내용은 다음과 같다.

1. 운송활동

운송활동은 재화의 공간적인 이동을 의미하는 것으로 물류활동 중에서 주요 역할을 맡고 있다. 생산지와 소비지 사이에서 어떤 루트나 채널로 제품을 보낼 것인지를 결정해야 한다. 운송수단은 크게 육상운송, 해상운송, 항공운송 세 가지로 구분하고 있다.

(1) 육상운송

육상운송에는 트럭 등을 이용하는 화물자동차와 기차를 이용한 철도운송이 있다. 화물자동차의 경우 문전수송이 가능한 운송수단으로 출발지나 목적지의 문 앞까지 배송이 가능하다는 점에서 운송의 완결성이 있는 특징이 있다.

풀필먼트 센터는 일반적으로 라스트마일(last mile) 배송을 위한 것으로 최종소비자에게 배송하기 위해서는 소비자의 문 앞까지 배송해야 한다는 점에서 육상운송과 가장 밀접한 관련이 있다. 철도운송은 대량화물을 장거리로 운송할 때 저렴하게 이용할 수 있는 운송수단이다.

(2) 해상운송

해상운송은 배를 이용하여 바다를 통해 장거리 운송을 하는 방식이다. 다른 운송수단에 비해 화물의 적재용량이 커서 중량품이나 거대화물을 운송하는데 적합하고 비용이 저렴하다는 장점이 있다. 그러나 항구가 없는 곳에는 상하역을 할 수 없어 서비스 제공범위가 제한되어 있고, 속도가 다른 운송수단에 비해 무척 느리다는 단점이 있다.

(3) 항공운송

항공운송은 항공기를 이용하여 화물을 운송하는 방식으로 가장 비싸지만 가장 빠르고 정시에 화물을 받을 수 있는 운송수단이다. 항공기의 크기와 무게, 성능에 따른 차이로 인해 운송능력에 대한 제한이 있다.

2. 보관활동

보관활동은 제품의 가치가 소비자에게 배송되기 이전까지 유지되도록 관리하는 활동으로 생산과 소비 사이의 시간적 간격을 극복하게 해준다.

(1) 역할과 기능

보관활동은 제품의 공급시기와 수요가 발생되는 시간적인 차이를 조정함으로써 경제활동을 안정시켜 주는 역할을 한다. 예를 들어 지난해 수확한 쌀을 1년 동안 소비할 수 있게 해주는 사례가 있다.

보관활동은 단순히 제품을 보관만 하는 것이 아니라 항상 주문에 응할 수 있도록 운송이나 배송, 출하 작업의 준비를 해야 한다. 제품을 보관하는 장소를 창고라 하는데, 창고는 재화의 성질이나 형태를 바꾸지 않고 외부환경으로부터 보호하는 저장기능을 한다.

(2) 구분

창고는 어느 위치에 있느냐에 따라 생산지 창고, 집산지 창고, 소비자 창고로 구분하고 있다.

① 생산지 창고 : 생산지에서 생산된 물품을 보관하기 위한 목적으로 만들어진 창고이다. 제품을 생산한 뒤 다른 곳으로 이동시키기 전까지 보관하기 위한 역할이다.
② 집산지 창고 : 생산지와 소비지 사이의 중간지역에 모이는 화물을 보관하는 시설이다. 운송과정 중에 분류를 위한 창고나 다른 운송수단으로 옮기기 위해 항만이나 공항 등에서 보관하는 창고로 볼 수 있다.
③ 소비자 창고 : 소비자로부터 최종 주문이 들어오기 전까지 상품을 보관하는 장소이다. 풀필먼트 센터의 경우 소비자 창고에 해당된다.

3. 포장활동

포장은 적절한 재료나 용기 등을 상품에 적용하기 위한 기술이나 적용한 상태를 말한다. 물류에서 포장은 크게 두 가지 기능을 하고 있다.

(1) 내용물 보호

생산지에서 소비지에 이르기까지 제품의 가치나 상태를 유지시키기 위해 외부환경으로부터 제품을 보호하고 변질, 파손, 감량을 방지할 수 있다.

(2) 취급의 편리함

운송이나 보관, 하역 등의 활동을 효율적으로 운영하기 위한 것이다. 이 두 기능을 산업용 포장기능이라 한다.

최근에는 단순히 상품의 보호나 취급을 편리하게 하기 위해 포장하는 것에서 벗어나 마케팅에 초점을 둔 상업용 포장기능이 중요해지고 있다. 창고형 매장과 같이 낱개로 제품을 파는 것이 아닌 박스단위로 제품을 판매하는 유통업체가 증가하면서 포장용 박스를 통해 소비자들을 유인하기 위한 용도로 활용하고 있다.

4. 하역활동

하역활동은 트럭이나 선박 등의 운송을 위해 화물을 싣거나 내리는 행위를 말한다. 그리고 창고나 물류센터에서 물품의 반입, 운반, 적재, 해체, 분류, 보관 장소에서 꺼내는 작업 등의 활동을 의미한다. 하역활동은 하역활동 자체의 기능보다는 운송 및 보관기능과 결합되어 있다고 볼 수 있다.

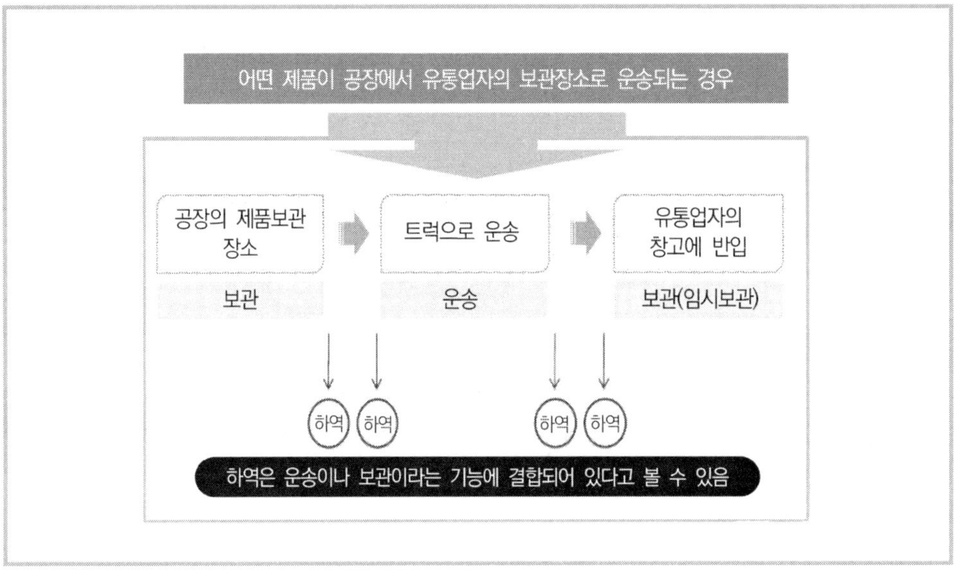

[그림 1-2] 하역활동이 이루어지는 구간 (출처 : 물류와 SCM의 이해)

운송수단이 발달하여 배송시간이 빨라진다고 하여도 화물의 하역작업이 빠르게 이루어지지 않으면 운송시간의 단축은 매우 어렵게 된다. 물류 시간을 줄이기 위해서는 하역의 합리화가 필수적이다.

이를 위해 화물을 포장하는 용기를 컨테이너나 파렛트 등으로 규격화하여 정해진 포장용기를 사용하고, 컨테이너나 파렛트를 전용으로 하역하는 장비를 구축해야 한다.

5. 유통가공활동

유통가공활동은 최종소비자에게 제품을 판매하기 이전 유통단계에서 제품을 가공하는 활동이다. 주요 유통가공 활동에는 검수 등 확인 작업, 반출지시서에 다른 창고에서 하역, 화물정리 등의 기본적인 창고활동이 있다.

또한 가격표를 작성하고 상품에 부착, 라벨 부착, 조립, 재포장, 절단, 가공 도장 등의 활동이 있다. 특히 소비자의 욕구가 다양해지면서 만족도를 높이기 위해 유통가공 과정 중 부가가치를 추가하는 것이 중요해지고 있다.

유통가공 활동으로 판매에서 서비스 기회가 확대되고, 판매촉진 그리고 상품의 고부가가치화가 가능한 효과가 발생한다. 그러나 유통가공의 목적은 물류비용 절감과 물류의 효율화를 위하는 것이지만 작업이 점차적으로 복잡해지면서 오히려 물류비용이 증가하기도 한다.

소비자의 욕구에 맞는 다양한 요구조건에 대응하고 개별주문에 따른 다품종 소량 배송이 증가하고 있다. 특히 풀필먼트 센터는 다양한 소비자들의 요구조건에 대응하기 위해 유통가공활동이 중요한데, 유통가공활동에서 비용을 줄이고 물류 효율화를 달성하기 위한 노력이 필요하다.

6. 물류정보활동

물류정보에는 재고정보, 생산지정보, 출하정보, 수주정보 등 물류와 관련된 모든 정보활동이 있다. 정보는 다른 주요기능인 운송, 보관, 포장, 하역, 유통 가공처럼 직접 적용되는 활동은 아니지만 화물을 움직이기 위해 지원해줄 수 있는 기능이다.

과거 물류에서 정보의 흐름과 정확도는 고객에게 중요하지 않은 것으로 생각되어 왔기 때문에 수시로 간과되어 왔다. 그러나 정보를 통해 전략적인 이점을 얻을 수 있고, 공급사슬 전체의 자산 감소, 고객의 주문정보 확인, 그리고 공급사슬 관계 향상 등으로 물류에서 중요한 구성요소가 되고 있다.

물류정보는 컴퓨터와 인터넷 등장 이후로 급격히 활용되어 왔는데 컴퓨터의 데이터 처리 속도 증가와 정보 통합으로 인해 하나의 시스템을 형성할 수 있었다. 이러한 통합으로 생산자에서 소비자까지 공급사슬 내 구성원들 간의 물류정보를 공유할 수 있게 되었다.

풀필먼트 센터에서도 정보는 매우 중요하다. 소비자들이 주문하는 상품이 실시간으로 배송 가능한 상태인지 알기 위해 재고상황을 파악해야 한다. 그리고 주문정보에 따라 고객이 요구한 장소로 배송할 수 있어야 한다.

사람이 수기로 주문정보를 파악하고 배송하게 되면 오배송 문제가 많이 발생할 수가 있다. 그리고 과거 고객들의 상품 주문정보를 기반으로 수요예측을 하게 되는데 그럴 경우 물류정보가 많은 도움이 될 수 있다.

03 단계별 PL 구분

이커머스 시장이 커질수록 물류량이 증가하였고 물류센터의 수요도 함께 증가하게 되었다. 물류서비스는 단순한 창고보관, 배송의 의미를 넘어 대형화 및 자동화된 빠른 배송과 고객의 다양한 요구사항을 수행하는 것이 중요하게 되었다.

현대 비즈니스 환경에서 물류는 기업의 성공과 경쟁력 확보에 있어 매우 중요한 역할을 수행하고 있다. 제품의 생산부터 소비자에게 전달될 때까지 과정에서 물류를 효율적이고 체계적으로 운영하면 기업의 경영에 도움을 주고 고객만족도를 높일 수 있다.

성공적인 비즈니스를 위해 기업은 규모와 상황에 맞는 물류서비스를 사용하게 되며 물류 업무의 수행주체에 따라 1PL, 2PL, 3PL, 4PL로 분류하고 있다.

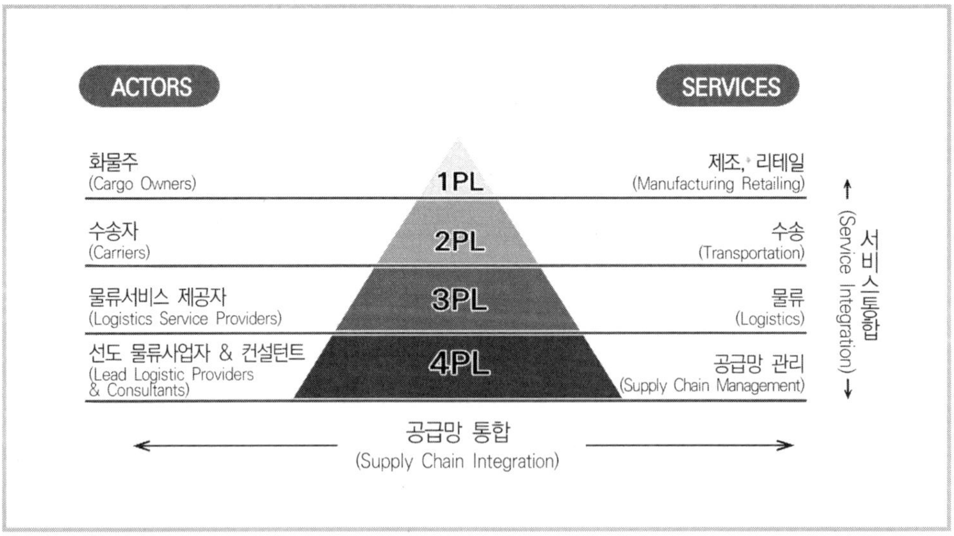

[그림 1-3] 단계별 PL 구분 (출처 : Cello Square)

1. 1PL

1PL(First Party Logistics)은 제1자 물류라 부르며, 기업 내 발생한 물류업무를 외주 없이 내부적으로 처리하는 물류서비스를 의미한다. 외부업체에 위탁하여 서비스를 받지 않고 사내 부서를 통해 자체적으로 고객과 직접 물류업무를 실시한다. 직접 상품을 반드는 제조업체가 생산은 물론 물류업무까지 진행하는 형식이라 할 수 있다.

[그림 1-4] 1 PL (출처 : Cello Square)

(1) 장점

회사의 프로세스에 맞는 단순한 SCM 기능을 수행할 수 있다. 하나의 회사에서 모든 SCM의 기능을 직접 수행하기 때문에 프로세스가 간단하다.

(2) 단점

외부업체의 도움 없이 모두 회사 내에서 직접 수행하기 때문에 인건비 등 고정비가 높아질 수 있으며, 전문성과 효율성이 낮아질 수도 있다.

(3) 이해

1PL은 기업이 경쟁력 강화의 수단으로 물류를 선택함으로써 물류효율화를 위한 기업의 투자가 확대되어 왔다. 이 결과 제조업체나 유통업체가 운행하고 있는 차량과 창고가 급격하게 증가하게 되었다. 또한 물류시설 증대, 물류자동화, 전문인력 등으로 인한 고정비가 증가하고 수요의 변동에 대해 효율적으로 대처하기 어렵다는 구조적 한계가 나타나고 있다.

2. 2PL

2PL(Second Party Logistics)은 제2자 물류 또는 자회사 물류라 부른다. 기업에서 발생한 물류업무를 별도로 독립한 자회사 또는 계열사를 통해 물류서비스를 수행하는 방식이다. 자체 물량을 대량으로 보유하고 있는 규모가 큰 글로벌기업이나 대기업에서 흔히 사용되는 시스템이다.

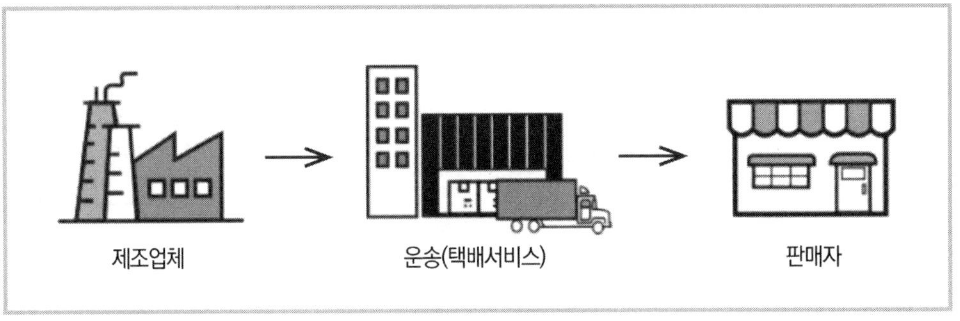

[그림 1-5] 2 PL (출처 : Cello Square)

(1) 장점

1PL의 단순한 SCM의 기능을 사용할 수 있어 회사의 특성에 맞는 물류서비스로 운영이 가능하다. 1PL에 비해 높은 전문성을 보유할 수 있다.

(2) 단점

2PL은 1PL과 3PL의 중간으로 1PL와 3PL이 가진 강점을 극대화해서 운영할 수가 없다. 대기업이 아닐 경우 자회사나 계열사를 동시에 운영하기 어려울 수도 있다.

(3) 이해

2PL 기업은 모기업이 물류효율화를 위해 만든 물류자회사로서 모기업이 물류효율화를 추진할수록 2PL 기업의 수익은 감소하게 될 수도 있다. 이는 모기업에서 수행하고자 하는 물류효율화 전략에 2PL 기업은 소극적으로 대처하게 되는 문제가 발생하게 된다.

해외보다는 국내에서 대부분 나타나는 물류시스템으로 보통 자체 물량을 대량으로 보유하며, 물류 운송 규모가 큰 대기업에서 활용하고 있다.

3. 3PL

3PL(Third Party Logistics)은 제3자 물류라 부르며, 외부에서 전문 물류업체를 고용하여 물류업무를 전문업체에게 아웃소싱 하는 경우를 말한다. 기업은 외부 물류업체에게 창고관리, 재고관리, 라벨링, 배송 등 물류업무 전체를 맡기는 시스템이다. 이는 쇼핑몰 등에서 주로 이용하며 현재 가장 보편적인 물류방식에 해당된다.

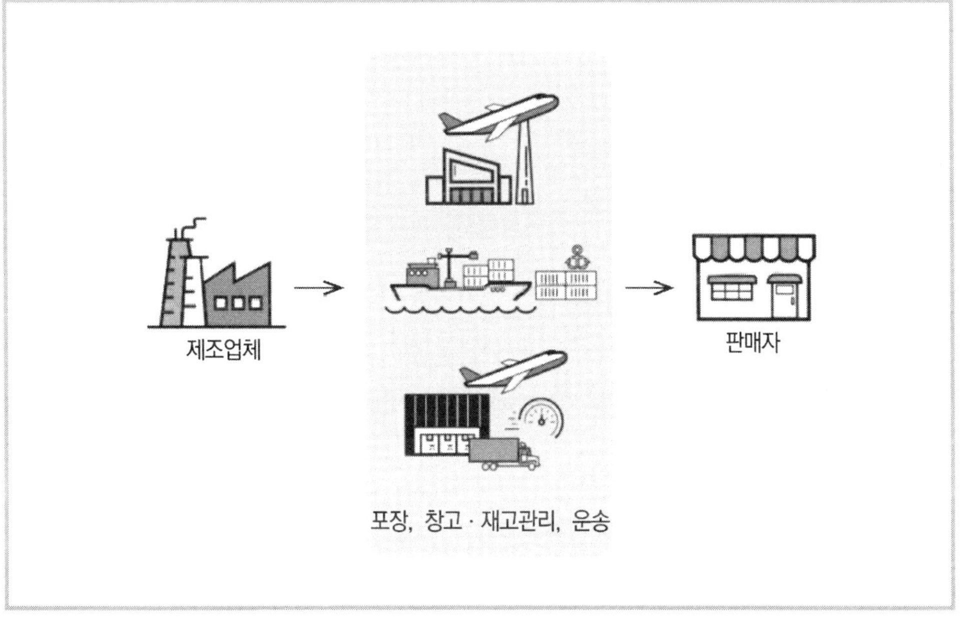

[그림 1-6] 3 PL (출처 : Cello Square)

(1) 장점

임대료와 시설비, 배송비 등 물류관련 비용을 절감할 수 있다. 전문성이 높은 물류회사의 서비스를 이용하기 때문에 물류의 효율성을 이용할 수 있다.

(2) 단점

공동 물류서비스를 이용하기 때문에 자사의 물류시스템에 맞는 수준의 서비스를 제공받을 수 없다. 상품 임차인은 비용구조 등의 투명성을 확보하기 어려울 수도 있다.

(3) 이해

3PL은 1PL과 2PL의 단점을 보완하기 위해 등장한 모델이며, 현재 물류시스템 중에서 가장 보편적으로 이용하는 방식이다. 전문지식과 경험을 바탕으로 유연성과 확장성을 제공하고, 최신 기술과 시스템을 활용하여 물류 프로세스를 보다 효율적으로 관리할 수 있다.

글로벌 물류 네트워크를 구축하여 국제적인 물류서비스를 제공하며, 기업에 대한 외부 파트너로서 물류 활동을 전담하고 있어 기업은 자체 물류 운영에 집중하지 않고 핵심 비즈니스에 전념할 수 있다.

4. 4PL

4PL(Fourth Party Logistics)은 제4자 물류로 불리며, 3PL에서 한 단계 더 나아간 시스템이다. 아웃소싱 단계를 넘어 물류 컨설팅 및 솔루션까지 제공해 주는 서비스를 의미한다. 기업의 물류업무를 완전히 대행하며, 물류 네트워크와 리소스를 통합하여 기업의 물류 전략과 목표를 달성하는데 도움을 준다.

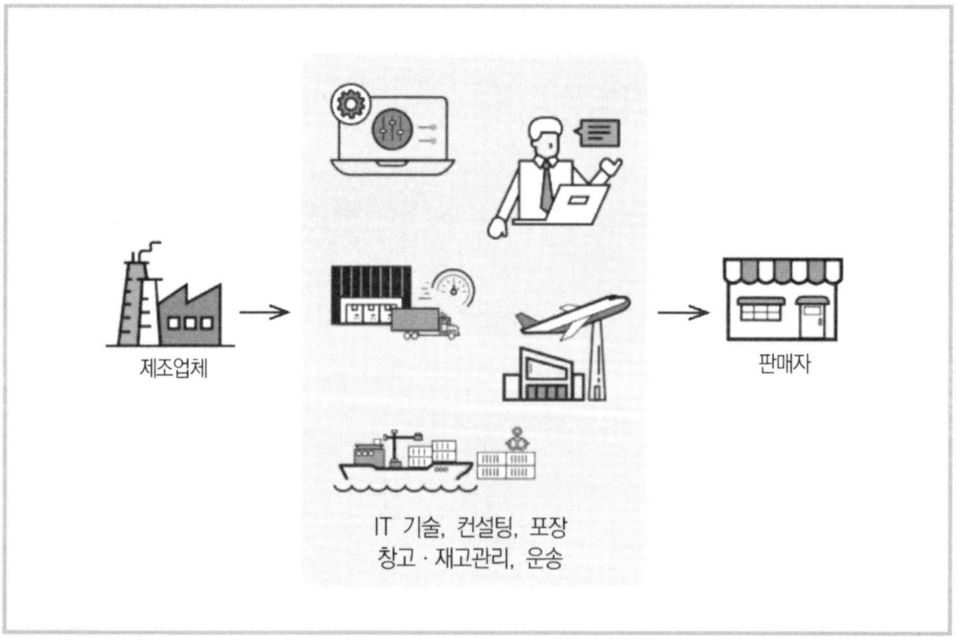

[그림 1-7] 4 PL (출처 : Cello Square)

(1) 장점

최신 기술을 도입한 물류솔루션을 상품 임차인에게 제공할 수 있다. IT기술은 물론 물류운영에 필요한 더 좋은 서비스를 제공할 수도 있다. 최근 4PL은 새로운 물류 트렌드로 많은 주목을 받고 있으며, 단순한 물류운영 뿐만 아니라 최신 기술을 접목한 기업전략을 세울 수 있다는 장점이 있다.

(2) 단점

아직 4PL을 제공하는 물류회사가 많지 않고 비용이 3PL에 비해 높은 편에 속한다.

(3) 이해

현재 물류시장의 새로운 트래드루 자리 잡은 4PL은 기업과 소비자 간의 원활한 커뮤니케이션을 통해 더욱 효율적이고 체계적인 물류방식을 구축하는 통합시스템이다. 물류와 배송뿐 아니라 IT 및 공급망(SCM) 통합솔루션을 제공하고 있다. 4PL 용어보다는 풀필먼트라는 용어를 더 보편적으로 사용하고 있다.

클라우드 기반의 물류관리 시스템을 도입하여 실시간으로 물류정보를 추적하고 공유할 수 있다. 이를 통해 기업과 물류 파트너들은 실시간으로 재고상황, 주문처리 상태, 운송추적 등을 파악할 수 있으며 문제가 발생하면 신속하게 대응할 수 있다.

기업의 물류 프로세스를 종합적으로 관리하기 위해 데이터 분석 및 예측 모델링을 활용한다. 수요예측, 재고 최적화, 운송경로 최적화 등을 효과적으로 수행할 수 있다. 기업은 이러한 분석결과를 기반으로 물류전략을 세우고, 비용을 절감하고 있다. 효율성을 향상시킬 수 있다.

4PL은 데이터 기반 의사결정과 인공지능, 자동화 기술의 활용으로 물류 프로세스를 혁신하고 기업의 경쟁력을 향상시킬 수 있는 기회를 제공한다. 이러한 포괄적인 서비스 제공으로 인해 4PL은 물류산업에서 핵심적인 파트너로 자리 잡고 있다.

5. 5PL

최근에는 4PL의 역할에 공급망 최적화까지 결합한 모델인 5PL(Fifth Party Logistics)이 등장하고 있다. 5PL은 기업의 공급망을 종합적으로 관리하고 최적화하는 서비스를 제공하는 물류시스템을 의미한다.

다양한 파트너사와 협업하여 물류활동의 효율성과 유연성을 극대화하고 고객사의 비즈니스 목표와 요구에 맞게 공급망을 디자인하고 운영한다.

5PL은 데이터 분석, 인공지능, 빅데이터, IoT 등의 최신 기술과 도구를 활용하여 기업의 주문관리, 재고 최적화, 운송경로 최적화, 수요예측 등의 전략을 수립한다. 또한 다양한 파트너사와의 협업을 강화하여 공급망 내에서 정보 공유와 커뮤니케이션을 원활하게 지원할 수 있다.

04 디지털 물류

다양한 소프트웨어 및 컨설팅을 활용하여 공급망 관리를 디지털 방식으로 전환하고 물류 네트워크를 효율적으로 계획, 실행 및 최적화를 시도하고 있다. 또한 견적, 간편한 예약, 실시간 추적부터 투명한 정산 서비스까지 어렵고 복잡한 물류를 디지털 물류로 전환하고 있다.

1. 정의와 배경

물류에 대한 수요가 지속적으로 증가함에 따라 전문 인력이 부족하고 물류혁신에 대한 요구가 증가하는 상황에서 물류산업에서 디지털화로 전환이 이루어지고 있다. 디지털 물류의 정의와 배경, 주요요소에 대해 구체적으로 살펴보고자 한다.

(1) 정의

물류분야는 노동집약산업으로 디지털 전환에 따른 기술집약산업으로 전환하기 위해서는 디지털 기반의 지능형 자동무인화 기술개발이 필요하다. 이에 디지털 물류는 4차 산업혁명에 따른 기술(빅데이터, 블록체인, 인공지능, 사물인터넷 등)의 성장과 함께 적용할 수 있는 기회가 많아지면서 디지털 전환이 급속히 진행되고 있다.

디지털 물류는 기존 인력이 수행하던 반복적인 업무를 IT 기기로 자동화하고 있다.

여기에 발생되는 데이터를 기반으로 인공지능 등 첨단기술을 도입하여 획기적으로 공급사슬관리의 속도와 정확성, 효율성을 높여 나갈 수 있다.

[그림 1-8] 디지털 물류서비스의 정의 (출처 : 국토연구원)

(2) 배경

4차 산업혁명으로 인해 물류산업에 빅데이터, 사물인터넷(IoT), 인공지능 등과 같은 데이터 기반의 첨단기술을 활용한 융·복합 추세가 진행되어 왔다. 이에 따라 물류산업에서 패러다임 전환의 필요성이 제시되고 있다.

노동집약산업에서 디지털 발전에 따라 기술집약산업으로 전환되면서 노동집약적 작업을 개선하기 위해서는 디지털 기반의 지능형 자동화 및 무인화 기술개발이 필요하게 되었다. 물류산업이 국내 경제를 선도하는 분야로 주목받고 있는 것에 비해 투자나 개발은 매우 부족한 상황이다.

물류산업 발전에 필요한 첨단기술 변화에 대한 대응이 경시되면서 국내외 경쟁력이 약화되는 것으로 볼 수 있다. 향후 디지털 물류서비스를 실현하기 위해서는 물류시스템과 디지털 기술의 융합은 필수적이라 할 수 있다.

(3) 주요요소

디지털 물류는 인공지능에 속하는 기술로 공급망에 데이터 공유가 가능한 솔루션(서비스)의 도움을 받아 고객중심 물류서비스를 최적화하는 프로세스이다. 데이터 공유는 창고나 운송 등 물류관련 프로세스에서 종단 간 가시성을 보장하는 상호 연결된 장치를 통해 가능하다.

디지털 물류는 중요한 병목 현상을 식별하여 보다 효과적인 비즈니스 결정을 내리는데 도움이 된다. 디지털 물류는 온라인 시장과 관련된 제품 흐름을 관리하는 프로세스로서 고객에게 주문을 배송하거나 판매자에게 재고를 전송하는 프로세스가 포함되어 있다. 디지털 물류서비스 제공업체는 배송 중인 상품과 배송시점을 동시에 추적이 가능하다.

2. 디지털 물류서비스

디지털 물류서비스는 4차 산업혁명을 기반으로 디지털 기술과 기존의 물류시스템을 융합하여 물류혁신을 이루는 것을 의미한다. 물류 디지털화의 추진, 물류 서비스 혁신, 수송역량 증대, 친환경 물류 촉진, 공유 물류의 확대 등 다음과 같은 5가지 특징을 가지고 있다.

[그림 1-9] 디지털 물류서비스의 5가지 핵심 요소 (출처 : 국토연구원)

(1) 물류 디지털화

물류 디지털화는 물류 데이터의 정보화를 통해 비용절감 및 운영 효율성 향상이 주요 특징이라 할 수 있다. 디지털 트윈과 차세대 네트워크망 등으로 물류시설의 설계부터 운영까지 국경 없는 실시간 원격관리가 가능하게 된다. 첨단 스마트기술을 토대로 디지털 전환과 물류시스템을 구축하는 등의 다양한 사례를 볼 수 있다.

(2) 물류서비스 혁신

물류서비스 혁신은 디지털 플랫폼 등을 이용하여 공급자와 소비자 간 화물의 수요와 공급을 매칭시켜 주고 있다. 또한 운송, 관리, 예측, 당일 배송 등의 서비스를 제공함으로써 물류의 편의성 향상에 중점을 두고 있다.

디지털 통합 물류정보시스템으로 소비자 주문 패턴을 분석한 이후 필요한 물품 수량을 미리 예측하여 배송하거나 로봇을 통해 스마트 배송을 실시하는 등 탄력성 있고 확장성 있는 물류서비스를 제공하는 다양한 사례가 있다.

(3) 수송역량

수송역량은 물류배송 로봇이나 드론 등 첨단 운송수단을 이용하여 효율적인 배송기술을 적용하는 것을 의미한다. 무인항공기나 드론 등 자율주행기술을 활용하여 차량으로 접근하기 어려운 배송지의 소비자를 대상으로 직접 배송이 가능하도록 기술을 개발하거나 근거리 배송을 활성화하는 등의 사례가 있다.

(4) 친환경 물류

물류활동으로 발생되는 환경오염 감소를 지원하는 '친환경으로 전환'을 의미한다. 신재생 에너지 활용, 온실가스 감축, 역물류 등 물류유통 전반적인 과정에 사회적 책임을 부여하고 있다. 이로 인해 나타나는 친환경 및 공정물류 비즈니스 모델 등의 다양한 사례가 있다.

(5) 공유물류

공유물류는 물류산업의 다양한 재원을 공유하면서 효율성을 극대화하는 것을 의미한다. 공유 차고와 같이 물류센터를 공유함으로써 빈 공간으로 인한 잠재적인 손실을 최소화하고, 배송하는 과정에서 소요되는 물류비용을 절감하는 등의 여러 사례가 있다.

〈표 1-1〉 디지털 물류서비스의 핵심 요소 사례

구 분	서비스 내용	서비스 사례
물류 디지털화	물류 데이터의 정보화를 통해 비용절감 및 운영 효율성 향상	① (국내) 차량관리 플랫폼, 전자상거래 플랫폼의 연결화, 유통 플랫폼 제공 등 ② (해외) 빅데이터 기반 예측 배송시스템 활용, 클라우드 기반 인공지능 예측관리 기술개발, IoT 기반 데이터 플랫폼 구축, 소싱 솔루션 개발로 공급 플랫폼 도입, 물류 아웃소싱 서비스 지원, 자율주행 트럭과 연계된 화물중개 플랫폼 구축, 하이퍼 스마트 컨테이너를 통한 데이터화, 국가 차원에서 인프라 정보화 추진 등

〈표 1-1〉 계속

구 분	서비스 내용	서비스 사례
물류 서비스 혁신	디지털 플랫폼 등을 이용하여 공급자와 소비자 간 화물수요와 공급을 매칭, 수요예측, 당일배송 등 서비스 제공으로 편리성 향상	① (국내) 풀필먼트 센터 구축, 드롭시핑(Dropshipping), 블록체인 물류 플랫폼, 오픈마켓형 플랫폼 제공, 커스터마이징 물류서비스 등 ② (해외) P2P 기반의 상거래 플랫폼 운영, 블록체인 기반 추적 시스템, 데이터 분석 기반 스마트 플랫폼, 화물운송물류 플랫폼 구축, 풀필먼트 센터, 4차 산업기술 기반 무인화 기술, 국가차원 기술 플랫폼 자체 구축 등
수송역량	물류배송 로봇, 드론 등의 첨단수단을 통해 효율적인 배송 기술의 적용	① (국내) 드론 기술, 자율주행 로봇과 화물차 시범운행, 고속자동 적재, 반출장비 기술개발, 고속 스마트 화물 반입 · 반출 시스템 운영 등 ② (해외) 자율주행 및 배송 관련 자동화 기반 기술 상용화, 자율 주행차와 배송 로봇을 결합한 솔루션 제시, 자율주행 기반 자동화 기술개발, 자동선반창고 로봇 플랫폼 개발, 화물관련 첨단 인프라 개발 등
친환경 물류	물류산업에서 발생되는 환경오염 감소를 지원하는 친환경 사이클 모델	① (국내) 택배 디젤 하이브리드 트럭 개발, 수소전기 대형트럭 생태계 구축, 친환경 자율주행 첨단 물류개발, 친환경 포장용기개발 및 상용화, 빅데이터 기반 수송복합 알고리즘 시스템 도입 등 ② (해외) 친환경 말단수송 장비 개발, 트럭킹 분야에서 대체연료 차량 도입, 재사용 가능한 친환경적 패키징 사용화, 저탄소 도로물류정책 마련, 클라우드 기반 친환경적 수거시스템 개발 등
공유물류	물류산업의 다양한 재원 공유를 통해 효율성 극대화	① (국내) On-Demand 보관 서비스 시행, 창고 공유물류 플랫폼 구축, 클라우드 창고 서비스 제공, 물류공용 포털 서비스 제공, 국제물류 통합 플랫폼 운영, 공유와 협업 민간 네트워크 구축 등 ② (해외) 공유 웨어하우징 제공, 화물차량 공유 플랫폼 운영, 공유경제형 물류서비스 제공, 클라우드 플랫폼 기반 정보 가시화 프로젝트 추진 등

(출처 : 국토연구원)

3. 물류업계 주요 이슈

대한상공회의소가 "2024년 물류시장 전망 세미나"를 개최하면서 2023년도 물류업계 10대 이슈를 물류 학계 및 업계 전문가 54인을 대상으로 조사한 결과가 [그림 1-10]에 나타나 있다.

물류업계 최대 관심사는 '글로벌 공급망 불안 지속' 72.2%가 선정되었다. 러시아-우크라이나, 이스라엘-팔레스타인의 전쟁 리스크와 미국-중국 무역 갈등에 따른 공급망 재편의 영향으로 새로운 운송수단에 대한 불확실성이 높아지면서 선정된 것으로 보인다.

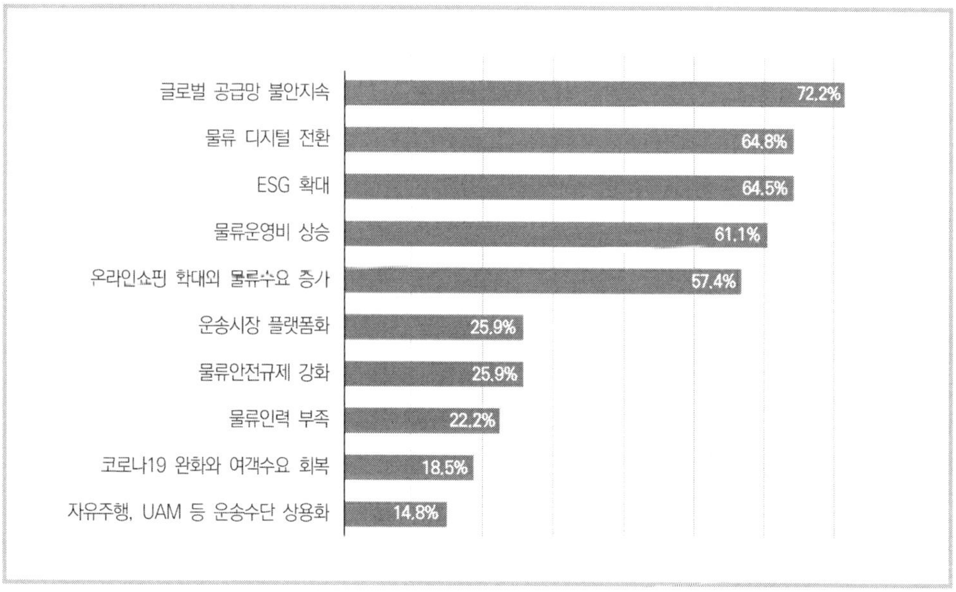

[그림 1-10] 물류업계 10대 이슈 (출처 : 대한상공회의소, 물류신문)

또한 '물류디지털 전환' 64.8%로 나타났다. 최근 온라인쇼핑이 크게 증가하면서 이에 대응하기 위해 스마트 물류에 대한 기대가 높아지는 것을 반영한 것으로 보였다. 이어 'ESG 확대' 64.8%, '유가 및 인건비 등 물류운영비 상승' 61.1%가 주요 이슈로 선정되었다.

글로벌 공급망 불안에 대응하기 위해서는 물류역량을 확보하는 것이 중요하다. 국가는 국제물류망의 대체 노선과 운송수단을 발굴하고 새로운 항공 및 운송 거점을 확보하면서 물류 공급망을 다변화하는 전략을 세워야 한다. 기업은 물류 효율성을 높이면서 공급망 변화에 신속히 대응할 수 있도록 물류 디지털화를 위해 노력해야 한다.

4. 디지털 물류의 주요 이슈

디지털 물류의 주요 이슈는 첨단 물류센터 공급 확대, 물류센터 자동화 및 최적화, 디지털 트랜스 포메이션 가속화 등이 있는데 그 내용은 다음과 같다.

(1) 첨단 물류센터 공급 확대

각 기업은 최근 주요 도심지의 수요자 밀집지역을 중심으로 첨단 자동화 설비를 갖춘 대규모 물류센터를 구축하고 있다. 상품의 직매입, 보관, 포장, 분류, 배송 등을 통합관리하면서 물류 프로세스의 운영 효율성을 높여 나가고 있다.

(2) 물류센터 자동화 및 최적화

각 기업은 주문 처리시간을 단축하고 운영비용을 절감하기 위해 다양한 자동화 기술을 도입하면서 물류 프로세스를 최적화하고 있다. 또한 작업자의 안전을 높이면서 기업의 지속가능한 성장을 이끌어가기 위해 노력하고 있다.

(3) 디지털 트랜스 포메이션 가속화

배달 대행과 택배 등 다양한 물류수요가 크게 증가하면서 각 기업은 최소시간 배송을 위해 적극적으로 디지털 기술을 도입하고 있다. 편의점 및 주유소를 이용한 디지털 도심 물류허브와 자율로봇을 활용한 물류배송 등 다양한 배송모델을 개발하고 있다.

05 디지털 물류시장 동향

물류시장은 국내 주요 핵심 산업으로 4차 산업혁명 기술과 결합하면서 디지털 물류로 급속히 전환하고 있다. 물류시장은 일자리 창출이 큰 산업으로 고용창출효과 및 취업자 수 비중이 다른 산업보다 높고, 사업체와 고용인원도 꾸준히 증가하고 있어 향후 발전 가능성이 매우 높아 보인다.

1. 주요 디지털 물류시장

글로벌 디지털 물류시장 규모는 2024년 324억 4천만 달러에서 2032년 1,203억 3천만 달러로 연평균 17.8% 성장률을 기록할 것으로 예상하고 있다. 디지털 물류는 다양한 디지털 기술을 활용하면서 물류시장을 보다 효율적으로 만들어 가고 있다.

(1) 다양한 첨단기술

디지털 물류는 운영비용을 절감하고 효율성을 향상시키면서 공급망을 개선하는데 중요한 역할을 하고 있다. 소비자에게 고객중심 솔루션을 제공하는데 도움이 되는 첨단기술과 커뮤니케이션의 사용을 지원하고 있다.

디지털 물류 솔루션은 데이터 기반 물류계획 채택, 다양한 공급망 파트너와 협업 개선, 배송성능 향상 등 혁신적인 기능을 제공하고 있다.

물류시장의 성장은 인터넷 확산과 소비자의 온라인 쇼핑 증가에 의해 큰 폭으로 증가하고 있다. 지능형 자동화 및 생성형 인공지능의 증가가 지속적으로 추진되면서 물류시장의 성장에 크게 기여하고 있다.

물류자동화 도입이 증가하면서 클라우드 컴퓨팅 기술이 급증할 것으로 예상되고 있다. 또한 디지털 물류시장의 성장 잠재력은 매우 클 것으로 기대하고 있다. 이러한 성장은 디지털화, 데이터 분석, 첨단기술 개발 등에 대한 다양한 요구가 높아지면서 나타나고 있다.

(2) 사물인터넷 활용

사물인터넷(IoT)이 변화하고 있다. 물류회사의 운영방식, IoT 장치와 센서는 차량과 화물칸 또는 인프라에 통합되어 차량 위치에서 온도까지 모든 측면에 대한 정보를 정확하게 제공하고 있다. 이러한 실시간 모니터링 기능은 가시성을 향상하고 운영에 대한 위험을 줄이며 의사결정을 향상시킨다.

또한 물류에 IoT를 사용하면 다양한 자산을 공급망에 통합할 수 있으며, 이후 이러한 연결을 통해 생성된 데이터를 분석할 수 있다. 이를 통해 조직 간 창고물류, 배송관리, 차량관리의 효율성이 향상되고 있다. 업계 분석가에 따르면 2024년까지 전체 IT 지출의 50% 이상이 디지털 혁신에 투자될 것으로 기대하고 있다.

(3) 북 아메리카 디지털 물류시장

Fortune Business Insight가 발표한 북 아메리카의 2019년~2032년도 디지털 물류시장 규모가 [그림 1-11]에 나타나 있다. 디지털 물류시장은 성장세가 꾸준히 이어질 것으로 보인다.

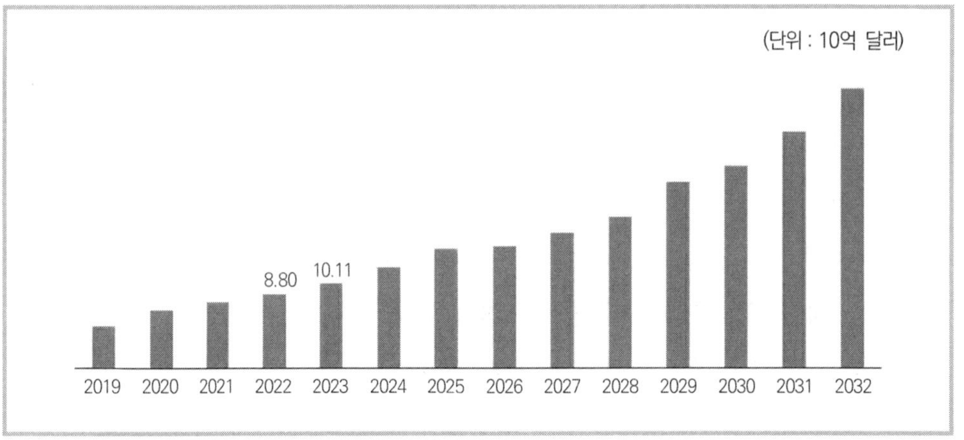

[그림 1-11] 북 아메리카 디지털 물류시장 규모 (출처 : Fortune Business Insight)

2. 생성형 인공지능의 영향

생성형 인공지능(Generative AI)은 물류회사의 운영을 개선하고 효율성을 높이는 데 유용한 도구이다. 생성형 AI는 기존 작업을 자동화하는 동시에 기업이 예측적이고 진보적인 모델을 운영할 수 있도록 지원해 준다. 생성형 AI는 창고관리, 노무관리, 운송관리 등 다양한 애플리케이션에서 물류혁신에 기여할 수 있다.

생성형 AI를 사용하면 물류팀이 AI 기반 챗봇과 가상 비서를 통해 실시간 커뮤니케이션을 향상시킬 수 있다. 첨단기술은 보고서 및 예측작성 등 노동집약적인 작업을 해결하고, 전문적인 생산성에 대한 높은 표준을 만들어 주고 있다.

공급망 문제와 중단이 점점 더 자주 발생함에 따라 기업은 더 빠르고 정확한 의사결정을 내려야 한다. 생성형 AI 솔루션은 기업이 공급망 조정을 가속화하고 지능적인 의사결정을 내리도록 지원할 수 있다.

3. 디지털 물류시장 국내 실증사업

국토교통부는 디지털 기술을 기반으로 기존 도시 내 물류 문제점 개선을 목적으로 2021년부터 해마다 '디지털 물류서비스 실증지원사업'을 수립하여 운영해 오고 있다. 신 물류서비스의 도입 및 구현 등 실증지원을 위해 5개년 계획으로 연간 총 사업비 50억 원을 지원할 예정으로 실증사업을 추진하고 있다.

(1) 김천시

김천시는 코로나19로 인해 택배량이 급증하자 물류업계 종사자들의 업무 가중을 해소하고 남부권 물류 중심지를 스마트 물류의 거점도시로 육성할 계획을 세웠다. 그리고 디지털 물류를 통해 기존 물류 환경을 개선하고, 구도심과 신도심 간의 상권을 연결하면서 동반성장의 기회를 마련하고 있다.

이를 위해 구도심의 '드론 라스트마일'과 신도심의 '로봇 라스트마일' 등 다양한 물류 서비스를 추진하고 있다. 김천시의 디지털 물류서비스 실증사업은 당시 한국도로공사가 추진하고 있던 스마트 물류 테스트 베드, 물류정보센터, 스마트 물류센터 구축사업과 연계하여 수행하고 있다.

김천시는 관련 인프라를 활용하여 지속적인 물류사업 활용이 가능하다는 이점이 있다. 또한 고중량 드론을 개발할 예정으로 있다. 이를 대량 물품 이동수단으로 활용하여 향후 발생할 교통 혼잡 및 통행 불편 등의 사회문제를 해결하고, 배송시간을 단축하여 물류 효율성을 증대시킬 계획으로 있다.

김천시가 추진하려는 로봇 라스트마일 배송서비스는 자율주행 로봇에 물품을 적재하고 최종 수령자에게 이동하여 전달 후에 복귀하는 서비스이다. 실내 로봇을 활용하여 공공기관 건물과 민간 주상복합 건물을 대상으로 배달음식과 택배를 실험하고 운영 데이터를 분석하였다.

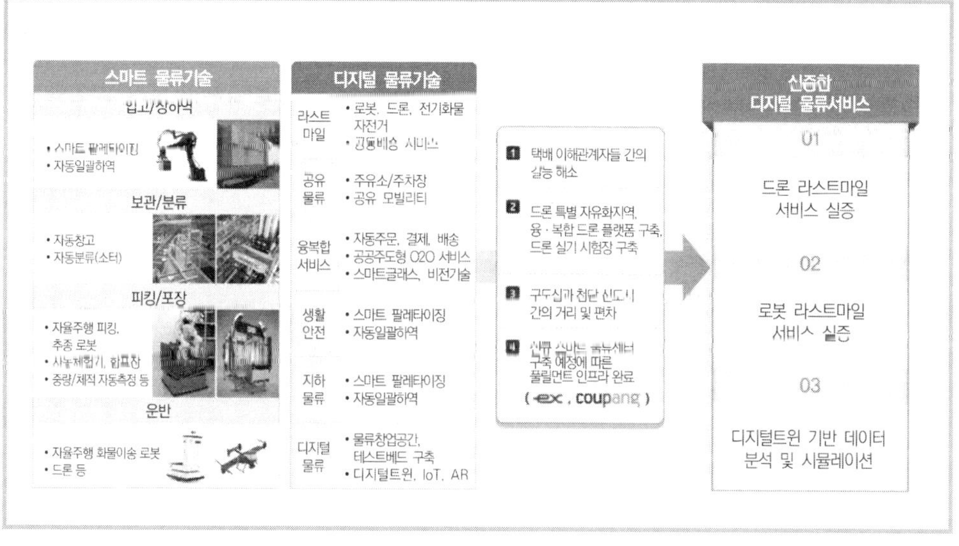

[그림 1-12] 김천시의 디지털 물류서비스 실증 계획 (출처 : 국토연구원)

실외 로봇의 경우 드론 착륙지인 그린 스마트 빌리지에서 드론과 연계하여 실험을 실시하였다. 로봇의 안전운전을 위해 실증주행 초기에는 로봇의 전면과 후미에 자율주행 실증 로봇을 인지할 수 있도록 표시 및 안내 음성방송을 시행하였다. 또한 관리자의 자율주행 로봇에 대한 안전운전방법, 잠재적 위험요소 파악, 위험 최소화 등 참여인력의 지속적인 교육을 실시하였다.

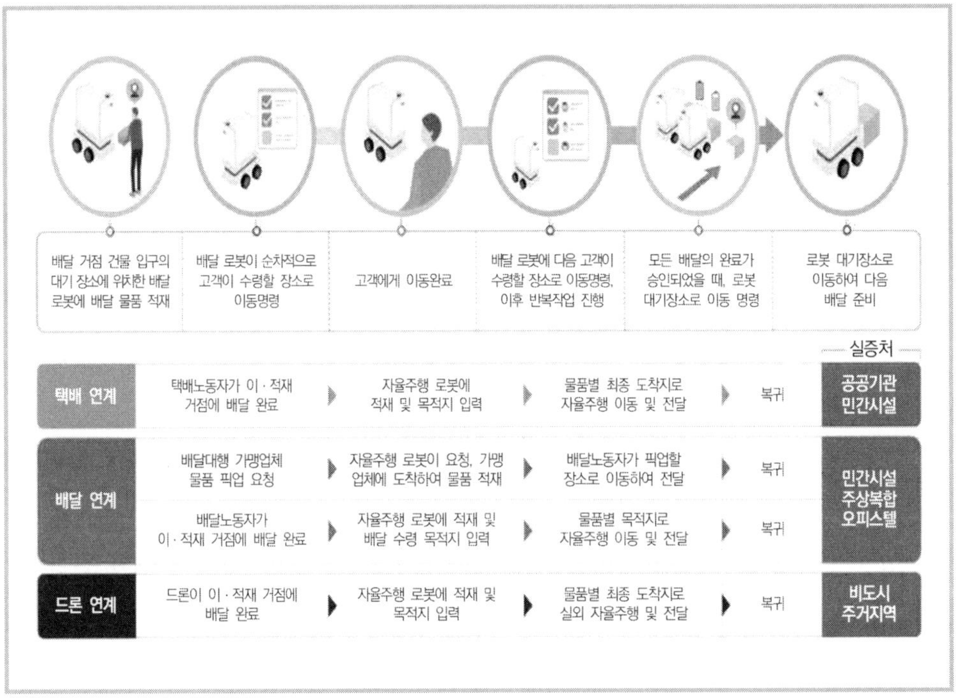

[그림 1-13] 김천시 로봇 라스트마일 실증 시나리오 (출처 : 국토연구원)

(2) 부산광역시

부산광역시는 2024년 국토교통부의 디지털 물류서비스 실증 지원 공모사업에 선정되어 국비 5억 원을 확보하였다. 공모선정에 따라 국비 5억 원과 지자체 5억 원을 포함하여 총 사업비 10억 원으로 '찾아가는 저온창고 공유서비스 실증·확산 지원사업'을 추진할 예정이다.

이 사업은 자금부족으로 저온창고를 구축하지 못하였거나, 고장 또는 사업장 이전, 재난(태풍 등), 명절 성수기 물량 증대 등으로 저온창고가 일시적으로 긴급하게 필요한 부산시의 농·축·수산물·유통·전통시장 사업장에 저온창고를 대여해주는 사업이다.

부산광역시가 진행할 주요 사업

첫째, 설치형 저온창고 공유서비스는 전통시장 상인과 신선식품 보관이 필요한 영세 소상공인이 모바일을 통해 이동형 저온창고를 신청하면, 사업장 주변 유휴공간에 저온창고를 설치하여 필요한 기간만큼 사용 후 반납할 수 있게 하는 서비스이다.

둘째, 방문형 저온창고 공유서비스는 도심 내 유휴공간에 저온창고 실증센터를 구축하고, 저온창고가 필요한 수요자가 이곳을 직접 방문하면 원하는 기간만큼 신선식품을 보관해 주는 서비스이다.

셋째, 저온창고 공유서비스 플랫폼 사업은 수요자가 모바일에서 이동형 저온창고 설치서비스를 신청하거나 방문형 저온창고 공간을 예약할 수 있는 플랫폼을 구축하여 운영하는 사업이다.

넷째, 저온창고 IoT 모니터링 서비스는 저온창고 보관온도 데이터와 이상 유무를 상시로 확인할 수 있는 서비스이다.

저온창고 공유서비스 플랫폼을 통해 모바일로 신청하면 설치 또는 방문형 저온창고를 필요한 만큼 빌려주고, IoT를 활용하여 저온창고의 보관온도 및 이상 유무를 수시로 확인할 수 있다.

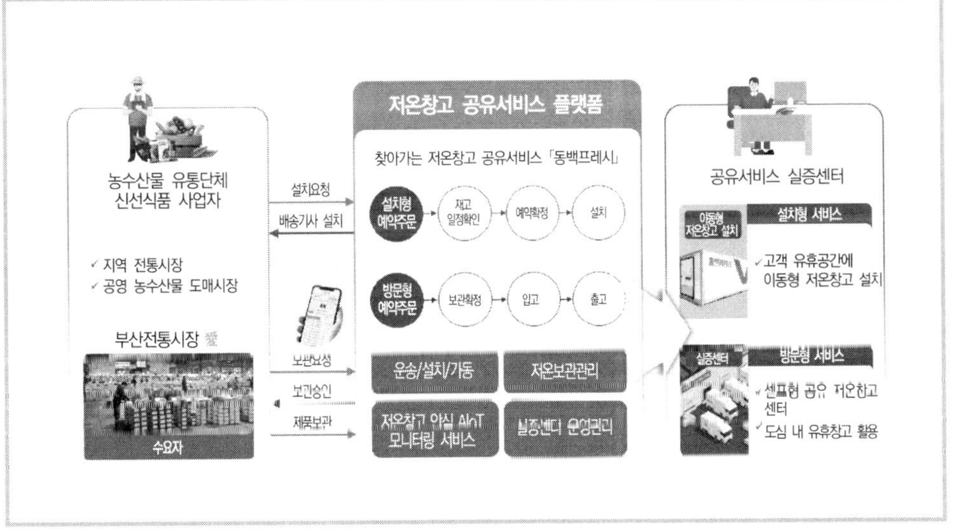

[그림 1-14] 저온창고 공유서비스 플랫폼 지원사업 (출처 : 부산광역시)

4. 온라인 유통시장과 풀필먼트 등장

정보통신기기의 발달과 소비자들의 소비패턴 변화, 코로나19의 영향으로 인해 과거와 달리 오프라인 시장이 축소되면서 새벽배송, 비대면 거래, 온라인 배송이 급증하고 있다. 온라인 시장의 급성장으로 익일배송, 새벽배송 등 빠른 배송이 유통기업의 핵심 경쟁력으로 부상하면서 주문에서 배송까지 원스톱으로 제공해 주는 '풀필먼트'가 핵심으로 등장하였다.

풀필먼트는 데이터를 분석하여 상품의 소비를 예측하고, 이를 기반으로 상품의 구매, 마케팅, 판매, 배송까지 일련의 유통물류 과정을 효율화하기 위한 시스템이다. 풀필먼트는 사전적 정의로 '발주처에서 배송처까지 고객의 주문을 관리하는 절차 또는 방법'으로 되어있다.

풀필먼트는 온라인 기반 차별적 서비스를 목적으로 하는 라스트마일 배송(B2C)이라 할 수 있다. 이런 점에서 제조사의 제품 품질과 재고손실을 최소화하는 것을 목표로 하는 기존 물류센터의 퍼스트마일 배송(B2B)과는 구별되고 있다.

〈표 1-2〉 물류센터 개념변화와 핵심요소

개념	보관창고	물류센터	풀필먼트 센터
핵심요소	랙(Rack), 보관공간	컨베이어벨트, 분류기	온라인, 데이터, 자동화 시스템
목적	보관 최대화	흐름의 최대화	소비자 만족 극대화
단위	팔레트(소품종 다량)	BOX	피스(다품종 소량)
주요 대상	공장 위주(제조업)	유통대리점	소비자
특성	계획적	상당부분 계획적	불확실
핵심 경쟁력	임대료	물류센터 위치	빠른처리(접수 · 분류 · 출고) 빠른배송(당일배송, 새벽배송 등)

(출처 : 국토연구원)

온라인 쇼핑시장의 급격한 성장에 따라 4차 산업혁명 기술과 결합하여 물류시장에 환경변화가 급속히 나타나고 있다. 이에 따라 물류시장이 디지털 물류로 전환이 빠르게 진행되고 있다.

실제로 아마존, 월마트, 쿠팡 등의 대형 유통기업을 중심으로 지능정보기술 기반의 디지털 전환을 비롯하여 매장 스마트화를 구현하고 있다.

〈표 1-3〉 유통산업의 디지털 트랜스포메이션

구분	비즈니스 트랜스포메이션	E-트랜스포메이션	디지털 트랜스포메이션
특징	• 사업 설계 • 내부 최적화 • 내부 핵심역량 강화	• 비즈니스 모델 개발 • 내외부 관계 최적화 • 고객과 파트너와의 게임룰 변경	• 생태계 · 플랫폼 구축 • 고객 본질 최적화 • 디지털 가치 개발과 데이터 분석 역량 강화
중요 요건 (속성)	4P ① 상품(Product) ② 가격(Price) ③ 유통경로(Place) ④ 판촉(Promotion)	4C ① 콘텐츠(Contents) ② 커뮤니티(Community) ③ 커머스(Commerce) ④ 콜라보레이션 (Collaboration)	5C ① 고객응대(Customer Service) ② 고객가치(Consumer Value) ③ 기회비용(Opportunity Cost) ④ 고객편의(Convenience) ⑤ 고객소통(Communication)
도구	자동화 스토어 콘셉, 운영모델	인터넷, 비즈니스 모델	고객경험, 데이터 분석, 디지털 기술, 플랫폼

(출처 : 국토연구원)

5. 디지털 물류시장의 성장과 제약

지난 2010년 이후 전자상거래 시장의 기하급수적인 성장은 온라인 쇼핑이 증가하고 인터넷 사용자가 급증하면서 나타나게 되었다. 향후 디지털 물류시장의 성장과 제약의 요인에 대해 간단히 살펴보고자 한다.

(1) 시장의 성장

공급망 운영을 최적화하고 전자상거래 시장에서 증가하는 소비자 요구에 대응하면서 기업은 디지털화 솔루션을 활용할 수 있게 되었다. 따라서 이 시장은 배송시스템을 효율적으로 운영하고 기업의 이윤을 높이기 위해 빠르게 성장하고 있다.

전자상거래 시장은 투명성, 비용, 편의성, 속도에 의해 주도되고 있다. 이러한 요구를 충족하기 위해 기업은 물류운영 디지털화, 자재취급 시스템 자동화, 창고관리시스템 등을 도입하고 있다.

이로 인해 더욱 빠르고 다양한 이행서비스, 특히 라스트마일 배송서비스와 간편한 반품 프로세스가 가능해지고 있다. 시장의 분석가는 2025년에 전 세계 매출액의 4분의 1이 온라인으로 이루어질 것으로 예상하고 있다.

(2) 시장의 제약 요인

물류시장에서 디지털화로 전환하기 위해서는 상당히 많은 비용이 소요된다. 첨단 인공지능기술과 무인 로봇 등 자동화 장비, 각 분야의 다양한 소프트웨어, 솔루션 개발에 필요한 대규모 자본지출이 요구되고 있다. 또한 기존 시설을 디지털화로 변경하는데 드는 비용도 지나치게 많이 필요하다.

지속적인 유지관리 및 업그레이드, 운영에 필요한 인력과 교육훈련 등에 추가 자본이 필요하고, 기술을 획득하고 개발하는 비용도 많이 소요된다. 첨단기술과의 통합이 복잡할수록 상당한 리소스, 전문지식, 전용소스 등이 추가로 필요할 수 있다. 따라서 이러한 요인들이 디지털 물류시장의 성장에 저해 요인이 되고 있다.

제2장 라스트마일의 이해

01 물류네트워크
02 라스트마일
03 라스트마일의 국내외 동향
04 라스트마일의 비즈니스 모델
05 택배

최근 온라인 유통업체들이 더 빠르고 안전한 배송을 위해 투자하면서 물류배송에 대한 관심이 크게 증가하고 있다. 주문한 물품이 배송지를 떠나 고객에게 직접 배송되기 바로 직전의 마지막 거리를 '라스트마일'이라 부르고 있다. 각 업체들은 경쟁에서 우위를 점하기 위해 새로운 기술과 서비스를 도입하는 등 많은 노력을 하고 있다.

01 물류네트워크

물류네트워크는 자사의 물류거점이나 배송망 뿐만 아니라 원자재 공급자로부터 제조업체, 유통업체, 고객에 이르기까지 물류 전체의 네트워크를 의미하고 있다. 이에 대한 정의와 구조에 대해 살펴보고자 한다.

1. 정의

물류네트워크는 공급망의 다양한 조건을 고려하는데 유통업체가 제품을 공급 받아 판매하고 고객에게 배송될 때까지 필요한 네트워크라 할 수 있다. [그림 2-1]은 원자재 공급자에서 생산공장, 대형 물류창고, 소매창고를 거쳐 최종소비자인 고객에게 배송되는 과정을 나타내고 있다.

물류네트워크의 대상은 물류영역을 조달, 공급, 판매의 세 영역으로 구분하는데 네트워크를 최적화하기 위해서는 다수 물류창고의 조합을 최적화하는 작업이 필요하다. 이를 통해 기대하는 효과는 비용절감과 고객서비스를 향상시키는 것이다.

[그림 2-1] 물류네트워크 범위 (출처 : SAMSUNG SDS)

2. 구조

물류네트워크의 구조는 주로 퍼스트마일, 미들마일, 라스트마일로 구분하고 있다. 이제부터 이에 대한 내용을 구체적으로 살펴보고자 한다.

(1) 퍼스트마일

퍼스트마일(First Mile)은 생산지에서부터 물류보관 창고까지의 구간을 말한다. 예를 들어 라면공장에서 만들어진 D브랜드 라면이 자체 운영하는 물류창고까지 운송하는 단계이다.

(2) 미들마일

미들마일(Middle Mile)은 기업과 기업 간 물류이동이 일어나는 구간을 말한다. 예를 들어 D브랜드 라면이 물류창고에서 출고되어 풀필먼트 센터로 이동하는 단계이다.

(3) 라스트마일

라스트마일(Last Mile)은 풀필먼트 센터에서 최종 소비자에게 상품이 개별적으로 운반되는 구간을 말한다. 예를 들어 배민 라이더나 쿠팡의 배달파트너가 소비자에게 직접 라면을 배달하는 구간이다.

퍼스트마일, 미들마일, 라스트마일의 물류네트워크 구조의 변화가 [그림 2-2]에 잘 나타나 있다. 퍼스트마일은 대규모 상품이 정해진 시간에 배송이 이루어지며, 미들마일은 불확실성으로 더 빨리 배송이 수행되어야 하며, 라스트마일은 여러 지역으로 분산되어 소규모 상품이 더 자주 배송되는 특징을 보여주고 있다.

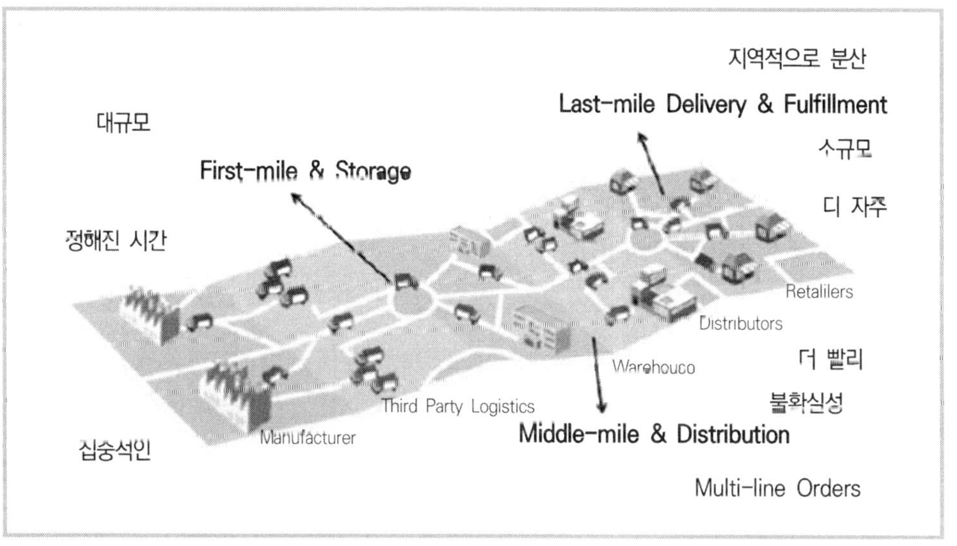

[그림 2-2] 물류네트워크 구조의 변화 (출처 : 송상화)

3. 퍼스트마일

공급사슬의 첫 시작점으로 퍼스트마일은 생산지에서 각 기업의 물류네트워크로 연결되는 단계로 볼 수 있다. 주로 기업에서 제품을 생산하기 위해 원자재를 조달하기 위한 단계로 반제품이나 완제품이 다른 기업으로 이동하거나 주요 물류거점, 유통업체 창고로 이동되는 구간을 의미한다.

일반적으로 대기업 중심의 해운이나 항공, 철도를 배송수단으로 활용하는 대규모 운송시장이 여기에 해당된다고 볼 수 있다. 그러나 최근 미중무역전쟁, 코로나19, 우크라이나 전쟁 등의 이슈로 인해 공급망이 불안정해지며 퍼스트마일 과정에서 불확실성이 증가하고 있다.

(1) 미-중 무역전쟁

트럼프 행정부가 지난 2017년 출범하면서 세계 통상정책의 분위기가 기존 자유주의에 입각한 자유무역에서 현실주의를 바탕으로 보호주의를 지지하는 상황으로 바뀌고 있다. 미국이 체결하고 있는 지역 무역협정이 미국에 불공정했으며, 이로 인해 미국인이 일자리를 잃고 미국 내 제조업의 기반이 줄어들어 무역적자가 심화되었다고 주장하였다. 당시 중국은 2001년 WTO 가입 이후 미국과 교역을 본격적으로 시작하면서 미국에 대한 수출이 꾸준히 증가하고 있었다.

2010년부터 2018년까지 미국의 대중 수입은 연평균 13%, 수출은 연평균 10%의 성장률을 보이면서 중국제품에 대한 수입 증가세가 더 크게 나타났다. 2018년의 대중 무역적자는 마이너스 4,000억 달러에 이를 정도로 커지면서 미국의 일자리가 잠식되는 문제까지 발생하게 되었다.

이에 트럼프 정부는 미국의 제1무역 상대국이자 미국의 무역 적자의 절반 가까이 차지하고 있는 중국에 대한 무역적자 해소를 공표하고, 2018년 3월 '통상법(Trade Act of 1974)' 301조를 발동하였다.

중국에서 들어오는 연간 500억 달러 규모의 수입품에 25%의 엄청난 과세를 부과하면서 미국과 중국의 무역분쟁이 시작되었다. 중국의 경우 저렴한 소비재와 원자재가 미국에서 판매하는 제품보다 가격적인 측면에서 경쟁력이 있었다. 그러나 중국 수입품에 관세를 부여하면서 미국에서 판매하는 제품과 가격 차이가 없어지게 되었다.

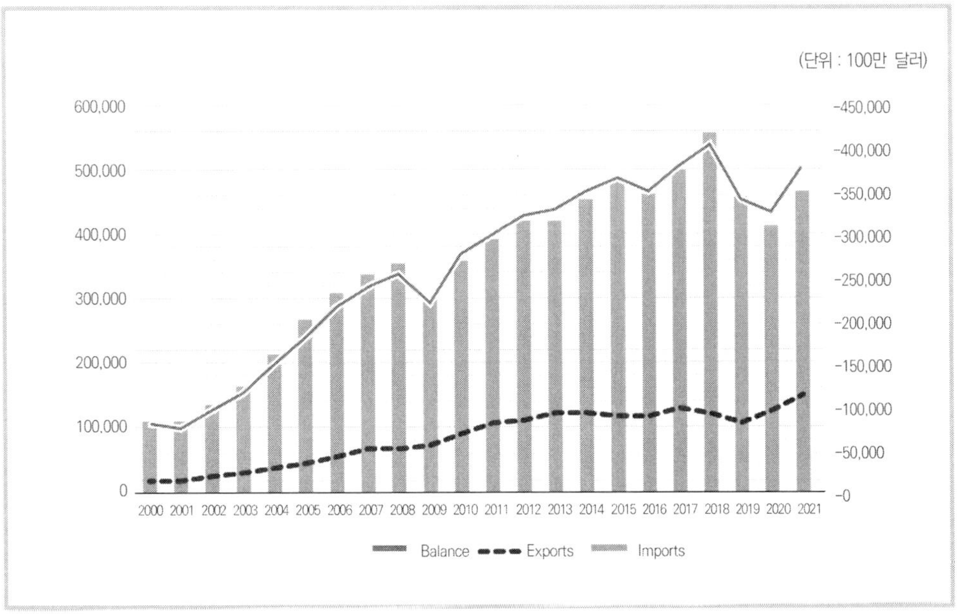

[그림 2-3] 미-중 무역균형 (출처 : 한국해양수산개발원)

또한 미국의 주요 기업들이 비용 절감을 위해 값싼 원자재와 인건비를 활용하기 위해 중국에 있던 생산기반시설을 미국으로 이전하는 오프쇼어링(Offshoring)을 시행하고 있어, 오히려 중국에서 생산한 자신의 제품을 비싸게 미국으로 수입해 오는 상황이 발생하기도 하였다.

(2) 코로나19

2020년 초에 발생한 코로나19로 인해 세계 경제가 침체되면서 글로벌 무역과 공급망에 큰 문제가 발생하기 시작하였다. 갑작스러운 전 세계 팬데믹 상황에서 코로나 확산을 막기 위해 각국이 강력하게 봉쇄 조치를 시행하였다.

봉쇄로 인해 각국은 주요 생산시설의 인원을 제한하고 제품생산 공장을 중단함에 따라 공장에서 근무하는 많은 노동자가 실직하게 되는 현상이 발생하였다. 2020년 말부터 각국의 경기부양책과 코로나19를 극복하려는 노력으로 경기가 서서히 회복되자 상품에 대한 수요가 증가하였다.

이전에 강화된 봉쇄 조치를 완화하면서 제품 주문이 증가하고 상품에 대한 수요가 증가하였다. 그러나 이전에 발생하였던 공급망 문제로 인해 공급이 수요를 따라가지 못하면서 생산 및 운송비용에서 문제가 발생하기 시작하였다.

기업에서는 증가하는 제품 수요를 충족시키기 위해 기존 공급망을 통해 원자재 및 반제품을 주문하려 하였으나, 코로나19 시기에 공급망에 포함되어 있던 공장들의 노동력이 부족하거나 없어지면서 자재 수급에 차질이 발생하였다.

각 공급망에 병목현상이 발생하면서 기업들은 자재 수급에 차질이 발생하지 않도록 기존보다 더 많은 양의 주문을 하게 되었다. 이에 따라 예상하지 못한 물동량이 발생하면서 전 세계 물류시스템에 문제가 생기게 되었고, 이로 인해 글로벌 물류대란이 발생하게 되었다.

(3) 우크라이나 전쟁

2022년 2월 시작된 러시아와 우크라이나 전쟁은 기존의 예상과 다르게 러시아가 고전하게 되면서 장기전으로 진행되었다. 이로 인해 러시아로부터 에너지와 식량을 조달받던 국가들에게 큰 충격을 주었다.

특히 에너지의 경우, 러시아에 상당부분 의존하던 유럽의 타격이 심각하였다. 2021년 기준 유럽은 총 에너지 소비의 25%가 천연가스로 수입량의 40% 이상 러시아에 의존하고 있었다.

이런 상황에서 러시아와 우크라이나 전쟁 이후 러시아가 유럽에 대한 천연가스 공급을 서방 제재에 대응한 전략적 지렛대로 활용하였다. 이에 따라 유럽 주요국들은 에너지 공급 차질과 가격 상승이라는 문제에 직면하게 되었다.

유럽의 에너지 공급에 차질이 생기면서 유럽 천연가스 가격이 큰 폭으로 상승하게 되었다. 러시아와 우크라이나 전쟁은 에너지뿐만 아니라 세계 식량가격의 상승으로 이어졌다. 러시아와 우크라이나는 세계적인 밀 수출국으로 두 나라의 수출량은 27%를 차지하고 있었다.

전쟁으로 인해 중동과 아프리카로 가는 항구가 봉쇄되면서 2,200만 톤 이상의 곡물이 창고에 묶이고 새로 수확한 곡물도 창고 부족으로 보관하지 못하는 병목현상이 발생하였다. 또한 전쟁으로 인해 우크라이나의 수확에 심각한 차질이 발생하면서 곡물 생산도 감소하였다.

러시아는 곡물 생산에 필요한 비료의 주요 생산국으로서 서방의 제재 조치로 인해 전 세계 비료 가격을 상승시키면서 식량 생산을 감소시키는 악순환으로 이어지고 있다.

4. 미들마일

미들마일은 물류의 3단계 중 퍼스트마일과 라스트마일의 중간 과정이다. 상품 제조 공장에서 생산한 상품을 물류센터와 같은 중간지점으로 보내거나 또는 물류센터에서 유통업체의 오프라인 매장이나 유통업체로 운송하는 과정을 의미한다.

미들마일은 수출입 공급망 사이에서 중간 연결점의 역할을 하는 중요한 부분이지만 그 중요성에 비해 관심을 적게 받고 있다. 퍼스트마일과 라스트마일은 이미 레드오션으로서 경쟁이 치열하여 시장규모가 매우 크지만 미들마일은 경쟁이 적어 시장규모가 다소 적은 편이다.

미들마일은 B2B 사업으로 고객과의 접점이 없어 소비자 입장에서는 크게 중요하지 않아 보이지만 미들마일이 없으면 라스트마일도 존재할 수 없다. 미들마일 시장규모는 연간 약 37조원으로 평가되고 있으나 디지털 전환이 다른 단계에 비해 느리게 진행되고 있다.

그러나 최근 물류에서 디지털 혁신에 대한 관심이 증가하면서 미들마일 물류에 대한 관심도 커지고 있다. 국내 IT 기업들이 최근 미들마일 시장에 뛰어들고 있다.

(1) 카카오 T 트럭커

기존 택시시장을 포함한 모빌리티 시장에서 큰 역할을 하던 카카오 모빌리티가 2023년 카카오 T 트럭커라는 시범서비스를 시작하였다. 카카오 T 트럭커는 화물운송 차주들의 운송업무 효율화를 지원하고 편의성을 높이는데 도움을 주고자 사업을 시작하였다.

[그림 2-4] 카카오 T 트럭커 서비스 소개 (출처 : 카카오 T 트럭커)

카카오 모빌리티의 카카오 T 트럭커는 플랫폼 매칭의 핵심 기술로서 '맞춤 주문'을 강조하였다. AI 기반의 운송관리시스템(TMS) 엔진을 통해 플랫폼을 사용하는 여러 차주들에게 최적화된 노선의 물량을 분배하고 있다.

이로 인해 화주 차주들의 동선이 겹치거나 이탈하면서 물량이 공정하게 배분되지 않는 문제들을 해결하기 위해 노력하고 있다.

(2) 브로캐리

브로캐리(Brokarry)는 롤랩(KT의 물류자회사)에서 미들마일 시장에 진입한 서비스 기업이다. 화물을 보유한 화주와 운송을 담당하는 차주들이 업무 과정에서 겪고 있는 어려움과 비효율성을 해소하기 위해 시작하였다.

화물운송의 경우 택시나 버스처럼 표준 단가가 정해져 있지 않고 이동거리, 시간, 화물차량의 종류, 설비, 화물의 특성에 따라 단가가 계속 바뀌게 된다. 이러한 어려움을 해결하기 위해 화물운송 플랫폼 '브로캐리'는 AI 기반의 적정 요금 추천서비스를 플랫폼에 적용하였다.

브로캐리를 이용하기 원하는 화물차주들은 플랫폼에 가입할 때 차량과 관련된 정보를 입력하여 화물차주들의 이동데이터가 플랫폼에 지속적으로 쌓이게 된다. 결과적으로 차주의 차량 특성과 노선 등의 데이터를 기반으로 화주사가 운송하는 물량 특성을 고려하여 연결 및 배차 성공률을 높이는 서비스를 제공하고 있다.

2023년에 브로캐리 2.0 이후 AI 기능을 강화하면서 본격적으로 미들마일 사업에 뛰어들었다. 그러나 KT는 2024년에 물류회사 팀프레시에 매각하면서 통신사 운송 플랫폼 경쟁에서 발을 빼게 되었다.

[그림 2-5] 브로캐리

(3) 티맵화물

국내 주요 통신사인 SKT가 미들마일 시장에 참여하였다. SKT에서 분사한 티맵모빌리티는 2021년 6월 물류스타트업 YLP를 자회사로 인수하면서 화물운송사업을 시작하였으며, 2023년 화물운송중개 솔루션인 티맵화물을 선보였다.

티맵화물은 YLP이 가지고 있었던 100만 건 이상의 운송데이터를 확보하였다. 이를 바탕으로 높은 배차 성공률을 만들 수 있는 운임을 자동으로 계산하는 솔루션을 개발하여 플랫폼에 적용하였다. 이를 통해 2023년에 94%의 배차 성공률을 달성하였다.

[그림 2-6] 티맵화물 서비스 소개서 (출처 : 티맵화물)

티맵화물 서비스 소개서(그림 2-6)

- 간편 화물접수 : 최적 운임 즉시 확인, 빠른 입력, 맞춤 결제
- 투명한 배치 현황 : 배차 완료 즉시 차량정보 알림톡 발송, 배차 진행현황 상시 조회
- 편리한 운송비 관리 : 기간별 운송비 내역 조회, 화물별 세금계산서 연동

(4) 더운반

CJ대한통운이 기존 물류업체로서 화물운송 플랫폼 '더운반'을 런칭하면서 디지털 물류사업에 참여하였다. CJ대한통운은 국내 최대 종합물류기업으로서 화물운송 플랫폼을 운영하는 역량으로 다른 플랫폼과 차별화된 경쟁력을 강조하고 있다.

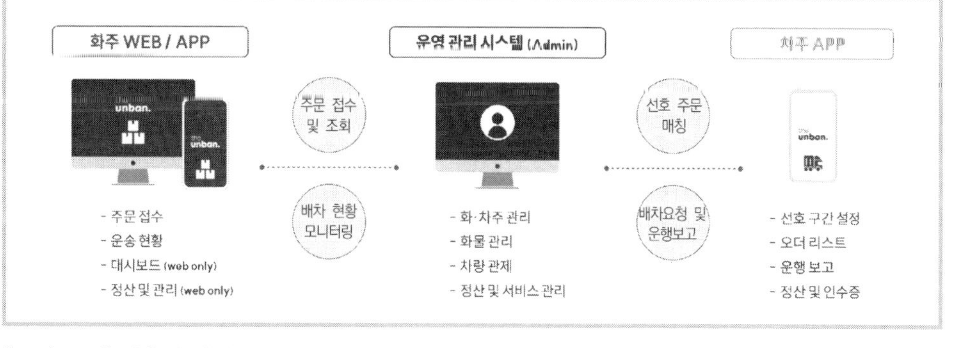

[그림 2-7] 더운반 서비스 소개서 (출처 : 더운반)

특히 CJ대한통운은 내부 물량을 끌어올 수 있는 능력이 있다. 이는 화주와 차주 모두 많은 양의 화물이 등록되어 있는 플랫폼을 보유하고 있기 때문이다.

[그림 2-7]에서 더운반 서비스는 주문부터 운송까지 전 과정을 디지털화로 최적화 되어 있으며, 그 과정은 다음과 같은 순서로 진행된다.

① 최적 Pricing : AI Pricing Algorithm
② 최적 Matching : Ultimate Matching Management System
③ 최적 Routing : Dynamic Routing Management System
④ 실시간 화물 관제 : Realtime Tracking System
⑤ 디지털 정산 및 결제 : Digital Payment Administration

02 라스트마일

라스트마일은 제품이 목적지에 도착하는 마지막 단계를 의미하는 용어로 사용되고 있다. 최종 배송단계가 유통업체 입장에서는 고객과의 마지막 접점이지만 고객 입장에서는 사용자 경험이 형성되는 첫 번째 단계에 해당되고 있다.

유통업체는 서비스 측면에서 안전과 편의성이 높은 새로운 배송서비스를 제공해야 되고, 기술적 측면에서 물류와 IT 기술의 만남, 감성적 측면에서 고객만족을 포함하고 있다. 이제 라스트마일의 개념과 등장배경에 대해 살펴보고자 한다.

1. 라스트마일 개념

우리는 누구나 온라인쇼핑을 쉽고 편하게 이용하고 있다. 최근 온라인쇼핑이 대중화되면서 온라인 배송시장이 급속히 성장하고 있다. 온라인 배송시장이 성장할수록 라스트마일에 대한 영역이 새롭게 주목을 받고 있다.

라스트마일은 유통시장의 물류 프로세스에서 주문한 상품이 고객에게 배송되는 가장 마지막 단계를 의미하는 용어이다. 반면 제조사에서 물류센터로 상품을 인도하는 물류 프로세스의 가장 첫 번째 단계는 퍼스트마일이라 부른다.

소비자의 온라인쇼핑에 대한 경험이 라스트마일에서 시작되기 때문에 소비자와 공급자 모두에게 가장 중요한 순간이 된다. 소비자가 주문한 상품과 서비스에 대한 첫 인상이 라스트마일에서 인식되기 때문에 중요할 수밖에 없다.

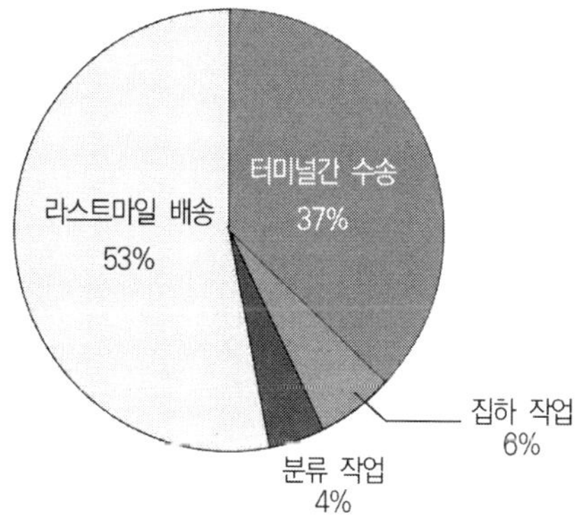

[그림 2-8] 물류단계별 비용 구성 (출처 : 비즈니스인사이더 인텔리전스)

공급자 입장에서는 물류단계인 터미널 간 수송, 집하작업, 분류작업, 라스트마일 중에서 라스트마일이 가장 비용이 많이 들기 때문에 매우 중요한 부분이다. 따라서 서비스 질 향상을 위해 자율주행 배송 로봇 등 효율성 개선이 필요해 보인다.

물류단계별 비용 구성이 [그림 2-8]에 나타나 있다. 라스트마일 배송이 53%로 가장 많고, 터미널 간 수송이 37%를, 집하작업이 6%, 분류작업이 4%를 차지하고 있다.

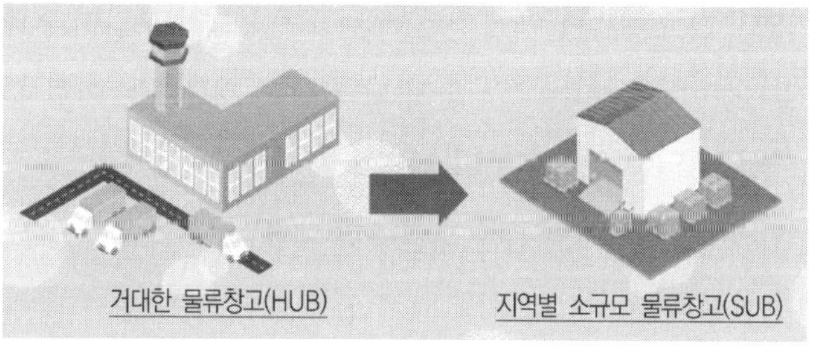

[그림 2-9] 기존 배송시스템 (출처 : LX인터내셔널)

2. 라스트마일 등장 배경

국내 온라인 유통업체들은 라스트마일을 선점하기 위해 각자 차별화된 서비스를 시도하고 있다. 기존에는 빠르고 파손 없는 배송이 중요하였으나 최근에는 소비자가 원하는 시간에 배송되는 방향으로 발전하고 있다. 익일 배송에서 이제는 새벽배송으로 배송시계가 더 빨라지고 있다.

(1) 온라인 배송시장의 성장

맞벌이 가정의 증가와 스마트폰 주문 시스템으로 인해 새벽배송의 시장규모는 해매다 큰 폭으로 증가하고 있다. 새벽배송을 비롯하여 온라인 배송시장이 성장하면서 마이크로 물류가 라스트마일의 효율성을 높이기 위해 등장하고 있다. 마이크로 물류는 기존 유통업계 물류시스템을 세분화한 것이다.

기존에는 거대 물류창고에서 여러 단계를 거쳐 목적지 가까운 소규모 물류창고로 물품을 이동시키고 이후 배달원이 배송하는 방식이었다. 마이크로 물류는 지역별 소규모 물류창고에 보관되어 있는 물품을 주문이 들어오면 즉시 배송을 시작하는 방식이다.

이 방식으로 소비자는 배송 시간이 단축되는 효과가 있으며, 공급자는 물품의 이동거리 단축과 파손 및 분실의 위험, 주차난과 공차율을 줄이는 비용절감 효과를 얻을 수 있다.

(2) 라스트마일 배송로봇이 등장

라스트마일은 주로 배달원에게 의존하는 노동집약적 구간이기 때문에 비용이 높고 서비스의 일관성이 떨어지는 문제점이 나타났다. 최근에는 이런 문제를 해결하기 위해 라스트마일을 위한 배송로봇이 등장하고 있다.

미국 최대 전자상거래 아마존은 자율주행 배송 로봇 개발에 많은 투자를 하고 있으며, 국내 배달 플랫폼 배달의 민족은 주상복합 아파트 단지 내에서 자율배송 로봇 '딜리타워'를 시범적으로 서비스하고 있다. 향후 라스트마일을 로봇배송이 서비스하게 될 것으로 기대해 본다.

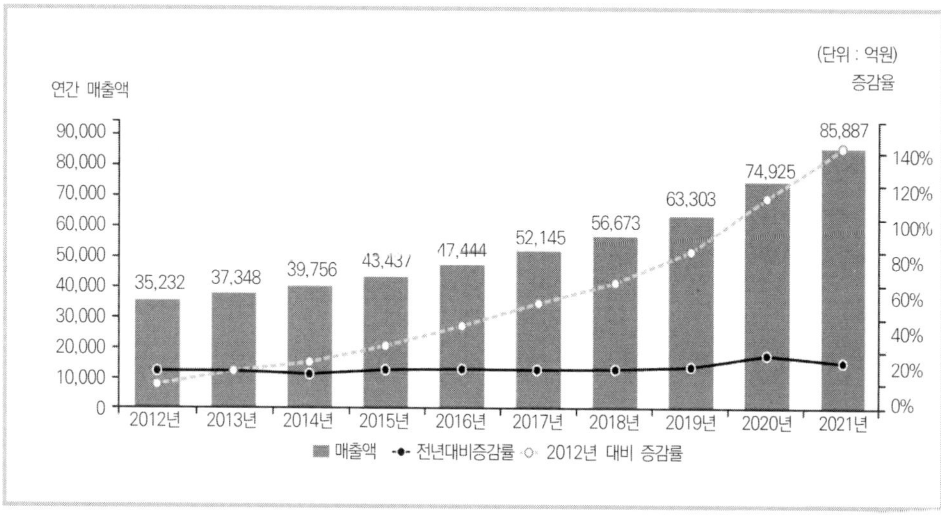

[그림 2-10] 국내 택배시장 매출액 추이 (출처 : 한국통합물류협회)

[그림 2-10]에서 2021년 국내 택배시장의 총 매출액은 8조 5,800억 원으로 전년 대비 14.6% 성장하였다. 당시 코로나19 상황이 이어지면서 2020년 대비 온라인쇼핑이 21.0%를 모바일쇼핑 27.6%로 대폭 증가하면서 나타난 결과이다.

3. 라스트마일의 발전

라스트마일은 최종 목적지까지 도달하는 과정으로 유통업과 밀접한 관련이 있으며, 오늘날 다음과 같은 여러 경로를 거쳐 지속적으로 발전하고 있다.

(1) 기존 전통시장

국내 유통산업에서 1990년대 이전까지는 사람들이 필요한 물건을 구매하기 위하여 전통시장이나 근처 구멍가게를 이용하였다. 당시 소비자들은 자신이 구매하고자 하는 물건이 해당 매장에 재고가 있는지 없는지를 모르는 상태에서 직접 찾아갔다.

만일 원하는 물건이 없으면 근처 다른 매장을 가거나 비슷한 대체상품으로 구매하기도 하였다. 제품 판매업체는 고객이 언제 방문하는지 얼마나 구매하는지 정확히 파악하기 어려워 다양한 종류의 상품을 많이 구매하여 재고로 쌓아놓아야 하는 구조였다.

가격도 명확히 정해져있지 않아 소비자는 판매자에게 매번 가격을 물어봐야 하는 귀찮음이 있었다. 시장 같은 경우 판매자와 흥정하여 제품을 구매했으며, 최적의 가격으로 제품을 구매하기 위해서는 여러 상점에 들려 이러한 행위를 반복해야만 했다.

(2) 대형 유통업체의 등장

지난 1995년 이후 국내 서비스 산업이 개방되면서 전 세계 유명 유통업체가 한국으로 들어오게 되었다. 대표적으로 외국계 대형마트인 월마트, 까루푸 등이 들어왔다. 국내에서도 이마트, 롯데마트, 킴스클럽 등 대형마트가 등장하면서 외국계 대형마트와 경쟁적으로 점포를 확장하였다.

소비자가 편리한 쇼핑을 증대시키면서 라스트마일이 발전하게 되었다. 이후 시간이 지나면서 외국계 유통업체들은 국내 유통업체에 밀려 국내시장에서 나가게 되었다. 3대 대형마트인 이마트, 롯데마트, 홈플러스가 대부분의 시장을 차지하게 되었다.

(3) 자사상품의 데이터화

대형마트가 등장하면서 판매자들은 POS와 PDA를 통해 자사상품에 대한 데이터화를 시킬 수 있었다. PDA와 PC를 통해 상품입고 시 어떠한 상품이 얼마나 들어왔는지 기록할 수 있었다. 고객들이 상품을 구매하면서 POS를 통해 계산하게 되면 입출고관리, 재고관리, 판매 데이터 수집 등의 데이터 저장이 가능하게 되었다.

이에 유통업체는 데이터를 통해 측정 가능한 데이터를 만들어 시간대별, 일별, 주별, 월별 판매량을 분석하고 핵심성과지표(KPI)를 설정하고 관리할 수 있었다. 또한 판매 데이터를 통해 적정 재고량을 산출하고 제조사에 주문할 수 있게 되었다.

또한 수요예측을 통해 정해진 공간에 적정한 재고를 유지할 수 있게 되었다. 2000년대 이후 홈쇼핑과 인터넷이 등장하기 시작하였다. 이러한 쇼핑방식은 과거 소비자들이 필요한 물건을 구매하기 위해 오프라인 매장에 방문하는 대신 집에서 직접 필요한 상품을 주문할 수 있게 만들었다.

(4) 인터넷과 스마트폰의 등장

인터넷을 통한 온라인쇼핑은 2010년대 스마트폰이 등장하기 시작하면서 더욱 성장이 가속화 되었다. 초기 인터넷을 통한 주문방식은 명확한 오픈마켓이 없어서 공식적인 판매 글을 통해 직접 구매하는 방식이었다.

옥션, G마켓, 11번가, 인터파크 등의 판매자와 구매자를 연결해 주는 중개업체인 오픈마켓이 등장하면서 온라인쇼핑 시장을 주도해 나갔다. 스마트폰이 등장하면서 장소와 시간에 상관없이 필요한 제품을 구매할 수 있게 되었고 간편 결제 앱이 등장하면서 결제의 어려움이 많이 해소되었다.

스마트폰 이전 소비자들의 구매 형태는 오프라인의 경우 직접 매장에 가서 구매하고, 온라인의 경우 컴퓨터를 통해 구매가 이루어졌기 때문에 온라인과 오프라인의 구매 경계가 뚜렷하게 구분되었다.

여러 정보를 바탕으로 합리적인 소비를 하는 스마트 컨슈머(Smart Consumer)가 증가하게 되었다. 쇼핑 채널을 한 곳만 이용하는 고객은 감소하는 반면, 온라인 또는 오프라인의 다양한 쇼핑 채널을 자유롭게 자신이 원하는 제품을 구매하는 소비자들이 증가하고 있다. 이러한 상황에 맞추어 다수의 유통업체들은 멀티채널(Multi-Channel) 전략을 실시하고 있다.

(5) 멀티채널의 등장

멀티채널의 목적은 소비자와 접촉이 가능한 최대한 많은 수의 유통채널과 통합된 정보, 무엇보다도 구매 경험의 일관성을 소비자에게 제공하는데 있다. 멀티채널 쇼핑은 인터넷이 발달하면서 2000년대부터 본격적으로 사용하기 시작하였다.

한 개 이상의 유통채널을 사용하는 것으로 사용되는 모든 채널과 매체에서 일관되게 조정되는 방식으로 고객을 관리하는 것이다. 멀티채널을 운영하는 소매업체의 경우 채널들 사이에 독립된 단위로 운영 및 물류시스템을 구축하고 있다.

이 경우 오프라인 매장에서 구매한 고객은 오프라인 매장에서, 온라인 매장에서 구매한 고객은 배송을 통해 제품을 받을 수 있다. 이러한 멀티채널 프로세스에서는 고객관점에서 보면 두 채널 간에 통합되지 않으며, 물류운영에 대한 접점이 적은 편이다.

(6) 옴니채널의 등장

이러한 상황에서 온라인 또는 오프라인, 모바일, 홈쇼핑 등의 각 채널이 통일된 하나의 매장처럼 운영되는 새로운 형태의 옴니채널(Omni-Channel)이 등장하게 되었다. 옴니채널은 모든 것 또는 모든 방식을 의미하는 접두사 옴니(Omni)와 유통경로를 의미하는 채널(Channel)의 합성어이다.

옴니채널은 온라인과 오프라인 매장을 결합하여 소비자가 언제 어디서든 원하는 제품을 구매할 수 있는 채널을 말한다. 옴니채널에서는 고객이나 소매점 모두 채널을 더 이상 구분하지 않고 있다. [그림 2-11], [그림 2-12]에서는 멀티채널과 옴니채널의 차이를 보여주고 있다.

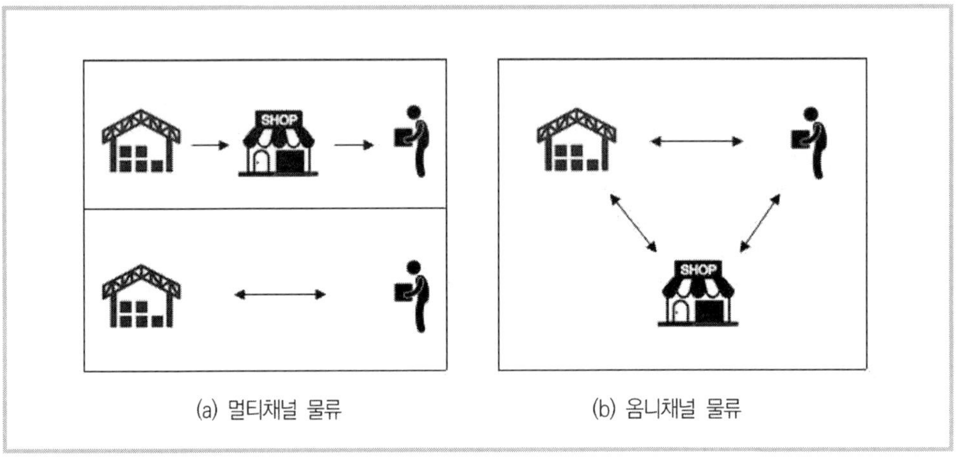

[그림 2-11] 멀티채널 및 옴니채널 1 (출처 : 최수호 재구성)

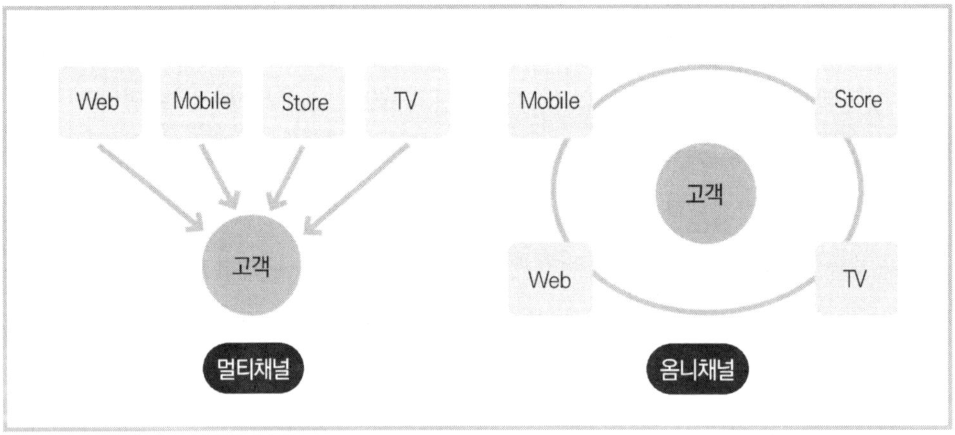

[그림 2-12] 멀티채널 및 옴니채널 2 (출처 : 물류신문)

(7) 풀필먼트 서비스의 증가

2020년 이후 세계적으로 코로나19가 발생하면서 소비자가 외출을 줄이고 온라인 쇼핑이 증가하자 오프라인 매장의 매출이 급속히 감소하였다. 온라인쇼핑의 인기가 증가하고 있는 가장 큰 이유 중 하나는 배송시간의 단축이다.

초기 이커머스 시장에서 기본 배송일은 이틀 이상 걸렸다. 고객이 상품을 주문하면 판매자는 당일 들어온 주문을 정리하여 포장하고 택배업체에 배송을 의뢰하였다. 택배업체는 여러 상품들을 집하하고 분류하여 해당 지역으로 보낸 뒤에 최종적으로 고객에게 배송하게 된다.

이에 걸리는 시간이 일반적으로 이틀 이상이었다. 그러나 국내에 풀필먼트 센터를 활용하는 업체가 생기면서 배송시간을 하루로 단축하게 되었다.

(8) 풀필먼트 업체의 배송서비스

대표적으로 쿠팡은 풀필먼트 센터를 활용한 로켓배송을 실시하면서 고객이 주문할 상품을 미리 예측하여 풀필먼트 센터에 보관하고, 주문이 들어오면 바로 포장하여 다음날 배송하는 서비스를 운영하고 있다.

또한 마켓컬리는 국내 처음으로 새벽배송을 도입하면서 전날 오후 11시까지 주문하면 다음날 오전 7시 이전에 배송해주는 서비스를 제공하고 있다. 이에 기존의 유통업체나 이커머스 업체들도 라스트마일에서 걸리는 배송시간의 단축을 위해 다양한 노력을 시도하고 있다.

[그림 2-13] 다양한 라스트마일 배송서비스 (출처 : 송상화)

03 라스트마일의 국내외 동향

이번에는 국내와 국외에서 라스트마일을 도입하여 운영하고 있는 기업들에 대해 살펴보고자 한다.

1. 라스트마일의 국내 동향

국내에서는 속도경쟁을 넘어 즉시배송, 새벽배송, 시간지정배송, 픽업서비스 등 배송형태가 다양화되면서 경쟁력을 높이고 있다. 최근 최적화된 라스트마일 모빌리티 '배송로봇'에 대한 관심이 높아지면서 인건비 절감, 24시간 배송, 오배송 감소로 비용절감에 나서고 있다.

(1) 롯데글로벌로지스

롯데글로벌로지스는 자율주행로봇에 참여하면서 실외 배송로봇을 활용한 배송서비스 시범 운용에 이어 소비자 아파트 현관문 앞까지 로봇 배송을 추진하고 있다. 택배 시스템 연동에 이어 통합 로봇 배송시스템을 개발하고, 자율주행로봇 전문기업 로보티즈(ROBOTIS)와 협력하여 배송 로봇을 투입할 계획으로 있다.

[그림 2-14] 배송로봇 실증주행 (출처 : 롯데글로벌로지스)

마스오토(Mars Auto)와 협력하여 안정성을 확인한 자율주행 화물차 실증사업을 진행하고, 향후 자율주행 화물차 전용 터미널(환승허브) 운영도 추진하고 있다. 롯데글로벌로지스는 AI 기반 무인 물류시스템을 통해 미들마일과 라스트마일 시장에서 디지털 물류를 선도해 나갈 계획으로 있다.

(2) CJ대한통운

CJ대한통운은 물류시장에 AI와 빅데이터 등의 기술적용으로 시장 혁신에 나서고 있다. 디지털 운송플랫폼 '더운반'에 AI기술을 접목하며 물류시장의 디지털 전환을 선도하고 있다. '더운반'은 AI로 실시간 최적 운임을 찾아 화주와 차주를 직접 연결해 주는 운송플랫폼이다.

'더운반'은 빅데이터 기술로 미래 교통량을 예측하여 화주와 차주에게 보여준다. 미리 학습된 수많은 과거 교통상황 데이터를 분석하여 당일 운송 및 향후 수행할 노선의 최적 경로와 예상 운행시간을 나타내 준다.

화주는 출고한 화물이 공장, 물류센터, 유통대리점 등의 목적지에 언제 도착할지 예측할 수 있어 이후 생산, 유통, 가공 등의 활동을 수행할 수 있다. 차주는 안내된 최적 경로를 통해 운행시간과 유류비를 최소화하고 시간대별로 변하는 교통상황에 유연하게 대응할 수 있다.

CJ대한통운은 택배상품 간선운송에 자율주행 기술을 도입하기 위해 마스오토와 협력하여 11t(톤) 자율주행 트럭을 투입하여 택배 간선차량 운행에 나서고 있다. 향후 자율주행 적용 노선과 투입 차량을 확대하기 위해 자율주행 기반의 물류자동화 기술을 개발할 계획으로 있다.

CJ대한통운은 미국에서 열린 물류전시회 'MODEX 2024' 참가하여 물류기업을 위해 수송, 국제운송, 창고보관 등 복잡한 물류과정을 통합적으로 수행하는 서비스를

[그림 2-15] 택배 간선차량 (출처 : CJ대한통운)

소개하였다. 또한 태림포장과 재활용이 가능한 친환경 보냉골판지 상자 '테코박스'를 상호 협력하기로 하였다.

CJ대한통운은 2020년 4월부터 국내 풀필먼트 서비스를 본격적으로 나섰다. CJ대한통운은 전자상거래 상품에 대한 전문 풀필먼트 서비스를 제공한다는 취지로 CJ대한통운 e-풀필먼트로 서비스명을 정하였다.

e-풀필먼트 서비스를 제공하기 위해 CJ대한통운은 곤지암에 메가 허브 풀필먼트 센터를 건설하였다. 축구장 16개와 맞먹는 11만 5500㎡의 규모로 설립하였다.

CJ대한통운의 풀필먼트 서비스가 경쟁사와 다른 것은 기존 허브터미널 시스템과 e-풀필먼트 센터가 결합한 융합형 e-풀필먼트 서비스를 실시하는 것이다. 이후 용인과 이천에도 저온식품이나 패션관련 상품을 취급하는 풀필먼트 센터를 활용하여 서비스를 제공하고 있다.

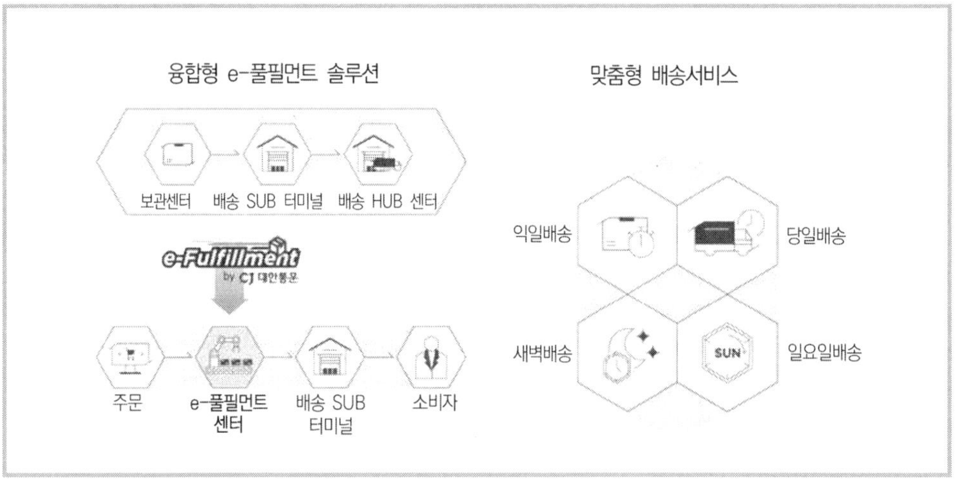

[그림 2-16] CJ대한통운 풀필먼트 서비스 (출처 : CJ대한통운)

(3) 우아한청년들

'우아한청년들'은 배달의 민족의 자회사로 물류서비스를 전담하고 있는 국내 대표적인 물류 혁신기업이다. 미들마일과 라스트마일이 통합된 All-in-One 인프라를 통해 매끄러운 물류여정을 책임지고 있다.

우아한청년들은 주요 사업으로 중앙 물류기지와 피패킹 센터, 배민커넥트가 있다. 우아한청년들이 운영하고 있는 DC(Distribution Center)는 인천과 칠곡에 있다. DC

는 피패킹 센터에 필요한 상품을 공급해 주는 큰 규모의 중앙 물류기지이다.

각 지역의 피패킹 센터에 상품의 수요와 재고 상황을 파악하고 콜드체인을 준수하며 공급하기 때문에 상품의 신선함을 확보하고 있다. 우아한청년들이 운영하고 있는 피패킹 센터는 전국 70여개 센터가 있다.

피패킹 센터는 매일 아침 오픈 전 DC로부터 납품받은 상품의 검수 및 검품을 진행한다. 고객이 B마트, 배민스토어를 통해 주문하는 즉시 해당 상품을 가져와 포장하며 라이더가 바로 배달할 수 있도록 준비한다.

[그림 2-17] 사업영역 (출처 : 우아한청년들)

라이더는 안전을 지키며 30분 내외로 소비자에게 상품을 전달할 수 있도록 상시 모니터링하고, 세밀한 물류망을 기반으로 유통시간을 단축시키고 있다. 향후 차별화된 라스트마일 서비스 제공을 위한 시스템과 전문성을 토대로 물류혁신을 선도해 나산나는 계획을 가지고 있다.

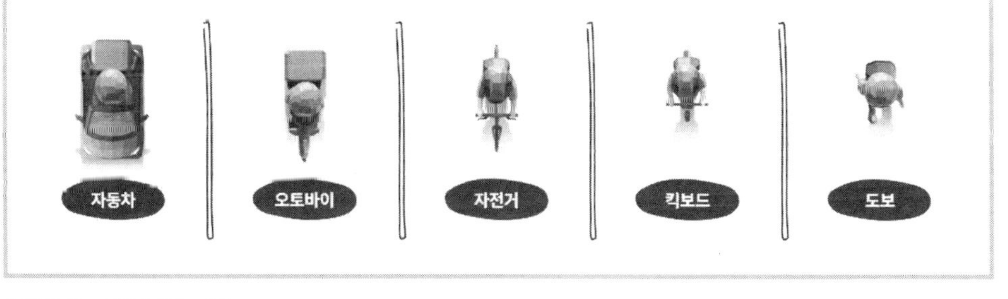

[그림 2-18] 이동수단 (출처 : 우아한청년들)

(4) 위밋모빌리티

위밋모빌리티는 2024년 3월 캐나다 라스트마일 이바이크 솔루션 전문기업 Milebox와 파트너십을 체결하였다. Milebox는 라스트마일 배송을 위해 특별히 설계된 이륜 자전거와 이를 지원하는 솔루션을 스타트업으로 지속 가능한 환경 친화적 가치를 실현하고 있다.

위밋모빌리티는 2024년 2월 물류 플랫폼 기술개발 전문기업으로 이커머스 유통기업인 창마루와 물류서비스 확대를 위한 업무협약을 체결하였다. 위밋모빌리티는 도착 예정시간 기반의 배송 예정 알람서비스를 구축하여 CS 업무를 획기적으로 개선할 계획으로 있다.

위밋모빌리티는 창마루의 유통산업 인프라와 노하우를 도입하여 라우팅 기술 기반의 물류 플랫폼을 결합하고, 이커머스 서비스를 확대할 계획으로 있다. 향후 물류 프로세스의 효율을 향상시키고 첨단 물류서비스 제공으로 고객만족도를 향상시켜 나간다고 밝혔다.

위밋모빌리티는 2024년 2월 AI 기반 경로 및 배차 최적화 솔루션 Roouty의 개발사로써 도쿄 라스트마일 크라우드소싱 플랫폼 DIAq와 협력하여 해외진출을 시도하고 있다. DIAq 크라우드소싱은 공유경제 기반의 플랫폼으로 라스트마일 분야에서 혁신을 선도하고 있다.

위밋모빌리티는 최적화 및 배차최적화 솔루션 '루티'의 개발사로서 제2회 기아 PBV(Purpose-Built Vehicle)* 목적기반 모빌리티 아이디어 공모전에서 우수상을

[그림 2-19] 기아 PBV 목적기반 모빌리티 (출처 : 위밋모빌리티)

* 기아자동차에서 정의하는 PBV는 고객의 비즈니스 목적과 요구에 맞춰 낮은 비용으로 제공 가능한 친환경 다목적 모빌리티 차량이다.

수상하였다. 라스트마일 딜리버리용 차량에 관한 혁신적인 아이디어로 PBV 차량의 냉장 및 상온 공간을 선택적으로 탑재할 수 있는 냉장케이스를 도입하는 것이다.

(5) 쿠팡

쿠팡은 지상에서 가장 우수한 고객 경험을 제공하기 위해 노력하고 있다. 쿠팡은 뛰어난 End-to-End 물류네트워크와 고객만을 생각하는 문화로 빠른 서비스, 넓은 선택의 폭, 낮은 가격이라는 세 가지 목표를 모두 이뤄내고 있다. 신선식품을 포함한 수백만 개의 상품을 1년 365일, 단 몇 시간 내에 전국에 배송하고 있다.

[그림 2-20] 쿠팡 물류센터 (출처 : 쿠팡)

1) 로켓배송 : 당일 · 새벽 · 익일 직배송

로켓배송은 수백만 가지의 상품을 빠르게 배송하고 있다. 최첨단 기술과 430만㎡ 규모의 물류 인프라를 통해 고객의 쇼핑 경험을 바꿔나가고 있다.

대만에서는 다음날 배송서비스를 제공하고 있다.

2) 로켓프레시 : 자정 전 주문, 새벽에 도착

로켓프레시는 국내 최대 규모의 온라인 장보기 서비스이다. 친환경 프레시백으로 고객이 필요한 모든 식품을 배송하고 있다

3) 로켓직구 : 해외 직구도 무료배송

로켓직구는 수백만 품목을 해외에서 배송하고 있다. 한국과 대만에서 서비스 중

이며, 해외 직구의 가격과 배송 과정을 혁신하여 상품을 저렴하고 빠르게 받아볼 수 있다.

4) Coupang Play : 알찬 콘텐츠 라인업

스포츠 경기 독점 라이브 스트리밍부터 블록버스터 영화와 쿠팡의 오리지널 콘텐츠까지 쿠팡플레이는 모두 즐길 수 있다. 특별한 스트리밍 경험을 선사하기 위해 새로운 콘텐츠를 계속 추가하고 있다.

2. 라스트마일의 미국 동향

라스트마일 미국 동향에서는 아마존, 월마트, 포트나에 대해 살펴보고, 그 외 미국 배송로봇 시장동향과 배송로봇 업체에 대해 살펴보고자 한다.

(1) 아마존

아마존은 미국에서 라스트마일 서비스 혁신을 이끌어오고 있다. 무료배송 서비스를 최초로 시도한 이후 즉시배송, 새벽배송, 당일배송, In-Car 배송, In-Home 배송 등 다양한 서비스를 추진해 오고 있다. 미국 내에서 온라인 유통시장 점유율을 50% 가까이 차지하고 있으며, 향후 더욱 증가할 것으로 기대하고 있다.

(2) 월마트

미국에 5,000개가 넘는 오프라인 매장을 보유한 물류업체로서 라스트마일 서비스를 발전시키고 있다. 미국 인구의 90%가 월마트 매장에서 10마일(16km) 이내 살고 있다. 매장에 픽업센터를 개설하고 고객이 온라인 주문을 하면 매장을 방문하여 찾아가도록 'Click & Collect' 서비스를 시도하고 있다.

고객의 현관이 아닌 냉장고까지 상품을 배달하는 'In Home Delivery'를 수행하고 있다.

아마존은 배달로봇 '스카우트(Scout)'를 미국 내 여러 지역에서 운행하고 있으며 '키위봇(Kiwibot)'은 여러 지역에서 음식배달 서비스를 수행하고 있다.

(3) 포트나

자동화 및 소프트웨어 전문기업으로 '포트나 라스트마일 솔루션 센터'를 설립하였다. 화물 및 유통업체가 생산성 향상 및 공정개선, 비용절감을 위해 라스트마일 운영을 자동화할 수 있도록 지원하고 있다.

포트나는 모듈식 및 양방향 컨베이어와 분류장치를 이용하여 라스트마일 네트워크 운영을 향상시키기 위해 노력하고 있다. 라스트마일 솔루션 센터는 다운스트림(downstream) 운영을 최적화하고, 시스템에서 처리량을 늘려 비용절감 효과를 기대하고 있다.

(4) 미국 배송로봇 시장 동향

배송로봇은 지능형 로봇에 관한 기술로 배송 물건을 목적지까지 옮기는 사율이동로봇(AMR : Autonomous Mobile Robot)을 의미한다. 창고나 공장 등 건물 내에서 물건을 옮기는 '물류로봇'과 어느 건물에서 다른 건물까지 물건을 옮기는 '배송로봇'으로 구분하고 있다.

물건을 옮기는 작업에 따라 물류 또는 배송이라 부르고 있으나 넓은 의미에서 물류로봇과 배송로봇은 같은 의미로 사용하고 있다. 최근 전자상거래 시장이 크게 성장하면서 라스트마일 배송로봇이 많은 관심을 받고 있다.

배송물량 증가와 택배인력 부족으로 인해 세계적으로 라스트마일 구간에서 배송로봇에 대한 역할이 커지고 있다.

미국에 본사를 둔 글로벌 리서치회사 그랜드 뷰 리서치(Grand View Research)는 세계적으로 라스트마일 배송시장 규모가 2022년도 11억4000만 달러를, 2023년부터 2030년까지 연평균 23.5% 성장률을 기록할 것으로 예측하고 있다.

또한 럭스 리서치(Lux Research)는 오는 2030년에 전체 물량 중에 20%는 배송로봇이 담당하고 로봇시장 규모는 대략 50조 원에 이를 것으로 예측하고 있다. 향후 전자상거래 시장 확대로 배송로봇에 대한 기대가 커지면서 활용도가 더욱 증가할 것으로 전망하고 있다.

(5) 라스트마일 배송로봇 업체

1) Starship Technologies

① 최대 속도 : 6km/h

② 최대 적재 무게 : 10kg

③ 초음파 센서, 카메라 12개, 레이더, GPS, 경보시스템, 반사경, Time-of-Flight 카메라, 스테레오 카메라

[그림 2-21] Starship Technologies (출처 : kotra)

2) NURO(third-gen)

① 최대 속도 : 6km/h

② 최대 적재 무게 : 10kg

③ GPS, 360도 카메라, 열화상 카메라, 근접 센서, LIDAR, 레이더

[그림 2-22] NURO (출처 : kotra)

3) FedEx(Roxo)

① 최대 속도 : 16km/h

② 최대 적재 무게 : 45kg

③ DEKA Research & Development Corp.와 협업을 통해 개발

④ 머신러닝 알고리즘, 통합 카메라, 라이다 활용한 사율 수행

⑤ 계단 등 장애물과 특수 지형에서 이동 가능

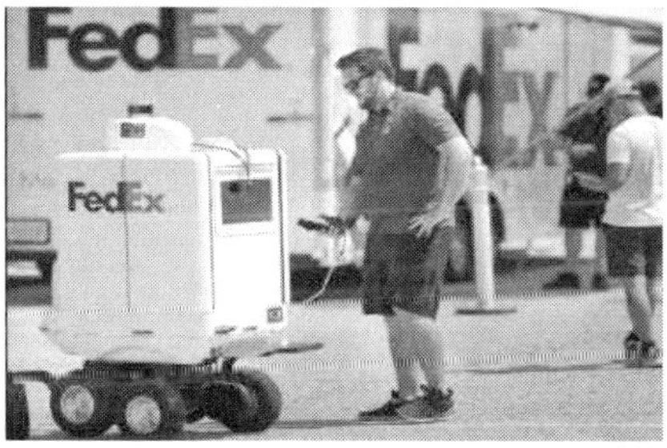

[그림 2-23] FedEx (출처 : kotra)

4) Relay Robotics

① 호텔 객실에 특화된 배달 로봇

② 자율적으로 엘리베이터 호출 및 작동

③ 보안 및 잠금 기능 물품 수납함 탑재

④ 자동 충전 기능 제공

⑤ 호텔 내 24/7 서비스 제공

[그림 2-24] Relay Robotics (출처 : kotra)

04 라스트마일의 비즈니스 모델

라스트마일은 운영의 안정성, 효율성, 만족성, 신속성을 기반으로 새로운 비즈니스 모델을 구축해 나가고 있다. 다른 분야와 연결성을 추구하고, 신속한 서비스를 위해 무인자동화 창고와 친환경 무인운송시스템을 갖추어야 한다.

라스트마일은 이용자 편의성을 위해 여러 산업과 융합되어 다양한 물류서비스를 제공해 나가야 한다. 라스트마일은 차별화된 물류서비스를 제공하고 주요 경쟁력을 강화하기 위하여 시장을 선점하고 빅데이터를 최적화하여 친환경 무인운송시스템으로 비즈니스모델을 개발해 나가야 한다.

1. 로봇 배송서비스

기아자동차는 CJ대한통운, 현대건설, 로봇전문 디하이브(D.HIVE)와 협력하여 PBV와 로보틱스 기술을 연계한 라스트마일 솔루션 고도화 실증사업을 진행하고 있다. 보스턴 다이나믹스사의 4족 보행로봇 '스팟(SPOT)'을 활용한 라스트마일 로봇 배송서비스를 구현하는 사업이다. 이 서비스는 CJ대한통운의 물류시스템과 연계해 택배기사가 봉고EV 차량에 스팟과 물품을 싣고 이동한 후 스팟이 고객 집 앞까지 물품을 배송하고 차량으로 복귀하는 방식이다.

[그림 2-25] 로봇 배송사업의 차량과 '스팟' (출처 : 지티티코리아)

2. 드론 배송서비스

물건이나 음식을 주문하면 드론으로 배달하는 서비스가 국내 전 지역에서 상용화를 시작하고 있다. 바다나 하천, 공원 등 육로로 이동하기 어려운 지형에서 배달서비스로 접근성을 높이면서 큰 기대를 받고 있다.

드론 배송 실용화는 드론 부품 국산화, 해상 소형선박 자율배송, 무인기 통신 네트워크 기술, 5G 기반 드론 레이싱 고속영상 전송기술, e-드론 스포츠, 신종 드론 게임 개발 등을 발전시키면서 실생활에 활용하게 될 것이다.

(1) 섬, 공원, 항만의 배송서비스

국토교통부와 항공안전기술원은 드론 상용화를 위해 노력하고 있다. 'K-드론배송 상용화 사업'을 실시하면서 섬과 항만, 공원에서 드론 배송사업을 추진하고 있다.

드론 배송거점 41개소와 드론 배달점 183개 등 드론 배송 기반시설을 구축하여 국내 38개 섬 지역에 생필품과 음식 등을 드론으로 배송할 계획이다. 포천시는 드론으로 물류배송뿐 아니라 군수물자 배송을 추진할 예정으로 있다.

(2) 휴양지 및 유원지에서 배송서비스

휴양지나 물놀이장 주변에서 음식점이나 편의시설을 이용하려면 다소 먼 거리를 걸어서 이동해야 했다. 이 경우 드론 배달서비스를 간단히 이용할 수 있다. 배송방식은 고객이 지정된 장소에서 주문하면 가맹점은 드론에 물품을 적재하여 고객이 있는 곳까지 자율비행으로 배달하면 된다.

(3) 인천지역 섬 7곳에 배송서비스

드론 스타트업 파블로항공은 인천 덕적도의 소야도, 자월도 등 섬 7곳을 대상으로 드론 배송서비스를 추진하고 있다. 시속 36km로 비행하여 10km 구간을 20분 만에 이동하고, 최대 5kg 물품을 싣고 25분간 비행이 가능하다.

인천시와 함께 택배, 편의점 물품, 치킨 배달까지 드론 배송을 계획하고 있다. 우체국과 연계하여 공공 배송서비스를 시작하고 세븐일레븐, 교촌치킨과 협업하여 경기 가평군 청평 지역에서 배송서비스를 제공할 계획으로 있다.

(4) 부산과 경남 창원, 통영 등에 배송서비스

국토교통부는 부산과 경남 창원, 통영 등 17곳을 선정하여 드론 배송과 군수물자 수송, 드론 레저사업 등을 지원할 계획으로 있다. 지방자치단체 한 곳당 4억~12억 원을 투입하고 사업에 참여할 14개 기업도 선정하였다. 전국적으로 드론 배송 거점 41곳과 드론 배달점 183곳을 구축할 예정으로 있다.

(5) 드론 시장 4조원 규모로 성장

국토교통부는 국내 드론 시장규모가 [그림 2-28]과 같이 2024년 1조 3,000억 원에서 2032년 3조 9,000억 원 규모로 성장하여 전 세계 시장의 2%를 차지할 것으로 전망하였다. 세계 드론 시장은 2024년 48조원에서 2032년 149조원에 이를 것으로 추정하고 있다.

미국이 가장 큰 비중 16.3%를 차지하고 중국 16.1%, 일본 5%를 보이고 있다. 세계 드론 시장은 2032년 146조원에 이를 것으로 추정하고 있다.

국토부는 향후 드론 산업은 배송서비스, 정밀탐지, 추적분야에서 빠르게 성장할 것으로 기대하고 있다. 미국은 빅테크 기업의 참여로 드론 배송이 본격적으로 상용화 될 것으로 보고 있다.

[그림 2-26] 미래 라스트마일 드론 배송 (출처 : 한진)

[그림 2-27] 섬, 공원, 항만 등에서 드론 배송서비스 (출처 : 디지털경제)

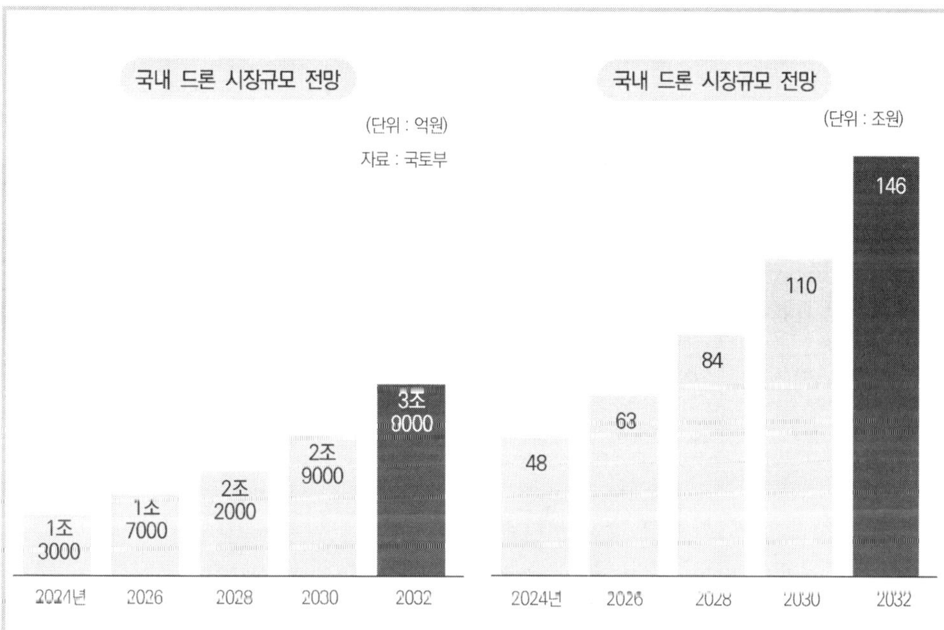

[그림 2-28] 국내 및 세계 드론 시장규모 전망 (출처 : 한경)

05 택배

택배 배송과정 및 순서가 [그림 2-29]와 같이 상품준비, 집화출발, 상품인수, 상품이동, 배송지도착, 베송출발, 배달완료로 진행되고 있다.

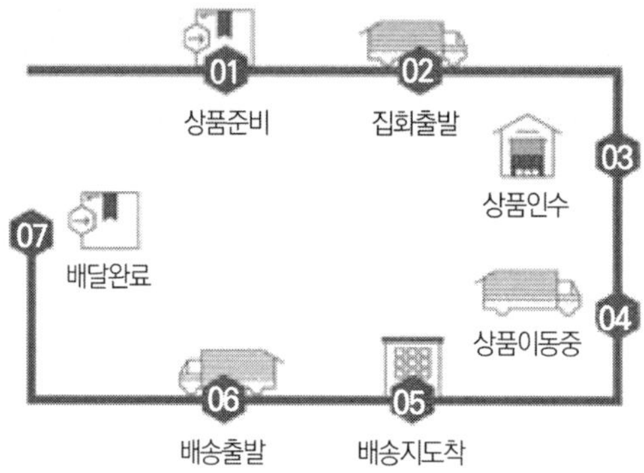

[그림 2-29] 택배 배송과정 및 순서 (출처 : 나애리)

1. 집화처리

보내는 고객이나 판매자로부터 택배기사가 상품을 인수 받았다는 것을 의미한다. 내가 주문한 상품을 판매자가 접수하면 택배기사가 접수된 상품을 순서대로 수집한 뒤에 특정한 장소에 모으는 과정이 나타난다.

[그림 2-30] 집화처리 (출처 : 나애리)

2. 간선상차

상품을 화물트럭이나 컨테이너 차량에 싣거나 상품이 실려 있는 상태를 의미한다. 또한 싣는 과정이나 싣고 출발한 상태도 포함된다.

수집한 상품들을 물류터미널로 운반하기 위해 화물차에 싣는 것뿐 아니라 허브터미널 간 이동 및 간선하차에서 분류된 상품들을 각 지역터미널로 보내기 위해 트럭에 싣는 것도 간선상차에 해당된다.

[그림 2-31] 간선상차 (출처 : 나애리)

3. 간선하차

간선상차와 반대로 상품을 트럭에서 내린 상태를 의미한다. 트럭에 있던 상품을 내리는 과정도 포함된다.

물류터미널에 도착한 화물트럭에서 상품을 내리는 것뿐 아니라 각 지역별 목적지로 갈 수 있도록 다시 소분류하기 위해 상품을 내리는 작업도 포함된다.

[그림 2-32] 간선하차 (출처 : 나애리)

택배마다 각각 배달되어야 하는 지역이 모두 다르기 때문에 소분류과정은 꼭 필요한 과정이다. 물류터미널에 화물트럭이 도착하면 먼저 간선하차가 이루어진다. 그리고 지역별로 분류한 다음에 간선상차가 이루어지고 각 배달지역으로 이동하게 된다.

4. 행낭포장

간선하차 과정이 끝난 후에 크기가 작거나 비닐로 포장되어 분실이 있는 상품이나 파손의 위험이 있는 상품들을 행낭에 재포장하여 위험을 낮추는 과정을 말한다.

행낭에 담아 보내는 이 과정은 필수가 아니며 상품에 따라 진행될 수도 있고 아닐 수도 있다.

[그림 2-33] 행낭포장 (출처 : 나애리)

5. 배달출발

목적지가 있는 지역 터미널로 상품이 도착하는 것을 배달출고라 한다. 이곳에서 택배기사들이 화물트럭에 상품을 싣고 배달출발을 한다. 이 단계부터는 택배기사의 성함과 연락처를 확인할 수 있다.

6. 배송완료

최종적으로 고객인 주문자에게 상품이 배달완료된 상태를 말한다.

7. HUB

HUB는 핵심 물류센터로 전국으로 움직이는 택배물이 중간에 모이는 장소라고 이해하면 된다. 대표적으로 옥천, 곤지암, 용인, 창원에 HUB가 있다.

각기 다른 지역에서 보내진 택배가 이곳에 집결된 후에 간선하차와 간선상차, 행낭포장 등을 거쳐 최종 목적지가 있는 각 지역별로 이동하게 된다.

[그림 2-34] HUB (출처 : 나애리)

라스트마일의 유래

라스트마일은 사형수가 자신의 방에서 사형장까지 걸어가는 거리를 의미하기도 하고, 마라톤 등 스포츠에서 목표에 이르기 직전의 최종 구간을 의미하기도 한다. 최근 금융시장에서는 2%의 물가 목표 달성을 위한 마지막 구간이란 의미로 사용하고 있다.

물류 분야에서는 '목적지까지 남은 1마일(약 1.6km)'을 나타내고 있다. 걷기에는 다소 멀지만 버스나 전철은 연결이 안 되고, 택시나 자가용을 이용하기에는 다소 불편하고 애매한 거리를 나타내는 것으로 사람들이 빠르고 편한 이동 수단을 알아보는 방안이 바로 '라스트마일 정책'이다.

이동 수단으로 '라스트마일 모빌리티'에는 공유 전동킥보드, 공공 자전거, 오토바이, 전기 자전거 등이 있다. '라스트마일 딜리버리'는 유통시장에서 상품이 목적지에 도착할 때까지의 전 과정을 의미하고 있다. 유통시장에서 각 기업들이 배송과정에 서비스 차별화를 강조하기 위해 나온 용어이다.

제3장 보관 및 물류센터에 대한 이해

01 보관에 대한 이해
02 창고에 대한 이해
03 물류센터의 역할과 특징
04 물류단지시설의 유형

보관은 재화를 물리적으로 저장하고 관리하여 고객의 주문에 따라 피킹, 분류, 검품, 출고, 배송하는 일련의 작업을 수행하는 물류활동이다. 보관활동은 생산과 소비의 거리를 조정하여 시간적 효용을 창출하는 기능을 가지고 있으며 이 기능을 물류센터가 담당하면서 물류 중심적 기능을 수행하고 있다.

01 보관에 대한 이해

보관은 24시간 365일 언제든지 이용 가능하고 가까워 접근 가능해야 한다. 시설 내부의 온도와 습도를 조절하여 물품관리에 최적화된 환경을 제공해야 한다. 물품 입출고가 편리하도록 주자창과 거리가 가까워야 하고, 항상 직원이 상주하여 상담이 가능해야 한다.

1. 보관의 의미

물류에서 보관은 생산과 소비의 거리조정을 통한 시간적 효용(Time Utility)을 창출하는 물류의 핵심 분야이다. 보관은 다음과 같은 3가지 측면으로 구성되어 있다.

〈표 3-1〉 보관의 3가지 측면

측 면	내 용
설비기기	보관에 관련된 하드웨어 측면
재고관리	재고를 관리하기 위한 관리기법
시스템	설비기기와 재고관리를 유기적으로 결합하여 통합된 하나의 시스템으로 가동하는 것

보관은 물적 유통에서 운송과 함께 중요한 부분으로 다음과 같은 다양한 기능을 가지고 있다.

〈표 3-2〉 보관의 주요 기능

기 능	내 용
시간적 불일치 해결	생산시기와 소비시기 사이의 시간적 불일치 해결
시장가격 안정	공급량 조절에 따른 시장가격 안정
금융 기능	창고증권을 통한 자금 융통의 원활화
매매 촉진 기능	화물의 등급화로 대체성과 상품성을 높임
고객서비스의 최전선 기능	보관이나 재고는 항상 거래선과의 접점에 존재
운송과 배송 사이의 윤활유 기능	운송에 의해 공장으로부터 대량의 제품을 보관 고객에게는 적은 단위로 배송
화물의 집산, 분류, 구분, 검사장소 기능	제품을 단순히 보관하는 것뿐만 아니라 창고의 역할 비중이 더 커지고 있음

창고증권

창고에 보관 중인 화물을 대표하는 유가증권으로 기탁자(화물 맡긴 자)는 창고증권을 통해 보관된 화물을 자유롭게 처분할 수 있으며, 담보로 자금을 융통할 수도 있음.

2. 보관의 원칙

보관은 원칙을 지키면서 운용하는 것이 효율적일 수 있다. 보관에 여러 원칙이 있겠지만 이 중에서 10개의 기본원칙을 선정하여 그 내용에 대해 살펴보고자 한다.

(1) 통로대면

통로에 가까이 물품을 보관하는 것이다. 물품을 저장하고 인출하는 것이 쉽고 효율적인 보관을 위해 통로 가까이 위치하는 것이 바람직하다. 이것은 창고 보관 시 배치의 기본이며, 효율성의 기본원칙이다.

(2) 높이 쌓기

가능한 물품을 높게 쌓아올려서 보관하는 것이다. 물품을 낮게 쌓는 것보다 높게 쌓으면 효율성이 좋아진다.

하지만 선입선출 등의 재고관리상 제약조건이 있는 경우에는 높이 쌓기 원칙을 유지하면서 조건에 맞게 보관해야 한다. 먼저 들어온 물품이 하부에 있는데 나중에 들어온 물품이 위에 적재되는 경우, 하부에 있는 물품을 인출하기 어려울 수가 있다. 이 경우 선반(Rack) 등의 보관설비를 이용해야 한다.

(3) 선입선출

먼저 입고된 물품을 먼저 출고하는 원칙이다. 이 원칙은 상품의 수명이 짧은 식료품 등에 적용하고 있다. 재고관리 측면에서 선입선출(First In First Out)이 중요하지만, 시간 흐름에 따라 쉽게 변하지 않거나 라이프 사이클이 길고, 파손이 그다지 발생하지 않는 경우에는 선입선출에 따른 추가 비용과 이익을 서로 비교해서 결정해야 한다.

이와 반대로 후입선출(Last In First Out)이 있는데 주로 회계상으로 활용되는 경우이다. 예를 들어 인플레이션이 심한 경우, 후입선출로 관리하면 순이익이 낮게 잡히는 이점이 있다.

(4) 재고회전율

보관 장소를 상품별 재고회전율에 따라 결정하는 원칙이다. 창고 출입구가 하나인 경우 입출고 빈도가 높은 물품은 출입구 가까이 보관하고, 빈도가 낮은 물품은 출입구에서 먼 곳에 보관한다. 상품 입출고에 따라 ABC 분석을 통해 상품별 차등 관리가 필요하다. 또한 계절에 따라 품목별 빈도를 조사하여 장소를 변경해야 한다.

(5) 동일성 및 유사성

동일 품목이나 유사 품목은 가능한 가까운 장소에 보관하는 원칙이다. 동일 품목이 창고 안에 여기 저기 산재해 있으면 저장이나 인출이 힘들고, 위치를 기억하지 못하는 등 작업 생산성이 낮아질 수 있다. 창고에서 동일성 원칙을 유지하면 저장 및 인출 시 이동시간의 줄일 수 있다.

(6) 중량특성

중량에 따라 보관 장소의 높낮이를 결정하는 원칙이다. 무거운 물품은 바닥이나 하층부에 보관하고, 가벼운 물품은 가능한 위나 상층부에 보관한다. 사람이 손으로 하역하는 경우, 허리 이하의 높이에 중량물이나 대형물품을 보관하고, 허리 이상의 높이에 경량물이나 소형물품을 보관한다. 선반을 사용하는 경우에는 안전성을, 사람이 직접 하역하는 경우에는 작업성을 고려해야 한다.

(7) 형상특성

물품의 형상에 맞게 보관하는 원칙이다. 일반적으로 표준품은 선반이나 용기에 보관하고, 비표준품은 일정한 공간을 정하여 불규칙하게 쌓아둔다. 그 이유는 표준품은 포장의 규격화가 용이하지만 비표준품은 포장의 규격화가 어렵기 때문이다.

(8) 위치표시

보관품의 보관 장소나 선반번호를 표시하는 원칙이다. 위치를 표시하면 입출고 작업을 쉽게 하고 오류를 최소화할 수 있다. 창고 안에 아르바이트나 비정규직 등 미숙련자가 작업하고 있을 수 있어 위치표시는 꼭 필요하다.

(9) 명료성

시각에 의해 보관품을 쉽게 인식할 수 있어야 하는 원칙이다. 위치표시, 동일성, 유사성 등의 원칙을 유지하고 더불어 작업자가 보관 장소나 보관품을 쉽게 인식할 수 있도록 표시해야 한다.

(10) 네트워크 보관

저장과 인출을 용이하게 하도록 관련 물품끼리 모아 보관하는 원칙이다. 동일성 원칙과 유사하며 출하품목의 다양성에 따라 관련품목의 연대출고를 예상한 네트워크 보관으로 물품을 쉽게 찾기 위한 보관법이다.

3. 보관의 방식

보관 방식에는 One-Way 방식과 U-Turn 방식이 있는데 그 내용은 다음과 같다.

(1) One-Way 방식

① One-Way 방식은 입고구와 출고구가 별도로 설치되어 있는 방식이다.
② 물품이 일방통행으로 창고 안으로 이동하여 출구에서 반출이 이루어진다.

(2) U-Turn 방식

① 입고구와 출고구가 동일하거나 동일한 방향에 있는 방식이다.
② 보관물품은 보관 후 입고 방향과 반대 방향으로 출고가 이루어진다.

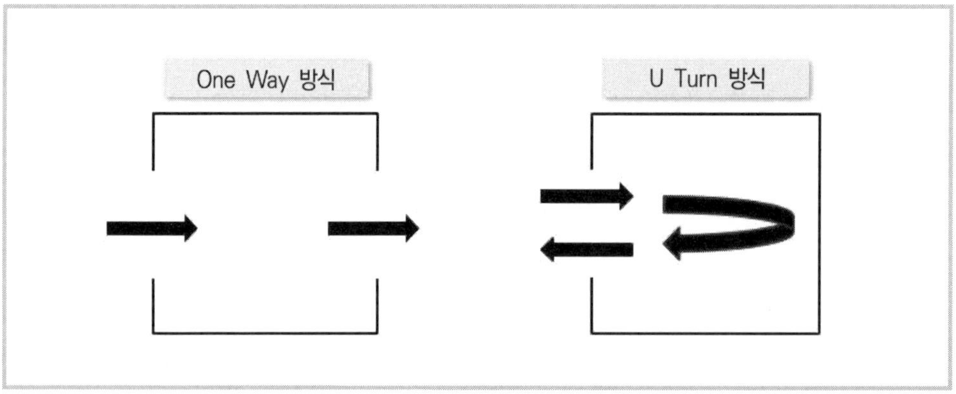

[그림 3-1] One Way 방식과 U-Turn 방식의 예시

02 창고에 대한 이해

창고는 물건이나 자재를 저장하거나 보관할 때 사용하는 장소이다. 각종 상품을 사고 팔 때 시간이 필요하므로 상품을 일시 보관하는 곳으로 사용하였다. 창고는 제조업체, 유통업체, 소매상, 온라인 유통업체 등 다양한 산업 분야에서 중요한 역할을 하고 있다.

1. 창고의 개념과 구성

제조사는 물품의 생산을 위한 원자재의 보관이나 출하되기 전 완성품의 보관을 위해 자체적으로 창고를 운영하기도 한다. 그 개념과 구성에 대해 살펴보고자 한다.

(1) 창고의 개념

창고(Warehouse)는 상품의 분실이나 훼손을 방지하기 위하여 시설한 토지 또는 건물로써 물품을 보관하기 위한 모든 시설물을 말한다. 제조사를 떠난 상품은 최종 소비자에게 도달할 때까지 수출상, 수입상, 지역 물류회사 등을 거치며 각 단계 마다 물품의 선별과 배송을 위해 창고에 보관한다.

창고는 산업화와 무역의 발전과 연관되어 등장하였다. 산업화가 진행되면서 제조업체는 대량의 원자재와 완제품을 보관하고 관리할 필요성을 느끼게 되었다. 무역이 급속히 성장함에 따라 다양한 지역 간의 상품 이동과 보관이 필요하게 되었다. 이에 따라 원자재부터 완제품까지 공급망을 유지하기 위해 창고가 필요하게 되었다.

(2) 창고의 구성

창고는 물품을 보관하기 위한 시설물로서 다음과 같이 구성되어 있다.

① 통로 : 창고시설의 부지 내 운반용 차량이 통과하는 부분
② 적재공간 : 물건을 적재하기 위해 확보된 공간
③ 바닥 : 물건을 적재하거나 작업하는 공간
④ 보의 높이 : 창고바닥에서 보 밑까지의 높이
⑤ 기둥간격 : 적재부분의 기둥 간의 유효 안쪽 치수
⑥ 창고시설 출입구 : 물건을 입출고하기 위해 출입하는 문

2. 창고의 기능

창고는 물품의 생산과 소비의 공간적 거리를 조정하고 시간적 효율을 창출하는 기능을 하는데 구체적인 내용은 다음과 같다.

① 저장 기능 : 물품을 안전하게 보관하거나 현상을 유지한다.
② 수급조절 기능 : 생산과 소비의 시간적 간격을 조정하여 일정량의 흐름을 유지한다.
③ 가격조정 기능 : 물품의 수급을 조정하여 가격 안정을 도모한다.
④ 연결 기능 : 물류의 각 요인을 연결시키는 터미널 역할을 한다.
⑤ 매매기관적 기능 : 물품의 매매를 통해 금융을 원활화시키는 역할을 한다.
⑥ 신용기관적 기능 : 재고를 확보하고 품절을 방지하여 신용을 증대시키는 역할을 한다.
⑦ 판매 전진기지적 기능 : 창고에서 직접 물품을 판매하거나 판매를 위한 전진 기지로서 역할을 한다.

3. 창고설계의 원칙

창고는 기둥 간격이 좁은 것보다 넓게 설계하는 것이 향후 사용에 유리하다. 새로 짓는 창고라면 기둥 간격을 비롯하여 건물의 기본계획부터 최신 물류시스템에 맞게 최적화하는 것이 바람직하다.

① 직진성의 원칙 : 물품, 통로, 운반기기, 사람 등의 흐름방향을 직전성에 중점을 두고 설계한다.
② 역행교차 회피의 원칙 : 창고 통로 점유율이 높아지므로 역행교차는 회피한다.
③ 물품취급횟수 감소의 원칙 : 화물의 취급과 운반을 공동화 또는 집합화하여 물품의 취급횟수를 감소시킨다.
④ 물품이동 간 고저간격의 축소원칙 : 물품의 흐름과정에서 높낮이 차의 크기와 횟수를 감소시킨다.
⑤ 모듈화의 원칙 : 화물형태, 운반기기, 랙, 통로입구, 기둥간격의 모듈화를 유지한다.

4. 창고의 종류

창고의 종류는 크게 유통경로와 경영주체로 구분하고 있는데 그 내용은 다음과 같다.

〈표 3-3〉 창고의 종류

분류기준	분 류	의 미
유통경로	생산지창고	생산지에서 수집한 상품을 보관(농업창고 등)
	집산지창고	생산지와 소비지 사이의 중계지역에서 저장(보세창고)
	소비지창고	대도시 소비지에 위치(풀필먼트 센터 등)
경영주체	자가창고	자신의 상품 등을 보관하기 위한 창고
	영업창고	타인의 상품을 보관해 주고 보관료를 받는 창고
	계약창고	특정 보관시설을 임대나 리스하여 물품을 보관하는 창고
	조합창고	조합의 생산품을 보관하는 창고
	공영창고	국가와 지방 공공단체가 공익을 위해 만든 창고

보세창고
수입 절차를 밟지 않은 외국 화물 보관을 목적으로 하는 것으로 세관장의 허락을 받은 창고

트렁크 룸
서화, 골동품 등의 귀중품을 트렁크나 가방에 넣어 보관하는 것으로 도시 창고의 일종

5. 창고의 유형

창고는 내부형태에 따라 창고 유형을 다양하게 구분하는데 다음과 같이 9개로 선정하여 살펴보고자 한다.

(1) 일반 평면창고

특별한 보관설비 없이 일반화물을 장치 및 보관하는 업무를 수행하는 창고이다. 자동화창고나 랙창고에 비해 설비비가 적게 발생한다는 장점은 있으나 보관효율이나 기계화 효과가 미흡하다는 단점이 있다.

[그림 3-2] 일반 평면창고 (출처 : SH플라텍)

(2) 파렛트 랙

파렛트 랙(Pallet Rack)은 랙 시스템의 가장 기본적인 구조로서 다양한 종류의 중량화물을 파렛트 단위나 선반단위로 보관할 수 있는 랙이다. 창고에서 취급하는 물품의

하중조건이나 적재 단수에 따라 알맞게 선택이 가능하다.

일반적으로 창고에서 가장 광범위한 용도로 이용되는 랙이며, 보관화물의 종류가 다양하더라도 유연하게 보관할 수 있다. 일반적인 지게차를 사용하며 선입, 선출 및 재고관리가 용이하다는 장점이 있다.

[그림 3-3] 파렛트 랙 (출처 : ㈜거성에스앤티)

(3) 슬라이딩 랙

슬라이딩 랙(Sliding Rack)은 랙서랍 랙이라 불리며, 선반이 앞 또는 앞뒤 방향으로 꺼내지는 구조를 가진 랙을 말한다. 슬라이딩 랙은 랙과 경사진 롤러 컨베이어를 결합한 유동랙으로 랙의 입고 쪽에 넣은 화물이 중력에 의해 랙의 출고 쪽으로 자동으로 이동하는 방식이다.

이는 별도로 관리하지 않더라도 자동으로 선입선출 방식이 가능하다는 장점이 있다. 중력에 의해 물품이 아래쪽으로 이동할 때 파손되는 것을 방지하기 위해 출고측 완충장치에 의해 화물 정지 시 충격을 흡수할 수 있게 설계되어 있다.

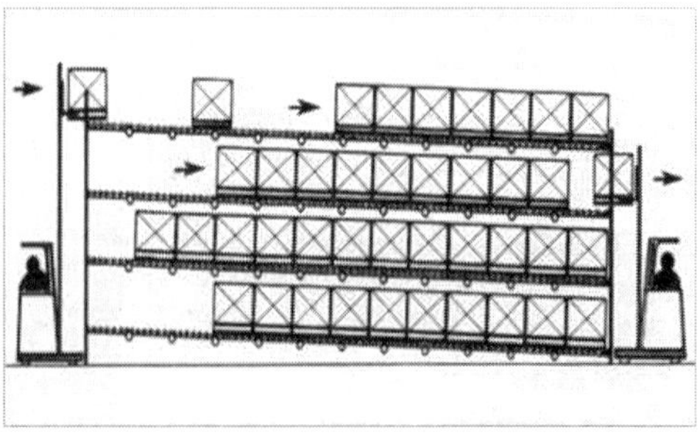

[그림 3-4] 슬라이딩 랙 (출처 : ㈜거성에스앤티)

(4) 적층랙

적층랙(Mezzaninen Rack)은 통로와 선반을 다층식으로 겹쳐 쌓은 랙으로 상층부의 면적 효율과 공간 활용이 좋다. 입출고 작업과 재고관리가 용이하며, 최소의 통로로 높이 쌓을 수 있어 경제적인 장점이 있다. 비싼 건축비용 없이 사용 가능하나 적층랙을 이용할 때에는 불법인지 아닌지 확인이 필요하다.

[그림 3-5] 적층랙 (출처 : 영원물류시스템)

(5) 드라이브 인 랙

드라이브 인 랙(Drive In Rack)은 파렛트에 쌓아 올린 물품 보관에 이용하며, 지게차를 이용하여 실어 나르는데 사용하고 빠져나갈 수 있는 랙이다. 파렛트 랙보다 공간 대비 효율적이고 바닥 면적 활용을 극대화할 수 있다.

소품종 다량의 화물이나 파렛트의 회전율이 높은 화물 보관에 용이하다. 랙 안이 지게차의 통로를 겸하기 때문에 별도의 지게차 공간을 확보하지 않아도 되는 장점이 있다.

[그림 3-6] 드라이브 인 랙 (출처 : NEMO)

그러나 파렛트 적재 공간과 지게차 통로공간이 같기 때문에 안쪽에 있는 물품을 꺼내기 어려운 단점이 있다.

(6) 회전 랙

회전 랙(Rotary Rack)은 수평 또는 수직으로 순환되고, 정해진 입출고 장소에 이동할 수 있는 랙이다. 피킹 시에 피커를 고정하고 랙 자체가 회전하는 형태로 운영되어 피커가 효율적으로 피킹할 수 있다.

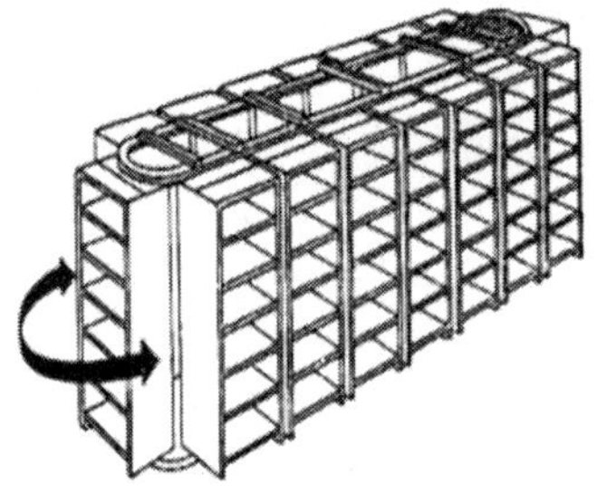

[그림 3-7] 회전 랙 (출처 : ㈜케이와이지)

(7) 모빌 랙

모빌 랙(Mobile Rack)은 레일 등을 이용하여 직선적으로 수평 이동하는 랙이다. 창고공간이 매우 협소한 곳에 다량의 물품을 보관하기 용이한 랙으로 수납공간을 극대화시킬 수 있다. 중요서류나 차트 등 문서화된 물품을 보관하고, 한정된 공간에 가장 효율적으로 집중보관 관리하므로 공간 활용이 높다. 일반 고정식 랙보다 50%의 공간 절약이 가능하다.

[그림 3-8] 모빌 랙 (출처 : NEMO)

(8) 암 랙

암 랙(Arm Rack)은 선반 상부의 암을 펼쳐 장척화물을 보관하는 랙이다. 암의 위치를 조절하여 물건의 형태에 따라 자유롭게 대응이 가능하다. 랙의 높이와 암의 길이, 적재하중 등 특별화물에 대해 설계가 가능하며 부정형한 품종의 화물도 랙 내에서 공간의 낭비없이 보관이 가능하다.

[그림 3-9] 암 랙 (출처 : ㈜거성에스앤티)

(9) 하이스택 랙

[그림 3-10] 하이스택 랙 (출처 : 유일이엔지)

하이스택 랙(High Stack Rack)은 적은 통로 폭으로 적재효율과 공간활용을 배가시킬 수 있는 랙이다. 일반적인 랙보다 더 높게 적재할 수 있어 물동량이 대량이고 건물의 높이가 여유가 있을 때 사용한다.

일반적인 파렛트 랙에 비해 1/2의 토로 폭으로 2~3배의 높이로 쌓을 수 있다. 일반적인 지게차로는 하역하기 어려우며, 높이 쌓을 수 있는 전용 스태커 포크리프트를 사용한다.

6. 보관업무

보관업무는 입출고가 잦은 품목을 작업공간에 가깝게 보관하여 작업시간을 단축할 수 있다. 랙, 셀, 선반 등 보관유형이나 카트, 지게차 등 장비를 기준으로 프로세스를 효율적으로 처리할 수 있다. 보관업무의 절차와 고유 업무, 보관료는 다음과 같다.

(1) 보관업무 절차

보관업무는 상품특성, 요구사항, 판매패턴 등 상품에 대한 정보를 바탕으로 수행하고 있으며, 크게 입고업무와 출고업무로 구분하는데 그 내용은 다음과 같다.

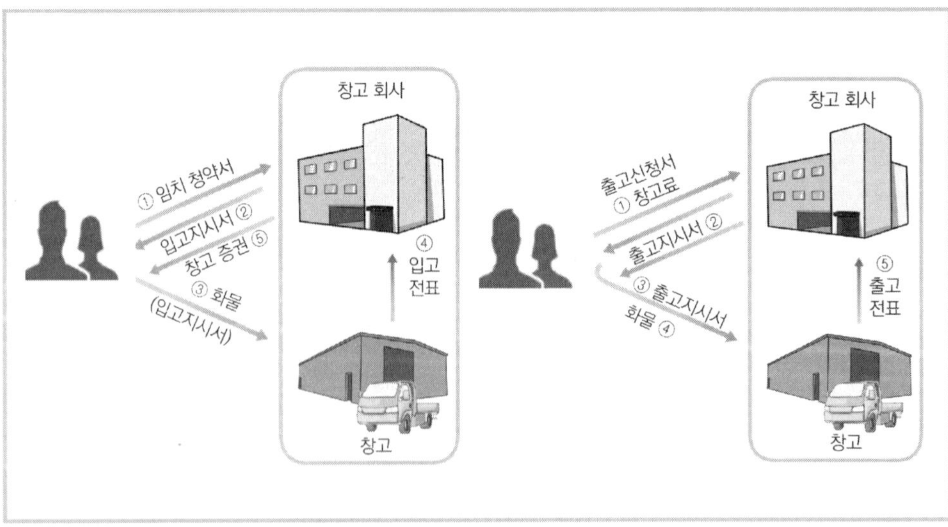

[그림 3-11] 입고업무와 출고업무 (출처 : Daum 백과)

(2) 고유업무

보관업무는 창고의 고유업무이지만 창고임대, 출외보관, 하역 등의 업무를 수행하고 있다.

① 창고임대 : 창고의 전부 또는 일부를 임대료를 받고 화물 주인에게 빌려 주는 것
② 출외보관 : 창고업자가 타인의 창고를 대신 관리해 주고 수수료를 받는 것
③ 하역 : 창고에 화물을 입고 또는 출고하는 것. 그 외 화물분류, 파손화물 수리, 개장 등을 수행하는 것

(3) 보관료

① 창고료 = 보관료 + 하역료 : 종량률에 의해 결정
② 보관료 = 보관요율(종가율과 종량률의 합계) × 보관기간

1) 하역료 : 물건을 싣고 내릴 때 드는 비용
2) 종가율 : 운임료나 보관료 등을 계산할 때 물건 가격을 기준으로 정하는 비율
3) 종량률 : 운임료나 보관료 등을 계산할 때 물건 무게나 부피를 기준으로 정하는 비율

(4) 창고의 수와 비용과의 관계

창고의 수는 총 비용이 최소가 되는 점에서 결정된다. 창고의 수가 증가하게 되면 창고비용과 관리비용이 증가하지만 고객에게 빠르게 배송할 수 있어 고객서비스율은 증가한다. 공장에서 창고로 배송하는 수송비용은 증가하지만 고객에게 배송하는 배송비용은 감소한다.

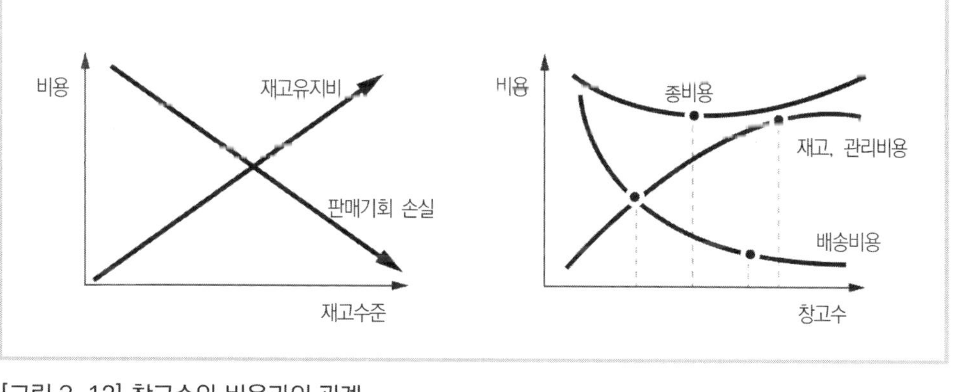

[그림 3-12] 창고수와 비용과의 관계

03 물류센터의 역할과 특징

물류의 5대 기능 중 보관기능을 하는 것을 물류시설이라 한다. 물류센터는 생산과 소비 사이의 유통과정에서 거래 외에 물건이 이동하는 것을 통제하고 관리하는 중심부를 의미한다.

1. 물류센터 정의

물류센터(Distribution Center)는 상품의 저장, 분류, 포장, 배송 등 물류활동을 수행하는 중앙집중형 시설을 말한다. 주로 물류활동을 효율적으로 관리하고 제품의 움직임을 최적화하기 위해 사용되는데, 그 구체적인 내용은 다음과 같다.

(1) 물류시설 이해

물류시설은 화물을 운송하고 보관이나 유통을 위한 시설로 도로, 항만, 철도, 공항, 창고, 화물터미널 등을 의미한다. 물류시설 중에 보관을 담당하는 시설로는 물류단지, 유통단지, 물류센터, 배송센터, 내륙컨테이너기지, 복합화물터미널 등이 있다.

배송센터는 소매점 및 고객에게 직접 배송하는 소규모 집배센터이고, 물류센터와 배송센터를 합쳐 물류거점이라 한다. 공장에서 완성된 상품을 보관하고 수요와 공급의 유통을 관리하는 시설로 운송시간, 재고조절, 수요정보 획득 등의 기능을 수행한다.

기존에는 공장에서 배송단지로 상품을 직접 운송하면서 고객의 주문과 배송을 담당하였다. 그러나 최근에는 상품을 고객에게 효율적으로 배송하기 위해 창고를 물류전략지역에 설치하고 있다.

(2) 물류센터의 등장

1) 서비스 요구 증가

물류센터의 등장은 산업화와 고객의 요구사항 변화, 물류 효율성에 대한 요구 등으로 볼 수 있다. 과거에 생산된 상품을 보관하는 창고로 주로 사용되었으나 최근 소비자의 서비스 요구 증가와 신속한 제품 수요를 충족하기 위해 물류센터가 필요하게 되었다.

2) 첨단기술과 자동화

글로벌 시장에서 생산과 소비가 지역을 넘나들면서 효율적인 물류시스템이 중요하게 요구되면서 물류센터의 필요성이 부각되었다. 오늘날 첨단기술과 자동화의 발전으로 물류센터가 더욱 효율적으로 운영할 수 있게 되었다.

3) 상품의 수급조절

물류센터는 생산과 소비 사이의 시간적 불일치 해소, 상품의 수급조절로 가격안정, 상품의 입고와 분류, 유통가공*, 배치, 보관, 출고 등의 기능을 담당하고 있다. 단순 보관에서 보관 상품의 가치와 매매의 편리성을 높이면서 유통가공서비스 기능을 확장시켜 나가고 있다.

4) 서비스품질 향상

물류센터는 공급망의 중심부에서 여러 공급업체로부터 상품을 받아들이고 입고 작업을 수행한 이후 주문에 따라 상품을 추출하고 포장하여 최종 소비자에게 배송하는 역할을 한다. 이는 물류과정을 효율적으로 관리하고 재고를 최적화하여 비용을 절감하고 서비스 품질을 향상시키는 데 도움이 된다.

(3) 창고, 물류센터, 풀필먼트센터

① 창고 : 물건이나 상품을 안전하게 보관하는 시설
② 물류센터 : 보관을 포함하여 하차, 입하, 보충, 유통가공, 검품, 포장, 상차, 출하 등 복합적인 기능을 수행

〈표 3-1〉 창고, 물류센터, 풀필먼트 센터 비교

구 분	창 고	물류 센터	풀필먼트 센터
기능	상품 보관 위주	물류허브	고객주문 처리
입지	도시 가격 저렴한 지역	교통 접근성 좋은 지역	소비자 근접 지역
운영목표	보관 효율	물류 효율	고객서비스

(출처 : Cello Square)

* 유통가공 : 생산자로부터 소비자에 이르는 상품 유통과정에서, 상표붙이기, 가격표 붙이기, 포장하기 등과 같이 고객의 편의를 위하여 상품을 가공하는 일이다.

③ 풀필먼트 센터 : 온라인으로 주문이 들어오면 처리하고 제품을 찾아 포장하여 고객에게 발송하는 과정을 담당

[그림 3-13] 창고 (출처 : Cello Square)

[그림 3-14] 물류센터 (출처 : Cello Square)

(4) HUB와 VMI

1) HUB

허브(Hub)는 승객이나 물류 수송의 중심지 역할을 하는 교통의 요지이며, 어느 특정 지역의 중심 물류거점으로 인천공항과 부산항은 한국의 대표적인 허브공항이고 허브항이라 할 수 있다.

인천공항은 동북아의 허브공항으로 일본 간사이공항, 홍콩 첵랍콕공항 등과 경쟁

하고, 부산항은 동북아의 허브항만으로 일본 고베항, 대만 카오슝항, 홍콩, 싱가포르 등과 경쟁하고 있다. 또한 유럽에는 네덜란드의 로테르담항이 있고, 국내에는 한진택배와 대한통운택배가 대전광역시에 허브터미널을 운영하고 있다.

2) VMI

VMI(공급자 재고관리, Vender Managed Inventory)는 공급자가 제품의 재고관리를 위해 소비자 입장에서 직접 재고를 관리하는 협력적인 비즈니스 모델이다. 주요 특징으로 재고관리 책임이양, 실시간 정보공유, 자동화된 주문 프로세스, 재고 최적화, 서비스 수준 향상, 장기적인 협력관계 등이 있다.

이로 인해 고객서비스 향상, 유연성, 비용절감 등의 효과를 얻을 수 있으며, 효율적인 공급망 관리로 공급자와 소비자 간 협력과 신뢰로 협업 관계를 강조하고 있다.

2. 물류센터의 역할

물류센터는 물류거점인 물류단지에서 물류기능을 주로 담당하면서 재고의 집하, 보관, 하역 등의 작업을 수행한다. 물류센터의 주요 목적은 생산과 소비의 조정활동과 고객에 대한 배송서비스 수준을 향상시키는데 있다.

물류센터는 이러한 목적을 달성하기 위하여, 상품보관을 포함하여 다음 [그림 3-15]와 같이 다양한 역할을 수행하고 있다.

[그림 3-15] 물류센터의 역할 (출처 : 유창권, 보관하역론)

(1) 입고

창고의 지정된 위치에 제품을 보관하고 수량을 기록하는 작업이다. 창고 업무는 재고관리가 중요하며 입고된 수량과 출고된 수량이 일치해야 한다. 기업들은 창고 내 상품수량을 관리하기 위해 '재고관리시스템'을 도입하고 있다.

입고와 동시에 검품작업으로 효율성을 높이기 위해 바코드에 의한 자동인식시스템 등 다양한 기능의 재고관리시스템이 있다. 주문이 들어오면 자동으로 재고에 반영되는 시스템을 가동하여 업무의 효율성을 높일 수도 있다.

[그림 3-16] 입고 (출처 : THE CKB)

(2) 검품

입고와 동시에 다음과 같은 검색작업이 진행된다.

① 품명 등을 확인하고 입하한 상품과 일치 여부
② 주문한 수량과 동일한 수량의 입고 여부
③ 컬러와 같은 사양이 동일한지 여부
④ 포장을 풀고 불량품 있는지 여부

입고와 동시에 검품을 하면, 상품의 입하 이후 파손 등 문제 파악을 수월하게 할 수 있다.

[그림 3-17] 검품 (출처 : THE CKB)

(3) 보관

입고부터 출하까지 업무를 효율적으로 수행하기 위해 창고 내에 상품위치를 결정하는 위치관리 방법이 있다. 위치관리는 다음과 같은 3가지 방법이 있다.

① 창고에서 위치를 할당하는 '고정 로케이션'
② 창고에서 비어있는 위치에 보관하는 '프리 로케이션'
③ 위 두 가지 방법을 결합한 '더블트랜잭션'

창고의 규모나 상품의 계절성, 교체빈도 등으로 위치관리 방법을 구분하고 있다. 상품을 두는 방법에는 골판지 크기에 따라 '팔레트를 바닥에 두는 방법'과 '랙(선반)에 두는 방법'이 있다.

[그림 3-18] 보관 (출처 : THE CKB)

(4) 피킹

수주한 상품의 배송 지침을 통해 보관 장소에서 배송위치로 각 상품을 수집하는 작업을 의미한다. 피킹 작업은 크게 2종류가 있어 발송처마다 상품을 모아 출하하는 '따내기방법'과 제품별로 모아 나중에 분류하는 '파종방법'으로 구분한다.

창고가 넓어질수록 창고 내 이동거리도 늘어나고 배송지 수와 창고의 규모에 따라 적절한 방법을 도입하고 있다. 최근에는 로봇에 의한 완전 오토메이션 시스템을 피킹 작업에 적용하는 사례가 늘어나고 있다.

[그림 3-19] 피킹 (출처 : THE CKB)

(5) 분류

피킹으로 수집된 상품을 발송지별로 분류하는데 이 단계에서 잘못되면 상품을 다른 장소에 출하하는 실수가 발생하게 된다. 수월하게 구분하기 위해서는 "어느 장소에

[그림 3-20] 분류 (출처 : THE CKB)

어떤 상품이 있는지? 어떻게 움직이면 최단 시간에 상품을 모을 수 있을까?"를 판단해야 한다. 보관조건을 결정하는 위치관리는 효율적인 창고 업무를 위해 중요한 사항이다.

(6) 유통가공

유통가공은 상품의 편의성을 높이거나 부가가치를 높이는 가공업무로 다음과 같은 일을 하고 있다.

① OPP 가방 리필
② 가격 태그 붙여넣기
③ 태그 설치 및 제거
④ 상품 상자 포장

자사 공장이 없는 팹리스* 기업의 경우, 유통가공이 가능한 물류창고는 높은 부가가치를 얻을 수 있는 수단이 되고 있다.

(7) 포장

고객별로 전달할 상품을 보호하기 위해 상자나 포장재를 사용하는 것으로 상품 사이에 채워 넣는 종이나 솜 등의 포장재를 스타핑이라 한다. 포장 재료는 주로 종이상자, 에어캡, 스티로폼 등을 사용하고 있다. 포장에 문제가 생기면 배송 도중 파손되어 클레임의 원인이 되므로 각 상품마다 적합한 포장재를 선택하여 작업해야 한다.

[그림 3-21] 포장 (출처 : IMT 목재수출포장)

* 팹리스(Fabless) : 반도체를 직접 생산하지 않고 설계 및 기술 개발만 하는 기업으로 '실리콘 웨이퍼 제조설비(fabrication facility)가 없다'는 뜻이다.

(8) 출고

상품을 창고에서 꺼내는 것으로 최종 포장이 끝나면 문서를 작성하고 고객별로 배송/출하 업무에 들어간다. 규모가 작은 상품은 수작업으로 트럭에 적재하지만 규모가 크면 컨베이어나 무인 반송차를 이용하기도 한다. 상품별로 추적번호를 발급하여 발송인과 수취인이 상품현황을 파악할 수 있도록 한다.

[그림 3-22] 출고 (출처 : 현대해운)

3. 물류센터의 장점과 단점

온라인 유통시장이 급성장하면서 물류센터에 대한 수요와 투자가 증가하고 있다. 최근 관심이 높아지고 있는 물류센터에 대한 장점과 단점은 다음과 같다.

(1) 장점

① 물류창고를 이용하면 비용절감 효과가 나타난다. 자사 창고에 보관하면 지대나 시스템 도입비 등 고정비와 설비유지비 및 인건비 등이 필요하다. 반면 외부 물류창고에 위탁하면, 수고와 비용을 절약할 수 있고 보관할 물량이 많을 경우에는 위탁 창고의 면적을 추가하면 되기 때문에 적절한 예산을 사용할 수가 있다.

② 물류창고에 위탁하면 비용과 수고를 줄이고 다른 업무에 집중할 수 있다. 개발과 기획은 자사가 관리하고 생산을 포함한 중간 공정을 물류창고에 위탁할 수도

있다. 자본이 적은 중소기업이나 소규모 스타트 기업에서 유용하게 이용할 수 있다.

(2) 단점

① 물류창고에 위탁하면, 자사가 얻을 수 있는 물류노하우를 축적할 수 없어 기회손실이 발생할 수 있다. 자사 창고를 이용하면 창고 내 물건을 위치 관리하여 비용 절감이나 공간의 효율성을 실현할 수 있으나 이런 기회를 상실하게 된다.

② 자사 창고를 이용하면, 돌발 상황이 일어날 경우 창고의 상품 상황을 즉시 확인할 수 있으나 물류창고를 위탁한 경우에는 재고 현황을 신속히 확인할 수 없게 된다.

4. 물류센터와 창고의 구분

일반적으로 창고는 물품을 '보관'하는 일에 중점을 두는 곳이며, 물류센터는 물품의 '출하'에 중점을 두는 것이 가장 큰 차이이다. 각 구분에 따라 창고와 물류센터를 구분하면 다음과 같다.

〈표 3-5〉 물류센터와 창고의 구분

구 분	창고	물류센터
고객의 요구	상품을 적절히 보관하고 싶다	필요한 양을 필요한 시점에 출하하고 싶다
기능면의 차이 (중시하는 기능)	보관기능	하역, 유통가공
형상면의 차이 (공간 활용도)	보관 공간 중심	분류 공간 중심

(출처 : 유창권, 보관하역론)

5. 물류센터의 운영 효과

물류센터를 운영하면서 얻을 수 있는 효과는 다음과 같이 다양하다.

① 재고량을 시계열적으로 분석 가능하다. 출고되는 물품을 빠르게 파악하여 시장 동향과 인기상품, 사양상품들을 신속하게 파악할 수 있다.

② 거점간의 운송 업무를 감소시킬 수 있다. 창고를 여러 장소에 설치하는 경우, 운송 빈도가 높아지면서 운송비용이 증가하는 것을 방지할 수 있다.
③ 창고관리 업무와 관리직원 수를 감소할 수 있다.
④ 불필요한 재고와 결품률을 감소시키고 적시배송이 가능해 진다.
⑤ 물류시설 집약화로 물류업무를 자동화시킬 수 있고, 정보시스템화 등에 대한 설비투자가 가능하다. 이로 인해 물류센터 업무의 효율성과 고객서비스를 향상시킬 수 있다.

04 물류단지시설의 유형

물류단지시설은 화물의 운송, 집화, 하역, 분류, 포장, 가공, 조립, 통관, 보관, 판매, 정보처리 등을 위하여 물류단지 안에 설치하는 시설이다. 이는 크게 일반 물류단지와 도시첨단 물류단지로 구분하고 있다.

1. 물류시설의 종류

물류시설은 물류에서 보관기능을 담당하고 있다. 물류시설은 화물의 운송과 보관, 유통을 위한 시설로 도로, 항만, 철도, 공항, 화문터미널 및 창고 등을 말한다. 그 종류는 다음과 같다.

〈표 3-6〉 물류시설 종류

시설명	정 의
화물터미널	화물의 잡화, 하역, 분류, 포장 또는 통관 등에 필요한 기능을 갖춘 시설물
ICD*	항만 및 내륙운송수단의 연계가 편리한 산업지역에 위치한 컨테이너 장치. 보관기능과 잡화분류기능 및 통관기능을 담당
CFS**	컨테이너에 화물을 적재하거나 인출하고 일반화물트럭에 상차와 하차 작업에 따른 환적 및 일시 보관 창고
창고	물건의 분실과 훼손을 방지하기 위한 보관시설 또는 보관 장소

〈표 3-6〉 계속

시설명	정 의
화물취급장	당일 집배송이 이루어지는 택배화물을 취급하는 장소
집 · 배송센터	유통사업자 또는 제조업자의 사용에 제공하기 위해 집배송시설 및 관련업무시설 또는 판매시설을 갖추어 조성한 시설물
공동 집배송단지	집배송센터(판매시설을 갖춘 집배송센터는 제외)를 집단적으로 설치하여 다수의 유통사업자 또는 제조업자가 시설물의 전부
유통단지	유통시설(화물터미널, 집배송단지, 도소매단지, 농수산물 도소매단지)과 지원시설(가공제조시설, 정보처리시설, 금융 · 의료 · 보험 · 교육 · 연구시설 및 편의시설)을 집단적으로 설치하고 육성하기 위해 지정 개발하는 일단의 토지
농수산물 종합유통센터	농수산물의 수집, 포장, 가공, 보관, 수송, 판매 및 그 정보처리 등 농수산물의 물류활동에 필요한 시설 및 이와 관련된 업무시설을 갖춘 사업장
농수산물 도매시장	농수산물을 도매하기 위하여 특별시장, 광역시장, 시장이 관할구역에 개설하는 시장
농수산물공판장	농협, 임협, 축협, 수협과 중앙회 또는 공익법인이 농수산물을 판매하기 위하여 개설하고 운영하는 사업장
CY	Container Yard의 약칭. 컨테이너를 보관, 잡화, 배송 등을 하는 장소

(출처 : (주)티엘이엔에스)

[그림 3-23] 인천공항 AACT 화물터미널 (출처 : 네이버 블로그)

* ICD : Inland Container Depot의 약자, 내륙 컨테이너기지이다.
** CFS : Container Freight Station의 약자이다.

[그림 3-24] 거제축협 농수산물종합유통센터 (출처 : 모닝뉴스)

[그림 3-25] 문정지구 동남권 유통단지 (출처 : 다음 카페)

[그림 3-26] CFS (출처 : Gina Global)

[그림 3-27] 의왕 ICD (출처 : 아시아투데이)

[그림 3-28] CY (출처 : Gina Global)

[그림 3-29] 광주서부 농수산물 도매시장) (출처 : 티스토리)

2. 물류거점

과거 도시 외곽의 교통요지에 있던 물류센터들이 최근에 서서히 도심 속으로 빠르게 이동하면서 기존 물류거점에 대한 인식을 완전히 바꾸고 있다.

물류센터가 도심으로 이전하는 배경에는 온라인 주문 증가로 인해 소비자와 인접한 도심 내 '마이크로 풀필먼트 센터'와 다크스토어 등의 구축이 필요하기 때문이다. 〈표 3-7〉은 물류거점 구분에 관한 설명이다.

〈표 3-7〉 물류거점 구분

물류기반시설	물류거점	
	집단형 물류거점	개별 물류거점
철도화물역 항만시설 공항시설 도로 등	유통물류단지 공공트럭터미널 창고단지 도소매단지 도매단지 공항내, 항만내 가건물지구 등	메이커의 물류시설 운수 및 창고업자의 물류시설 도매업자의 물류시설 소매업자의 물류시설 납품업자 배송센터 등

(출처 : (주)티엘이엔에스)

[그림 3-30] 평택 자동차 물류거점 (출처 : 주간경향)

[그림 3-31] 양천구 서부트럭터미널 조감도 (출처 : 부동산뉴스)

[그림 3-32] 김포물류유통단지 (출처 : 경인일보)

제4장 풀필먼트 이해

글로벌 전자상거래 시장이 2조 달러를 넘어서면서 세계적으로 온라인쇼핑 고객의 기대치가 갈수록 높아지고 있다는 것을 반영하고 있다. 오늘날 소비자는 디지털 혁신의 영향을 받으면서 장소에 구애받지 않고 항상 연결되어 있는 숙련된 온라인 쇼핑고객으로 변해가고 있다.
온라인으로 구매한 후 매장에서 수령하든 2시간 내에 집에서 배송을 받든 상관없이 원활하면서도 더 빨라진 구매 여정을 기대하고 있다.

01 풀필먼트

풀필먼트(Fulfillment)는 고객이 주문한 상품이나 서비스를 처리하고 배송하는 과정으로 이행, 수행, 완수를 의미한다. 풀필먼트는 주문관리, 재고보관, 상품출고, 물류배송 등의 과정으로 고객에게 신속한 서비스를 제공하는 것을 목표로 하고 있다.

1. 풀필먼트 정의

풀필먼트는 단순 배송을 넘어 물류전문업체가 판매자의 위탁을 받아 상품이 고객에게 배송되기까지 전 과정을 대행하여 주는 서비스를 말한다. 상품의 입고, 보관, 선별, 포장, 배송, 교환, 환불 서비스까지 통합적으로 관리하는 '물류 일괄 대행 서비스'이다.

기업이나 온라인 판매업체는 풀필먼트 업체와 협력하여 고객의 주문을 접수하고 상품을 배송할 수 있다. 세계 최대 전자상거래 업체인 아마존이 이커머스(e-Commerce) 고객의 전 주문과정을 수행하는 배송서비스로 '아마존 FBA(Fulfillment By Amazon)'을 최초로 도입하였다.

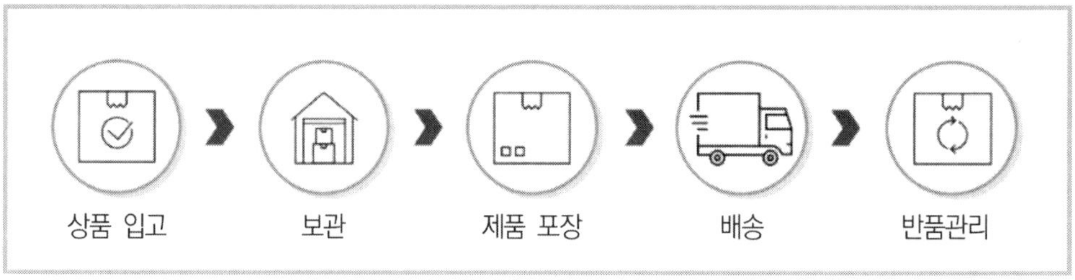

[그림 4-1] 풀필먼트의 주문에서 배송과정 (출처 : Cello-Square)

2. 풀필먼트 의미

풀필먼트는 사전적 의미로 '처리'나 '이행'을 의미한다. 단어 자체의 의미로는 무엇인가를 충족시켜주는 느낌이지만 이 단어만으로는 물류에서 어떠한 의미를 가지고 있는지 쉽게 파악하기 어렵다. 실제로 국내에서 관련 업체들이 사용하고 있는 '풀필먼트'라는 용어의 활용은 다양하다고 볼 수 있다.

쿠팡은 자사가 매입한 로켓배송 물량을 소비자에게 전달하기 위한 물류센터 운영 처리 프로세스에 '풀필먼트'라는 이름을 붙였다. 네이버는 자체적으로 운영하는 물류센터가 하나도 없지만 IT 시스템을 중심축으로 하여 자본을 투자한 제휴 물류업체들의 서비스를 연결하여 풀필먼트를 운영하겠다고 하였다.

신세계, 롯데 등 전통적인 오프라인 유통업체는 기존에 보유한 오프라인 거점을 온라인 주문처리를 위한 센터로 조성하는 것으로, 즉 '온라인 주문처리 센터화'를 풀필먼트라고 설명하였다. CJ대한통운과 롯데글로벌로지스 등 택배업체들은 라스트마일 물류 네트워크와 결합한 풀필먼트를 도입하여 발전시키고 있다.

02 풀필먼트 유형과 서비스

풀필먼트 서비스는 물류업체가 판매자를 대신하여 상품을 고객에게 전달하는 모든 배송과정과 제품의 교환 및 환불까지 담당하는 서비스를 말한다. 풀필먼트 유형과 풀필먼트 서비스의 활용과정에 대해 살펴보고자 한다.

1. 풀필먼트 유형

풀필먼트 유형은 크게 오더 풀필먼트와 이커머스 풀필먼트가 있는데 그 내용은 다음과 같다.

(1) 오더 풀필먼트

오더 풀필먼트(Order Fulfillment)는 고객의 주문, 선별, 포장, 배송, 재고관리 등을 처리하는 일반적인 풀필먼트와 모든 형태의 풀필먼트 서비스를 의미한다.

(2) 이커머스 풀필먼트

이커머스 풀필먼트(e-Commerce Fulfillment)는 온라인 거래를 이용한 고객의 주문, 선별, 포장, 배송 등과 같은 서비스를 의미한다.

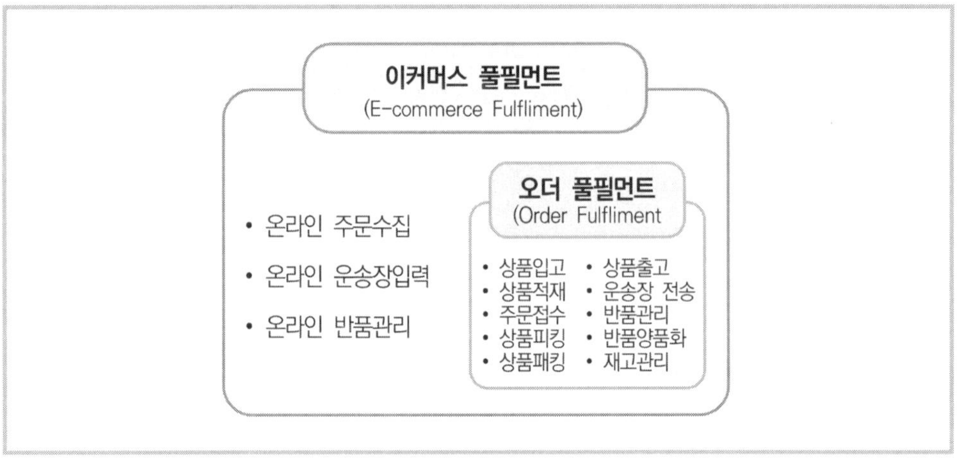

[그림 4-2] 오더 풀필먼트와 이커머스 풀필먼트 (출처 : Cello-Square)

2. 풀필먼트 서비스 활용

기존 대부분의 이커머스 업체는 라스트마일 단계를 주로 택배 배송에 의존하는 상황이었다. 이러한 택배서비스는 한정된 시간 내에 수백만 상자에 이르는 상품들을 효율적으로 취급하기 위해 일반적으로 허브 앤 스포크(Hub & Spoke)* 방식의 간선 시스템을 활용하는 경우가 많이 있었다.

(1) 기존 이커머스 물류

상품에 대한 배송서비스는 다음 과정을 거치고 소비자에게 배송된다.

(2) 이커머스 풀필먼트 물류

이전의 [집하 ⇒ 서브터미널]의 과정이 생략되고 주문과 동시에 소비자에게 배송된다.

* 허브 앤 스포크 : 항공 노선을 구성하는 형태 중 하나로 각 나라 또는 지역의 대표 도시에 메인 거점으로 운항하고, 그 메인 거점 공항을 중심으로 다시 운항노선을 구성하는 방식으로 마치 자전거 바퀴살처럼 펼쳐진 모양과 같다. ㉬ 인천국제공항, 부산항

CJ대한통운에서 운영하는 풀필먼트 서비스를 예로 들면 소비자들이 자주 주문하는 상품에 대한 정보를 활용하여 상품을 메인 터미널인 풀필먼트 센터에 미리 입고시켜 놓았기 때문에 가능한 일이다. 고객 주문 정보가 전달되면 바로 풀필먼트 센터에서 허브터미널로 상품을 보내 전국으로 발송할 준비를 하게 된다.

기존 이커머스 배송서비스에 비해 앞의 두 과정이 사라진 만큼 상품 배송시간이 단축된다. 기존 이커머스 업체는 전날 오후 3시 이전에 주문해야 빠르면 다음날 배송이 되었으나, 이커머스 풀필먼트 서비스를 활용하면 밤 12시 이전에 주문해도 다음날 받아 볼 수가 있다.

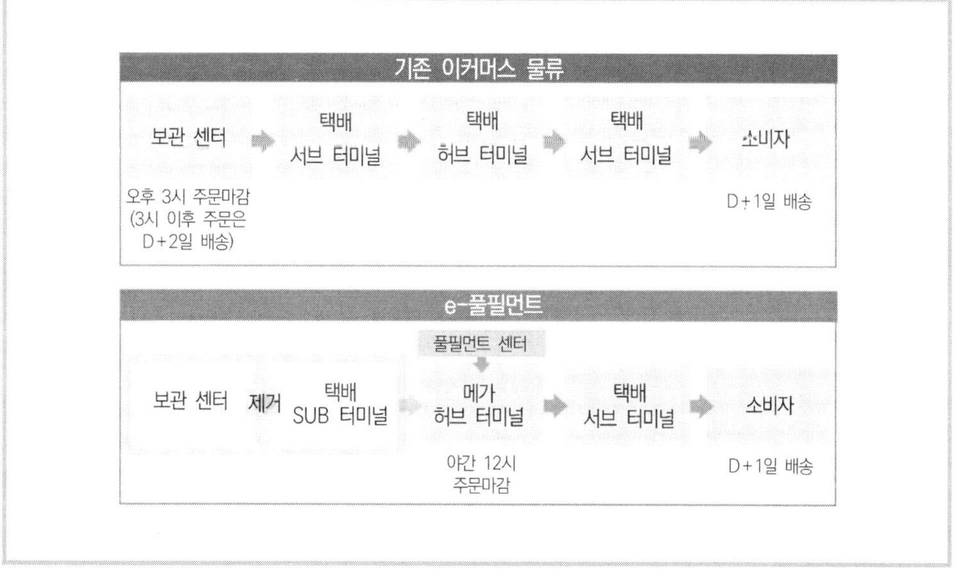

[그림 4-3] 기존 이커머스와 이커머스 풀필먼트 서비스 비교 (출처 : DBR 303호)

3. 풀필먼트 서비스 구분

풀필먼트 서비스는 다음과 같이 사내주문 처리, 제3자 물류, 생산자직송 세 가지로 구분하고 있다. 그 내용을 살펴보도록 하자.

(1) 사내주문 처리

사내에서 물류처리의 모든 과정, 즉 주문접수, 피킹, 포장, 배송 등을 처리하는 경우이다. 이를 통해 회사는 전체 프로세스를 더 잘 통제하고 고객의 특정 요구사항에 적절한 프로세스를 활용할 수 있다.

(2) 제3자 물류 수행

풀필먼트 일부 또는 전 과정을 제3자 물류(3PL) 공급자에게 아웃소싱하는 경우이다. 공급자는 주문접수, 피킹, 포장, 배송 등 모든 과정을 대신 처리해 준다. 반면 기업은 핵심 비즈니스에 집중할 수 있다.

(3) 생산자 직송

회사 웹 사이트에 제품을 소개하지만 제3자 공급자에게 서비스를 아웃소싱하는 경우이다. 고객이 주문하면 공급자가 직접 제품을 배송하게 된다. 이를 통해 회사는 제품을 보유하지 않거나 풀필먼트를 이행하지 않아도 제품을 판매할 수 있다.

03 풀필먼트 성장 배경

인공지능 및 첨단기술이 발달하고 배송 문화가 확산되면서 1인 가구의 증가로 신선식품과 가정간편식 산업이 큰 폭으로 성장하고 있다. 저렴한 상품보다 적정한 금액에 고품질의 서비스를 선호하는 형태로 고객의 요구가 변화하고 있다.

1. 이커머스 시장의 성장

최근 국내 이커머스 시장은 온라인 거래의 증가와 더불어 유통업체의 물류서비스 경쟁이 높아지면서 성장세가 급속히 커지고 있다. 이커머스 시장이 커질수록 물동량이 증가하고, 동시에 물류센터의 수요도 증가하고 있다.

(1) 고객의 다양한 요구

물류서비스는 단순히 고객의 주문과 배송의 의미를 넘어 자동화 및 대형화된 빠른 배송과 고객의 다양한 요구사항을 반영하는 것이 중요하다. 국내 물류시장은 좁은 국토에 비해 많은 인구가 밀집되어 있어 물류서비스는 매우 중요하고 유통업체가 성장하는데 꼭 필요한 요인이 되고 있다.

(2) 라이프스타일 변화

이커머스는 초기에 책이나 음반 등 디지털 콘텐츠를 다루었으나 최근에는 의류, 가전제품, 식료품, 생필품 등 모든 종류의 상품들로 확대되고 있다. 디지털 기술과 인프라 구축, 스마트폰 이용자가 급증하면서 소비자의 인식과 라이프스타일에 변화가 나타나고 있다.

(3) 맞춤형 추천서비스

기업들은 적극적인 마케팅 전략과 물류시스템을 개선하기 위한 지속적으로 노력하고 있다. 다양한 할인 이벤트와 프로모션 제공, 빅데이터 분석을 통해 맞춤형 추천서비스를 제공하면서 고객만족도를 향상시키고 재구매율을 높여가고 있다.

2. 새로운 시스템의 필요성

이커머스 시장이 급성장하는 상황에서 경쟁력을 유지하기 위해 기업은 새로운 시스템을 요구하고 있다. 기존 물류기업에서 사용하던 창고관리 시스템이 이커머스 물류에 적합하도록 업그레이드하거나 새롭게 구축할 필요성이 나타나게 되었다.

(1) 새로운 물류시스템 도입

다양한 온라인 판매 채널을 통해 들어오는 다수의 고객 주문을 통합 수집하는 주문관리시스템(OMS)과 창고관리시스템(WMS)의 연동이 필요하게 되었다.

풀필먼트는 자사상품(1PL : 직접 물류, 2PL : 자회사 물류)이나 타사상품(3PL : 3자 물류)에 상관없이 물류창고 안에 미리 재고를 입고하고, 고객 주문에 따라 보관된 상품을 피킹 및 포장하여 배송할 때까지 프로세스를 최적화하는 측면에서 B2B 기업 물류와 크게 다르지 않다.

차이가 있다면 수시로 다수의 고객 주문을 처리해야 하는 이커머스 특성이 결합되면서 난이도와 비용이 상승하였고, 새로운 물류시스템이 필요하다는 점이다.

(2) 자동화 설비 도입

첨단 기술이 점점 발전하면서 풀필먼트에 대한 진입장벽은 낮아지고 풀필먼트 시장에서 경쟁은 더욱 과열되고 있다. 풀필먼트 센터를 운영하고 있는 기업들은 점차적으로 기존의 물류센터에서 벗어나 새로운 영역에서 경쟁력을 확보하면서 발전해야 한다.

풀필먼트 센터에 인공지능 로봇기술 등 자동화 설비를 도입하여 배송 속도와 정확도를 향상시키고 물류비용을 절감해야 한다. 메타버스와 융합하고 구독경제 모델을 확대하면서 친환경 경영 강화와 해외 직구시장 및 라이브 커머스의 대중화에 많은 관심을 기울여야 한다.

04 풀필먼트 구축을 위한 요소

풀필먼트를 구축하는데 필요한 이커머스 주문관리 기능, 다품종 소량의 SKU, 온라인 유통업체 관리 기능에 대해 살펴보고자 한다.

1. 이커머스 주문관리 기능

풀필먼트 서비스가 필요한 온라인 유통업체는 서로 다른 다수의 쇼핑몰에서 수시로 고객 주문이 들어오고, 해당 정보를 기반으로 서로 다른 택배사의 송장을 출력해야 한다.

(1) 주문 건수가 많은 경우

온라인 유통업체는 주문이 적은 경우 직접 처리가 가능하겠지만, 일부 유통업체의 경우 주문 건수가 관리 수준을 넘어서면 이를 직접 처리하기가 어려울 수 있다. 이를 해결하기 위해 다수의 주문을 자동으로 수집할 수 있는 주문관리기능이 풀필먼트 서비스에 구축되어 있어야 한다.

(2) 주문이 변경되거나 취소되는 경우

이커머스를 통한 주문은 주문 이후 소비자의 의사에 따라 실시간으로 주문이 변경되거나 취소될 수가 있다. 따라서 최초 주문 이후 실시간으로 주문이 변동되는 것을 확인할 수 있는 기능이 필요하다.

주문 이후 소비자가 주문을 변경하거나 취소하는 경우 오배송으로 이어질 수 있다. 그래서 풀필먼트 솔루션과 이커머스 판매처 간의 실시간 주문 연동은 매우 중요한 관리기능이다.

2. 다품종 소량의 SKU

풀필먼트를 활용하는 온라인 유통업체의 특징은 다품종 소량의 SKU(Stock Keeping Unit)*를 운영하고 있는 것으로 나타났다.

(1) 대형 및 중소형 유통업체의 차이점

기존의 3PL은 주로 대형 유통업체가 이용하였고, 풀필먼트 경우 주로 중소형 유통업체가 이용하는 추세를 보이고 있다. 대형과 중소형 유통업체의 가장 큰 차이점은 취급하는 상품의 SKU로 볼 수 있다.

대형 유통업체는 소품종 다량의 SKU를 주로 취급하고, 중소형 유통업체사는 다품종 소량의 SKU를 취급하는 경향이 있다. 중소형 유통업체는 일반적으로 개인사업자나 소규모 쇼핑몰의 형태로 다수의 품목을 소량 구입하여 온라인에서 판매하는 방식이다.

따라서 중소형 유통업체가 풀필먼트 서비스를 제공하기 위해서는 다품종 소량의 SKU를 효율적으로 관리할 수 있는 기능이 필요하다.

(2) 상품매칭 관리 기능

이커머스 업체들은 동일한 상품을 여러 온라인 판매채널에 서로 다른 상품명으로

* 스톡 키핑 유닛(Stock Keeping Unit) : 재고관리에서 자재 재고를 관리하는 측정 단위이다. 기업이 재고를 기록할 때 각 단위 또는 SKU의 수량을 계산한다.

판매하는 경우가 있다. 따라서 소비자가 주문한 상품이 오배송되지 않기 위해서는 풀필먼트 솔루션에 배송상품을 매칭할 수 있는 상품매칭 관리 기능도 필요하다.

3. 온라인 유통업체 관리 기능

일반적으로 창고관리 시스템에는 물류를 처리할 수 있는 기능이 있지만 온라인 유통업체를 관리할 수 있는 기능은 부족하였다. 성공적인 운영을 위해 다음과 같은 관리 기능이 추가되어야 한다.

(1) 고객사 및 물류관리 기능

풀필먼트는 다수의 유통업체를 대상으로 각 요구에 맞는 방식으로 관리해야 하기 때문에 고객사 관리 기능이 필수적이다. 유통업체는 풀필먼트 솔루션을 통해 물류관리에 필요한 정보(입고내역, 출고내역, 재고현황, 정산내역, 반품신청, 알람기능, CS 등)를 실시간으로 확인할 수 있어야 한다.

(2) 정산관리 기능

기존 3PL 업체들이 활용하고 있는 창고관리 시스템에는 정산내역 확인 기능이 부족하고, 물류비 정산을 작업 건당으로 협의하였기에 합리적이지 않은 정산이 이루어져 왔다. 그러나 풀필먼트 솔루션에서는 실시간으로 정산내역을 간단하게 관리할 수 있다. 그래서 유통업체가 주문자별로 택배비, 작업비 등 각 작업의 카테고리 금액이 얼마나 발생되고 합리적인 정산인지 확인할 수가 있다.

(3) 재고관리 기능

추가로 물류센터 내에 남아있는 재고가 일정 수준 미만으로 떨어지면 추가 입고를 요청하는 기능을 통해 유통업체가 안정적으로 재고를 유지할 수 있도록 편의성을 제공하고 있다. 이러한 차이로 인해 풀필먼트 서비스는 유통업체에게 기존 창고관리시스템 이상의 기능을 제공하고 있다.

이커머스 업체의 업무 프로세스가 [그림 4-4]에 있다. 상품흐름은 제조업체에서 운송, 물류센터, 택배업체, 고객에게 배송되고 있다. 반면 현금흐름은 고객에서 커머스플랫폼, 유통업체에게 전달되고 있다. 그리고 풀필먼트와 유통업체 사이에 업무흐름이 잘 나타나 있다.

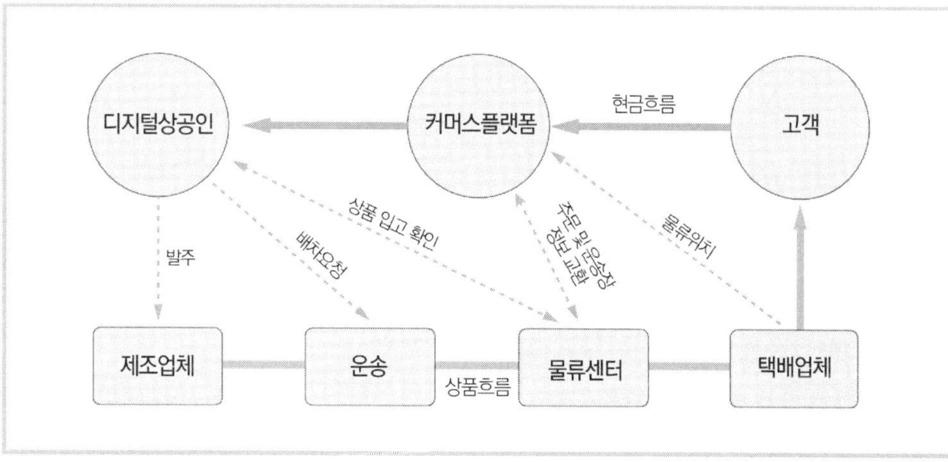

[그림 4-4] 이커머스 업무 프로세스 (출처 : 고용노동부)

05 풀필먼트 장점과 단점

풀필먼트에는 다양한 장점을 제공하고 있어 기업은 고객서비스 개선, 비용절감, 시간절약의 효과를 얻을 수 있다. 이번에는 풀필먼트의 장점과 단점에 대해 살펴보고자 한다.

1. 풀필먼트 장점

풀필먼트 서비스에는 다양한 장점이 있어 고객은 배송이나 반품 등 선반적인 물류서비스와 인건비 및 시간 등 비용절감효과를 얻을 수 있다.

① 간편한 배송대행 : 주문부터 선별 및 출고 과정에 다양한 인공지능 기술을 활용하여 배송과정이 간소화되고 최적화된 프로세스 운영이 가능하다.

② 상품별 특화된 물류서비스 : 데이터 분석에 의한 주문 예측으로 상품별 크기와 수량에 따라 최적의 배송 효율성과 상품의 안전성 확보가 가능하여 특화된 물류

서비스가 가능하다.

③ 전문적인 재고관리 : 고객별 물동량을 인공지능 기반 입출고 계획과 과거 데이터 분석으로 예측하여 사전에 준비와 대응이 가능하다.

④ 고객의 록인 효과 : 고객이 원하는 신속한 물류서비스를 제공함으로써 판매자 입장에서는 가장 중요한 '록인 효과*'를 통해 소비자의 충성도를 얻을 수 있다. 서비스에 만족한 고객은 다른 서비스를 요구하지 않으면서 구매가 지속적으로 일어날 가능성이 높아지게 된다.

⑤ 빠른 배송과 반품관리 : 다양한 채널의 주문을 플랫폼을 통해 실시간으로 연계하여 상품을 출고할 수 있으며 반품과 환불까지 모든 서비스 제공이 가능하다.

⑥ 비용절감 효율성 : 물류서비스에 이용되는 재고 보관비, 인건비, 장비 및 인프라 비용 등을 절약할 수 있다.

2. 풀필먼트 단점

풀필먼트 공급자는 고객의 변화하는 요구에 적절히 대응하는 맞춤 서비스에 어려움이 있으며 비즈니스를 확장시키는데 한계가 있을 수 있다.

① 독자적인 브랜드 구축이 어려움 : 서비스를 제공하는 대기업의 이름으로 운영되기 때문에 소규모 기업들은 브랜드 구축에 어려움이 있다.

② 고객관련 자료의 유출 : 서비스를 이용하기 위해 공급사는 배송 편의를 위해 고객의 주문관련 자료를 전달해야 한다.

③ 중소기업에 높은 진입장벽 : 물류서비스를 제공하기 위해서는 물류센터, 데이터 관리, 배송관리 등 대규모 투자가 필요하기 때문에 중소기업은 적절한 수익구조를 갖추는데 어려움이 있다.

④ 높은 비용부담 : 서비스 업체를 이용하기 위해서는 비용을 지불해야 하는데, 배송물량이 작은 기업의 경우 비용대비 효과를 살펴보아야 한다.

⑤ 그 외 공급자에 대한 의존성이 높아지거나 사용자가 원하는 맞춤 옵션을 충족하기에 한계가 있을 수 있다.

* 록인(Lock-In) 효과 : 특정 상품이나 서비스에 고객을 묶어두는 효과로 자물쇠효과 또는 고착화 효과로 부르기도 한다. 새로운 상품이 나와도 소비자는 다른 상품이 아닌 기존 상품이나 서비스를 계속 선택하는 현상이다.

06 풀필먼트의 전망

이커머스 시장이 지속적으로 성장하면서 효율적인 풀필먼트에 대한 관심이 더 커지고 있다. 오늘날 소비자는 빠르고 정확한 배송을 기대하고 있어 풀필먼트의 중요성은 더욱 커질 것으로 기대하고 있다. 풀필먼트의 현재 현황과 향후 전망에 대해 살펴보고자 한다.

1. 풀필먼트 현황

최근 코로나19 이후 언택트(Untact) 문화의 영향으로 디지털 시대를 맞이하면서 이커머스 시장이 급속히 성장하고 있다. 기업들의 다품종 소량생산 형태에 맞추어 소비자들은 수시로 온라인을 통한 구매 방식을 선호하고 있다.

이커머스 시장이 갈수록 확대되고 있어 풀필먼트의 성장 잠재력은 매우 커질 것으로 예상하고 있다. 글로벌 풀필먼트 서비스의 시장 규모가 2020년에 555억 7천만 달러로 평가되었다. 2021년부터 2028년까지 꾸준히 성장하여 2028년에는 약 1조 7,900억 달러를 기록할 것으로 평가하고 있다(Grand View Research).

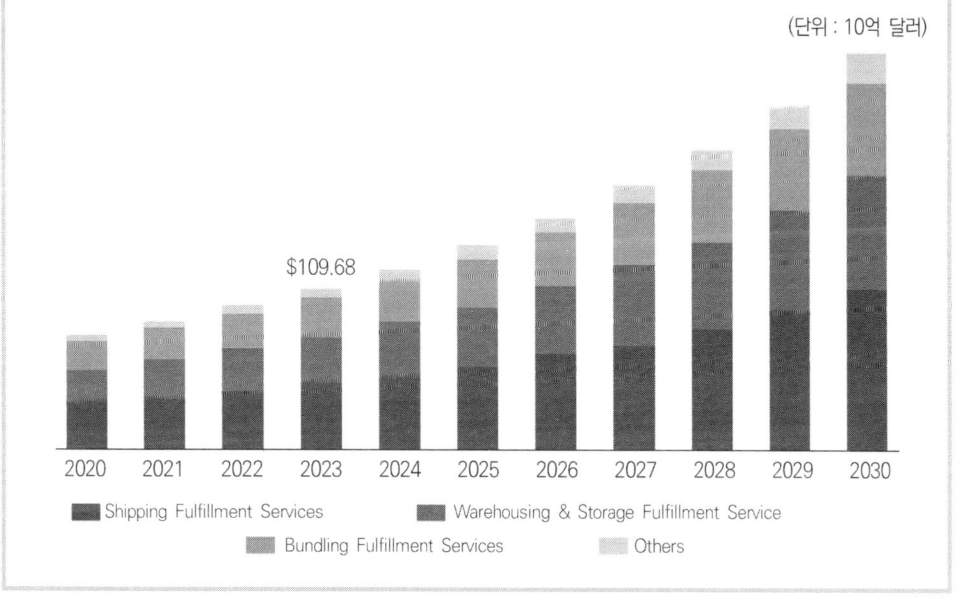

[그림 4-5] 글로벌 이커머스 풀필먼트 서비스 시장(2020~2030) (출처 : Grand View Research)

풀필먼트는 기업이 빠르게 성장할 수 있도록 지원하고 있어 더욱 확산될 것으로 기대하고 있다. 풀필먼트 서비스로 이커머스 기업이 자사 제품의 주문과 보관, 배송을 아웃소싱 할 수 있어 생산 및 마케팅, 제품개발 등 기업 내 비즈니스에 주력할 수 있다.

글로벌 이커머스 풀필먼트 서비스 시장의 2020년부터 2030년까지 Grand View Research에서 분석한 자료가 [그림 4-5]에 있다. 2023년도 1,096억 달러를 기록하였으며 오는 2030년까지 글로벌 시장은 연평균 14.0%씩 꾸준히 성장할 것으로 전망하고 있다.

2. 이커머스에 미치는 영향

이커머스를 이용하는 소비자는 빠르고 정확한 배송을 요구하고 있어 오늘날 이커머스 환경에서 풀필먼트는 꼭 필요한 요소로 성장하고 있다.

(1) 매출증대와 비용절감

풀필먼트 서비스는 이러한 수요를 충족시키면서 기업에게 더 빠르고 더 낮은 배송비용을 제공하고 있다. 또한 풀필먼트 아웃소싱으로 기업에게 자체 보관 및 배송시설의 설치비용을 절감하도록 도움을 줄 수 있다.

풀필먼트는 이커머스를 이용하는 고객에게 만족스러운 서비스를 제공하고 있다. 아마존 등 주요 이커머스 기업이 부각되면서 소비자는 신속하고 정확한 배송을 기대하게 되었다. 풀필먼트는 고객의 이러한 요구를 충족시키면서 기업의 매출 증대와 비용 절감을 도와주고 있다.

(2) 물류서비스 제공

이커머스 시장에서 빠르고 정확한 물류서비스는 기업과 고객에게 중요한 요소를 제공하고 있다. 기업의 경우 혁신적인 물류서비스는 경쟁력의 주요 요인이 되고 있다. 이커머스 시장의 성장과 더 빠른 배송에 대한 수요 증가는 물류 풀필먼트에 대한 기대를 높게 만들고 있다.

각 기업들은 이러한 기대를 충족시키기 위해 효율성 개선과 비용을 절감할 수 있도록 풀필먼트의 신기술 향상을 위해 투자하고 있다. 향후 풀필먼트의 지속적인 성장을 위해 자동화, 인공지능, 자율로봇공학 등의 첨단기술에 더욱 투자해야 할 것이다.

3. 풀필먼트의 나아갈 방향

향후 이커머스 시장이 계속 성장할 것으로 예상되어 풀필먼트에 대한 수요도 함께 증가할 것으로 보인다. 다양한 IT 신기술 개발과 차별화된 물류서비스를 제공하기 위해 많은 투자와 전문성이 요구되고 있다.

풀필먼트 서비스를 통해 물류비용 절감과 가격경쟁력이 향상되면서 고객의 다양한 요구를 충족시켜 주면 풀필먼트의 중요성은 더욱 커질 것이다. 풀필먼트 서비스는 고객의 더 많은 요구에 대응할 수 있도록 발전하게 될 것이다.

풀필먼트 서비스를 적극적으로 활용하면 시장 내 경쟁력은 더욱 향상될 것이다. 향후 풀필먼트 환경에서 다음과 같은 변화를 기대할 수 있다.

(1) 첨단 자동화 시스템

로봇공학 및 인공지능 등 첨단기술을 도입하면서 풀필먼트 프로세스에 더 많은 자동화 시스템을 기대할 수 있다. 자동화된 포장 및 분류시스템, 라스트마일 배송을 위한 인공지능 무인로봇과 드론 등이 상용화될 것이다.

(2) 지속 가능한 친환경

소비자가 환경에 대한 의식이 높아지면서 일회용품 사용 줄이기, 친환경 포장재 사용, 재활용 가능한 소재 개발 등을 통해 탄소 배출 감소와 환경 보호에 앞장서는 기업들이 늘어날 것이다. 기업은 배송경로 최적화로 배출량을 줄이면서 소비자의 윤리적 소비 경향에 맞추어 갈 것이다.

(3) 이커머스 플랫폼과 통합

풀필먼트 서비스는 멀티채널 및 옴니채널 등 다양한 플랫폼으로 더욱 긴밀하게 통합하면서 주문 및 추적이 가능해질 것이다. 가상현실과 증강현실 기술을 활용하여 쇼핑몰 공간을 구현하고, 실제 상점에서처럼 체험하고 구매할 수 있는 서비스가 등장하면서 새로운 쇼핑 경험을 제공할 것이다.

향후 풀필먼트는 업계의 지속적인 성장과 혁신으로 발전 가능성이 높아 보인다. 이커머스 기업은 풀필먼트 서비스와 긴밀한 협력으로 고객만족도를 향상시키고 경쟁력을 높여 나갈 것이다. 이커머스 시장이 계속 발전하면서 첨단 자동화 시스템 증가, 지속가능한 친환경 강화, 이커머스 플랫폼과 통합 강화를 기대할 수 있다.

07 풀필먼트 서비스

이커머스 고객을 위한 최적의 위치에 창고를 설치하고 고객 창고에서 제품을 출고, 배송, 통관절차를 포함하여 최종 고객에게 도착할 때까지 모든 프로세스에 대한 서비스를 제공하고 있다. 이 모든 고객지원 서비스를 포함하여 부가서비스를 제공하고 있다.

[그림 4-6] 풀필먼트 물류창고 (출처 : SAMSUNG SDS)

고객 창고에서 제품을 출고하고 부가가치서비스를 포함하여 최종소비자의 창고 보관서비스와 배송 후 반품 및 반송 서비스까지 통합 풀필먼트 서비스를 제공하고 있다. 최근 이커머스 시장은 약 7%의 연평균 성장률을 보이고, 풀필먼트 서비스는 약 62%의 성장을 보이며 놀라운 속도로 기존 물류시장에 확산되고 있다.

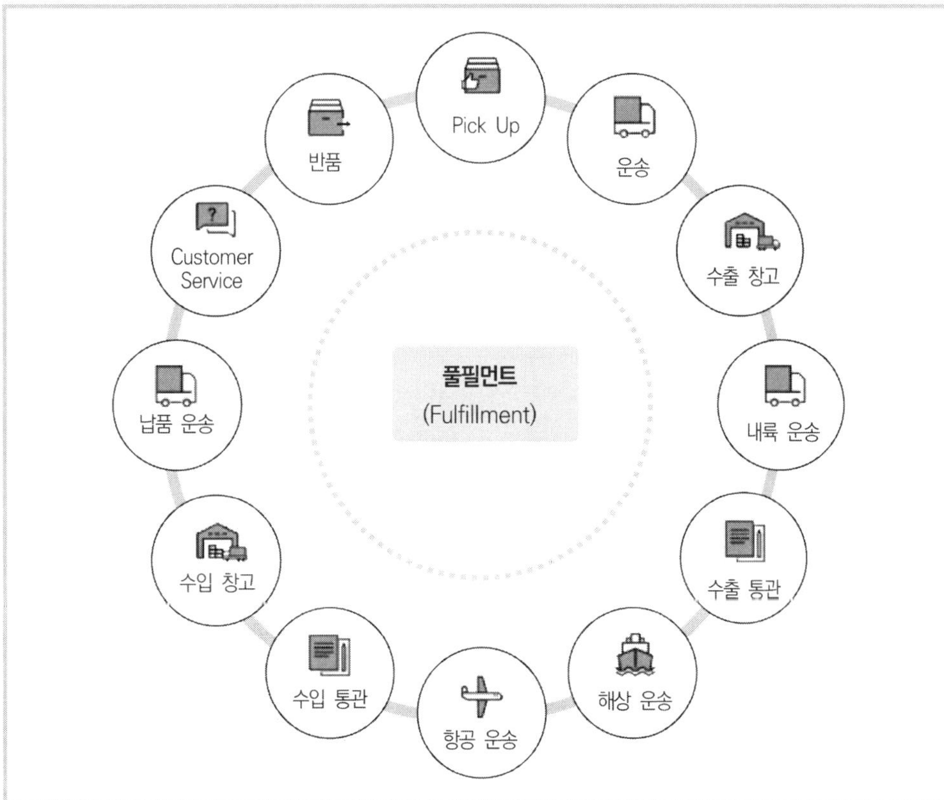

[그림 4-7] 풀필먼트 서비스 (출처 : SAMSUNG SDS)

풀필먼트 서비스 영상 보기 : https://youtu.be/TFRPvXWyF34

08 물류자동화

물류자동화(Warehouse Automation)는 제품이나 재료의 물적 유통에서 컴퓨터나 통신 등 다양한 자동화 기술을 도입하여 적은 비용으로 많은 물류서비스를 제공하는 작업이다.

1. 입고 및 보관

오더에 따라 설비가 입고된 상품을 운반하면 실시간 재고현황을 파악하고, 적절한 위치에 재고를 보관하여 사람없이 신속한 재고조사가 가능하다.

㉮ 무인지게차(AGV Forklift), 드론(Drone) 등

2. 피킹 및 분류

상품을 출고하고 분류하는 작업은 사람과 로봇이 함께 수행하거나 다양한 첨단 기술을 활용하여 작업 효율을 높일 수 있다.

㉮ AGV(Automated Guided Vehicle), AMR(Autonomous Mobile Robot), 로봇셔틀(Robot Shuttle), 3D 스캐너 등

3. 포장 및 출고

박스 제작과 라벨링, 포장까지 완성하면 상품이 출고된다. 입고부터 출고까지 모든 프로세스가 실시간 모니터링으로 어떤 장애가 발생하여도 신속하게 대응할 수 있다.

㉮ 자동박스 패키징 솔루션, All in One(제함, 검수, 봉함, 라벨링) 포장자동화 등

[그림 4-8] 다양한 자동화 관련 제품 (출처 : HAI ROBOTICS)

물류자동화 영상 보기 : https://youtu.be/MA6P77QrQ5c

09 내륙운송 및 창고보관 업무

수출입 화물 운송과 연관된 전반적인 컨테이너 화물, LCL 화물, 장재물 운송 등 국내 내륙운송 서비스와 VMI, BWT의 창고 및 보관업무가 있다.

여기서 VMI(Vendor Management Inventory)는 '공급자 재고관리'라 부르며, 구매자가 상품을 주문하면 그 날 바로 배송되는 것이 아니고 공급자의 상황에 따라 리드타임이 발생하는데 이런 일정 때문에 공급자가 더 뛰어난 재고관리 능력이 있다고 판단되어 VMI 방식을 사용하게 된다.

BWT(Bonded Warehouse Transaction)는 보세창고 인도 방식이다. 수출업자가 화물을 수입절차 및 수입통관 절차를 거치지 않고 수입국의 보세창고에 입고하는 방식이다. 인도하면 책임과 위험이 끝나는 무역거래 방식으로 이후 수입자가 모든 비용과 책임을 지게 된다.

① 컨테이너 내륙 운송서비스(FCL)
② 혼재화물 내륙 운송서비스(LCL)
③ 항공화물 내륙 운송서비스(AIR)
④ 일반화물과 보세화물 보관, 일괄 운송, 포장 및 재포장 서비스
⑤ 3PL 상품을 보관, 포장, 발송, 재고관리까지 One-Stop으로 제공

[그림 4-9] 내륙운송 (출처 : SAMSUNG SDS) (출처 : LS Global Logistics)

다양한 업종의 효율적인 물류서비스

- 하이테크 : 제품별 라이프 사이클에 맞추어 보관창고와 운송서비스 제공
- 자동차 : JIT(Just In Time), VMI 등 생산 공정에 맞추어 작업
- 이커머스/유통 : 일시적으로 급증하는 구매물량을 효율적으로 처리
- 화학/배터리 : 위험물질처리를 표준처리절차(SOP)에 따라 안전하게 배송

(출처 : SAMSUNG SDS) (출처 : LS Global Logistics)

[그림 4-10] 창고 및 배송작업

10 IoT 기반 운송관제 서비스

사물인터넷(IoT)은 디바이스와 클라우드 및 디바이스 간 통신을 용이하게 하는 기술을 의미한다. IoT는 일상의 '사물'을 인터넷과 통합한 것으로 운송 중에 화물의 위치, 온도, 습도, 충격, 입출고 등에 관한 화물 상황을 실시간으로 관찰하는 서비스이다.

1. 화물별 맞춤 서비스

고객별 화물별 특성에 맞게 IoT 디바이스를 찾아 현장에 활용할 수 있는 가이드라인을 제안한다. 의약품이나 신선식품과 같이 온도를 점검하는 화물과 습기로 인해 화물이 손상되는 화물의 경우에는 수시로 습도를 관찰해야 한다. 또한 유리나 정밀기

계 등은 충격에 민감하기 때문에 충격관찰이 필요하고, 귀금속 등 고가품은 도난을 방지하기 위해 수시로 상황 점검이 필요하다.

2. 운송수단 맞춤 서비스

고객별 운송수단에 적절한 IoT 디바이스를 추천하고 현장에 적합한 가이드라인을 제안할 수 있다. 항공 운송의 경우, 배터리 폭발과 운항통신 간섭 방지를 위해 미리 승인된 IoT 디바이스의 적재가 가능하도록 한다. 국가별로 이용 가능한 통신 방식이 다르고, 미리 고객의 운송수단을 살펴보면서 적용 가능한 IoT 디바이스와 운송수단별 필요한 절차에 대해 가이드라인을 제공할 수 있다.

3. 사용자 중심 인터페이스

운송 중인 화물에 대해 실시간으로 운송 위치 및 현황을 파악할 수 있는 시스템 화면을 제공할 수 있다.

IoT 기반 운송관제 서비스 사례 https://youtu.be/-OqEbbrcJI0

11 적재 최적화 서비스

과거 물류창고에서 적재작업을 할 때는 작업자의 판단에 의해 수행되어 작업자의 숙련도에 따라 업무결과가 달라지곤 하였다. 최근에는 AI를 적재작업에 활용하고, 시뮬레이션을 통한 최적화 서비스로 결과를 미리 확인할 수 있어 업무효율을 최대로 얻을 수 있다.

화물을 포장할 때 사이즈에 적합한 박스선정, 화물의 부피와 수량, 적재방향, 라벨 위치 등 모든 상황을 고려하여 컨테이너 적재 최적화를 제공하고 있다. 출고하는 화물에 적절한 시뮬레이션을 활용함으로써 물류비 감소와 안전한 배송, 환경을 보호할 수 있다.

적재 최적화 서비스(Loading Optimizer)는 박스와 컨테이너, 트럭 등을 다양하게 활용할 수 있다. 적재 최적화 서비스를 활용하면 적재작업을 효율적으로 수행하고 빈 공간을 줄여 물류비와 포장비 등 비용절감이 가능하며 프로세스가 정확하게 운영될 수 있다.

1. 최적의 박스 추천

① 화물의 크기와 무게를 입력하면 정확한 계산으로 최적의 박스를 추천
② 사이즈에 적합한 박스를 선정하면 제품 파손과 배송품질을 향상시킬 수 있음
③ 적절한 박스 선정은 충전재의 낭비를 줄이고 환경보호와 물류비 감소 효과 발생

2. 컨테이너, 트럭, 항공 컨테이너

① 화물을 배송할 때 적재 공간, 배송 순서, 라벨 위치 등을 고려하여 시뮬레이션 수행
② 화물에 맞는 컨테이너 수량과 적재율을 산출하여 창고 운영의 생산성과 효율성 향상

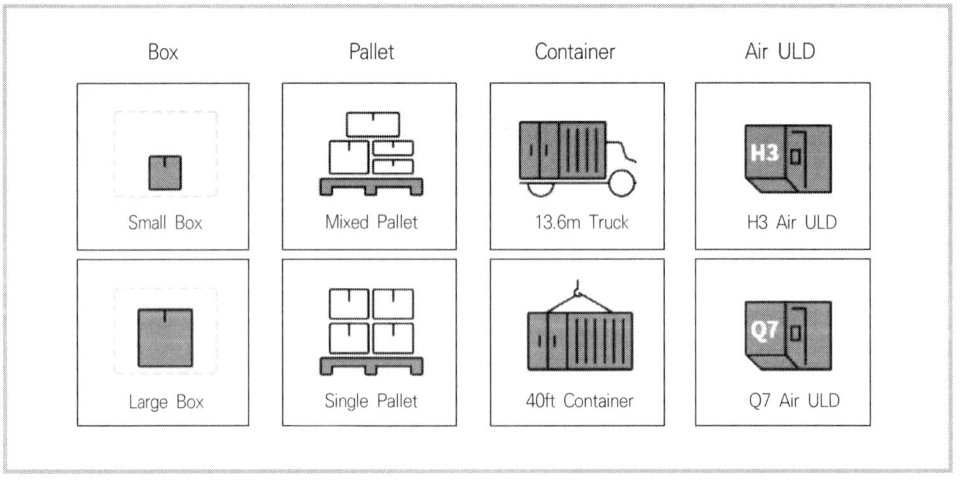

[그림 4-11] 적재 최적화 서비스 (출처 : SAMSUNG SDS)

로딩 옵티마이저(Loading Optimizer) 영상 소개 : https://youtu.be/8rR1l-b6Z30

12 국내 풀필먼트 서비스 운영사례

국내에서 풀필먼트 서비스를 도입하여 운영하고 있는 대표적인 기업인 쿠팡, 컬리, SSG닷컴, G마켓, 네이버, 11번가에 대해 살펴보고자 한다.

1. 쿠팡

[그림 4-12] 쿠팡 (출처 : 쿠팡)

쿠팡(Coupang)은 국내에서 풀필먼트 서비스를 운영하는 대표적인 기업이다. 쿠팡의 풀필먼트는 아마존의 물류시스템 FBA(Fulfillment By Amazon)를 참고하여 구성하였으며, 쿠팡 풀필먼트 서비스(CFS : Coupang Fulfillment Services)라 부르고 있다.

쿠팡은 30여 이상의 도시에 대규모 물류센터 10여 개를 포함해 총 100여 개 이상의 풀필먼트 센터를 관리하고 있다. 쿠팡은 2025년까지 물류센터로부터 10km 내에 설치하기 위해 최근 대구, 광주, 대전, 음성 · 제천, 김천, 함양 등에 첨단 물류센터를 건립할 계획이 있다.

또한 완주, 김해, 창원, 청주에 총 8,000억 원 규모의 대형 물류센터를 추가로 건립할 계획을 발표하였다. 쿠팡은 전국을 '로켓배송' 생활권으로 만들어 물류센터 인근 지역의 소상공인과 판매자들을 대폭 유치하려는 계획을 세우고 있다.

2. 컬리

[그림 4-13] 컬리 (출처 : 네이버)

컬리(Kurly)는 2014년에 설립한 온라인 쇼핑몰로 크게 식품판매 전문인 마켓컬리와 화장품판매 전문인 뷰티컬리를 운영하고 있다. 마켓컬리에서 뷰티컬리를 새로운 사업으로 확장하면서 2022년 10월 서비스 명칭을 컬리로 변경하였다.

컬리는 2015년 수도권에서 처음 샛별배송을 시작했으며 이후 2021년 충청권, 대구, 부산, 울산, 2023년 창원, 김해, 2024년 포항, 경주로 지역을 확장하고 있다. 컬리는 기존의 김포, 고촌, 평택, 창원의 물류센터에서 2022년에 용인과 김포터미널 2023년 창원과 평택에 물류센터를 운영하고 있다.

이외 컬리는 샛별배송 거점인 TC(Terminal Center)가 전국에 설치되어 있다. 김포시에 있는 신선식품 전용 물류센터는 국내 최대 규모로 수도권에 이어 CJ대한통운과 대전, 천안, 세종 등 충청권을 시작으로 새벽배송을 전국으로 확대하고 있다.

3. SSG닷컴

[그림 4-14] SSG닷컴 (출처 : SSG)

SSG닷컴은 신세계그룹의 온라인 쇼핑몰이며, 온라인 전용 물류센터 '네오(NEO)'와 이마트 점포를 활용한 'PP(Picking & Packing) 센터'를 운영하고 있다. 네오는 온라인 전용 자동화 물류센터로 모든 상품을 하나의 장바구니에 담아 동시에 출고할 수 있다.

지난 2014년 용인에 이어 김포에 2개의 센터를 추가하였으며 2024년까지 7개로 확대할 계획이다. SSG닷컴은 물류자동화 80%에 달하는 네오와 물류거점 PP센터를 기반으로 전국 당일 배송서비스를 제공하면서 하루에 약 240만 개의 상품을 처리하고 있다.

SSG닷컴이 운영하는 EOS(Emart Online Store) 센터는 '라스트마일 혁신'을 구현한 첨단 물류 거점으로 이마트 매장 내부에 판매 및 물류 거점을 결합한 일종의 하이브리드 시설이다. 이마트는 온라인에서 주문한 상품을 매장에서 찾을 수 있는 차세대 쇼핑 환경인 '픽셀(Pixel)' 서비스를 상시 가동하고 있다.

SSG닷컴은 전국 100여 곳의 PP센터 중 20여 곳을 대형 PP센터로 구축하여 물류 운영 능력을 높여가고 있다. 대형마트의 판매 공간과 물류시설을 접목한 EOS센터는 온라인 물류의 라스트마일 혁신을 볼 수 있는 공간으로 물류 혁신에 앞장서고 있다.

4. G마켓

[그림 4-15] G마켓 (출처: G마켓)

이베이는 190여 국가에서 2억 명에 달하는 고객을 보유한 세계 최대 규모의 온라인 기업 중 하나이다. 이베이코리아는 2001년 이베이와 신세계 그룹의 합작투자로 설립되어 초기에 옥션과 G마켓으로 운영하였으며, 2022년 1월 회사명을 G마켓 글로벌로 변경하였다.

G마켓은 신세계그룹 계열사로 국내 최대 오픈마켓 사이트이며, 옥션과 함께 거래액 규모 20조원으로 국내 이커머스 시장 점유율 3위를 차지하고 있다. G마켓은 2023년 7월 '스마일픽업'으로 입고 대행 서비스를 시작하면서 '스마일배송'을 이용하는 판매자를 대상으로 수행하였다.

스마일픽업은 판매자가 물건을 판매하기 전에 미리 물건을 물류센터에 보관하는 서비스로 주요 특징은 다음과 같다.

① 편리성 : 입고 신청일 당일 픽업, 당일 센터 적치가 가능
② 경제성 : 일반택배 입고 비용 대비 최대 72% 저렴
③ 효율성 : 사전에 계획된 물량을 받아 물류센터에 입고시키기 때문에 판매자의 재고 부담을 낮출 수 있음

스마일픽업은 판매자의 물류 부담을 줄이고 판매자의 수익을 높이기 위한 G마켓의 노력으로 평가받고 있다. G마켓은 스마일픽업을 통해 판매자 만족도를 높이고 입점 판매자 수를 확대할 것으로 기대하고 있다.

5. 네이버

[그림 4-16] 네이버 (출처 : 네이버)

네이버는 국내 이커머스 시장에서 점유율 1, 2위를 차지하며 대략 23% 수준을 차지하고 있다. 네이버 연매출은 2020년 1조 897억 원에서 2023년도 10조원에 육박하면서 급속한 증가세를 보이고 있다. 사업 부문별 매출액은 서치플랫폼, 커머스, 핀테크, 콘텐츠, 클라우드로 구성되어 있다.

네이버는 직접 물류보다 지속적으로 외부 업체와 제휴를 통해 물류관련 가치사슬을 구축하는 것이 네이버 풀필먼트의 주요 사항이다. 초개인화 시대에 맞추어 다양한 물류요구에 대응할 수 있는 '온디맨드 풀필먼트'를 목표로 하고 있다.

네이버는 온라인 풀필먼트 데이터 플랫폼 'NFA(Naver Fulfillment Alliance)'에

테크타카와 메쉬코리아를 합류하여 다양한 역량과 비즈니스 경험을 갖춘 SME 중심의 '온디맨드 풀필먼트' 플랫폼을 계획하고 있다.

테크타카는 NFA에 '아르고(ARGO)' 풀필먼트 서비스를 제공하여 상품관리(CMS), 주문관리(OMS), 창고관리(WMS)를 비롯하여 다양한 창고 제휴 네트워크를 구축하고 있다. 메쉬코리아는 '부릉' 풀필먼트 시비스를 운영하면서 김포, 남양주, 곤지암 센터를 통해 풀필먼트 역량을 강화하고 있다.

콜드체인 시스템과 물류자동화 설비기반의 풀필먼트 서비스를 활용하여 네이버 '동네시장 장보기' 서비스와 단거리 배송에 협력을 이어가고 있다. 네이버는 마켓플레이스 B2C '브랜드스토어'와 C2C '스마트스토어'가 물류서비스를 대행하고 있다.

브랜드스토어는 LG생활건강, 애경산업 등 다수의 브랜드사로 서비스를 확장하고 있으며, 스마트스토어는 위킵, 두손컴퍼니, 아워박스 등에서 물류서비스를 운영하고 있나. 또한 네이버는 CJ대한통운과 함께 당일 및 새벽배송에 나서면서 국내 이커머스 시장의 점유율을 30%까지 확대할 계획으로 있다.

6. 11번가

[그림 4-17] 11번가 (출처 : 11번가)

11번가는 '1' 고객과 '1' 판매자가 서로 만나는 쇼핑 플랫폼이라는 의미이다. 지난 2008년 SK텔레콤이 선보인 1세대 오픈마켓 플랫폼으로 국내에선 쿠팡, 네이버, 신세계(G마켓, SSG닷컴)에 이어 높은 시장점유율을 차지하고 있다.

이커머스 시장은 2023년도 온라인쇼핑 거래액이 227조원을 돌파하면서 이커머스 플랫폼 간 무한 경쟁시대를 맞이하고 있다. 11번가의 2023년도 매출액은 8,655억으로 2022년 대비 765억 원(+10%) 증가하였으며, 흑자 전환을 위해 직매입 사업을 더욱 확대할 계획으로 있다.

익일배송 서비스 '슈팅배송'을 운영하고 있으며, 직매입한 제품을 인천 물류센터에 준비해 두고 배송하고 있다. 또한 아마존 직구 서비스를 통해 아마존 미국 상품을 편히 구매할 수 있는 '아마존 글로벌 스토어'를 운영하고 있다.

이커머스 시장의 핵심 요소인 상품, 가격, 검색에 AI 기술을 활용하여 고객이 원하는 상품을 최저가로 탐색할 수 있도록 지원하고 있다. 딥러닝 시스템을 활용한 개인별 추천서비스 'AI홈'과 'AI셀링코치'를 출시하여 맞춤형 상품과 혜택을 제안하고 있다.

구매 고객 확보를 위해 슈팅배송이나 9,900샵에서 무료배송을 제공하고, 직매입 사업의 수익성 개선을 위해 효율화 작업을 계속 시도하고 있다.

제5장 풀필먼트의 디지털 관리시스템

01 오더피킹과 디지털 피킹 시스템
02 자동분류시스템
03 창고관리시스템

주문에서, 배송, 물류, 재고관리, 입출고까지 연동하여 자동으로 처리하는 디지털 관리시스템이 필요하다. WMS와 ERP, 주문 및 리오더, 출고, 프리패키징 등 다양한 솔루션과 이커머스 시스템을 모두 연계하며 효율적인 업무처리를 실현하고자 한다.
최신 물류시스템으로 기업활동 중 발생하는 모든 데이터를 수집하고 분석하여 운영 편의성을 강화하고 빠르게 기업성과를 달성하고자 한다.

01 오더피킹과 디지털 피킹 시스템

오더피킹(Order Picking)은 물류창고의 프로세스 중 하나이고, 디지털 피킹 시스템(Digital Picking System)은 디지털이며 신속하고 정확하게 피킹하는 시스템을 의미한다.

1. 오더피킹 이해

피킹은 주문에 따라 제품을 보관하고 있는 보관설비로부터 선별하여 꺼내는 것이다. 협의의 개념의 오더피킹은 보관 장소에서 물품을 꺼내어 주문별로 집화하는 것이다. 광의의 개념은 거래처의 정보에 기초한 서류의 흐름과 물품의 피킹, 정돈, 포장, 배송, 지역별 상차까지 포함되는 개념이다.

오더피킹은 저장 중에 있는 창고의 재고에서 수주 받은 물품을 주문별로 골라내어 출하를 하는 과정을 의미한다. 오더피킹은 수주라고 하는 상업활동으로 상업정보를 토대로 작성하는 주문서, 출하전표, 납품확인서, 송장, 포장지시서, 불출지시서 등 정보처리와 불출지시서에 의해 불출된 물품의 흐름을 파악하는 것이다.

2. 오더피킹 방식

오더피킹에는 다음과 같은 다양한 방식이 있다. 먼저 일반적인 분류에 따라 크게 인력에 의한 방법과 물품을 피커의 위치에 갖고 오게 하는 방법이 있다.

(1) 사람이 물품을 가지러 가는 방법

말 그대로 사람이 주문받은 물품을 직접 보관 장소에 걸어서 또는 운반기기에 탑승하여 피킹하는 방법이다. 다품종 소량 피킹에 주로 사용되어 대부분의 라스트마일 배송업체들이 아직까지는 직접 물품을 받는 방법을 사용하고 있다. 사람이 직접 물건을 피킹하고 있어 피킹하는데 시간이 많이 소요되어 다소 효율성이 떨어지는 방법이다.

(2) 사람이 있는 장소로 물품이 오는 방법

사람이 직접 물품이 보관되어 있는 장소에 가는 것이 아니라 회전선반(Carrousel)이나 컨베이어시스템, 미니로드시스템(Mini Load System)을 이용하여 물품이 사람 앞으로 도착하게 하는 방식이다. 피킹된 물품이 피커까지 오는데 걸리는 시간과 피커가 필요한 물품을 골라내는 데 많은 시간이 소요가 된다.

시간을 최소화하기 위해 회전선반을 한 사람이 2~3대씩 담당하는 방법을 사용하는데 한 회전선반이 작동하는 동안 다른 회전선반에서 물품을 피킹하여 시간 절약을 할 수 있다.

[그림 5-1] 회전선반 (출처 : Southwest Solutions Group)

[그림 5-2] 미니로드 시스템 (출처 : Daifuku)

3. 오더피킹 유형

오더피킹의 유형은 작업 형태별로 다음과 같이 릴레이 방법과 일정지역 피킹 방법으로 분류할 수 있다.

(1) 릴레이 방법

릴레이(Relay) 방법은 여러 사람의 피커가 각각 자기가 분담하는 종류나 선반의 작업범위를 정해 두고서 피킹 전표 속에서 자기가 맡은 종류의 물품만 피킹해서 릴레이식으로 다음의 피커에게 넘겨주는 방법이다.

(2) 일정지역 피킹 방법

일정지역 피킹(Zone or Group Picking) 방법은 릴레이 방법과 똑같이 여러 사람의 피커가 각각 자기가 분담하는 종류의 선반의 작업범위를 정해두고 피킹 전표 속의 자기가 맡은 종류의 물품만 피킹하는 것이다. 일정지역 피킹 방법은 릴레이식으로 하는 방법도 가능하고 그룹별로 집약하는 방법도 가능하다.

4. 오더피킹 분류

오더피킹을 주문 형태별로 분류하면 1인 1건 피킹, 싱글 오더피킹, 일괄 오더피킹, 총량 오더피킹 방법이 있으며, 그 내용은 다음과 같다.

(1) 1인 1건 방법

1인의 피커가 1건의 주문표로 요구되는 물품을 피킹한다. 건수가 많아지면 작업 능률이 감소되는 문제가 있다. 1인 1건 피킹 방식은 어떻게 보면 작업 형태로도 볼 수 있다.

(2) 싱글 오더피킹 방법

싱글 오더피킹(Single Order Picking) 방법은 1건의 주문마다 물품의 피킹을 집계하는 방법으로 상기 1인 1건이나 릴레이 방법으로 실시할 수 있다. 즉 주문처의 한 오더마다 주문 상품을 집품하여 주문품의 품목을 갖추는 방법이다.

(3) 일괄 오더피킹 방법

일괄 오더피킹(Batch Order Picking) 방법은 여러 건의 주문전표를 한데 모아 한꺼번에 피킹하는 것으로 주문별로 분류할 필요가 있는 방법이다. 동일한 제품이 많은 경우 한 번에 피킹할 수 있어 효율적인 방식이다. 일괄 오더피킹은 1인이 전부 피킹하거나 릴레이 방식, 그룹 피킹 방식으로 가능하다.

(4) 총량 오더피킹 방법

일정시간(반나절이나 하루)의 주문전표를 한데 모아서 한꺼번에 피킹하는 방법이다. 기본적으로 일괄 오더피킹 방식과 동일하다. 국가 혹은 기업에 따라서 일정시간 단위가 달라지는데 미국에서는 30분~1시간 단위, 일본에서는 반나절이나 하루 단위로 피킹하기도 한다.

5. 기타 오더피킹 분류

이 외에도 다음과 같이 추가적인 오더피킹 방법으로 적재방법과 파종방법, 어소트 방법, 따내기 방법 등이 있다.

(1) 적재방법과 파종방법

적재방법과 파종방법은 일명 '씨뿌리기'로 불리는데 그 내용은 다음과 같다.

1) 적재방법 : 상품을 적재해 놓고 집어가는 방법

2) 파종방법 : 고객별로 분류하는 방법

① 일괄 피킹 방식 중에서 같은 종류의 상품을 여러 거래처로 보내는 경우에 사용할 수 있다.

② 피킹 건수를 ABC 분석으로 고객에 대한 입출고 빈도가 높은 상품과 중간정도인 상품, 낮은 상품 등으로 구분한다.

③ 고객의 전표매수와는 상관없이 해당 상목이 보관되어 있는 선반에 단 한번 가서 일괄 피킹한 후 다음 단계에서 이를 분류한다.

④ 여러 전표들을 일괄하여 피킹하기 때문에 총 이동거리는 짧지만 피킹 후 재분류를 해야 한다는 단점이 있다.

(2) 어소트 방법

어소트(Assort) 방법은 파종방법과 같이 같은 종류의 상품을 거래처별로 배분하는 방식이다. 고속 자동분류 컨베이어를 활용하여 일괄 피킹한 상품을 고객별로 분류할 수 있어 시간을 절약할 수 있다.

(3) 따내기 방법

따내기 방법은 일명 '집어내기 방식'으로 불리는데 오더별로 상품을 하나씩 집품하는 방식이다. 피킹 건수를 ABC 분석으로 단골 거래처별로 출하상품의 집중도가 없이 분산되어있는 경우에 사용할 수 있다.

파종방법과는 다르게 피킹 시 오더별로 상품을 집품하기 때문에 마지막 상품을 피킹한 이후에는 오더가 완료되어 재분류가 필요 없는 장점이 있다.

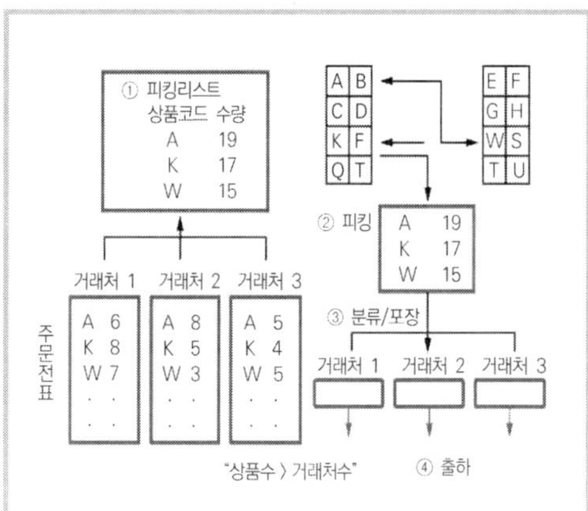

[그림 5-3] 파종방법(거래처별 피킹)

(출처 : 보관하역론)

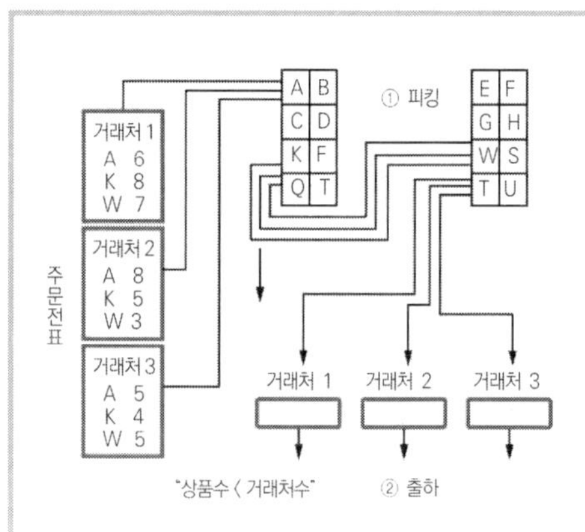

[그림 5-4] 따내기 방법(상품별 피킹)

(출처 : 보관하역론)

1) 파종방법(거래처별 피킹)

① 주문전표 내용을 상품별로 합계하여 피킹리스트 작성

② 피킹리스트를 토대로 각 상품을 일괄 피킹

③ 피킹한 상품을 정리

④ 정리된 상품을 주문전표에 따라 다시 피킹, 포장/분류

2) 따내기 방법(상품별 피킹)

① 주문전표(거래처) 순으로 피킹

② 피킹하면서 골판지 상자에 넣어 출하플랫폼으로 운반

③ 출하플랫폼에서 검품을 실시한 다음 출하

6. 디지털 피킹 시스템

디지털 피킹시스템과 디지털 어소팅 시스템의 내용에 대해 살펴보고 그 시스템들의 도입효과에 대해 살펴보고자 한다.

(1) 디지털 피킹 시스템

디지털 피킹 시스템(DPS : Digital Picking System)은 점포로부터 발주 데이터를 센터의 상품 Rack에 부착된 표시기에 피킹 수량을 Digital로 표시하여 누구나 정확하게 피킹할 수 있는 시스템이다.

피킹할 물품을 컴퓨터와 디지털 표시기, 표시장치에 의해 작업전표 없이 피킹할 수 있는 시스템이다. 소형품목의 다빈도 피킹에 유용하며, 컴퓨터가 정확한 Display를 자동으로 알려주어 검색시간이 줄어들게 된다. 피킹의 정확성으로 생산성 향상, 피킹시간 단축, 피킹인원 감소 등이 기대된다.

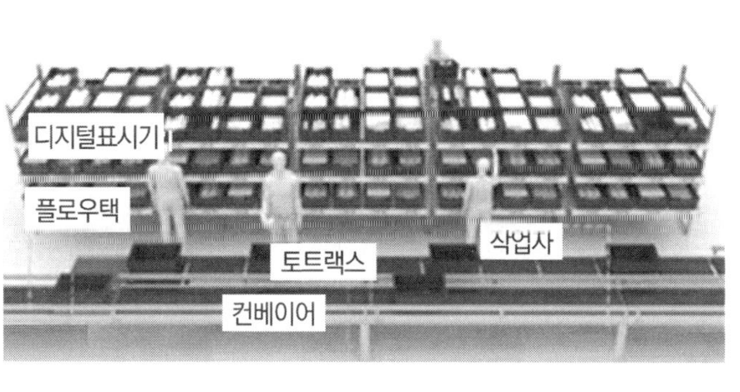

[그림 5-5] 디지털 피킹 시스템 (출처 : ASETEC)

표시장치는 피킹하는 물품이 있는 장소에 빨간 램프를 켜서 거기에 물품을 몇 개 피킹할 것인가를 표시하는 장치이다. 이는 피킹의 전표가 불필요하며 피킹의 순서 및 물품 부족여부, 피킹한 물품의 송장 및 기타 정보처리를 동시에 수행할 수 있다.

이러한 작업은 피커의 작업 배분을 용이하게 한다고 볼 수 있다. 디지털표시기 플로우택과 벨트 컨베이어를 연동한 피킹 시스템의 사례가 [그림 5-5]에 나타나 있다.

디지털 피킹 시스템 절차가 다음과 같이 [그림 5-6]에 나타나 있다.

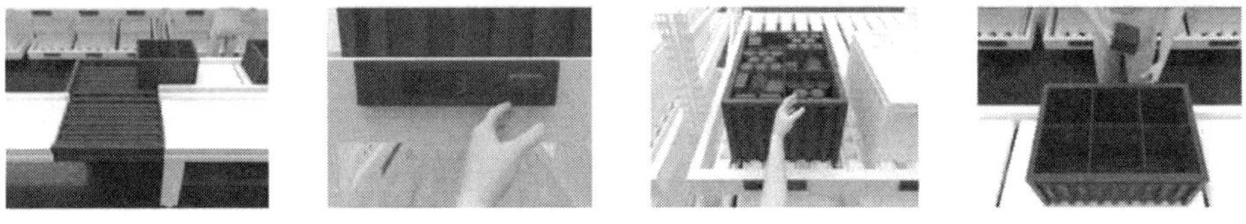

[그림 5-6] 디지털 피킹 시스템 절차 (출처 : ASETEC)

컨베이어를 통해 토트박스로 이동

디지털표시기에 피킹 수량 확인 → 표시 수량만큼 피킹 → 박스에 상품 투입

(2) 디지털 어소팅 시스템

디지털 어소팅 시스템(DAS : Digital Assorting System)은 피킹한 물품을 컴퓨터와 디지털 표시기에 의해 전표 없이 거래처별로 분류 및 분배하는 시스템이다. 디지털 피킹 시스템을 통해 여러 전표들을 일괄로 피킹한 경우 다시 거래처별로 분류할 필요가 있으며, 그때 디지털 어소팅 시스템을 활용할 수 있다.

[그림 5-7] 디지털 어소팅 시스템 (출처 : ASETEC)

이는 화물의 분류처리시간을 단축시키고 분류오류 감소, 인원 절감, 비용감소, 리드타임 감축의 효과가 있다. 디지털표시기 선반랙과 벨트 컨베이어를 연동한 분배시스템의 사례가 [그림 5-7]에 나타나 있다.

디지털 어소팅 시스템 절차가 다음과 같이 [그림 5-8]에 나타나 있다.

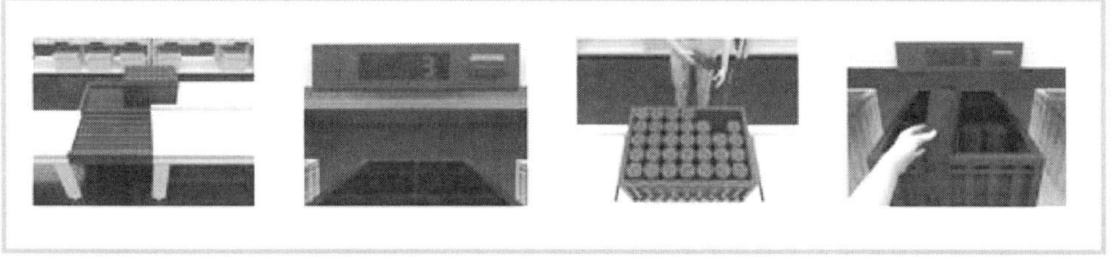

[그림 5-8] 디지털 어소팅 시스템 절차 (출처 : ASETEC)

컨베이어를 통해 토트박스로 이동

디지털표시기에 피킹 수량 확인 → 표시 수량만큼 피킹 → 박스에 상품 투입

(3) 디지털 피킹 시스템의 도입효과

1) 인원수급을 원활하게 할 수 있다

간단한 교육만으로도 디지털 표시기만 읽고 분류만 하면 피킹과 분배에 관한 업무를 충분히 수행할 수 있다.

2) 물류서비스가 향상된다

주문받은 물품을 정확한 주소지로 배송하는 것은 물류서비스에서 가장 중요한 요소이다. 사람의 기억력이나 전표를 들고 피킹하는 것보다 디지털 피킹 시스템을 통해 피킹하는 것이 오류의 발생가능성을 최소화 시킬 수 있다.

3) 작업시간을 단축시킬 수 있다

미리 입력된 정보를 근거로 계획된 작업스케줄에 의해 작업이 진행될 수 있다. 업무순서에 대한 혼잡성을 줄일 수 있기 때문에 디지털 피킹 시스템을 통해 피킹 속도가 향상된다.

4) 그 외 여러 가지 효과들이 있다

창고의 공간을 효율적으로 사용할 수 있으며, 피킹 작업이 단순해질 수 있다. 또한 서류처리 비용이 절감되고 결품에 대한 처리가 감소된다.

7. 단품단위 자동 피킹

단품단위로 보관하였다 단품으로 출하하는 패턴으로 약품과 화장품 등 소형단위의 출고나 전기부품의 콘덴서 등의 상당히 작은 물품의 피킹도 포함된다. 그 내용은 다음과 같다.

(1) 스토어 매틱

독일 아커사에서 개발한 방식이며, 단품으로 선반에 보관되어 있는 물품을 소형 스태커크레인으로 피킹하는 일종의 자동판매기 같은 피킹기기이다.

(2) 아이티 매틱

선반에 보관되어 있는 물품을 크레인 대신 상하로 움직이는 컨베이어에 연결되어 사용하는 피킹기기이다.

(3) 매스

매스(MAS)는 미국의 FMC사와 에이븐사가 개발한 방식으로 피킹 속도가 1초당 3개 정도로 매우 빠르고, A자형으로 마주보게 나열한 매거진에 여러 종류의 단품을 쌓아둔 형태이다.

(4) S형 피킹머신

외관이나 구조에 있어서는 매스와 유사하며, 시세이도의 킨키 배송센터에서 사용하고 피킹 속도는 초당 1개로 시스템적인 매스와 다소 다른 방식을 취하고 있다.

(5) 스톡랙

캐비넷 서랍에 피킹할 물품을 넣어두고 필요한 물품이 들어 있는 서랍을 캐비넷 앞에 있는 컨베이어까지 끌어내면 컨베이어 벨트에 붙어 있는 고리로 물품을 꺼내는 구조이다.

02 자동분류시스템

자동분류시스템(ASMS : Automatic Sorter Management System)은 운반의 무인화를 위한 컨트롤 및 관리시스템이다. 그 개념과 구성요소, 목적은 다음과 같다.

1. 개념

자동분류시스템은 소팅* 작업을 자동으로 하기 위해 반송 및 분류를 위한 설비이다. 분류는 컨베이어 벨트와 같은 운반 메커니즘을 통해 품목을 식별하여 미리 지정된 특정 기준에 따라 창고 내의 다른 목적지로 전달하는 프로세스이다.

분류는 주문 풀필먼트 프로세스의 필수적인 과정으로 주문 상품의 배송, 취합, 보관을 위해 품목을 신속 정확하게 분배하는 것이다. 분류시스템은 품목의 크기, 중량, 분류속도, 도착지 수, 원하는 프로세스 효율성 등의 요소를 고려하여 창고운영의 고유한 요구사항을 충족하도록 설계하고 있다.

기존에 방대한 양의 물품 분류를 수동 컨베이어 상에서 많은 인원이 수작업으로 분류하였으나 자동화 장치를 활용하여 무인으로 분류하면서 인건비를 획기적으로 축소하고, 단위시간당 분류 CAPA가 증대되어 생산효율이 극대화되었다.

2. 필요성

자동분류시스템은 창고, 유통센터, 주문처리시설 내에서 상품의 분류 프로세스를 최적화하는 것을 목표로 하는 기계화된 솔루션을 의미한다. 이 시스템은 로봇공학, 컨베이어 벨트, 센서, 바코드 스캐너, 소프트웨어 알고리즘과 같은 고급 기술을 활용

* 소팅(Sorting) : 물품의 정보에 따라 물품을 식별하고 소정의 위치에 집합시켜 분류하는 작업이다.

하여 분류 작업을 효율적이고 정확하게 자동화한다.

자동분류시스템 내에서 품목은 일반적으로 컨베이어 벨트 또는 유사한 입력 메커니즘을 통해 시스템에 도입된다. 시스템을 통과하는 동안 다양한 센서와 스캐너는 크기, 무게, 목적지, 기타 관련 속성을 포함하여 각 품목에 대한 데이터를 식별하고 수집한다.

이 데이터는 소프트웨어 알고리즘에 의해 처리된 후 각 항목에 대한 적절한 정렬 대상이나 기준이 결정된다. 시스템은 로봇 팔, 전환기 또는 기타 기계 구성 요소를 사용하여 미리 결정된 기준에 따라 품목을 지정된 상자, 슈트, 컨베이어 라인으로 분류한다.

분류 프로세스는 빠르고 정확하며, 확장이 가능하므로 대량의 품목을 신속하고 정확하게 분류할 수 있다. 자동분류시스템은 효율성 향상, 정확성 향상, 노동 요구사항 감소, 처리량 증가 등 다양한 이점을 제공하고 있어 기업성과와 경쟁력 향상을 위해 필요성이 증가하고 있다.

3. 구성요소

물류창고에서 분류시스템은 피킹된 후 포장이나 배송 준비가 완료된 품목이 해당 목적지로 향하도록 품목을 정리하고 이동경로를 지정하는 장비와 소프트웨어가 통합된 시스템을 의미한다. 구성요소는 다음과 같다.

(1) 유도지점

유도지점(Induction Point)은 품목이 분류시스템으로 들어오는 지점을 말한다.

(2) 식별스테이션

바코드 또는 RFID 스캐너를 사용하여 품목을 식별하고 정보를 제어시스템에 입력하는 곳을 나타낸다.

(3) 컨베이어 벨트

분류 프로세스를 통해 품목을 운반하는 기구이다.

(4) 다이버터

다이버터(Diverter)는 컨베이어에서 벗어난 품목이 슈트, 배송 컨테이너, 다른 컨베이어와 같은 목적지로 향하도록 품목의 방향을 물리적으로 재설정하는 장치이다.

(5) 제어 소프트웨어

스캔한 정보와 프로그래밍이 입력된 로직을 기반으로 물류창고 내 품목의 올바른 경로를 결정하고 있다.

4. 목적

물류창고에서 분류시스템의 목적은 다양한 후속 작업을 진행하거나 목적지로 보내기 위해 대량의 상품을 효율적으로 정리하는 것이다. 분류시스템은 상품의 바코드를 스캔하고 분석하여 지정된 위치로 이동시키는데 필요한 정보를 얻고 있다.

자동화된 상품 분류는 목적지, 크기, 유형 등 특정 기준에 따라 수행될 수 있으며 상품이 올바른 적재구역, 포장구역, 배송경로, 보관위치로 이동하도록 한다. 이를 통해 주문 풀필먼트의 속도와 정확도를 높이고 물류창고 워크플로우를 개선하며 소매점과 다른 물류센터 또는 고객에게 배송할 상품을 더 효과적으로 준비할 수 있다.

분류시스템은 보관 및 추가 처리를 위해 상품을 적절한 위치로 이동시키므로 재고를 관리하는데 도움이 된다. 이는 주문 정확성을 유지하고 적시에 고객서비스를 제공하는데 필요하다. 물류창고에서 정확한 경로지정은 배송시간을 맞추고 공급망 관리의 원활한 흐름을 유지하는데 큰 영향을 미친다.

5. 시스템 운영

자동분류시스템에는 다음과 같이 시스템 운영관리, 이력 및 통계관리, 이미지 분석관리, 모니터링 등이 있으며 그 내용은 다음과 같다.

(1) 시스템 운영관리

기준코드, 분류계획, 운영모드, 통신설정 등 시스템 전반적인 운영을 위한 설정을 관리한다.

(2) 이력 및 통계관리

각종 Report(바코드 리딩율, 일일요약, 슈트별 통계, 분/시간당 CAPA 분석, 알람이력, 운송장이력 등)를 통해 시스템 운영 효율 향상을 위한 분석결과를 제공한다.

(3) 이미지 분석관리

바코드 등급별 통계, 5면 카메라별 인식, 스캔한 이미지 조회, 바코드 등급별 추이도 등 라인스캐너를 지나간 제품에 대한 이미지를 통해 바코드 미인식에 대한 원인과 분석을 파악할 수 있다. 또한 스캔한 제품의 부피를 조회하고, 부피별 수량 파악 및 분석을 할 수 있다.

(4) 모니터링

대형 모니터를 통해 전체 라인에 대한 진행상황을 한눈에 파악할 수 있다. 현황판을 통해 슈트별 분류수량, 전체수량, 시간대별 분류수량, 누적수량, 알람발행 현황, 컨베이어 속도, 장비별 연결 상태 등을 직관적으로 확인 가능하다.

6. 시스템의 형태

자동분류시스템에는 팝업방식 소팅 컨베이어, 틸팅방식 소팅 컨베이어, 푸쉬-오프 방식 소팅 컨베이어, 다이버터방식 소팅 컨베이어가 있다.

(1) 팝업 방식 소팅 컨베이어

팝업(Pop-up) 방식 소팅 컨베이어는 컨베이어 반송면의 아래 방향에서 벨트나 롤러, 휠, 핀 등의 장치가 튀어나와 단위 화물을 원하는 방향으로 내보내는 방식이다.

가장 보급률이 높은 방식이지만 화물을 휠이나 롤러가 물품의 아래 부분에서 들어 올리기 때문에 물품의 하부면의 손상 및 충격에 약한 경우에는 부적절한 방식이다.

[그림 5-9] 팝업 방식 소팅 컨베이어 (출처 : ㈜씨제이아이)

(2) 틸팅 방식 소팅 컨베이어

틸팅(Tilting) 방식 소팅 컨베이어는 레일을 주행하는 트레이(Tray)와 슬라이드(Slide)의 일부를 경사지게 하여 단위화물을 활강시키는 소팅 컨베이어다. 팝업방식 소팅 컨베이어 다음으로 보급률이 높은 방식이며 신문사나 우체국, 통신판매업 등에서 주로 활용하고 있다.

[그림 5-10] 틸팅 방식 소팅 컨베이어 (출처 : Hytrol)

(3) 푸쉬-오프 방식 소팅 컨베이어

푸쉬-오프(Push-off) 방식 소팅 컨베이어는 외부에 설치된 압출장치에서 단위 화물을 컨베이어 외부로 압출하여 분류하는 소팅 방식이다. 처리화물 형태는 상자형태로서 비교적 작은 화물의 분류에 활용된다.

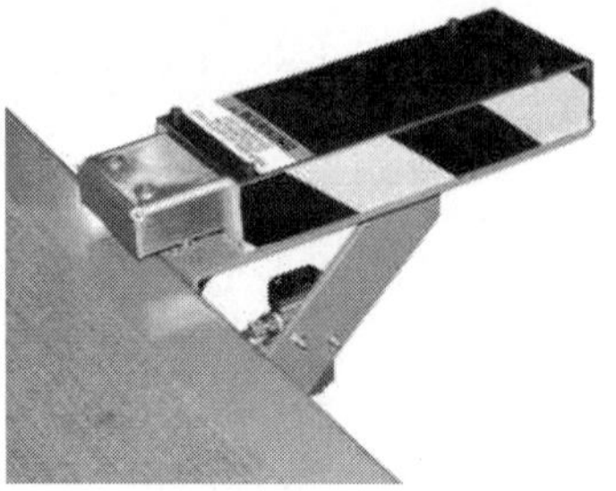

[그림 5-11] 푸쉬-오프 방식 소팅 컨베이어 (출처 : Hytrol)

그러나 너무 느리고 실수로 다른 제품을 같이 분류하는 사고가 발생할 수 있으며, 빠르게 소팅이 이루어지면 상품의 파손이 발생할 수도 있어 점차 사양되고 있는 분류 방식이다.

(4) 다이버터 방식 소팅 컨베이어

다이버터(Diverter) 방식은 외부에 설치된 안내판을 회전시켜 반송 경로상에 가이드 벽을 만들어 단위화물을 가이드 벽에 따라 이동시키는 소팅 컨베이어다. 원하는 특징이나 속성에 따라 화물을 분리하는데 유리한 방식이다.

화물의 형상과 관계없이 분류가 가능하여 여러 종류의 화물을 처리하는 운송 및 물류업체에서 주로 활용하고 있다.

[그림 5-12] 다이버터 방식 소팅 컨베이어 (출처 : DORNER)

(5) 크로스 벨트 방식

크로스 벨트(Cross Belt) 방식은 레일을 주행하는 방향과 교차되는 방향에 소형 컨베이어 벨트를 구동시켜서 단위화물을 내보내는 소팅 컨베이어를 말한다. 화물에 충격을 주지 않고 분류가 가능하고, 컨베이어의 양방향으로 분류가 가능하다.

또한 여러 개의 분류구 설정이 가능하며, 곡선 및 경사로의 배치도 가능한 장점이 있다. 주로 의료품이나 화장품, 의약품, 서적 등에 활용되고 있다.

[그림 5-13] 크로스 벨트 방식 (출처 : ㈜씨제이아이)

(6) 슬라이딩 슈 방식 소팅 컨베이어

슬라이딩 슈(Sliding Shoe) 방식 소팅 컨베이어는 반송면에 튀어나온 기구를 넣어서 단위화물을 함께 이동시키면서 압출하는 소팅 컨베이어다. 긴 모양의 물품이나 형상 사이즈에 관계없이 원활하게 물품 분류가 가능하며, 투입부의 흐름이 부드럽게 이루어질 수 있다.

[그림 5-14] 슬라이딩 슈 방식 소팅 컨베이어 (출처 : ㈜씨제이아이)

화물을 수평으로 나누어 강제적으로 분류할 수 있으나 다른 방식과 비교했을 때 큰 충격이 없어 정밀기기나 깨지기 쉬운 물건, 포장물 등에 활용이 가능하다.

7. 시스템 도입 효과

자동분류시스템의 도입 효과로는 다음과 같이 Expense, Flexibility, TCO, Productivity 등이 있다.

① Expense : 분류라인의 자동화를 통해 기존의 수작업 분류 작업자의 인건비를 획기적으로 절감할 수 있다.

② Flexibility : 간단한 관리자의 시스템 조작으로 원하는 분류 구분을 즉시 변경 가능하다.

③ TCO : 총 소유비용(Total Cost of Ownership)은 인력절감에 따른 인원관리 및 리스크 비용절감, 조업시간 단축에 따른 관리비용절감, CAPA 증가에 따른 추가투자비용 절감 등 총 소유비용 관점의 절감 효과가 있다.

④ Productivity : 기존의 수작업 라인에 비해 월등한 생산 CAPA가 향상된다. (라인증설 최소화)

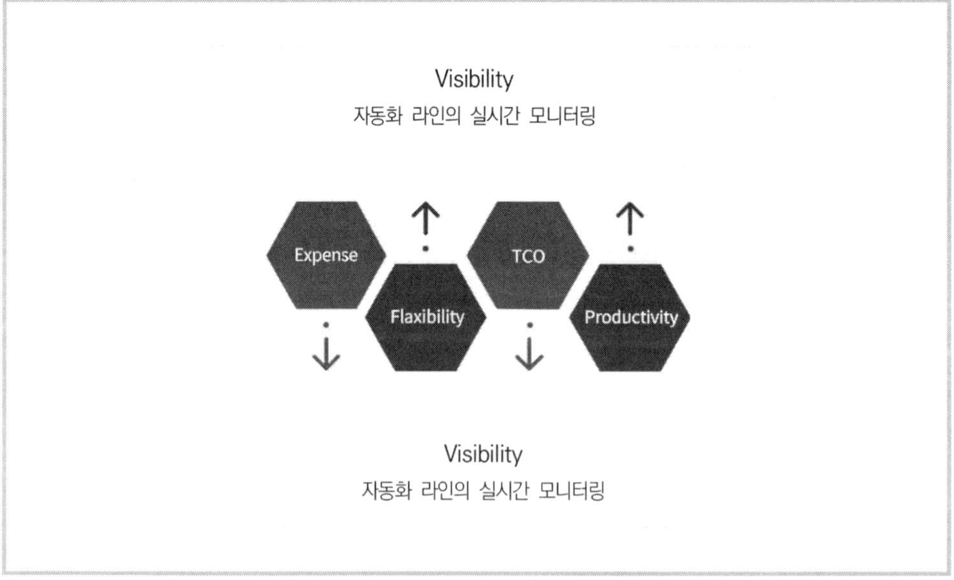

[그림 5-15] 도입효과 (출처 : DTK 솔루션소개)

8. 시스템 작동 방식

분류시스템 작동 방식에는 선형 분류시스템, 루프 분류시스템, 푸셔 분류시스템이 있는데 그 내용은 다음과 같다.

(1) 선형 분류시스템

선형 분류시스템(Linear Sortation System)은 상품이 선형 컨베이어 경로를 따라 운반되는 분류 컨베이어 시스템을 활용한다. 팝업 휠 또는 암(Arm)과 같은 메커니즘이 선형 분류시스템에 통합되어 있다. 시스템의 자동화된 결정에 따라 상품의 방향을 왼쪽 또는 오른쪽으로 전환하여 상품이 빈 또는 다른 컨베이어로 향하도록 분류한다.

(2) 루프 분류시스템

루프 분류시스템(Loop Sortation System)은 루프에 배열된 컨베이어가 특징이며, 틸트 트레이 및 크로스 벨트 소터와 같은 시스템에 필수적인 요소이다. 루프 분류시스템에서 상품은 루프를 순환하는 트레이 또는 크로스 벨트 컨베이어에 배치한다.

시스템에 의해 제어되는 미리 정해진 지점에서 트레이 또는 벨트가 방향을 변경하거나 활성화되어 상품이 지정된 슈트 또는 빈으로 향하도록 상품을 분류한다.

(3) 푸셔 분류시스템

푸셔 분류시스템(Pusher Sortation System)은 일련의 푸셔 암(Pusher Arm)이 컨베이어 경로를 따라 간격을 두고 배치되는 간단한 분류 컨베이어 구성을 갖추고 있다. 자동화 시스템에서 신호를 보내면 메인 컨베이어 벨트에서 보조 위치로 상품을 운반하기 위해 푸셔 암이 확장된다.

9. 시스템 장점

자동분류시스템은 효율성, 정확성, 신속성, 생산성 등 물류창고 운영에 다양한 장점을 제공하고 있다. 구체적인 내용은 다음과 같다.

(1) 효율성

대량 상품을 신속히 처리하여 입고에서 출고까지 걸리는 시간을 단축할 수 있어 수작업에 비해 효율성을 크게 개선할 수 있다. 향상된 효율성은 인력과 자원을 효과적으로 사용하여 결과적으로 운영비용 절감으로 이어질 수 있다.

(2) 정확성

자동분류시스템은 정밀도가 높기 때문에 주문 정확도가 향상되어 물류창고 운영에 비용 손실을 초래하는 반품이나 오배송 횟수가 감소하게 된다. 자동분류시스템은 정확한 상품을 정시에 배송하면서 서비스 수준과 고객만족도를 향상시키게 한다. 자동분류시스템은 주문 풀필먼트와 고객만족도에 영향을 미치는 수준에 따라 측정된다.

(3) 신속성

전자상거래, 소매, 물류 및 제조와 같이 주문량이 많고 상품수가 많은 산업에서 신속성이 부각되고 있다. 신속하고 정확한 분류는 고객만족도를 충족시키고 운영 효율성을 최적화하는데 꼭 필요하다. 따라서 자동분류시스템은 분류 프로세스를 간소화하고 오류를 완화하며, 전반적인 생산성을 향상시켜 현대 공급망 및 물류운영에서 많은 장점을 제공하고 있다.

(4) 생산성

자동분류시스템은 분류작업을 자동화하여 생산성을 높이고 오류를 줄이면서 운영 효율성을 향상시켜 주고 있다. 노동력 부족, 인건비 증가, 다양한 제품 처리에 대한 요구사항 증가로 인해 자동분류시스템에 대한 수요가 증가하고 있다. 지속적으로 진화하는 시장 환경에서 경쟁력을 유지하고 소비자에게 탁월한 서비스를 제공할 것으로 기대한다.

03 창고관리시스템

창고관리시스템(WMS : Warehouse Management System)은 회사의 물류 또는 주문이행 센터에서 상품과 자재가 입고되는 순간부터 출고되는 순간까지 매일 창고 운영을 효율적으로 관리하는데 사용되는 시스템을 의미한다.

1. 개념과 역할

상품이 입고되고 선택되어 출하되는 모든 작업 과정과 과정에서 발생되는 물류 데이터를 자동적으로 처리하는 시스템으로 그 개념과 역할에 대해 살펴보고자 한다.

(1) WMS 개념

창고관리시스템은 기업물류 현장의 모든 운영 프로세스 및 IT측면을 고려하고 현장 작업 효율을 극대화할 수 있는 SCM의 통합물류 솔루션이다. 입고, 적치, 재고, 피킹, 출고 등 물류센터 프로세스를 통합 관리하여 기업의 물류관리 및 운영능력을 증가시켜 경영자원의 유용한 활용과 서비스 향상을 지원하는 시스템이다.

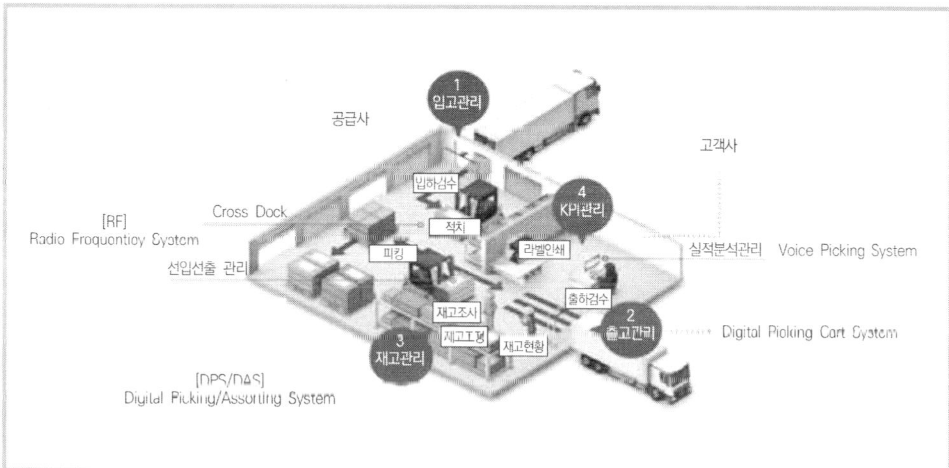

[그림 5-16] WMS 물류흐름 (출처 : ZINi 창고관리시스템)

1) WMS 운영

WMS는 물류창고 운영의 다양한 측면을 관리하고 제어하도록 설계된 소프트웨어 애플리케이션 또는 플랫폼이다. 재고를 감독하고 보관을 최적화하며 물류창고 내에서 상품의 원활한 이동을 지원하는 중앙허브 역할을 수행할 수 있다.

2) WMS 핵심기능

WMS의 핵심기능은 물류창고가 원활하게 기능하도록 지원하는 것이다. 재고관리, 주문관리, 노무관리, 보관위치, 위치관리, 야적장관리, 보고 및 분석기능이 포함되어 있다.

이러한 기능을 통해 기업에서 자원을 효과적으로 할당하고, 창고 레이아웃을 최적화하며, 보관비용을 절감하고 주문 정확도와 풀필먼트 속도를 개선할 수 있다.

3) WMS 작업 경로

입하장을 납품/입하, 배차/집하 등의 경로를 통해 작업을 수행한다.

① 입고 대기장 : 입고/접수

② 보관장(Rack, 평치) : [재고] 적치/보관, Cross Dock 보관, WMS

③ 분류장 : 피킹, 출고분류, 포장/분류 합포장

④ 상차 대기장 : 배차/출고

⑤ 출하장 : 상차

(2) WMS의 역할

WMS는 입고관리, 위치관리, 재고관리, 출고관리 등의 역할을 수행하고 있다.

① 입고관리 : 원재료, 부자재, 외주가공품, 반제품, 완제품에 대한 입고관리

② 위치관리 : 각 창고의 적재위치 생성 및 설정을 수행하여 위치관리

③ 재고관리 : 창고 내 제품에 대한 재고처리 및 관리

④ 출고관리 : 라인출고, 재작업 출고, 물류기지 출고, 거래출고, 배차관리

⑤ PDA를 통한 실시간 업무처리

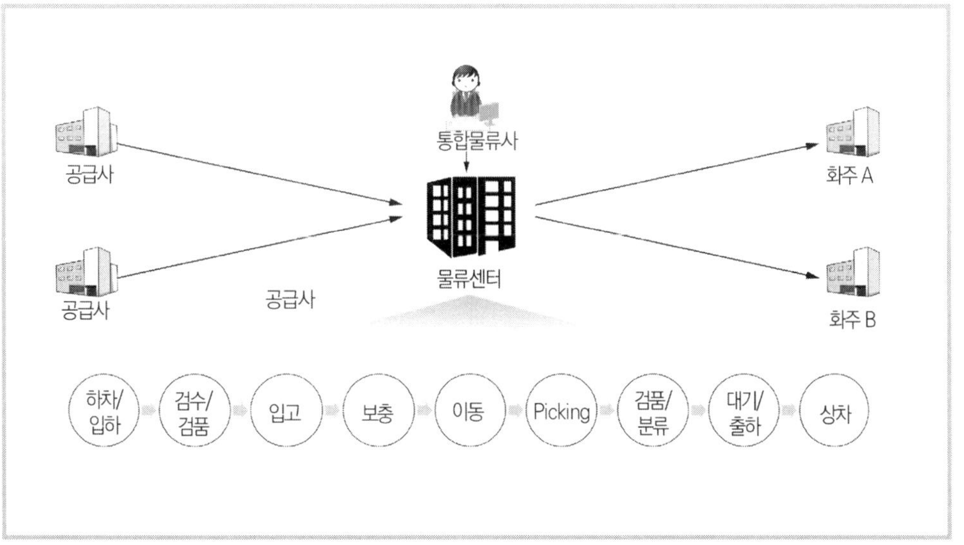

[그림 5-17] 창고관리 시스템의 기본구성 (출처 : 보관하역론)

2. 6가지 유형

WMS는 물류창고의 규모와 복잡성, 업계 요구사항에 따라 기능과 배포 옵션이 다양화 할 수 있다. WMS를 선택할 때는 물류창고의 구체적인 요구사항, 예산, 확장성, 통합기능을 고려해야 한다. WMS의 주요 6가지 유형은 다음과 같다.

(1) 독립형 WMS

재고관리, 주문관리, 노무관리와 같은 물류창고관리 기능만 집중한다. 더 광범위한 공급망 가시성을 확보하고 공급망을 조정하기 위해 ERP(전사적 자원관리) 또는 TMS(운송관리 시스템)와 같은 다른 시스템과 통합할 수 있다.

(2) 클라우드 기반 WMS

원격 서버에서 호스팅되며 인터넷을 통해 접속하는 방식이다. 기업에서 사용량에 따라 비용을 지불하고 하드웨어 및 인프라 비용을 미리 지불하지 않아도 되므로 확장성, 유연성, 비용효율성 등의 장점이 있다. 또한 원격 접속기능을 제공하므로 사용자가 언제 어디서나 물류창고 운영을 관리할 수 있다.

(3) 통합 WMS

이 솔루션은 종합적인 공급망 관리 또는 ERP(전사적 자원관리) 소프트웨어 제품군의 일부이다. 이는 물류창고관리, 운송관리, 수요계획, 조달 및 재무를 포함한 포괄적인 기능을 제공하고 있다.

서로 다른 모듈을 원활히 통합하고 연속해서 데이터 흐름을 제공하므로 공급망의 전반적인 현황을 전체적으로 파악할 수 있다.

(4) 공급망관리

WMS의 공급망 모듈은 핵심 창고관리기능과 통합되는 추가 기능을 의미하고 있다. 이 모듈은 WMS의 범위를 확장하여 공급망에 대한 포괄적인 가시성과 제어 기능을 제공하고 있다. 예를 들어 운송관리시스템와 수요계획모듈, 분석 및 보고 모듈 등이 있다.

(5) 산업별 WMS

이 솔루션은 산업별 기능, 모범사례 및 규정 준수 표준을 통합하여 특정 산업 또는 업종의 고유한 요구사항을 충족하도록 설계되어 있다. 예를 들어 제약 WMS에는 로트 및 배치번호관리 기능이나 온도제어보관 기능이 포함될 수 있다.

이러한 전문 WMS 솔루션은 소매업, 이커머스, 헬스케어, 3PL 등 산업의 특정 요구사항을 충족하고 있다.

(6) 마이크로 풀필먼트 센터를 위한 WMS

이 센터를 구축하여 공간을 효율적으로 활용하는 End-to-End 표준솔루션 (하드웨어/소프트웨어)을 이용하면 큰 도움을 받을 수 있다. 예를 들어 큐빗 풀필먼트 플랫폼은 비즈니스 로직, 작업관리, 재고관리 등의 기능을 결합하고 있다.

3. 도입하는 이유

기업이 창고관리시스템을 도입하는 이유는 적재적소, 고객만족도, 재고업데이트 등이 있는데, 그 내용은 다음과 같다.

(1) 적재적소 공급

WMS는 재고 정확성을 향상시켜 제품을 적시에 적재적소에 공급할 수 있다. 보관 공간을 최적화하고 재고품절 및 재고과잉을 최소화하여 운송비용을 절감하고 현금흐름을 개선할 수 있다.

(2) 고객만족도 향상

WMS는 주문 풀필먼트 속도를 향상시켜 피킹, 포장, 배송 과정을 더 빠르고 정확하게 진행할 수 있어 고객만족도와 고객충성도를 향상시킬 수 있다. 이를 위해 바코드 또는 RFID(무선주파수 식별) 기술을 활용하면 물류창고 내 재고이동을 정확하게 추적하여 재고파악을 효율적으로 개선할 수 있다.

(3) 재고 업데이트 가능

WMS는 실시간 재고 업데이트가 가능하다. 물류창고에 입출고되는 상품을 포함하여 재고정보를 실시간으로 파악하고 업데이트하면 정확한 재고수준을 유지하여 재고품절이 발생할 가능성을 줄일 수 있다.

4. WMS와 다른 시스템의 통합

WMS는 공급망 내의 다른 시스템이나 기술과 통합할 수 있다는 이점이 있다. ERP, TMS 및 여러 소프트웨어 애플리케이션과 연결하여 효율적으로 데이터를 교환할 수 있다.

(1) 오토스토어와 통합

오토스토어 시스템과 WMS를 통합하면 공급망 물류가 간소화되어 WMS는 재고와 주문 풀필먼트 작업을 관리할 수 있다.

(2) 워크플로우 조정

WMS는 입고, 재고관리, 피킹 작업과 같은 필수적인 워크플로우에서 사용자를 안내할 수 있다. WMS는 재고 입고 후 고객의 주문 상품을 발송하기까지 과정을 담당한다.

(3) 실시간 조정

WMS와 오토스토어 시스템을 통합하면 재고관리 및 주문 풀필먼트에 혁신적인 변화가 일어난다. 표준화된 API를 통해 오토스토어와 정교하게 연결된 WMS는 오토스토어 워크스테이션에 빈이 전달되도록 요청하는 기능을 갖추게 된다.

(4) 역동적인 주문 풀필먼트

고객의 주문이 접수되면 WMS가 피킹 작업을 오토스토어 지침으로 변환한다. WMS는 그리드 API를 통해 오토스토어 로봇에게 필요한 빈을 지정된 워크스테이션으로 운반하도록 지시한다. 요청된 빈은 오토스토어의 효율적인 알고리즘을 통해 가장 여유 있는 워크스테이션에 전달되도록 준비된다.

1) 반응형 자동화

WMS는 오토스토어와 지속적인 통신을 유지하여 빈의 상태에 대한 실시간 업데이트를 수신한다. 워크스테이션 작업자는 오토스토어의 움직임에 따라 피킹 작업을 완료하며 이를 통해 주문 풀필먼트가 정확하고 효율적으로 이루어진다.

2) 워크플로우 확장

협업은 단순히 주문 피킹에 그치지 않으며 상품입고, 재고실사, 예외처리까지 확장된다. WMS 워크플로우는 오토스토어 API를 통해 원활하게 전환되어 오토스토어 그리드 내의 작업을 동기화한다.

3) 효율성 극대화

오토스토어는 Manhattan Associates, SAP, Oracle과 같은 WMS 공급업체와 손쉽게 통합이 가능하다. 공급업체에 구애받지 않는 이러한 접근 방식 때문에 오토스토어의 자동화 기술에 WMS의 기능을 결합하여 주문처리를 간소화하고 재고관리를 개선하여 작업실행을 동기화할 수 있다. 따라서 공간을 효율적으로 활용하는 신속한 주문 풀필먼트 시스템이 실현되어 운영 효율성이 크게 향상되고 있다.

제6장 풀필먼트의 수요예측

수요예측은 기업이 최대한 수익성을 유지하기 위해 제품 및 자재의 수요를 예측하는 프로세스를 의미한다. 수요예측이 정확하면 기업은 잉여재고 보유, 고객의 요구사항, 구매이도, 선호도 등을 효율적으로 관리하여 비용을 절감하고 더 많은 기회를 얻을 수 있다.
풀필먼트 센터에서는 일반적인 물류센터보다 더 작은 SKU(Stock Keeping Units) 단위의 제품을 취급하고 배송한다. SKU 단위의 개별 상품에 대한 수요예측은 대량의 소품종의 수요예측보다 더 어렵기 때문에 풀필먼트 센터에서는 수요예측을 실시하는 것이 더 중요하다고 볼 수 있다.
이에 미국의 아마존에서는 AWS Forecast라는 시계열 데이터를 기반으로 머신러닝을 사용하여 수요예측을 실시하고 있다. 그러나 본 장에서는 수요예측과 관련된 기본적인 이론에 대해 학습하고자 한다.

01 수요예측

예측은 앞으로 나타날 일을 미리 헤아려 짐작하는 것으로 관심 있는 부분의 미래의 값에 대한 추정이다. 불확실성의 일부를 제거하여 보다 의미 있는 계획을 수립하도록 지원하는 일이다. 이제는 기업에서 사용하고 있는 예측에 대해 살펴보고자 한다.

1. 예측의 이해

기업에서 사용하고 있는 예측은 미래 수요에 대한 정보를 추정하는 것이다. 추정이 잘 될수록 더 많은 정보를 얻을 수 있고, 의사결정에 도움을 주고 있다. 수요예측을 하는 기술과 경험이 있으면 공급망은 더욱 경쟁력을 갖추고 합리적으로 운영될 수 있다.

(1) 예측의 개념

예측의 대상은 수요다. 제품이나 서비스를 예측할 때 공급망 전체에서 발생하는 모든 수요의 출처를 파악하는 것이 중요하다. 이를 통해 예측의 정확도를 높이면서 기업 내 수요예측 및 결과계획, 통제시스템에 관한 의사결정에 도움을 주어야 한다.

예측은 과거 데이터와 과거 패턴 연구를 토대로 이루어지는 추정이다. 기업은 첨단 시스템을 사용하여 장기간에 걸쳐 대량의 데이터를 수집하고 분석하고 있다. 미래 수요 예측을 통해 기업의 재무, 마케팅, 생산운영관리 등에 보다 정확한 의사결정을 내릴 수 있도록 지원하고 있다.

예측은 기업이 미래에 발생할 수 있는 불확실성에 대비하기 위한 계획 도구 역할을 수행한다. 이를 통해 경영자는 변화에 자신 있게 대응하고 비즈니스 운영을 제어하며 미래 성장을 주도하는 전략적 결정을 내릴 수 있다.

기업은 효율적인 자원의 사용, 기업성과 가시화, 신제품 또는 신규 서비스 출시시기 결정, 반복적인 비용추정, 판매량 및 수익과 같은 미래 이벤트 예측, 관리결정 검토 등에 예측을 사용하고 있다.

(2) 기업에서 예측 활용

예측은 기업에서 회계, 재무, 인사관리, 마케팅, MIS, 생산, 설계 등 전 분야에 영향을 미치고 있다. 미래의 수요를 정확히 예측하는 것은 기업경영에 있어 매우 중요하다.

① 회계 : 신제품 및 프로세스에 대한 원가 산출, 이익 추정, 현금관리
② 재무 : 원자재 및 새로운 장비의 구매, 자금조달 시기와 규모, 유가증권 발행
③ 인사관리 : 직원 모집, 채용, 교육훈련, 승진, 전직, 이직 등 계획
④ 마케팅 : 상품의 가격 책정, 광고, 홍보, 판매 및 경쟁전략, 시장조사
⑤ MIS : 정보자료 처리, 정보제공, 소프트웨어, 정보시스템, 인터넷서비스
⑥ 생산관리 : 작업일정, 재고관리, 아웃소싱, 자체생산 및 외부구매 의사결정
⑦ 제품 및 서비스 설계 : 제품 설계, 서비스 설계, 기존 설계 변경

어느 한 분야의 예측 관련 의사결정은 다른 분야에 영향을 미치게 된다. 예를 들어 영업부가 낙관적인 판매예측으로 재고 증가를 계속 원하는 경우, 재무와 생산운영은 과잉재고로 인해 원자재 및 재고관리에서 과잉비용이 발생하게 된다. 반면 예측에 비해 수요가 많으면 판매기회를 상실하게 되면서 고객만족도가 낮아지게 된다.

(3) 풀필먼트 센터에서 예측 활용

풀필먼트에서 우선적으로 다루어야 하는 과제는 수요와 공급을 일치시키는 것이다. 공급은 조절할 수 있지만 수요는 조절할 수 없다. 따라서 예측을 통해 조절할 수 없는 수요에 대한 미래의 값을 추정할 수 있어야 한다.

1) 수요예측과 풀필먼트

① 수요예측을 통한 판매예측은 모든 경영활동의 근본이다.
② 수요예측은 구매, 재무, 시설, 물류, 인사, 마케팅 계획 수립의 기본이다.
③ 수요예측은 여러 의사결정에 기초자료를 제공한다.

2) 수요예측의 효과

① 불필요한 시설투자를 피하고 저장능력을 극대화할 수 있다.

② 판매에 필요한 자원을 적기에 확보하고 고용을 안정시킬 수 있다.

③ 과잉재고와 재고부족으로 인한 손실을 예방할 수 있다.

④ 고객의 요구를 예측하여 적절한 대응으로 고객서비스를 향상시킬 수 있다.

2. 예측의 특징

예측을 위해 다양한 종류의 기법들이 실무에서 활용되고 있으며, 이들은 서로 상이하거나 유사한 특징이 상존하고 있다. 모든 기법마다 가지고 있는 공통적인 특징들에 대해 살펴보고자 한다.

(1) 예측은 완벽하지 않고 언제나 틀린다

예측은 평균값이 정확히 맞을 수 있지만 특정 기간별 예측과 실제는 많이 다를 수 있다. 예측은 과학이 아니고 과거 경험을 토대로 추정하는 단순한 수학적인 산출도 아니다. 예측은 단지 반복현상과 같은 추측 가능한 몇 가지 기본 요소가 있을 뿐이다.

(2) 모든 예측에는 편차를 포함시켜야 한다

예측은 과거 존재하였던 인과관계가 미래에도 지속될 것으로 가정하고 있다. 어떤 현상은 우발적이며, 임의적이고, 상대적으로 예측하기 쉬울 수도 있다. 예측에는 어느 정도 오류가 있다는 것을 알아야 한다. 많은 요인들과 우연성의 존재로 인해 정확한 예측은 어렵다고 본다.

(3) 예측은 개별 품목에 비해 제품군이 더 정확하다

제품군의 예측은 그룹 내 여러 품목들의 예측오차가 서로 상쇄효과(Canceling Effect)를 보이기 때문에 더 정확하다고 볼 수 있다. 예를 들어 중복인 7월 25일의 평균 온도를 예측하는 것보다 7월의 평균 온도를 예측하는 것이 더 정확도가 높을 것이다.

(4) 예측은 가까운 미래일수록 정확성이 증가한다

가까운 단기 예측은 먼 미래의 장기 예측에 비해 불확실성이 작으므로 더 정확하다고 볼 수 있다. 먼 미래보다 가까운 미래에 발생하는 일을 예측하는 것이 더 쉽다는 의미이다.

3. 산업에서 예측 활용

예측은 다양한 비즈니스 문제에 대해 다양한 산업에서 널리 활용되고 있다. 예측이 산업에서 어떻게 의사결정에 영향을 미치고 있는지 다음과 같은 몇 가지 사례를 살펴보고자 한다.

(1) 금융

금융서비스에서는 머신러닝과 정량적 도구를 사용하여 고객과 잠재 고객에 대한 예측을 수행하고 있다. 이 정보를 통해 은행은 누가 대출을 신청할 가능성이 높은지, 어떤 고객이 위험이 높거나 낮은지를 평가한다. 또한 어떤 고객이 리소스 및 마케팅 지출에 가장 유리한지, 어떤 지출이 사기성 지출인지 등에 대해 답할 수 있다.

(2) 의료

의료 분야에서 예측은 패혈증과 같은 특정 감염을 추적할 뿐만 아니라 만성 질환 환자의 치료를 감지하고 관리하는데 사용한다. Geisinger Health*는 예측을 통해 의료기록을 마이닝하여 패혈증 진단 및 치료방법에 대해 자세히 알아낼 수 있었다. Geisinger는 생존율이 높은 환자를 정확하게 예측하는 등 인상적인 결과를 도출하였다.

(3) 인사

인사(HR)에서 예측은 직원 설문조사를 통해 잠재적 입사 지원자를 매칭하고 직원 이직률을 낮추며 직원 참여도를 높이고 있다. 이러한 데이터를 이용하여 기업은 채용 비용을 절감하고 직원 만족도를 높이고 있다. 이는 노동시장의 변동성이 클 때 특히 유용하게 사용된다.

* Geisinger Health System : 펜실베이니아에서 지역 의료서비스를 제공하고 있다. 펜실베이니아주 댄빌에 본사를 두고 45개 지역에서 300만 명 이상의 환자에게 서비스를 제공하고 있다.

(4) 마케팅

마케팅은 비즈니스 보고서를 통해 과거 영업성과를 이해할 수 있다. 예측을 통해 고객 라이프사이클 전반에 걸쳐 고객과 소통하는 방식을 보다 능동적으로 취할 수 있다. 이탈 예측으로 불만족한 고객을 빨리 식별하고 유지를 위한 대화를 시작할 수 있으며, 교차 판매 전략을 위해 예측 데이터를 활용할 수 있다.

(5) 공급망

기업은 예측을 통해 재고관리와 가격책정 전략을 수립하고 있다. 이러한 예측으로 기업은 창고에 과잉재고를 줄이고 고객수요를 충족시킬 수 있다. 또한 시간 경과에 따른 제품비용 및 수익률을 평가할 수도 있다. 특정 제품의 부품을 수입하는데 비용이 더 많이 드는 경우, 기업은 수익에 미치는 장기적인 영향을 예측할 수 있다.

02 수요예측의 이해

수요예측 관련 지식과 경험을 갖추고 있으면 공급망은 더욱 경쟁력 있고 효율적으로 운영될 수 있다. 수요분석을 토대로 시장조사나 다양한 예측조사의 결과를 종합해서 미래 수요를 추정할 수 있다.

1. 수요예측의 의의

최근 비즈니스 환경이 세계적으로 급속히 변하고 있다. 고객의 요구와 기대가 빠르게 변하면서 최적화된 공급망으로 연결된 비즈니스 네트워크를 도입하는 기업이 점점 늘어나면서 갈수록 경쟁이 치열해지고 있다.

수요예측은 수요기반 자재 소요량 계획, 인바운드 물류, 재무, 제조, 리스크평가와 같은 핵심 운영 프로세스에 정보를 제공하고 있어 공급망에 중요한 역할을 하고 있다. 또한 수요예측은 판매 목표 설정, 설비투자, 생산계획, 재고조절, 공급체인관리, 마케팅 전략 수립 등에 중요한 역할을 하고 있다.

오늘날 급속히 변하고 경쟁이 치열한 환경에서 성장하기 위해서는 수요예측의 중요성을 인식하고 예측 수준을 향상시키기 위한 투자가 이뤄져야 한다. 수요예측은 예측치를 만드는 것이 목표가 아니라 전략적 함의를 도출하는 기반으로 삼아야 한다. 수요 예측치를 전략과 연결시킬 수 있는 안목과 대안을 제시하는 역량이 필요하다.

2. 수요예측의 형태

최상의 수요예측은 공급망의 다양한 데이터 소스에서 통찰력을 수집하는 기능을 사용하는 정성적 예측과 정량적 예측을 모두 포함하고 있다.

(1) 정성적 예측

뉴스 보도, 문화 및 소셜 미디어, 경쟁사 및 시장조사 등 외부에서 얻을 수 있다. 내부에서 얻는 고객 피드백과 선호도 등도 정확한 예측에 기여하고 있다. 정성적 예측은 미래에 대한 예측을 수학적으로 계산하는 것이 아니라 주관적 판단과 전문가 의견을 토대로 예측하는 방법이다. 이 방법에는 델파이 기법, 전문가 의견, 시장조사법, 판매원조사법 등이 있다.

1) 델파이 기법

여러 전문가들이 모여 의견을 교류하고 합의하여 미래에 대해 예측하는 방법으로 그룹 내에서 합의된 의견을 토대로 결론을 도출한다. 이 방법은 몇몇 전문가만으로 예측하기 어려운 복잡한 문제나 미래를 고민할 때 유용하게 활용하고 있다.

다양한 전문가들의 의견을 종합적으로 반영하여 종합적인 시각을 제공함으로써 예측의 정확도와 타당성을 높일 수 있다.

이 기법은 여러 라운드를 거쳐 의견을 교류하고 수정하여 최종적인 합의를 이끌어내는 과정을 거치게 된다. 초기 예측 후에 이 과정을 반복하여 전문가 의견을 보다 정밀하게 수렴시키는 것이 델파이 기법의 핵심이다. 이를 통해 효율적이고 정확한 예측을 할 수 있다.

2) 전문가 의견

전문가 의견은 학문적 배경과 실무 경험을 토대로 이루어진다. 논리적인 추론과 경험적인 지식을 통해 미래에 대한 예측력을 높일 수 있다. 전문가는 특정 분야에 대한 깊은 이해와 지식으로 인해 합리적인 예측을 할 수 있다.

이러한 전문가의 집단적인 의견을 종합하면 보다 타당하고 신뢰성 있는 예측이 가능해진다. 전문가의 의견을 종합하여 도출된 예측은 단순히 개인적인 주관이 아니라 학문적인 근거와 경험을 토대로 견해를 반영하고 있다.

이로 인해 다양한 관점을 종합하여 신뢰할 만한 결과를 얻을 수 있다. 이는 다양한 환경 속에서 미래에 대한 예측이 필요할 때 귀중한 정보를 제공할 수 있다.

3) 시장조사법

소비자조사라 하며, 정성적 예측에서 가장 계량적이고 객관적이며 소비자로부터 직접 수요에 관한 정보를 얻으려는 방법이다. 설문지, 인터뷰, 전화, 우편, 이메일 등으로 제품에 대한 잠재적 고객의 반응을 조사하여 수요를 예측한다. 정성적 예측에서 가장 시간과 비용이 많이 들지만 예측은 비교적 정확한 편이다.

4) 판매원조사법

소비자의 의도를 가장 잘 알고 있는 판매원을 활용한 수요예측이다. 판매원이나 영업사원이 자신의 담당 구역에서 담당 제품의 수요를 예측하는 것으로 개인별 예측 결과를 종합하여 전체수요를 예측하는 방법이다. 다만, 판매원의 능력에 따라 수요예측에 차이가 나타나고, 최근 사회적 동향에 의해 판매자의 예측이 영향을 받을 수 있다는 문제점이 있다.

5) 종합

정성적 예측의 핵심은 높은 전문성을 가진 전문가들의 의견이므로 델파이 기법과 전문가 의견 등을 결합하여 활용하면 보다 정확한 미래를 예측할 수 있다. 이를 통해 예측에 대한 불확실성을 최소화하고 효과적인 전략 수립에 도움을 줄 수 있다.

델파이 기법과 전문가 의견을 결합한 정성적 예측은 다양한 분야에서 활용되고 있다. 예를 들어 경제 전망, 기술 발전, 시장 동향, 수요예측 등 다양한 분야에서 미래 예측을 위해 델파이 기법과 전문가 의견을 활용하고 있다.

미래 예측은 항상 불확실한 일이다. 미래에 대한 정성적 예측은 단순한 숫자나 지표로만 이루어지는 것이 아니라 전문가의 주관적 견해와 판단을 반영하기 때문에 실무적인 가치를 지니고 있다. 실제 현상을 잘 이해하면서 향후 전략을 수립할 수 있다.

(2) 정량적 예측

대부분 내부적이고 판매량, 주문시간, 웹이나 검색을 분석하여 얻을 수 있다. 최신 기술에는 고급 분석과 강력한 데이터베이스를 채택하고, 인공지능 및 머신러닝을 적용하여 복잡한 데이터 세트를 분석하고 있다.

정량적 예측은 의미 있는 통계와 과거 데이터를 활용하여 장기적인 미래 추세를 예측한다. 정량적 예측에는 시계열분석과 인과형예측법이 있다.

(3) 의견

최신 기술을 정성적 예측과 정량적 예측에 적용하면 공급망 관리자는 정확성을 꾸준히 향상시킬 수 있다. 정성적 예측과 정량적 예측은 개별적으로 이루어지는 것이 아니라 서로 부족한 부분을 보완하면서 모두 활용하여 수요예측을 실시해야 한다.

수요예측은 [그림 6-1]과 같이 정성적 통찰력과 정량적 통찰력을 공급망을 통해 자료를 수집하고 고급 첨단기술로 분석하여 얻을 수 있다.

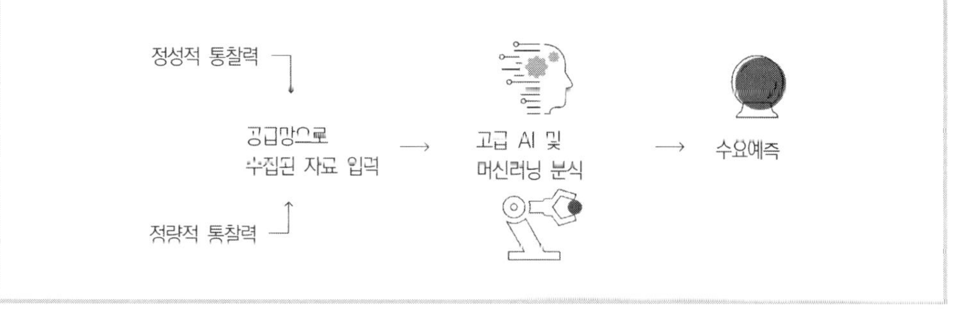

[그림 6-1] 수요예측 방식 (출처 : SAP)

3. 수요예측의 성공요인

수요에 영향을 줄 수 있는 요인들을 탐색하고 이런 요인들과 수요와의 관계를 나타내주는 가설을 수립하여 이를 검증하는 과정이 필요하다. 소비자가 혁신을 받아들이는

태도는 수요를 결정하는데 있어 매우 중요한 변수가 되고 있다.

(1) 수요예측 요인

예측 과정에서 전문가에 대한 인터뷰를 실시하고, 기업 내부와 외부에서 다양한 의견을 수렴해 보아야 한다.

수요예측을 위한 독립변수로 다음과 같은 요소들을 생각해 볼 수 있다.

① 거시경제 변수로 GDP 성장률, 소득, 이자율, 환율, 유가, 소비자 신뢰지수, 총자본지출 등이 있다.

② 회사가 제어할 수 있는 변수로는 투자비용, 광고, 판촉비, 판매가 등이 있다.

③ 특정 제품에 영향을 미치는 변수로는 산업 내에 존재하는 경쟁기업의 반응과 예상 경쟁자 등이 있다.

더불어 보완재나 대체재와 같이 상호 연결되어 있는 제품들의 가격 및 수요, 경쟁제품의 수요나 시장점유율, 제품군 전체 수요와의 관계도 구체적으로 파악해 보아야 한다.

(2) 수요예측 체계 구축

1) 제품시장 정의

① 제품을 광의로 정의

② 소비자들의 라이프스타일 변화와 미래 트렌드에 대한 연구

2) 수요 영향 요인 파악

① 수요에 영향을 줄 수 있는 요인들을 탐색

② 영향 요인들과 수요와의 관계를 나타내는 가설을 수립하여 이를 검증

③ 애널리스트 보고서, 시장 조사 보고서, 시장 전문가의 의견에서 언급되는 요인들에 대해 실제 데이터를 토대로 인과관계 테스트

3) 데이터베이스 구축

① 데이터를 수집하고 업데이트 체계를 구축

② 공신력 있는 데이터 셋을 만드는 것이 중요

③ 데이터 베이스는 가장 핵심적인 부분이며 가장 많은 투자가 이루어져야 하는 부문

4) 모델의 개선과 운용

① 수요 예측 모델을 실제 데이터에 적용하고 문제점을 개선해 자사 상황에 맞게 지속적 수정

② 수요에 영향을 미치는 요인들이 시간이 흐름에 따라 달라짐, 이러한 변화를 포착해서 모델에 반영

5) 전문인력 확보

① 전문가로서 모델과 예측치에 대해 판단을 내리는 것이 매우 중요

② 역량을 가진 전문인력을 확보하고 예측 방법론을 정교화하고 전문가적 통찰력을 배양할 수 있도록 지원

03 수요예측 필요성

제품의 생산비용이 상승하고 상품별 시장점유율에 경쟁이 높아지면서 수요예측에 대한 필요성이 증가하고 있다. 시장 환경의 변화와 소비자의 요구를 얼마나 정확히 예측하느냐에 따라 향후 기업성과에 미치는 영향은 크게 나타날 것으로 보인다.

1. 수요예측의 의미

수요예측은 기업의 기획에서부터 판매할 때까지 소비자의 요구를 정확히 예측하는 것은 매우 중요한 부분이다. 과거 기업들은 날씨, 명절, 이벤트, 새로운 유행 등 다양한 변수를 분석하고 경쟁사의 움직임을 파악하면서 그에 적절한 전략을 수립해 왔다.

이는 예술이라 표현할 정도로 다양한 업계 지식을 기반으로 이루어졌지만 오늘날

이러한 지식으로는 한계가 있기 마련이다. 예측은 무에서 유로 창출되는 것은 아니다.

예측 담당자는 일반적으로 다양한 데이터를 분석하여 재고를 어디에, 얼마나 보관해야 하는지 등 효율적인 재고비율을 예측해야 한다.

기업이 높은 기업성과를 놀리기 위해서는 모든 채널과 장소에서 각 수요에 대한 보다 정확한 예측을 도출해야 한다. 이를 위해 다양한 데이터 포인트가 요구된다. 인공지능 기반 수요예측을 통해 각 프로세스의 신속성과 정확성을 향상시킬 수 있는 방법을 꾸준히 연구해야 한다.

2. 정확한 수요예측

기업에게 재고관리는 매 시즌마다 찾아오는 매우 중요한 투자 항목이다. 한 번의 투자로 해결되는 사안이 아니고 정확하지 못한 수요예측은 기업에게 큰 손실을 초래할 수 있다.

(1) 예측이 정확하지 않으면

수요예측이 정확하지 못하면 불필요한 재고 발생으로 악성 재고가 쌓이고, 운반 및 보관비용이 발생하면서 기업 손실로 이어지게 된다. 이러한 상황을 방지하기 위해 기업은 대폭 할인이나 파격적인 가격인하 전략으로 불필요한 재고를 정리하는 경우가 발생하게 된다.

과도한 할인 행사는 수익 감소를 초래하는 동시에 소비자에게 가격인하에 따른 브랜드 이미지 하락을 심어줄 수 있다. 이러한 일이 빈번히 발생하면 소비자는 정가 상품을 구매하지 않고 세일이 시작될 때까지 기다렸다가 구매하는 결과를 초래하게 된다.

(2) 판매 손실과 소비자 이탈

수요예측은 재고과잉을 방지하는데 도움이 되고, 정확한 예측을 통해 인기 품목의 재고부족 현상을 해소할 수도 있다. 품절로 인한 판매 손실이나 원하는 제품을 적시에 구매하지 못해 불만을 느끼는 소비자의 피드백을 기다리는 기업은 없을 것이다.

이러한 상황은 소비자들이 경쟁기업의 제품으로 발길을 돌리게 되는 결과를 가져오게 된다. 따라서 정확한 수요예측은 제품 공급을 소비자 수요에 부합시키는데 매우 중요한 일이다.

3. 수요예측의 영역

수요예측은 다양한 비즈니스 요소가 결합되어 시즌 전과 시즌 중에 걸쳐 적용되는 데이터 기반 전략 수립을 목표로 한다. 이 전략을 통해 상품 기획팀은 시장 변화에 민첩하게 대응할 수 있다. 수요예측은 기본적으로 다음과 같은 주요 영역에서 다루고 있다.

(1) 판매예측

과거 판매 데이터를 통해 미래 판매량을 예측하는 것이 일반적이다. 과거 판매 데이터는 유행, 시즌별 특성, 시장 변동을 고려하여 미래 소비자의 수요를 정확하게 예측하고자 하였다. 하지만 시장상황은 끊임없이 변화하고, 과거 데이터는 더 이상 미래 수요를 정확하게 예측하는데 어려움이 있다.

(2) 수요예측

수요예측은 제품의 선호도를 예측하여 시즌이 끝나는 시점에 재고를 남기지 않고 소비자의 관심을 충족할 수 있는 적정 재고 수량을 확보하는데 관심을 두고 있다. 소비자가 구매할 가능성이 높은 제품별로 적정한 재고 수량을 확보함으로써 기업은 최적의 투자 수익률을 달성할 수 있다.

(3) 재고관리

기업은 소비자 만족도를 향상시키기 위해 필요한 재고량을 유지하고 동시에 불필요한 재고 보유로 인한 비용 발생을 최소화하는데 목표를 두고 있다. 갈수록 높아지는 소비자 눈높이에 부응하기 위해 보다 민첩하고 유동적으로 재고를 유지해야 하는 옴니채널 기업은 이러한 사항에 높은 관심을 가지고 있다.

기획 단계에서 적절한 재고관리는 매우 중요한 사항이다. 갈수록 복잡해지는 재고관리를 해결하기 위해서는 인공지능 기반 기획으로 다양한 요소들을 파악해야 한다. 기업 내 각 매장별로 적절한 상품 할당을 결정하고, 재고관리의 최적화를 달성하여 상품 판매자가 효율적으로 재고관리 할 수 있도록 지원해 주어야 한다.

(4) 프로모션 기획

프로모션은 모든 판매 과정에서 꼭 필요한 과정이다. 적시에 적절한 장소에서 효과적인 판매 촉진을 위해 정확한 프로모션 전략을 세워야 한다. 특정 상품에 대해 타이밍이 맞지 않는 프로모션을 진행하게 되면 큰 비용손실을 초래할 수 있다.

특정 색상 및 사이즈에 이르기까지 수요 창출을 위해 가격 조정이 필요한 제품을 정확하게 파악하는 작업은 수익률을 높이는데 매우 중요한 일이다. 이러한 정보를 토대로 의사결정을 내리기 위해서는 정확하고 시기적절한 데이터 분석이 필수적이다.

4. 수요예측의 제약 요인

상품의 규모가 커지고 다량의 상품을 판매하는 기업이 늘어나면서 정확한 수요예측에 영향을 미치는 수많은 변수를 고려하는 것은 갈수록 어려운 일이다. 정확한 수요예측을 위해 살펴봐야 하는 주요 변수들은 다음과 같다.

(1) 시즌특성 및 수요패턴

다양한 변수들 중에 예측 가능한 것도 존재하고 있다. 연휴 기간에 짧은 휴가 계획을 세우는 일은 누구든지 쉽게 예측할 수 있다. 하지만 월드컵이나 올림픽처럼 국제적으로 영향력이 큰 행사는 예측이 매우 어려워 보인다.

1) 시즌 특성

① 영향력은 작지만 중요한 지역 행사의 경우이다. 어느 도시에서 여름 음악 콘서트가 개최되어 관람객이 축제 관련 상품을 얼마나 사줄지 예측해야 한다.

② 해수욕장에 관광객이 많이 찾아와 선크림, 모자, 샌들 등 여름 필수 아이템을 쉽게 구할 수 있도록 준비하고 즉시 재입고가 가능하도록 준비해야 한다.

2) 일기예보

① 기업은 일기예보에 주의를 기울여야 한다. 예상치 못한 날씨 변화로 인해 소비자 수요가 급변하는 경우가 종종 발생할 수 있기 때문이다.

② 예상과 달리 가을이 늦게 찾아오면서 소비자들이 가을/겨울 컬렉션의 따뜻한 신상품을 구매하려다 여전히 더운 날씨로 인해 구매를 주저할 수도 있다.

③ 태풍으로 인해 소비자가 모자와 선글라스를 구매하지 않고 대신 우비와 우산에 대한 수요가 높아질 수도 있다.

일반적으로 시즌별로 유행이 존재하고 있지만 우리가 수 많은 변수들을 모두 고려하면서 수요예측을 수행하는 것은 다소 어려움이 많이 있다.

(2) 외부 요인

최신 소비자가 선호하는 상품이 무엇이고 경쟁사가 어떤 상품을 활용해서 성공하고 있는지 살펴보아야 한다. 지역별 관심사에서 글로벌 유행 상품까지 외부 요인을 살펴보는 것은 중요한 일이다.

하지만 디지털 중심의 세상에서 기업이 이러한 요인들을 따라 수요예측을 하기에는 세상이 너무도 급속히 변해가고 있다. 정확한 수요예측을 위해 꼭 필요한 외부 요인으로는 경쟁사가 어떤 상품을 팔고 무엇을 하고 있는지 파악하는 것이다.

경쟁사는 유행에 맞추어 어떤 제품을 구성하고 어떻게 판매하고 있는지 살펴보아야 한다. 또한 어느 상품을, 언제, 어떤 비율로 할인 판매하고 있는지도 파악해야 한다.

이러한 모든 요인들은 기업이 보유한 제품군의 각 품목에 대한 정확한 수요예측을 구축할 때 매우 중요하게 작용한다.

(3) 비지니스 의사결정

최근 옴니채널 환경에서는 다수의 소비자들이 다양한 상품을 기대하고 있다. 이러한 환경에서 기업이 효율적인 비즈니스 의사결정을 내리는 것은 매우 어려운 일이다. 이러한 모든 변수들을 각각 수작업으로 수집하고 분석하면 데이터에 과부하가 발생하거나 잘못된 수요예측을 초래할 수도 있다.

5. 첨단기술 활용 수요예측

기업이 인공지능을 비롯한 첨단기술을 활용하여 미래 소비자의 수요를 정확하게 예측한다면 경쟁에서 앞서 나갈 것이다. 기업은 복잡한 수요예측을 첨단기술로 해결할 수 있고, 다수의 업무를 자동화하여 정확도가 낮은 프로세스를 보다 효율적으로 개선할 수도 있다. 첨단기술을 활용한 수요예측의 기능은 다음과 같다.

(1) 실행 가능한 통찰력 확보

예측 모델을 기반으로 기존의 인력으로 파악하기 어려운 수요패턴을 찾아낼 수 있다. 방대한 양의 데이터를 단시간 내에 분석하고 그에 맞는 적절한 대응을 수립할 수 있다.

(2) 사전 대응방식으로 전환

시장 유행과 소비자 요구 변화에 빠르게 대응하기 위한 분석기능이 필요하다.

(3) 효율성 향상

기업은 첨단기술을 활용하여 번거로운 수작업 대신 보다 전략적인 비즈니스 목표에 집중할 수 있다.

(4) 수요예측 개선

수요예측이 가능해진 기업은 재주문 전략을 보다 효과적으로 수립할 수 있다. 기존 재고를 신속하게 관리하고 보다 정확하게 재고관련 의사결정을 내릴 수 있다.

(5) 소비자 만족도 향상

기업은 첨단기술을 활용한 수요예측을 통해 적재적소에 최적의 상품을 확보하여 소비자에게 보다 향상된 서비스를 제공할 수 있다.

(6) 수익 개선

수요예측의 정확도가 높아지면 공급과 수요를 효과적으로 관리하고, 제품의 수량

부족 및 과잉 재고와 같은 손실발생을 방지할 수 있다.

이상으로 정확한 수요예측은 재고부족과 재고과잉을 예방하면서 수익성을 극대화할 수 있다. 적절한 재고량으로 판매량을 증가시키고 할인 판매를 최소화하여 소비자 요구에 맞는 상품 공급으로 기업성과를 극대화할 수 있다.

04 공급망을 위한 수요예측

수요예측은 기업이 최대한 수익성을 유지하도록 제품과 자재 수요를 계획하고 예측하는 프로세스이다. 강력한 수요예측이 없다면 기업은 낭비적이고 비용이 많이 드는 잉여 재고를 보유하거나 고객 요구사항, 선호도, 구매 의도 등을 예측하지 못하고 위험에 처할 수 있다.

1. 수요예측이 중요한 이유

최근 비즈니스 환경이 급변하고 있다. 고객의 행동과 요구사항이 빠르게 변하면서 기업은 최적화된 공급망 방식 및 클라우드로 연결된 네트워크를 도입하면서 경쟁에 앞서기 위해 노력하고 있다.

수요예측은 수요기반 자재 소요량 계획, 인바운드 물류, 제조, 재무, 리스크 평가 등 주요 운영 프로세스에 정보를 제공하고 있어 공급망 관리에 매우 중요하다.

최상의 수요예측은 공급망의 다양한 데이터에서 통찰력을 수집하는 기능을 사용하는 정성적 예측과 정량적 예측을 모두 분석하는 것이다.

정량적 데이터는 대부분 기업 내부 사항으로 판매량, 광고비, 할인율 등으로 웹 검색을 통해 수집이 가능하다. 최신 기술은 고급 분석과 강력한 데이터베이스를 채택하고 인공지능 및 머신러닝을 활용하여 복잡한 데이터 세트를 분석하고 있다.

2. 수요예측 방법

수요예측은 업종과 제품 변동성, 고객 변동 등에 따라 다양한 예측방법을 사용하고 있다. 일반적인 수요예측 방법으로 매크로 레벨 수요예측, 마이크로 레벨 수요예측, 단기수요예측, 장기수요예측 등이 있다.

(1) 매크로 레벨 수요예측

매크로(Macro) 레벨 수요예측은 일반적으로 경제상황과 외부요인 등 다양하게 비즈니스에 영향을 미칠 수 있는 광범위한 요인들을 조사하는 것이다. 이러한 요인을 분석하여 기업은 지역 및 글로벌 리스크 또는 기회 관련 정보를 얻을 수 있다. 일반적인 문화적 변화와 시장 변화도 지속적으로 파악할 수 있다.

(2) 마이크로 레벨 수요예측

마이크로(Micro) 레벨 수요예측은 특정 제품이나 지역 또는 고객을 구분하여 파악할 수 있다.

수요의 급증 또는 급감이 나타날 수 있는 예상하지 못한 일시적인 시장변화에 특히 활용할 수 있다. 예를 들어 서울에 폭염이 예측되는 상황에서 휴대용 에어컨을 만드는 회사라면 재고를 미리 준비하여 시장변화에 유연하게 대처할 수 있어야 한다.

(3) 단기 수요예측

단기 수요예측은 마이크로 레벨이나 매크로 레벨에서 모두 가능하다. 일반적으로 1년 미만의 일상 업무에 정보를 제공하고 있다. 예를 들어 회사의 영업 및 마케팅 부서와 협의하여 수요가 급증할 수 있는 판매 이벤트를 계획하는 확인 작업이 이에 포함된다.

(4) 장기 수요예측

장기 수요예측은 마이크로 레벨이나 매크로 레벨이 모두 가능하고 일반적으로 1년 이상을 예측하는 경우이다. 기업은 장기 수요예측으로 기업투자, 확장 및 인수, 신규 파트너십 등에 관한 정보를 입수하여 보다 효율적으로 의사결정을 내릴 수 있다.

기업이 1년 이상 장기간 시장을 분석하는 경우이다. 새로운 국가나 지역에 매장을 설치하거나 새로운 제품을 출시하는 경우 수요예측을 보다 정확하게 파악할 수 있다.

3. 수요예측에 영향을 미치는 요인

공급망에 관한 수요예측에 정확성을 높이기 위해서는 다양한 영역이 실시간 연결되면서 데이터와 통찰력이 지속적으로 교류되어야 한다. 수요예측은 관련 데이터가 많을수록 다음과 같은 요인에 효율적으로 대응할 수 있다.

(1) 계절성 및 제품예측

자외선 차단 선크림이나 크리스마스 트리 등은 계절의 영향을 강하게 받는 제품이다. 계절성이 높은 상품은 고객행동을 변화시킬 수 있다.

예를 들어 예상하지 못한 기상 이변이 발생하는 경우로 여름철에 태풍과 홍수로 인해 사람들이 많은 시간을 집에 머물게 되면서 선크림 판매가 부진한 상황이 나타날 수 있다.

(2) 소비자 변화로 인한 경쟁

지난 코로나19 기간에 온라인쇼핑이 급증하고 고객브랜드 충성도가 낮아지면서 기업들은 경쟁적이고 복잡한 시장 환경에 직면하게 되었다. 소비자의 성향이 빠르게 변화하면서 제품수명주기 단축, 배송기간 단축, 보다 개인적인 서비스 등을 요구하게 되었다.

(3) 상품유형 및 수요예측

수요예측은 동일한 제품 내에서도 큰 차이가 나타날 수 있나. 예를 들어 검정 티셔츠에 대한 수요가 변하면서 흰색 티셔츠 수요가 갑자기 증가할 수 있다. 이때 무엇이 변하는지가 아니라 왜 변하고 있는지를 파악하는 것이 중요하다.

수요관련 데이터를 이용하여 이러한 추세와 원인을 잘 이해하고 예측해야 한다. 기업은 품목을 맞춤화 또는 번들링(bundling)하여 순환 매출을 증진하고 하나의 제품이 다른 제품에 영향을 미치거나 또 다른 제품에 영향을 미치는 방법을 잘 파악해야 한다.

(4) 지역

예전에는 소수의 지역 창고와 유통센터를 운영하면서 광범위한 여러 지역을 동시에 관리하는 기업이 많이 있었다. 그러나 최근 소비자는 당일 또는 익일 배송을 기대하고 있어 기업은 전국적으로 풀필먼트 센터를 갖추고 새로운 수요에 맞추어 나가야 한다. 이런 이유로 B2C 뿐만 아니라 B2B 기업도 배송속도를 높여야 한다.

(5) 종합

이러한 현상으로 기존 수요예측 프로세스에 커다란 변화가 나타나고 있다. 과거에는 공급망 관련 재고수준만 파악하였다면 지금은 수백 개에 이르는 소규모 유통센터의 재고수준을 정확히 파악하고 있어야 한다.

이에 따른 리스크와 잠재적 손실은 증가할 수밖에 없다. 최근 수요예측은 클라우드로 연결된 공급망 솔루션에 실시간 데이터를 제공하고 있어 광범위한 여러 지역에 분산된 소규모 창고의 재고수준을 정확하게 파악하고 있다.

4. 수요예측 활용 단계

우수한 공급망 계획 전략과 다양한 수요예측을 수립하고 활용하는 단계에 대해 다음과 같이 살펴보고자 한다.

(1) 목적에 맞게 활용

수요예측은 공급망 계획 프로세스에서 중요하고 다른 여러 프로세스에 중요한 정보를 제공하고 있다. 그래서 기업은 수요예측을 다른 여러 공급망 계획을 지원하기 위한 용도로만 사용하고 있다.

그러나 수요예측에는 분명한 목표가 있는데 그것은 고객이 언제, 얼마나, 무엇을 구매하는지를 예측하는 것이다.

SCM 판매 및 운영 계획, 재고 최적화, 대응 및 공급계획 등과 같은 공급망 기능은 통합 비즈니스 계획 시스템 내에서 보완기능을 제공하고 있다. 이러한 툴이 설계 목표에 맞게 특정 기능에 사용될 때 수요예측 툴은 최고의 성능을 발휘할 수 있다.

(2) 다양한 데이터 공급

재고와 수요예측을 다루는 공급망 기술이 AI와 머신러닝 기반이 되면 데이터를 많이 제공할수록 품질과 정확성, 통찰력이 강화된다. 이때 판매량이나 기업성과와 같은 과거 데이터에 의존하지 말고 뉴스, 정치, 사회동향, 고객정보 등 새로운 추가 정보를 찾아야 한다.

오늘날 데이터관리 도구로 복잡한 대규모 데이터 세트를 효과적으로 처리할 수 있다. 또한 AI와 머신러닝으로 속도와 정보가 추가되어 고급 예측이 가능해지고 경험과 누적 데이터를 통해 학습이 가능해졌다.

(3) 최적화를 위한 예산 편성

수요예측이 성공하기 위해서는 현실적이고 전략적인 접근이 필요하다. 수요예측과 공급망 계획이 강화되면 수익성이 향상되고 위험과 손실을 줄일 수 있다. 공급망 관리자는 더 간단하고 효율적으로 업무를 수행할 수 있다. 또한 기업은 예산 편성을 조기에 책정하여 구매와 수요 예측의 최적화 계획을 더 효과적으로 진행할 수 있다.

05 시계열 모델

시계열은 일별, 주별, 월별 등과 같이 특정 시간 빈도에서 다양한 데이터 입력을 사용한다. 계절성, 추세성, 순환성 등 주기적 변동에 대한 데이터를 평가하기 위해 종속변수를 시간의 순서대로 정리하는 것이 일반적이다.

1. 시계열의 정의

시계열 데이터는 관측시점과 변수에 따라 다음과 같이 횡단면, 시계열, 패널로 구분하고 있다. 그 내용은 다음과 같다.

(1) 횡단면 데이터

횡단면 데이터(Cross-Sectional)는 한 시점에 여러 변수에 대한 자료를 수집하는 것으로 비시계열이다. 특정시점의 상태를 파악하는데 유용하고 각 변수들의 차이나 관계를 분석할 수 있다.

㉳ 특정 시점에 매출액, 순이익, 재고량, 종업원, 인구, 소득, 교육수준 등을 측정한 데이터가 있다.

(2) 시계열 데이터

시계열 데이터(Time-Series)는 시간의 흐름에 따라 한 변수에 대한 자료를 수집한 것으로 종단면이라 한다. 변수들의 시간 흐름에 따라 변화를 추적하고 분석하는데 유용하다.

㉳ 개인의 키, 몸무게, 소득 변화, 기업의 연평균 매출액과 수익률 변동 등이 있다. 지난 10년간 주가와 환율, GDP변동률 등이 있다.

(3) 패널 데이터

패널 데이터(Panel Data)는 횡단면과 시계열 데이터를 결합한 것이다. 각 변수들을 일정기간 동안 반복적으로 관찰한 데이터이다.

2. 시계열의 형태

시계열 데이터는 추세변동, 계절변동, 순환변동, 불규칙변동, 우연변동 등 크고 작은 다양한 요인들이 다중적으로 중첩되어 있다.

(1) 계절변동

계절의 변화에 따라 해마다 주기적으로 일어나는 경제 현상의 변동을 말한다.

예를 들어 주식시장에는 연말현상, 연초현상, 주초효과, 주말효과, 여름휴가, 명절, 장마철, 열대야 등에 주기적으로 나타나는 주가현상이 있다.

또한 공휴일이 많은 5월이나 날짜가 적은 2월에는 다른 달에 비해 생산량이 줄어들 수 있다.

(2) 추세변동

데이터가 일정기간 상승, 하락, 횡보하는 현상을 말한다. 주식 가격이 최근 상승추세, 하락추세, 횡보추세라 표현하고 있다. 예를 들어 경기변동, GDP, 인구변동, 소득수준, 야구장 관객, 영화 예매율 등이 있다.

(3) 순환변동

1년 이상의 기간 동안 주기적으로 일정하게 반복되는 변동으로 단기 경기순환, 중기 경기순환, 장기 경기순환 등이 있다. 경기순환은 회복기와 호황기, 후퇴기, 불황기로 구부하고 있다.

(4) 불규칙변동

천재지변이나 전쟁, 코로나 등으로 인해 발생하는 돌발적인 대변동이나 개별적으로 그 원인을 추정할 수 없이 예측 불가능하게 일어나는 변동을 말한다. 예를 들어 번개나 난기류는 대기 중의 공기 흐름이 불규칙 변동으로 인해 나타나는 현상으로 비행기 사고의 원인이 되고 있다.

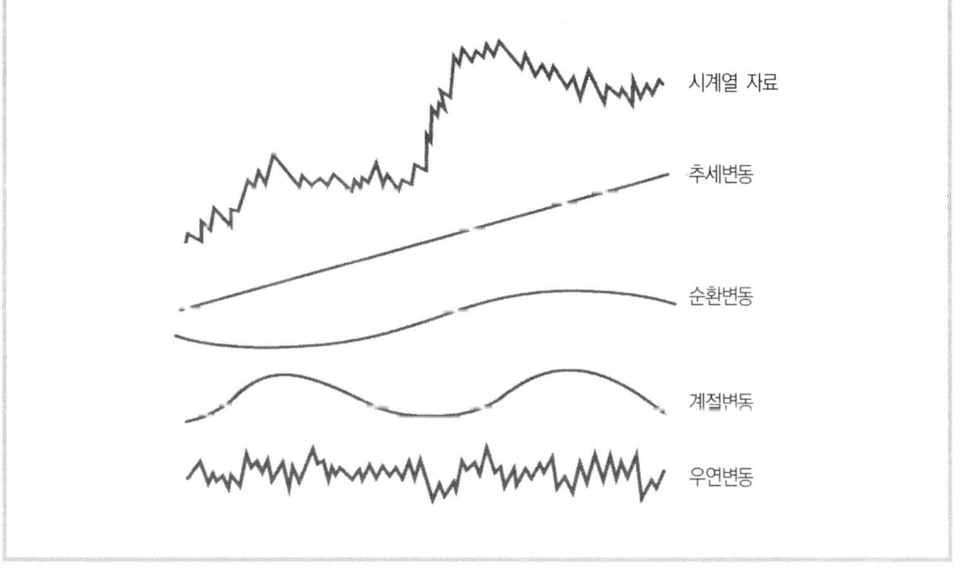

[그림 6-2] 주요 변동의 사례

(5) 우연변동

백색잡음(White Noise)이라 부르는데 평균이 0이고 분산이 일정한 시계열 데이터를 말한다. 백색잡음은 패턴이 남아있지 않고 무작위로 야기되는 잡음을 의미한다.

주요 변동의 사례가 [그림 6-2]에 나타나 있다. 시계열변동, 추세변동, 순환변동, 계절변동, 우연변동을 서로 구분하여 차이점을 확인할 수 있다.

3. 시계열 확률모형

특정 변수에 대해 시계열 데이터를 분석하는 모델에는 기본적으로 AR, MA, ARMA, ARIMA 등이 있다.

(1) AR 모델 : 자기회귀모형

① AutoRegressive Model은 자기상관성을 시계열 모형으로 구성한 것이다.
② 경제 및 자연 등에서 시간에 따라 변하는 특정 프로세스를 설명하는데 사용된다.
③ 변수의 과거 관측치의 선형 결합을 통해 변수의 미래값을 예측하는 모델이다.
④ 이전의 관측치가 이후 관측치에 영향을 준다는 판단에 기반하고 있다.

(2) MA 모델 : 이동평균모형

① Moving Average Model은 예측오차를 이용하여 미래값을 예측하는 모형이다.
② 주식시장이나 환율시장에서 변동성을 분석하는데 자주 사용하고 있다.
③ 기상 데이터의 단기간 변동성을 예측하는데 이용하고 있다.
④ 유통시장에서 상품의 수요변동을 예측하는데 활용하고 있다.

(3) ARMA 모델 : 자기회귀 이동평균모형

① AutoRegressive Moving-average Model은 AR과 MA를 결합한 모형이다.
② 시계열 데이터 Xt가 주어지면 미래 값을 이해하고 예측할 수 있다.
③ AR은 자체지연(과거) 값으로 변수를 회귀하는 작업이 포함된다.
④ MA는 과거 다양한 시점에 동시에 발생하는 오류항의 선형결합이다.

(4) ARIMA 모델 : 이동평균을 누적한 자기회귀모형

① Autoregressive Integrated Moving Average Model은 주가와 같이 변동성이 심하며 충격에 민감하고 과거 값에 영향을 받는 시계열 모델일 때 사용할 수 있다.

② ARMA는 과거 데이터를 사용하지만, ARIMA는 과거 데이터가 지니고 있던 '추세'까지 반영하고 있다.

4. 평균화 기법

평균화 기법은 자료의 변동을 평활화시켜 평균에 기초하여 예측하는 방법이다. 평균에 기초한 예측을 수행하게 되면 과거 시계열 자료에 비해 변동성이 줄어드는 효과가 있다. 평균화 기법의 종류에는 단순이동 평균, 가중이동 평균, 지수평활법이 있다.

(1) 단순이동 평균법

단순이동 평균(Moving Average)은 최근 몇 기간의 실제 자료를 평균하는 기법으로 새로운 값이 추가되면 이동평균은 갱신된다. 단순이동 평균의 공식은 다음과 같다.

$$F_t = MA_n = \frac{\sum_{i=1}^{n} A_{t-i}}{n} = \frac{A_{t-n} + \cdots + A_{t-2} + A_{t-1}}{n}$$

F_t : t의 예측값

A_{t-1} : $t-1$기의 실제값

n : 이동평균기간(관측값의 수)

예제 1 지난 5기 동안 A 온라인 쇼핑몰에서 판매된 제품의 수요는 다음과 같다. 지난 3기의 데이터로 단순이동 평균법을 활용한 6기의 판매 예측량은 얼마가 되겠는가?

기간	수요	기간	수요
1	38	4	40
2	41	5	41
3	42	6	??

답 지난 3기의 데이터를 활용하여 단순이동 평균법을 계산하기 위해서는 다음과 같은 식을 사용할 수 있다.

$$F_6 = \frac{A_5 + A_4 + A_3}{3} = \frac{41 + 40 + 42}{3} = \frac{123}{3} = 41$$

따라서 6기의 수요 예측량은 41이다.

[그림 6-3]에서 실제값과 MA3(3일 이동평균)과 MA5(5일 이동평균)을 볼 수 있다. 이동평균은 사용되는 기간의 수가 적을수록 실제값에 가까이 근접하면서 민감하게 반응한다. 예측에서 반응성이 중요하면 비교적 적은 기간의 이동평균을 사용할 수 있다.

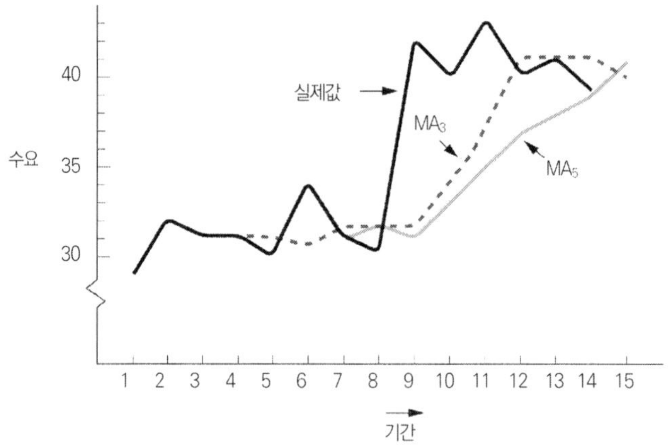

[그림 6-3] 이동평균의 예시

주식시장에서는 단기예측으로 5일과 20일 이동평균을, 중기예측으로 60일 이동평균을, 장기예측으로 100일 이동평균을 주로 이용하고 있다. 여기서 5일 이동평균은 1주간 평균, 20일 이동평균은 1달간 평균, 60일 이동평균은 3달간 평균, 100일 이동평균은 5달간 주가 평균을 의미한다.

(2) 가중이동 평균

가중이동 평균(Weighted Moving Average)은 예측값을 계산할 때 시계열의 최근

값에 보다 큰 가중치를 부여하는 방법이다. 가중치의 합은 1이 되어야 하며, 가장 큰 가중치는 가장 최근 값에 부여하고 있다. 가중이동 평균법의 공식은 다음과 같다.

$$F_t = WMA_n = W_n A_{t-n} + \cdots + W_2 A_{t-2} + W_1 A_{t-1}$$

W : 가중치, A_{t-1} : $t-1$기의 실제값

(여기서, $w1 + w_2 + w_3 + \ ... \ + w_n = 1$, $w_1 > w_2 > w_3 > \ ... \ > w_n$)

예제 2 지난 5기 동안 A 온라인 쇼핑몰에서 판매된 제품의 수요는 다음과 같다. 지난 3기의 데이터로 가중이동 평균법을 활용한 6기의 판매 예측량은 얼마가 되겠는가? (최근의 값에 0.5, 0.3, 0.2의 가중치를 사용)

기간	수요
1	38
2	41
3	42
4	40
5	41
6	??

답 지난 3기의 데이터를 활용하여 가중이동 평균법을 계산하기 위해서는 다음과 같은 식을 사용할 수 있다.
이때 가중치는 최근의 값인 5기에 가장 큰 가중치를 두어 계산해야 한다.

$$F_6 = W_1 A_5 + W_2 A_4 + W_3 A_3$$
$$= (0.5 \times 41) + (0.3 \times 40) + (0.2 \times 42)$$
$$= 20.5 + 12 + 8.4 = 40.9$$

따라서 6기의 수요 예측량은 40.9개로 약 41개이다.

(3) 지수평활법

지수평활법(Exponential Smoothing)은 전기의 예측값에 예측오차의 일정비율을 더한 값에 기초하는 가중 평균법이다.

다음 예측값 = 전기의 예측값 + α(전기의 실제값 - 전기의 예측값)

$$F_t = F_{t-1} + \alpha(A_{t-1} - F_{t-1})$$

(전기의 실제값 - 전기의 예측값) : 예측오차

F_t : t기의 예측치

F_{t-1} : 전기, 즉 $t-1$기의 예측치

α : 평활상수

A_{t-1} : 전기의 실제치

평활상수

$$F_t = (1-\alpha)F_{t-1} + \alpha A_{t-1}$$

일반적으로 평활상수 α는 0.05~0.5를 사용

[그림 6-4]와 같이 평활상수 값은 0에 가까워질수록 반응성은 작아진다. 평활상수가 작아지면 위의 공식에 따라 전기의 예측치와 비슷한 값이 된다. 이는 안정적인 시계열에서 우연변동을 줄이기 위한 방법으로 활용할 수 있다.

반대로 평활상수가 커지면 전기의 실제값과 가까워지게 된다. 이는 불규칙변동이 줄어들고 추세가 심한 변동에서 급격하게 수요량을 따라잡기 위해 사용할 수 있다.

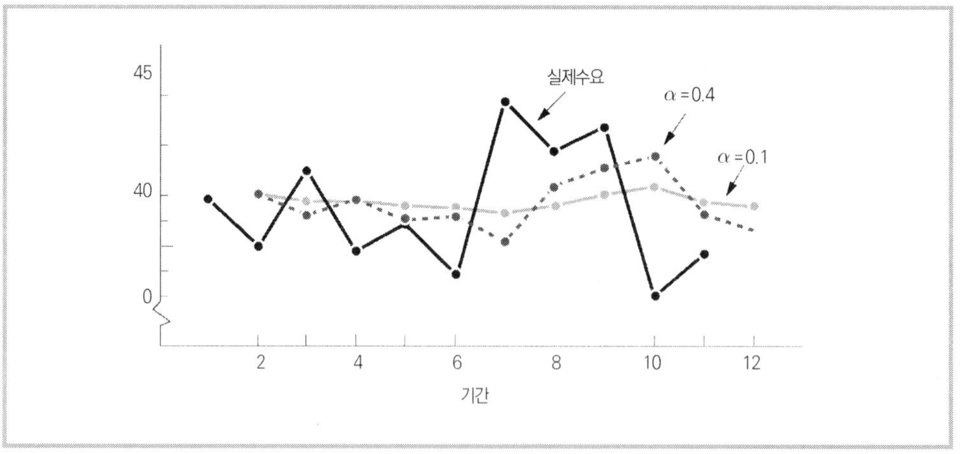

[그림 6-4] 지수평활법

예제 3 지난 3기 동안 B 카페에서 판매된 커피의 판매량은 다음과 같다. 지수평활법을 활용하여 3기의 수요 예측량을 구하면 얼마가 되겠는가? 이때 2기의 수요 예측량은 1기의 실제 수요량으로 계산한다. (평활상수 값은 0.1을 사용)

기간	수요
1	40
2	41
3	??

답 지수평활법으로 3기의 수요 예측량을 파악하기 위해서는 전기(2기)의 실제 수요량과 예측량의 데이터를 가지고 계산할 수 있다. 이때 2기의 수요 예측량은 1기의 실제수요량으로 활용하기 때문에 2기의 수요 예측량은 40이 된다.

$$F_t = F_{t-1} + \alpha(A_{t-1} - F_{t-1})F_{t-1} + \alpha(A_{t-1} - F_{t-1})$$
$$F_3 = F_2 + 0.1(A_2 - F_2)$$
$$= 40 + 0.1(41 - 40) = 40 + 0.1 = 40.1$$

지수평활법 공식에 따라서 계산한 결과 3기의 수요예측량은 40.1이 나왔다.

기간	수요	예측량
1	40	-
2	41	40
3	??	40.1

만일 전기의 수요예측값에 대한 정보가 없는 경우에는 수요예측값이 있는 자료에서부터 순차적으로 지수평활법을 활용하여 각 기간의 수요 예측량을 계산하여야 한다.

5. 초점예측

초점예측(Focus Forecasting)은 최근에 가장 우수한 성과를 기록한 예측기법을 사용하는 기법이다. 최근 몇 개월간 역사적 데이터에서 여러 예측기법을 사용해 보고, 그 중에서 가장 뛰어난 결과를 보인 기법을 다음 달 예측에 사용한다.

Bernie Smith는 논리적인 몇 가지 규칙이 미래수요를 예측하는데 유용하다고 발견하였다. 그 규칙은 다음과 같다.

- 지난 3개월간 판매된 것은 무엇이든지 다음 3개월간 판매될 것이다.
- 작년 3개월간 판매된 것은 올해 동일한 3개월간 판매될 것과 같다.
- 작년 3개월간 판매량보다 올해 3개월간 판매량이 20% 더 많다.
- 이들 규칙 중에서 어떤 규칙이 가장 뛰어난지 확인하기 위해 과거자료를 이용한 시뮬레이션을 실시하여 각 규칙별 예측치와 실제치 차이를 비교한다.

06 추세분석기법

추세분석은 앞에서 배운 시계열 분석의 일종으로서 실제값의 움직임에서 저점과 고점을 기준으로 저항선과 지지선을 파악하고 추세선을 그린 다음 상승추세, 하락추세, 횡보추세를 파악하는 방법이다. 실제값의 움직임이 큰 변동성을 갖고 움직이기 때문에 올바른 추세선을 찾는 일은 주관적인 능력과 경험이 필요하다,

1. 추세의 형태

상승추세는 저점을 이은 추세선이 상승하는 경우이고, 하락추세는 고점을 이은 저항선이 하락하는 경우이다. 횡보추세는 지지선과 저항선이 서로 방향성이 없는 경우이다. 추세의 형태는 크게 선형(Linear)과 비선형(Non-linear)으로 구분하는데, 그 내용은 다음과 같다.

(1) 선형

[그림 6-5]에서 좌측은 저점을 받치는 지지선이 올라가는 상승추세이고, 우축은 고점을 누르는 저항선이 낮아지는 하락추세를 보이고 있다. 좌측의 상승추세는 지금의 추세가 당분간 더 지속되면서 상승세가 이어질 것으로 예상되고 있다. 다만 가까운 미래에 실제값이 지지선을 하향 이탈하는 시점에서는 지금까지의 상승세가 마감되는 것으로 인식해야 한다.

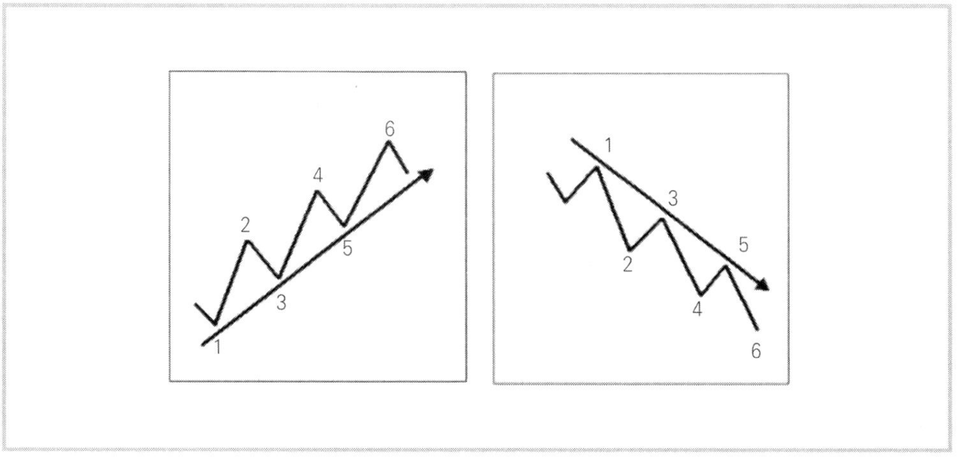

[그림 6-5] 선형 : 상승추세와 하락추세

(2) 비선형

비선형에는 [그림 6-6]과 같이 Parabolic Trend, Life Cycle Trend, Exponential Trend, Growth Curve가 있다. Parabolic Trend는 하락추세가 상승추세로 전환되고, Life Cycle Trend은 상승추세가 하락추세로 전환되고 있다. Exponential Trend은 하락추세가 지속되고 있으며 Growth Cuve는 상승추세가 지속되는 것으로 나타나 있다.

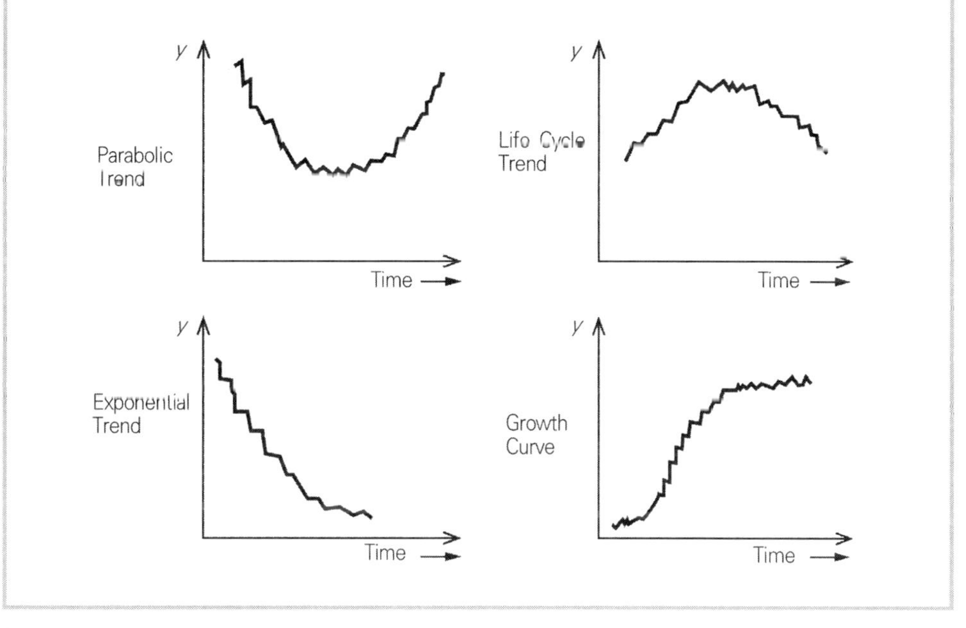

[그림 6-6] 비선형의 사례

(3) 선형추세식

시계열 수요의 자료를 파악하고 가지고 있는 수요 자료가 비선형이 아닌 선형의 추세를 나타내고 있는 경우 선형추세식(Linear Trend Equation)을 활용하여 수요 예측을 할 수 있다.

선형추세식은 [그림 6-7]과 같이 다음과 같은 식으로 나타낼 수 있다. 여기서 b는 추세식의 기울기이고, a는 추세식의 절편이다.

$$F_t = a + bt$$

- F_t : t기의 예측치
- a : t값이 0일 때, F_t값(절편) = $\frac{\sum y - b\sum t}{n}$, 또는 $\bar{y} - b\bar{t}$
- b : 직선의 기울기 = $\frac{n\sum ty - \sum t\sum y}{n\sum t^2 - (\sum t)^2}$
- t : $t = 0$부터 계산된 특정 기
- n : 기간 수
- y : 시계열의 값

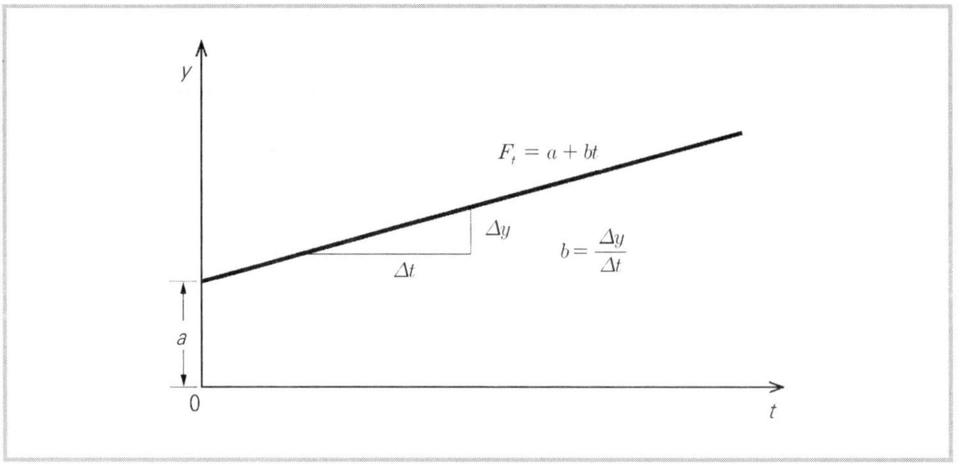

[그림 6-7] 선형추세식

예제 4 D 문구는 연필을 판매하고 있다. 7개월간의 월간 매출이 다음과 같을 때, 선형계획법을 사용하여 8월 연필 매출에 대한 예측을 하라. (소수점 셋째자리에서 반올림)

월	매출
1월	19
2월	18
3월	15
4월	20
5월	18
6월	22
7월	20
8월	??

답 선형계획법에 따라 수요예측을 하기 위해서는 먼저 선형추세식 $F_t = a + b_t t$를 계산해야 한다. 선형추세식을 계산하기 위해서는 미지의 수인 a, b의 값을 계산해야 한다.

월	매출	$t \times y$	t^2
1월	19	19	1
2월	18	36	4
3월	15	45	9
4월	20	80	16
5월	18	90	25
6월	22	132	36
7월	20	140	49
한계	132	542	140

$$b = \frac{n\sum ty - \sum t \sum y}{n\sum t^2 - (\sum t)^2} = \frac{7 \times 542 - 28 \times 132}{7 \times 140 - (28)^2} = \frac{3,794 - 3696}{980 - 784}$$

$$= \frac{98}{196} = 0.5$$

$$a = \frac{\sum y - b\sum t}{n} = \frac{132 - 0.5 \times 28}{7} = \frac{132 - 14}{7} = \frac{118}{7}$$

$$= 16.857 \fallingdotseq 16.86$$

a와 b를 계산한 뒤 선형추세식에 대입하여 계산한다.

$F_t = a + bt = 16.86 + 0.5 \cdot t$

여기서 계산하고자 하는 것은 8월에 대한 수요예측값이기 때문에 t에 8을 대입하여 계산한다.

$$F_8 = 16.86 + 0.5 \times 8 = 20.86$$

따라서 8월의 연필 판매 예측량은 20.86개 약 21개이다.

2. 계절변동

경제변동은 일반적으로 일, 주, 월, 분기, 연간 등 일정기간을 통계로 수집하여 분석하는데, 이를 시계열이라 한다. 시계열은 주기적으로 나타나는 기후나 명절 등과 같이 해마다 반복되는 특성이 있는데, 이를 계절변동요인이라 부른다.

(1) 계절변동의 이해

계절변동을 고려하여 기간별로 시계열의 변동률을 비교하면 정확한 인과관계를 파악할 수 있다. 예를 들어 전월 또는 전분기 대비 증감률보다는 가능한 전년도 동월대비 또는 전년도 동분기대비로 계산하면 뜻하지 않은 왜곡을 피할 수 있다.

계절변동조정 시계열은 원래 시계열에서 계절요인을 여러 통계적 기법을 이용하여 제거한 것을 말한다. 이때 일반적으로 예측 가능한 불규칙요인도 함께 제거할 수 있다.

계절변동요인은 연간단위로 나타나므로 전년도 동기대비는 각 기간의 계절변동요인이 같다고 판단하여 원래 시계열을 이용한다.

시계열에서 계절성은 시계열의 평균값에서 실제값이 얼마나 벗어나는지 보여주는 편차로 계산한다. 시계열은 규칙적으로 반복하는 변동으로 다음과 같은 다양한 사례가 있다.

1) 일기변동

① 겨울철 : 스키장 장비대여, 스케이트장 관객 수, 오리털 잠바 및 난방기 판매량 등

② 여름철 : 야외 수영장 관객 수, 선풍기 및 에어컨 판매량, 장마철과 열대야 특수상품

2) 휴가철

① 여행사 예약률, 항공사 이용객, 휴양지별 여행객, 휴가지 고속도로 통행량

② 호텔 예약, 애버랜드 등 놀이공원 이용객, 등산용품 판매량, 소주 · 맥주 판매량

3) 시간대별(요일별, 오전 · 오후)

① 은행 · 병원 · 우체국의 방문객, 버스 및 지하철 이용객, 패스트푸드점 매출액

② 영화관 이용객, 레스토랑 · 술집 · 커피숍 매출액

(2) 계절변동의 모형

계절변동의 모형에는 가법모형과 승법모형 두 가지가 있는데, 그 내용은 다음과 같다.

1) 가법모형

① 가법모형(additive model)은 덧셈 분해이다.

② 변동끼리 독립이고 변동폭이 불규칙적이다.

③ STL* 함수를 사용하면 가법모델을 바탕으로 추세, 계절성, 불규칙 변동으로 분해할 수 있다.

④ 변동이 일어나는 기간의 폭에 따라 Window 크기를 설정해 준다.

예를 들어 다른 계절에 비해 여름에 더 많이 팔리는 제품들(수영복, 선풍기, 아이스크림 등)은 각 계절 평균 100개 정도 팔린다고 가정했을 때 계절변동값을 추가로 더하여 수요를 계산하는 방식이다.

2) 승법모형

① 승법모형(multiplicative model)은 곱셈 분해이다.

② 데이터에 0이 있으면 안 된다.

③ 변동간의 상관관계가 존재하는데 변동폭이 수준에 비례하는 경우이다.

④ Log를 취하여 가법모델로 변환이 가능하다.

⑤ 가법모델로 변환한 후 STL 함수를 사용하여 성분 분해를 진행한다.

* STL : Seasonal and Trend Decomposition using Loess의 약자, Loess를 사용한 계절 및 추세 분해이다.

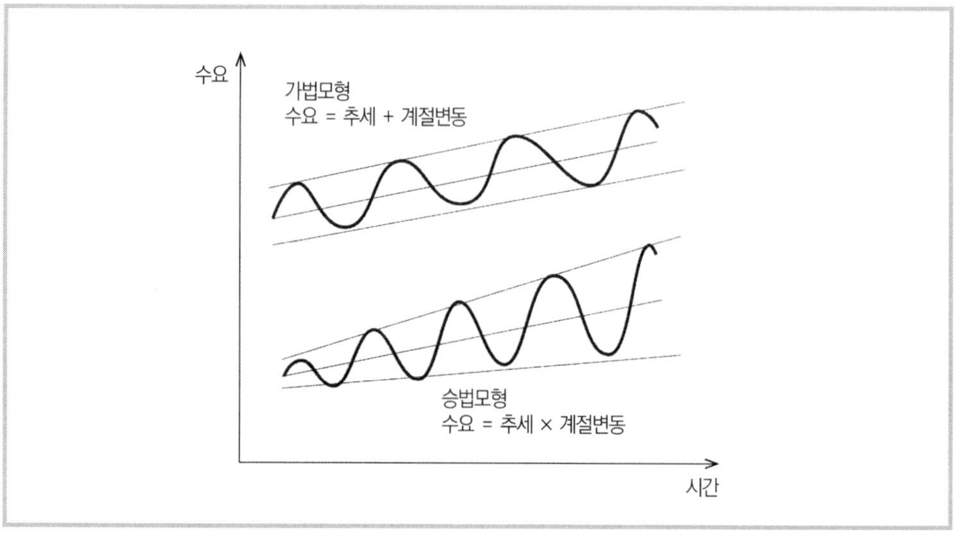

[그림 6-8] 계절성 : 가법모형과 승법모형

(3) 계절지수

① 계절지수(Seasonal Index)는 승법모형에서 계절요인과 관련된 비율을 말한다.

② 연도별로 각 계절의 실제 수요를 1계절 평균으로 나누어 산출한다.

③ 예를 들어 맥도널드에서 10월 판매된 햄버거에 대한 계절지수가 1.3라 하면 이것은 10월 판매량이 월평균에 비해 30% 더 많다는 것을 의미한다. 만일 계절지수가 0.8라 하면 월평균 판매량의 80%를 나타내는 것이다.

(4) 계절조정지수

① 경제 통계의 원래 지수에서 계절요인을 제거한 지수이다.

② 원래 지수에는 일반적으로 경기적요인과 계절요인, 불규칙요인 등이 포함되어 있다.

③ 단기간 지수동향을 분석하기 위해서는 계절요인을 제거해야 한다.

④ 예를 들어 1월과 2월, 5월은 대체로 생산이 감소하는데 그 이유는 경기가 나쁘기보다는 생산일수가 적은 계절변동으로 보아야 한다. 따라서 계절조정지수로 계절요인을 제거해야 왜곡된 통계가 나오지 않는다.

⑤ 아이스크림, 팥빙수, 우산, 수영복, 오리털 잠바 등은 계절성 상품이라 특정 계절에 판매량이 급증하는 현상이 나타난다. 이 상품의 판매량 예측에도 오차 발생을 줄이는 분석이 필요하다.

07 인과관계 예측기법

인과관계 예측기법(Associative Forecasting)은 경영학이나 경제학에서 관심대상의 모형화를 위한 방법으로 변수를 예측하기 위해 사용하고 있다. 예측기법에는 회귀분석, 계량경제모형, 산업연관분석, 투입산출분석, 수명주기분석, 선도지표법 등 여러 가지가 있다.

1. 개념

앞에서 배운 선형추세법과 같은 방식으로 수요예측을 하지만 인과관계 예측기법의 차이는 시계열 데이터를 활용하는 것이 아닌 수요에 영향을 미치는 변수를 선정하여 수요예측을 하는 것이다.

예를 들어 아이스크림의 판매량에 영향을 미치는 요인은 날씨, 광고 유무, 가격 변동 등이 있을 수 있다.

그래서 인과관계 예측기법은 회귀분석을 활용하며 회귀분석(Linear Regression)은 수요에 영향을 주는 요인들을 독립변수로 수요를 종속변수로 하고, 독립변수에 대한 함수로서 수요를 통계적으로 모형화한 것이다.

2. 회귀방정식

모형화된 함수를 회귀방정식이라 하고, 독립변수의 값이 주어지면 회귀방정식을 통해 수요의 예측값을 산정한다. 이때 독립변수들에 대해 수요 반응은 선형으로 모형화가 가능하다. 독립변수가 하나면 단순회귀분석, 둘 이상이면 다중회귀분석이라 한다

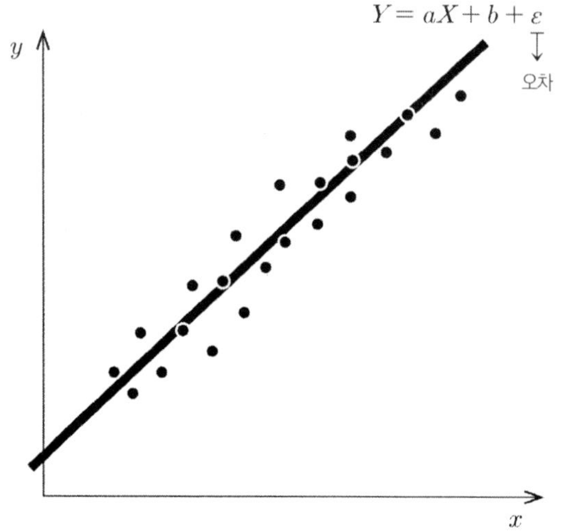

[그림 6-9] 선형회귀선

수요에 영향을 미치는 요인을 X라고 하고 수요를 Y라고 하면 회귀방정식은 다음과 같다.

$$Y = aX + b + \varepsilon$$

a : 기울기, b : 절편, ε : 오차

독립변수 X에 값이 주어지면 종속변수 Y값이 산출되어 요인의 특정값에 대한 수요의 예측치가 계산된다. 오차는 [그림 6-9]에서 직선(회귀선)의 예측값(점)과 실제값(점선)들 간의 차이를 말한다. 오차는 실제값을 대표하는 적합한 회귀선을 찾기 위해 사용되는 개념이다.

3. 최소제곱법

[그림 6-10]에서 각 실제값들의 오차를 볼 수 있는데 회귀분석은 이 오차를 최소화하는 회귀선을 추정하여 a와 b를 찾게 된다. 이를 최소제곱법이라 한다.

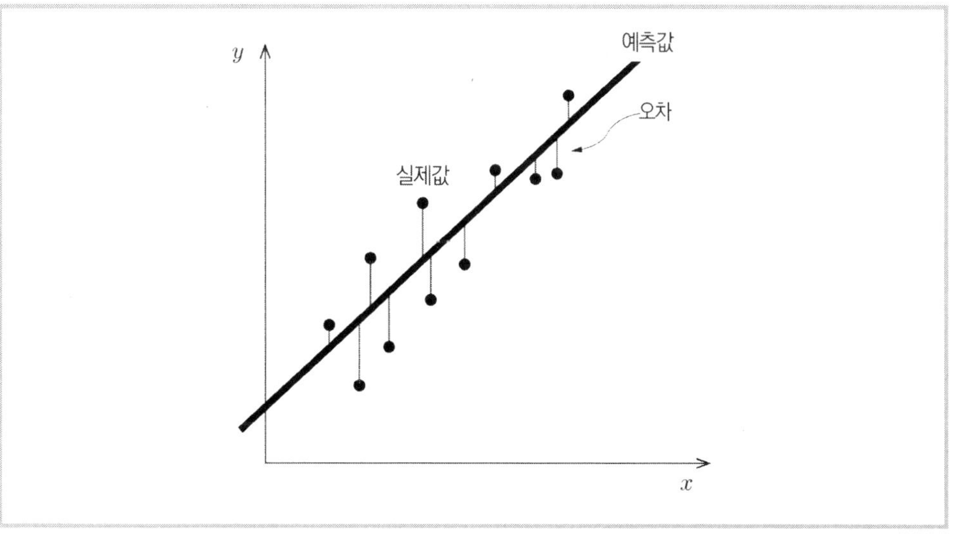

[그림 6-10] 선형회귀선의 실제값, 예측값, 오차

회귀분석의 기본 가정

- 데이터의 그래프가 선형관계인가
- 오차항이 정규분포를 따르는가
- 오차항의 분산이 독립변수와 종속변수 값에 관계없이 일정한가(=등분산성)
- 오차항들 간에 자기상관이 없는가(독립성)
- 인과관계를 구성하기 위한 상당량의 데이터를 가지고 있는가

08 기타 예측 모델

기타 예측 모델에는 분류 모델과 클러스터링 모델이 있는데, 그 내용에 대해 살펴보고자 한다.

1. 분류 모델

머신러닝은 인공지능 분야 중 하나로 데이터를 이용하여 패턴을 학습하고 예측하는 기술이다. 이 중에서 분류모델은 데이터를 특정 카테고리나 그룹으로 분류하는 모델이다. 데이터를 분류하는 모델로 입력 데이터에 대해 사전에 정해진 카테고리에

속하는지 여부를 판단한다.

(1) 분류모델 종류

1) 의사결정나무

의사결정나무(Decision Tree)는 데이터를 분할하여 트리 구조로 표현하는 모델이다. 각 노드에서는 데이터를 가장 잘 분류할 수 있는 특성을 선택하고 각 분기점에서 가장 정보량이 많은 특성을 선택한다.

2) k-최근접 이웃

k-최근접 이웃(k-Nearest Neighbor)은 새로운 데이터와 가장 가까운 k개의 데이터를 찾아 그 중 다수결로 새로운 데이터의 레이블을 결정하는 방식이다. 예를 들어 새로 들어온 고객의 정보를 바탕으로 VIP 고객인지 판단하는 경우, 유사한 특성을 가진 다른 고객들의 정보를 기반으로 새로운 고객의 레이블을 결정할 수 있다.

3) 로지스틱 회귀

로지스틱 회귀(Logistic Regression)는 입력 데이터가 어떤 분류에 속할 확률을 예측하는 모델이다. 로지스틱 회귀는 선형 회귀와 유사하며, 알고리즘이 간단하고 계산이 빠르기 때문에 대용량 데이터에 대한 학습이 가능하다.

(2) 분류모델 학습방법

1) 배치학습(Batch Learning)

① 전체 데이터셋을 한 번에 모델에 입력하여 학습하는 방식
② 대용량 데이터에 적합하지 않을 수 있음
③ 학습된 모델은 새로운 데이터가 들어올 때마다 모델 전체를 재학습해야 함

2) 온라인학습(Online Learning)

① 새로운 데이터가 들어올 때마다 모델을 조금씩 업데이트하는 방식
② 대용량 데이터에 적합하며 실시간 예측이 필요한 경우 사용될 수 있음
③ 예측 오류가 발생하면 이를 학습에 반영해 모델을 개선할 수 있음

2. 클러스터링 모델

클러스터링(Clustering)은 데이터를 유사한 특성을 가진 그룹으로 묶는 비지도 학습 기법이다. 고객세분화, 이상탐지, 이미지분할 등 다양한 분야에서 사용하고 있다.

(1) 클러스터링 모델의 종류

1) K-Means Clustering(K평균 알고리즘)

K-means 클러스터링은 가장 잘 알려진 알고리즘으로 코드의 이해와 구현이 비교적 쉽다는 특징이 있다. 포인트와 그룹 간 거리계산만 하기 때문에 매우 빠르다는 장점이 있다

2) K-Medians Clustering(K중앙값 알고리즘)

K-Medians는 K-Means와 비슷하지만 알고리즘이 군집의 중심점을 평균으로 구하는 것이 아니라 중앙값을 이용한다는 차이점이 있다.

3) Mean-Shift Clustering(평균이동 알고리즘)

이 모형은 미끄러지는 창을 기반으로 데이터 포인트들의 밀집지역을 찾고자 시도하는 것으로 중심점 기반의 알고리즘이다. 이 알고리즘 목표는 각 군집의 중심점들을 위치시키는 것이다.

4) Density-Based Spatial Clustering

이 모형은 평균이동과 유사하지만 밀도가 높은 영역을 그룹화하고 밀도가 낮은 영역과 분리하는 방식으로 작동하는 밀도기반 클러스터 알고리즘이다.

(2) 클러스터링모델 특징

클러스터링은 비지도형 학습에 속하는데, 이는 유사한 속성을 기반으로 데이터를 그룹화하는 특징이 있다. 예를 들어 전자상거래에서 이 모델을 사용하여 공통 기능을 기반으로 고객을 유사한 그룹으로 구분하고 각 그룹에 대한 마케팅 전략을 개발할 수 있다.

09 예측오차

복잡성과 동태성을 특징으로 하는 예측환경에서 정확한 예측은 매우 어려운 일이다. 그러므로 효율적인 예측을 위해서는 예측치가 실제 수요를 어느 정도 반영하는가를 측정할 수 있는 척도가 필요하다. 이러한 측정치는 예측기법의 신뢰도를 제시할 뿐만 아니라 적절한 예측기법을 선택하는데 활용될 수 있다.

1. 예측의 정확도

예측의 정확도는 실제값에서 예측값까지 얼마나 편차를 가지고 있는지 정도를 파악하는 것으로 예측오차를 최소화하는 노력이 필요하다.

(1) 중요성

예측 정확도는 중요하므로 여러 예측기법 중에서 정확도가 높은 기법을 선택할 수 있다. 현재 사용하고 있는 예측기법의 성공과 실패 여부를 평가해 보고 선택할 수 있는데 비용 문제가 발생할 수 있다.

예측 정확도를 높이기 위해서는 우선 데이터의 질이 향상되어야 한다. 데이터의 질은 예측의 정확성과 신뢰도를 결정하는 주요한 역할을 한다. 데이터 질을 향상시키는 방법에는 데이터의 정확성과 일관성, 신뢰성, 완전성을 확보하는 것이 중요하다.

(2) 측정방법

1) 예측오차 편의(bias)

① 예측치가 실제치에 비해 전반적으로 높거나 낮음을 나타냄

② 추세나 수요패턴 중 하나를 무시하거나 정확하게 추정하지 못할 경우 발생

③ 예측 편의가 낮을수록(0에 가까울수록) 예측이 정확하다는 것을 나타냄

2) 예측오차 : 주어진 실제치와 예측치의 차이

예측오차(e) = 실제치(A) - 예측치(F)

예측정확도 측정에는 평균 절대오차(MAD : Mean Absolute Deviation), 평균 제곱오차(MSE : Mean Squared Error), 평균 절대백분율오차(MAPE : Mean Absolute Percent Error)가 있는데, 그 내용은 다음과 같다.

3) 평균 절대오차(MAD : Mean Absolute Deviation)

① $MAD = \frac{\sum|\text{실제값}_t - \text{예측값}_t|}{n}$

② 계산하기 쉬우나 모든 오차를 동일하게 취급

4) 평균 제곱오차(MSE : Mean Squared Error)

① $MSE = \frac{\sum(\text{실제값}_t - \text{예측값}_t)^2}{n-1}$

② 일반적으로 큰 오차에 대해 큰 가중치를 주게 됨

5) 평균 절대백분율오차(MAPE : Mean Absolute Percent Error)

① $MAPE = \frac{\sum\frac{|\text{실제값}_t - \text{예측값}_t|}{\text{실제값}_t}\times 100}{n}$

② 오차를 전체적인 관점에서 상대적으로 파악할 때 필요

㉮ 10,000개에서 10개와 15개에서 10개의 차이

(3) 종합

MAD는 평균 예측오차를 계산하는 것이기 때문에 예측값과 실제값의 차이에 대한 절대값만 고려하게 된다. 이렇게 계산된 MAD는 예측오차의 크기를 파악하는데 유용하지만 예측값과 실제값 사이의 상대적인 차이에 대한 정보는 제공하지 못한다.

예를 들어 5,000개를 판매하는 매장에서 10개의 예측오차가 발생한 것과 50개를 판매하는 매장에서 10개의 예측오차가 발생한 것에 대한 차이가 없는 것이다.

반면 MAPE는 평균절대백분율 오차를 계산하여 예측값과 실제값의 상대적인 차이를 고려할 수 있다. 예를 들어 MAPE의 값이 5%라면 예측값이 평균적으로 실제값보다 5%정도 높거나 낮을 가능성이 있다는 것을 알 수 있다. 이를 통해 모델의 예측 정확성을 상대적으로 평가할 수 있다.

2. 예측오차의 발생

예측오차를 조사하는 방법은 예측오차의 허용한계를 미리 설정하고 측정된 오차를 이 한계와 비교해 나가는 것이다. 오차가 허용한계 내에 있으면 그 예측은 받아들일 수 있으나 만일 허용한계를 벗어나면 예측방법이 부적절한 것으로 보고 수정조치를 요구해야 한다.

데이터가 예측할 데이터에 비해 지나치게 세밀하거나 지나치게 간격이 클 경우에 예측오차가 발생할 수도 있다. 예측오차가 발생하는 다양한 원인에 대해 살펴보고자 한다.

(1) 구조적인 원인 발생

① 분석모형이 부적절한 경우
② 중요한 변수를 생략한 경우
③ 추세나 순환변동이 갑자기 나타나는 경우
④ 새로운 변수의 발생이나 소멸(신규경쟁자, 폐업 등)

(2) 불규칙한 변동이 발생한 경우

① 이상 기후나 자연적 현상 : 폭염, 폭설, 태풍, 홍수 등
② 재난 : 지진, 전쟁, 쿠데타 발생 등
③ 시스템의 일시적인 과부족 혹은 고장 등

(3) 잘못된 예측

잘못된 예측기법 사용, 분석가의 무능이나 잘못된 해석

(4) 우연변동

① 우연변동만 나타나면 예측은 일반적으로 적절히 이루어지고 있다고 판단할 수 있음
② 우연성이 있는지는 관리도로 탐지할 수 있음

3. 예측의 통제

실제값을 예측값과 시각적으로 비교하면서 예측과정을 관리하는 기법으로 추적지표와 관리도가 있다. 먼저 추적지표에 대해 살펴보고자 한다.

(1) 추적지표

추적지표(TS : Tracking Signal)는 예측의 정확도를 나타내 주는 신호이다. 수요가 지속적으로 상향적 또는 하향적 변화를 예측 평균이 잘 반영하고 있는지 판단하는 지표이다. 산출 공식은 누적 예측오차(CFE)를 평균 절대오차(MAD)로 나누어 구한다.

1) 추적지표 정리

① 예측치의 정확도가 높을수록 추적지표 값은 0에 가깝다.

② 음수(-)로 나타나면 예측치가 실제치보다 크다.

③ 양수(+)로 나타나면 예측치가 실제치보다 낮은 것을 의미한다.

④ 예측오차가 커지면 추적지표의 절대값도 커지게 된다.

⑤ 예측치가 어느 정도 정확하게 계상되고 있는지를 파악하고 통제하는 품질관리도 역할을 한다.

(2) 예측오차 관리

1) 우연변동이 나타나는지 확인

① 우연변동만 나타나는 예측은 적절히 이루어지는 것으로 판단

② 우연성이 없이 발생하는 변동의 경우 그 문제를 파악하고 해결하는 것이 필요

2) 예측오차가 관리상태(In Control)인 조건

① 우연변동만 존재하고 있으며, 오차들이 모두 관리한계 내에 존재해야 함

② 어떠한 패턴(추세나 순환변동 등)이 없어야 함

3) 관리도

① 예측오차를 모니터 할 수 있는 시각적 도구

② 예측오차에 우연성이 있는지를 탐지하는데 사용

4. 관리도

예측과정을 관리하는 기법으로 추적지표와 관리도가 있는데 추적지표에 이어 이번에는 관리도에 대해 살펴보고자 한다.

(1) 관리도 이해

관리도(Control Chart)는 품질의 분포를 관리하기 위해 중심선과 관리상한, 관리하한을 설정한 그래프를 말한다. 예측오차가 관리상태를 유지하고 제조공정이 관리상태에 있는지 조사하고 판단하기 위한 것이다.

예측오차가 관리상태에 있는 경우, 오차를 그래프에 그리면 [그림 6-11]과 같이 좌우대칭의 정규분포(Normal Distribution)를 이루고 있다.

정규분포의 어느 구간을 선택하면 그 속에 포함된 비율을 경험법칙에 의해 알 수 있다. 정규분포에서 데이터가 표준편차의 1배(1σ)이면 68.26%, 2배(2σ)이면 95.44%, 3배(3σ)이면 99.74% 내에 존재하고 있을 것이다.

실제로 오차가 관리한계를 벗어났는지 판단할 수 있으나 오차를 그래프에 작성하여 시각적으로 확인하는 방법이 필요하다. 관리도를 작성하기 위해 MSE를 계산하고 MSE의 제곱근은 실제로 오차분포의 표준편차의 추정치로 사용한다.

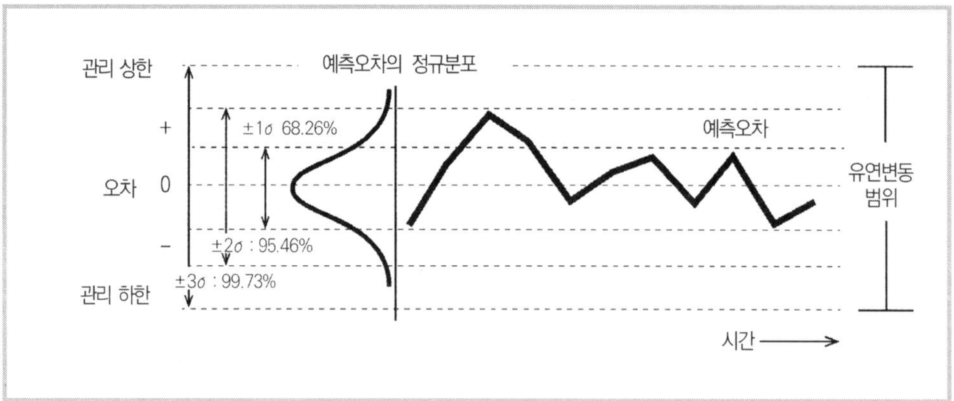

[그림 6-11] 관리도의 모형 (출처 : 네이버 블로그)

$$s = \sqrt{MSE}$$

- 관리 상한(UCL : Upper Control Limit) : $0 + z\sqrt{MSE}$
- 관리 하한(LCL : Lower Control Limit) : $0 - z\sqrt{MSE}$
  (여기서, z : 평균으로부터 표준편차 배수)

예제 5 MSE가 2인 경우 예측오차에 대한 $2s$ 관리한계는?

답 $s = \sqrt{MSE} = 1.41$

- UCL = 0 + 2(1.41) = +2.82
- LCL = 0 - 2(1.41) = -2.82

유연성이 존재하지 않는 오차를 나타낸 사례가 [그림 6-12]에 있는데 관리상한 밖의 오차와, 추세, 순환, 편의에 관한 데이터가 작성되어 있다. 편의를 보면 중심선 한쪽으로 데이터가 너무 많이 밀집되어 있는 것을 볼 수 있다.

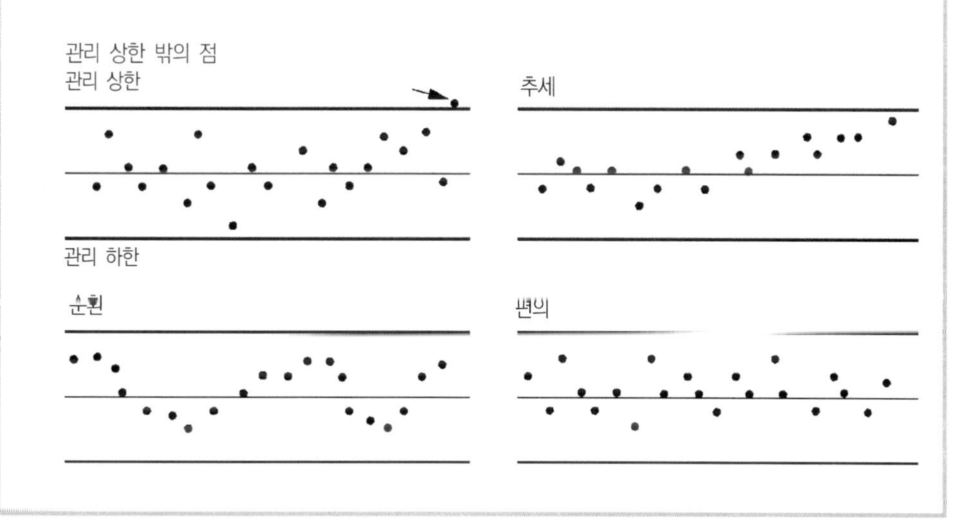

[그림 6-12] 유연성이 존재하지 않는 경우 (출처 : 생산운영관리)

예제 6 D 기업이 판매하고 있는 생수에 대한 수요예측의 결과가 다음 표에 나타나 있다. 1월부터 8월까지 데이터를 활용하여 2s의 관리한계를 설정하라.

기간	실제수요	예측수요	예측오차	(예측오차)^2
1월	68	66	2	4
2월	75	68	7	49
3월	70	72	-2	4
4월	74	71	3	9
5월	69	72	-3	9
6월	72	70	2	4
7월	80	71	9	81
8월	78	74	4	16
합계			32	176

답 관리 한계는 다음과 같은 식으로 계산할 수 있다.

UCL (Upper Control Limit) : $0 + z\sqrt{MSE}$

LCL (Lower Control Limit) : $0 - z\sqrt{MSE}$

관리 한계를 계산하기 위해서는 먼저 MSE 값을 계산해야 한다.

$$MSE = \frac{\sum(\text{실제값}_t - \text{예측값}_t)^2}{n-1} = \frac{176}{8-1}$$
$$= 25.144 \fallingdotseq 25.14$$

MSE는 25.14로 계산되었으며, 관리 상한과 관리 하한에 대입하여 계산한다.

UCL : $0 + z\sqrt{MSE} = 2\sqrt{25.14} = 2 \cdot 5.013 = 10.02$

LCL : $0 - z\sqrt{MSE} = -2\sqrt{25.14} = -2 \cdot 5.013 = -10.02$

따라서 관리 한계는 ±10.02이며 예측오차의 값이 10.02 범위 안에 있다면 관리 상태에 있다고 할 수 있다.

제7장

풀필먼트 재고관리

풀필먼트는 온라인 쇼핑이나 이커머스 분야에서 중요한 개념으로 소비자의 주문에서 배송까지의 전 과정을 의미하고 있다. 효율적인 재고관리는 풀필먼트에서 매우 중요하여 재고가 적절히 유지되어야 주문과 배송이 빠르고 정확히 진행되어 운영 효율성과 비용절감 효과를 얻을 수 있다.

풀필먼트 센터는 물류센터에서 바로 소비자로 배송해야 하는 B2C 거래가 대부분이다. 소비자들은 과거와 다르게 다품종 소량의 제품을 주문하고 배송 받고 싶어 한다. 이러한 소비자의 욕구를 충족시켜주기 위해 풀필먼트 센터는 소비자가 원하는 다양한 제품을 미리 재고로 갖추고 있어야 한다.

한정된 창고 공간에 다품종의 제품을 재고로 보유하기 위해서는 정확한 수요예측에 따른 재고관리가 필수적이다. 그 만큼 풀필먼트 센터에서는 정확한 재고관리가 중요하다고 볼 수 있다.

01 재고의 개요

재고는 기업이나 상점에서 가공 및 판매를 위해 보유하고 있는 원재료, 반제품, 완제품 등의 재화를 의미한다. 재고관리는 기업이나 상점에서 효율적으로 생산활동을 지속하기 위해 가장 적절한 보유량을 계획하고 통제하는 활동을 나타낸다.

1. 재고의 이해

재고는 기업의 운영에 필요하며 고객만족에 상당한 영향을 미칠 수 있다. 기업에서 구입한 재료 및 제품은 한 번에 사용하는 것이 아니라 대부분 창고에 보관되거나 생산된 제품도 판매되기까지 창고에 보관되어 있다.

재고는 자재의 원활한 흐름과 효율적인 설비시스템, 자재비용의 절감, 소비자에게 제공하는 서비스 수준의 향상 등에 필요한 요소들이다. 원자재를 주문할 때는 재고비용과 주문비용, 배송비용 등을 감안하여 주문해야 한다.

생산라인에서는 생산준비 비용을 고려하여 1회 생산량의 생산계획을 수립하는 것이 중요하다. 유통시스템에서는 1회 배송량을 조절하고, 자재운반과 취급비용을 절감하면서 소비자 서비스 수준을 향상시켜야 한다.

주문한 제품은 다음 [그림 7-1]과 같은 과정을 거치면서 소비자에게 이동한다.

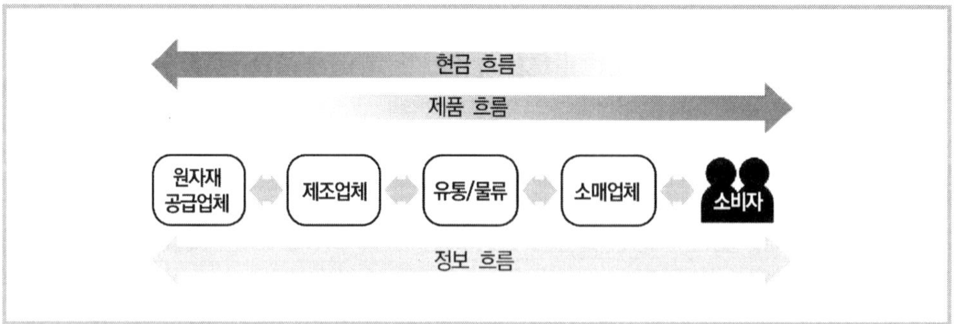

[그림 7-1] 제품과 현금, 정보의 이동

(1) 제품의 이동

공급업체에서 제조업체, 유통/물류, 소매업체를 거쳐 소비자에게 배송된다.

원자재, 부품, 제품 등의 이동으로 현금과 반대방향이다.

(2) 현금의 이동

소비자에서 소매업체, 유통/물류, 제조업체, 공급업체로 이동한다.
제품 대금을 지불하면서 현금이 이동하는데 제품흐름과 반대방향이다.

(3) 정보의 이동

공급사슬 양방향으로 정보를 교환하는데 실시간 정보공유로 비용을 절감할 수 있다.

2. 재고의 유형

재고는 제품의 저장으로 연필, 책상, 가방, 옷, 나사, 트럭, 기계, 항공기 등이 있다. 또한 재고는 기업의 사업과 관련되어 있어 제조기업에는 원자재, 부품, 완제품, 기계, 도구 등이 있고 백화점에는 옷, 가구, 가전제품, 문구, 화장품, 장난감 등이 있다.

(1) 재고의 다양한 유형

① 구입한 원자재와 다양한 부품들
② 재공품 : 부분적으로 완성된 제품
③ 반제품 : 가공이 다 되지 않은 미완성 제품
④ 제조기업의 완제품 재고나 소매점의 상품
⑤ 도구, 공급품, 유지 보수용 재고
⑥ 소비자에게 이동 중인 제품

풀필먼트 센터의 경우 대부분 최종소비자에게 배송하기 위한 완제품과 소비자에게 배송중인 제품이 있다.

(2) 독립 수요품목과 종속 수요품목

1) 독립 수요품목

품목에 대한 수요가 시장수요에 의해 독자적으로 발생하는 품목을 의미한다. 독립 수요품목은 마트에서 보유하고 있는 완제품을 나타낸다. 제조조직의 운영과는 관련이 없는 특징이 있다. [그림 7-2]에서 완성된 의자가 독립 수요품목이다.

2) 종속 수요품목

제조현장에 들어가는 원자재, 부품 등 수요량과 수요시점이 독립품목의 수요에 의해 결정되는 품목을 의미한다. 예를 들어 아이들이 선호하는 신데렐라 공주 옷은 시장수요에 의해 결정되어 독립 수요품목이라 할 수 있다.

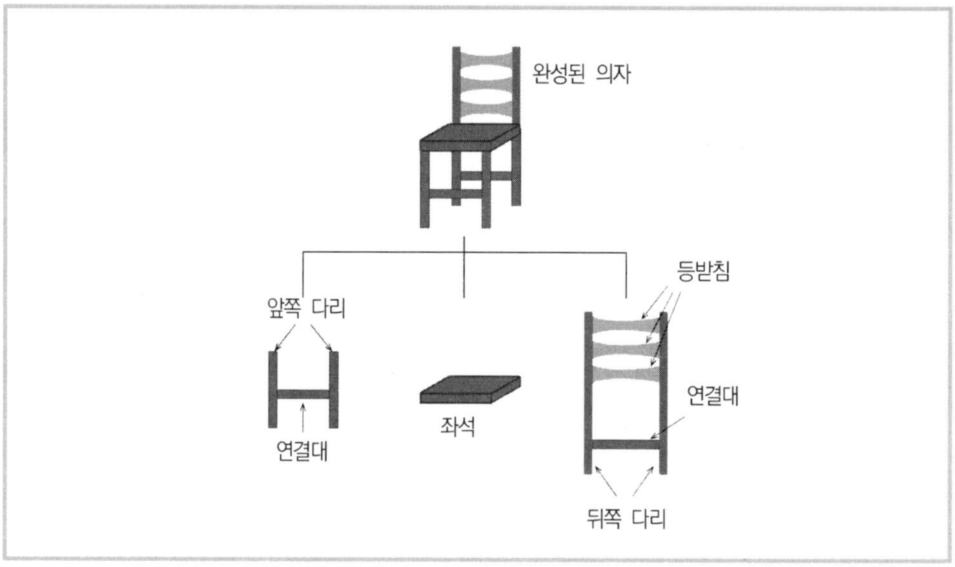

[그림 7-2] 독립 수요와 종속 수요품목

신데렐라 옷을 만들기 위해 필요한 각종 부품이나 자재는 옷의 수요와 생산계획 등에 따라 결정되므로 종속 수요품목에 해당된다. [그림 7-2]에서 앞쪽 다리와 좌석, 연결대 등이 종속 수요품목이다.

(3) 재고의 기능

1) 파이프라인 재고

공장 ⇒ 대형물류센터 ⇒ 소형물류센터 ⇒ 대리점 ⇒ 소비자로 이동하는 재고를 의미한다. 출고와 수송, 하역 등 배송이나 처리시간에 따라 결정되어 이 시간을 줄여야 파이프라인 재고를 줄일 수 있다.

2) 순환재고

생산준비비용 줄이기, 주문비용 줄이기, 가격할인 등을 위해 필요 이상 주문하는 경우 사용하고 남는 재고를 의미한다. 재고관리에서 가장 중요한 재고유형이다.

3) 안전재고

수요의 불확실성에 대비해서 여분으로 평균 수요량 이상 보유하고 있는 재고를 의미한다. 주문한 물량이 도착하기까지 또는 리드타임 동안 수요가 불확실하기 때문에 어느 정도 안전재고가 필요하다.

4) 비축재고

수요가 계절에 따라 다르거나 원자재 가격이 오를 것으로 예측될 때 미리 재고를 충분히 확보하여 대비하는 경우이다. 예를 들면 난로나 오리털 잠바 등 계절성이 높은 제품은 겨울에 주로 판매되기 때문에 이에 대비하여 여름부터 생산에 들어갈 재고를 확보해 두는 것이 필요하다.

5) 완충재고

재고의 부족이나 불규칙성을 방어하고 시스템의 전반적인 효율성을 향상시키는데 필요하다. 각 재고 창고에 적당한 양의 재고를 가지고 있으면 각 창고별로 의사결정이 독립적으로 수행될 수 있도록 조절할 수 있다. 공장 내 재고품은 이러한 역할을 할 수 있다.

02 재고관리의 개요

원재료나 부품, 반제품, 완제품 등으로 기업 내에 보유하고 있는 재고의 수량과 품질을 가장 적정한 수준에서 유지해야 한다. 또한 보관비용 및 이자를 포함하는 재고비용을 최저수준으로 재고관리가 가장 적절히 이루어지도록 계획하고 통제하는 관리활동이다.

1. 재고관리 목적

재고관리는 재고비용을 합리적인 수준으로 유지하면서 고객서비스를 일정 수준 이상으로 향상시키는데 목적이 있다. 이를 위해 재고수준의 균형을 맞추기 위한 노력과 주문시기 및 주문량에 대한 의사결정이 필요하다. 이를 위해 다음과 같은 사항이 요구된다.

(1) 재고비용의 절감

기업은 재고를 적정수준으로 유지하면서 재고에 대한 투자자본을 절감시켜야 한다. 재고에 의해 발생하는 보관비, 발주비, 품절손실비 등 재고비용은 재고량의 적정보유로 절감할 수 있다.

(2) 운전자금의 효율성

재고투자를 절감하면서 재고비용을 줄이고 자금을 효율적으로 운영해야 한다.

(3) 조립수준의 안정화

재고품을 적정량으로 보유함으로써 조업수준을 안정화시킬 수 있어 제품제조원가를 절감 또는 유지할 수 있다.

(4) 생산지연 및 품절의 방지

재고량을 적정수준으로 보유하여 생산의 지연과 품절을 방지해야 한다.

2. 효율적인 재고관리

재고관리는 지속적으로 발전하고 있으며, 정확한 데이터와 효율적인 솔루션을 통해 재고부족 및 재고과잉 문제를 동시에 해결할 수 있다.

(1) 정확한 재고 데이터 확보

정확한 재고 정보를 실시간으로 확인하면서 재고 과잉 및 부족 문제를 최소화하고 주문처리시간을 단축시키는 것이 필요하다.

(2) 자동화된 재고시스템 도입

로봇기술, RFID 테크, 바코드 등 첨단기술을 활용한 자동화 재고관리 시스템은 주문 및 재고관리를 더욱 효율적으로 만들어 처리속도와 운영비를 절감할 수 있다.

(3) 수요예측으로 재고 최적화

과거 데이터와 시장을 분석하여 미래 수요를 예측할 수 있다. 필요한 재고를 미리 준비하여 재고 과잉 및 부족으로 인한 비용 및 판매 손실을 최소화할 수 있다.

(4) 효율적인 재고보유 전략

적절한 재고 보유는 제품의 판매 속도와 시장수요를 살펴보고 결정한다. 정기적인 재고관리로 재고수준을 조절하고 필요시 신속하게 보충할 수 있는 시스템을 구축한다.

(5) 재고관리의 지속적인 개선

재고관리는 지속적으로 실시간 점검하면서 문제발생 시 신속히 해결해야 한다. 체계적인 분석과 개선으로 운영 효율성과 고객만족도를 동시에 향상시켜야 한다.

(6) 공급망과 긴밀한 협력

공급업체와 긴밀한 협력으로 재고수준을 조절하고 시장환경 변화에 신속히 대응할 수 있어야 한다. 긴밀한 협력으로 공급지연을 최소화하고 운영의 연속성이 유지되어야 한다.

3. 재고관리 관련 지식

효율적인 재고관리를 위해 수요예측이 필요하므로 예측오차 지표를 활용하여 신뢰가 높은 수요예측이 필요하다.

(1) 재고회전율

평균 재고투자액 대비 판매된 제품의 연간 비용이다. 일반적으로 재고회전율이 높을수록 재고관리가 효율적으로 이루어진 것으로 판단하고, 산업 및 기업의 이윤에 따라 적절한 회전수는 다를 수 있다.

(2) 재고공급일 수

현재 보관 중인 재고를 이용할 경우 향후 기대되는 판매 가능일 수를 말한다.

(3) 재고관리시스템

효과적인 재고관리를 위해 각 기업들이 보유하고 있는 재고를 추적하는 시스템이다. 주기조사시스템과 연속조사시스템 등이 있다.

(4) 리드타임

리드타임(Lead Time)은 주문시점과 해당 주문의 배송시점 간의 시간간격이다. 리드타임의 변동성을 예측하고 활용하면 보다 정확한 수요예측이 가능하다. 만일 책을 주문하고 3일 후에 책을 배송 받으면 리드타임은 3일이다.

(5) 재고유지비용

재고를 특정 시간 동안 보관하는데 소요되는 비용이다.

(6) 주문비용

재고를 주문하고 수령할 때까지 발생하는 비용이다.

(7) 재고부족비용

재고가 부족하여 판매하지 못해 발생하는 비용이다.

(8) 준비비용

생산 품목을 교체할 때 설비 가동을 위한 비용이다.

03 재고관리 시스템

적절한 재고보유는 생산성 증대와 고객만족도 향상에 큰 역할을 할 수 있다. 이를 수작업으로 관리할 경우 많은 시간과 비용이 소요되며, 오류 발생 가능성도 높아지게 된다. 최근에는 다양한 기술을 활용하여 실시간으로 재고를 파악하고 관리할 수 있는 시스템이 개발되어 활용하고 있다.

1. 완제품 재고의 배치

완제품 재고를 배치하는 방법에는 집중배치와 전방배치가 있는데 그 내용은 다음과 같다.

(1) 집중배치

집중배치(Centralized Placement)는 완제품을 제조공장이나 창고와 같은 한 장소에 중앙 집중적으로 두고 각 고객에게 제품을 수송하는 것이다.

① 재고를 창고 등에 보관하다가 고객에게 배달하는 방법
② 낮은 안전재고와 운송비용이 증가할 때 재고통합효과
③ 고객(지역)에 따라 수요의 불확실성이나 변동성이 클 때 적합
④ 장점 : 재고공유효과로 전체적으로 재고수준이 낮아짐
⑤ 단점 : 수송비용의 증가

(2) 전방배치

전방배치(Forward Placement)는 완제품 재고를 고객에게 보다 근접하도록 지역별 창고나 물류센터, 도매상, 소매상에 두는 것이다.

① 고객과 가까운 소매점 등에 재고를 배치하는 방법
② 인도시간과 운송시간을 줄여 비용절감 효과
③ 장점 : 신속한 납품과 수송비용의 절감

④ 단점 : 각 물류센터마다 수요의 불확실성에 대처하기 위해 안전재고를 유지해야 하므로 전체적으로 재고수준이 높음

⑤ 재고생산을 하는 기업들은 보통 전방배치 사용

2. 재고조사시스템

재고조사시스템은 재고를 효율적으로 관리하여 기업의 목표 서비스 수준을 만족시키면서 모든 재고비용을 최소화하는데 사용하는 시스템이다. 정기조사시스템과 연속조사시스템이 있으며, 그 내용은 다음과 같다.

(1) 정기조사시스템

정기조사시스템(Periodic System)에는 다음과 같은 내용이 있다.

① 보유 품목에 대해 주기적으로 재고조사를 실시

② 주로 식료품 가게나 소매점에서 사용

③ 관리자는 보유 재고량을 저장실이나 진열장에서 정기적으로 검사

④ 주문주기는 고정적, 1회 주문량은 가변적

⑤ 장점 : 많은 품목에 대한 주문을 동시에 할 수 있으며, 주문품을 가공하고 선적하는데 경제적

⑥ 단점 : 재고조사기간 사이의 통제 부족, 여유 재고를 보유해야 하고, 재고조사 때마다 주문량을 결정해야 함

(2) 연속조사시스템

연속조사시스템(Perpetual Inventory System)에는 다음과 같은 내용이 있다.

① 연속적으로 재고 소모를 추적하여 각 품목별로 현재 재고수준을 파악

② 보유재고량이 최소 재고수준에 도달하면 고정된 양을 주문

㉮ 투빈시스템(Two Bin System), 바코드나 RFID 태그 사용

③ 주문주기는 가변적, 1회 주문량은 고정적

④ 장점 : 고정주문량으로 최적 주문량 결정, 재고소모에 대한 통제력

⑤ 단점 : 기록에 따른 추가비용 발생, 오류 · 도난 · 파손 등 재고량을 감소시킬 수 있는 요인들 발생 가능성

3. ABC 접근법

재고품목의 중요도를 측정값에 따라 A, B, C로 분류하고 이에 따라 재고주문을 달리하는 방법이다. A급(매우 중요), B급(약간 중요), C급(덜 중요)을 나타낸다.

(1) 개념

매출에 가장 큰 부분을 담당하고 있는 그룹부터 재고를 A, B, C로 분류한다. 이 방법은 가장 인기없는 재고 유형을 식별하고, 이윤이 남는 품목에 집중하는 방식이다.

재고관리의 중요성은 재고품목의 투자액, 이익가능성, 사용량, 재고부족에 대한 비용 등의 중요성이 동일하지 않다는 것이다. 모든 품목에 같은 노력을 기울이는 것은 비합리적 사고에서 출발하고 있다.

다양한 재고품목에 대해 상대적 중요성 정도에 따라 통제노력을 배분하는 재고관리시스템이다.

(2) A그룹, B그룹, C그룹

1) A그룹

① 평균 로트(Lot) 크기를 줄이고, 높은 재고 회전율을 유지하는 것이 중요하다.

② 품목 수는 20%이지만 금전적인 가치는 80%이다.

③ 재고량에 대해 자주 실사하여 많은 주의를 기울여야 한다.

④ 고객서비스 수준을 유지하기 위하여 관심을 가져야 한다.

⑤ 소수 고액 품목으로 이루어지는 제품 집단이다.

2) B그룹

① 중간 수준의 관리 요구 및 적절한 안전재고를 보유하고 있다.

② 품목 수는 30%이지만 금전적인 가치는 15%이다.

③ A품목과 C품목의 중간에 해당하는 품목이다.

④ 두 극단적 품목의 중간 정도의 통제를 받고 있다.

3) C그룹

① 안전재고와 로트 크기를 증가시켜야 한다.

② 품목 수는 50%이지만 금전적인 가치는 5%이다.

③ 상대적으로 작은 통제를 받고 있다.

④ 다수의 저가 품목으로 이루어지는 제품 집단이다.

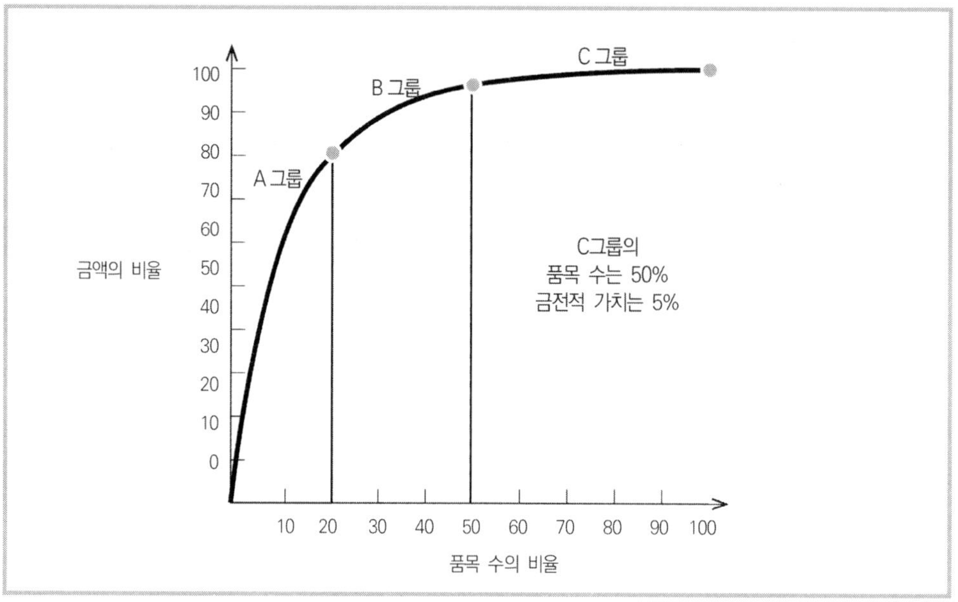

[그림 7-3] ABC 분석

4. 재고관리에 도움이 되는 기법

재고관리에는 다음과 같이 배치추적, 대량선적, 위탁, 크로스 도킹 등 다양한 기법을 활용할 수 있다. 그 내용에 대해 살펴보고자 한다.

(1) 배치추적

배치추적(Batch Tracking)은 유사한 항목을 그룹화하여 만료 날짜 및 결함이 있는 항목을 추적하는 방식이다.

(2) 대량선적

대량선적(Bulk Shipments)은 공급업체가 선박이나 트럭에 포장되지 않은 자재를 직접 적재하는 방법이다. 대량으로 재고를 구입, 보관, 배송하는 것을 의미하고 있다.

(3) 위탁

위탁은 위탁재고를 관리하는 경우이다. 해당 제품이 판매될 때까지 기업은 공급업체에 비용을 지불하지 않으며 재고의 소유권은 공급업체에 있다.

(4) 크로스 도킹

크로스 도킹(Cross-Docking)은 공급업체가 트럭으로 지역별 창고 또는 물류센터로 상품을 수송하면 이 상품들을 각 소매 점포의 필요에 따라 분류하거나 재 그룹화한 후 창고에 보관없이 바로 트럭에 실어 각 소매점으로 배송하는 방식이다.

월마트에 의해 처음 도입된 혁신적인 방식으로 창고 및 취급비용, 리드타임 감소 등의 이점이 있다.

(5) 수요예측

수요예측은 예측분석을 통해 고객의 수요를 예측하는 데 도움이 된다.

(6) 직배송

직배송(Dropshipping)은 판매자가 재고를 보유하지 않고 공급업체가 창고에서 고객에게 직접 품목을 배송하는 방식이다.

04 기본 경제적 발주량 모형

수요량을 파악하고 "얼마나 주문할 것인가"는 경제적 주문량(EOQ : Economic Order Quantity) 모형을 이용하여 판단하고 있다. EOQ 모형은 주문량에 따라 달라지는 연간 총재고비용의 합계를 최소화하는 최적의 주문량을 파악하는 것이다.

경제적 주문량의 모형은 다음과 같이 있다.

① 기본 경제적 발주량 모형
② 정량발주모형
③ 정기발주모형
④ 단일기간모형

기본 경제적 주문량 모형(Basic EOQ Model)은 연간 재고유지비용과 주문비용의 합을 최소화하는 고정된 주문량을 파악하기 위해 사용하는 모형으로 공식은 다음과 같다.

총 재고비용(최소화) = 재고유지비용 + 주문비용

(단, 구입가격은 일반적으로 총 비용에 포함되지 않는다. 수량할인이 없는 경우)

1. 기본 EOQ 모형의 가정

기본 Economic Order Quantity 모형은 다음과 같이 가정하고 있다.

① 단 하나의 제품만 대상으로 한다.
② 연간 수요량이 알려져 있다.
③ 수요가 연중 균일하고 수요량이 일정하다.
④ 정해진 리드타임은 변하지 않는다.
⑤ 각 주문은 지연 없이 한 번에 배달된다.
⑥ 수량(가격)에 대한 할인은 없다.

2. 재고 사이클

재고 발주와 사용은 주기적으로 발생한다. 주기는 Q단위의 주문이 입고되면서 시작하고 일정 비율로 사용한다.

[그림 7-4]에서 보유수량이 리드타임 기간 동안 수요와 일치하는 경우 공급자에게 Q단위를 주문한다. 보유재고가 0이 되는 시점에 정확하게 입고될 것이므로 주문은 과잉재고와 재고부족을 모두 예방할 수 있다.

최적 주문량은 재고유지비용과 주문비용이 균형을 이루는 시점에서 달성된다. 주문량이 변하면서 한 가지 비용이 상승하는 경우 상대적으로 다른 비용은 하락하게 된다.

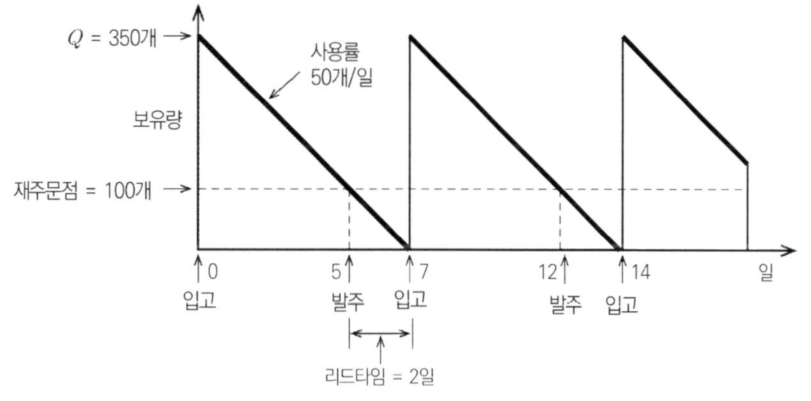

[그림 7-4] 재고 사이클(시간에 따른 재고수준) (출처 : 생산운영관리)

예를 들어 연간 총 수요량은 변하지 않으면서 주문량이 적으면 주문횟수가 증가하면서 연간 주문비용은 증가하게 될 것이다. 반대로 주문량이 많아지면 주문비용은 감소하지만 높은 재고량으로 재고유지비용이 증가하게 될 것이다. 이런 사례가 [그림 7-5]에 설명되어 있다.

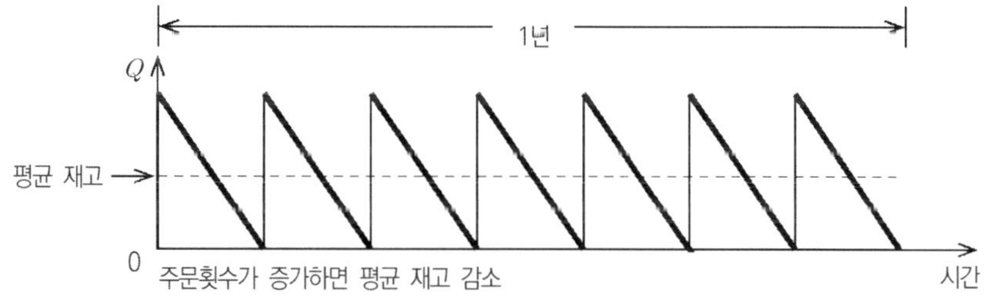

(a) 적은 주문량과 많은 주문비용

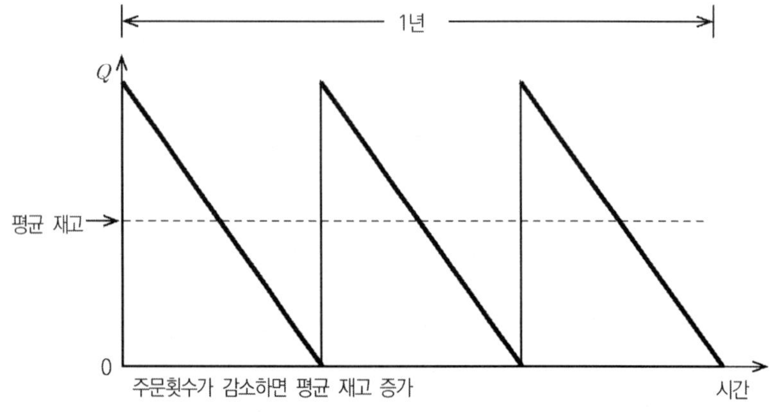

(b) 많은 주문량과 많은 재고유지비용

[그림 7-5] 주문비용과 재고유지비용과의 관계 (출처 : 생산운영관리)

3. 연간 총 재고비용

연간 총 발생될 재고비용은 연간 재고유지비용과 연간 주문비용의 합으로 계산할 수 있다. 연간 재고유지비용과 연간 주문비용, 총 재고비용에 대해 살펴보고자 한다.

(1) 연간 재고유지비용

연간 재고유지비용은 평균 재고량에 단위당 1년간 유지비용을 곱하여 계산한다. 평균 재고량은 주문량의 1/2이다. 따라서 보유량은 Q 단위에서 0으로 감소되어 Q/2가 된다.

단위당 재고유지비용 H를 사용하여 총 재고유지비용을 산출하면 다음과 같다. 따라서 재고유지비용은 [그림 7-6]과 같이 주문량 Q에 비례하여 선형으로 나타난다.

$$\text{연간 재고유지비용} = \frac{Q}{2}H$$

(여기서, Q : 주문량, H : 단위당 재고유지비용)

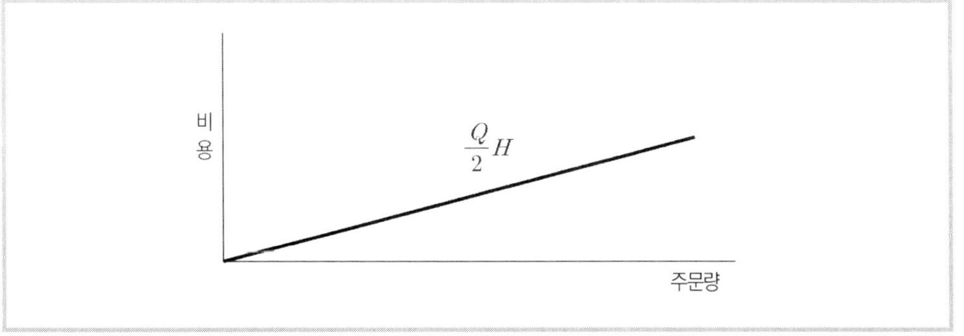

[그림 7-6] 연간 재고유지비용 곡선 (출처 : 생산운영관리)

(2) 연간 주문비용

연간 주문비용은 주문량에 연간 주문수를 곱하여 산출한다. 연간 주문횟수는 연간 수요량(D)에서 주문량(Q)을 나누어 산출하는데 공식은 다음과 같다.

$$\text{연간 주문비용} = \text{1회 주문비용} \times \text{연간 주문횟수} = S \times \frac{D}{Q}$$

(여기서, S : 1회 주문비용, D : 연간 수요량, Q : 1회 주문량)

[그림 7-7]에서 주문량 Q가 증가하면 연간 주문횟수 $\frac{D}{Q}$가 감소하기 때문에 연간 주문비용은 역비례하며 비선형으로 하락하게 된다.

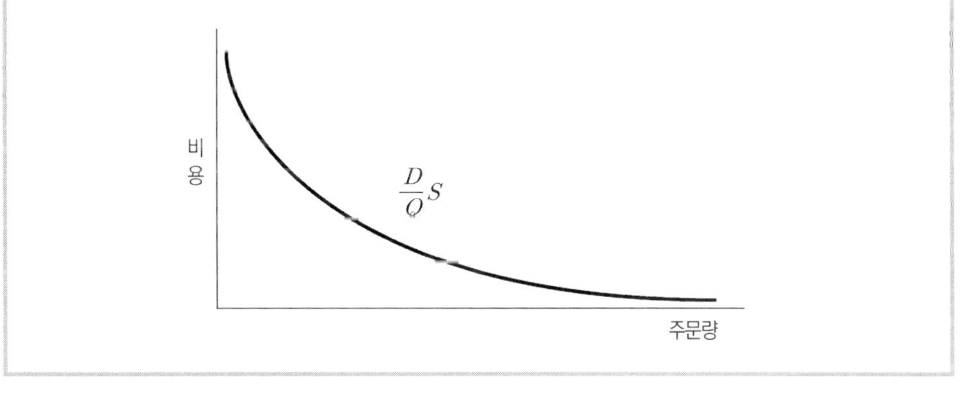

[그림 7-7] 연간 주문비용 곡선 (출처 : 생산운영관리)

(3) 총 재고비용

주문량 Q단위로 주문할 때마다 연간 총 재고비용(TC)은 재고유지비용과 주문비용을 합하여 다음과 같은 공식으로 산출된다.

$$\text{연간 총 재고비용}(TC) = \text{연간 재고유지비용} + \text{연간 주문비용}$$
$$= \frac{Q}{2}H + S\frac{D}{Q}$$

연간 총 재고비용은 [그림 7-8]에서 하나의 최소값을 갖는 아래로 볼록한 U자형 곡선으로 나타난다. 이 때 최소값은 재고유지비용과 주문비용이 서로 일치하는 점에서 나타난다.

또한 최적주문량 Q_0는 미적분을 이용하여 산출하는데 공식은 다음과 같으며, 최소 연간 총 재고비용은 Q 대신 Q_0을 대입하면 된다.

$$\text{최적 주문량}(Q_0) = \sqrt{\frac{2DS}{H}} = \sqrt{\frac{2 \times \text{연간수요} \times \text{주문비용}}{\text{단위당 재고비용}}}$$

위 공식으로 최적 주문량을 산출할 수 있는데, 연간 수요량(D)과 재고유지비용(H)의 분석기간이 같아야 한다. 예를 들어 수요량을 연간 단위로 산출하였으면 주문비용도 연간 단위로 계산해야 한다.

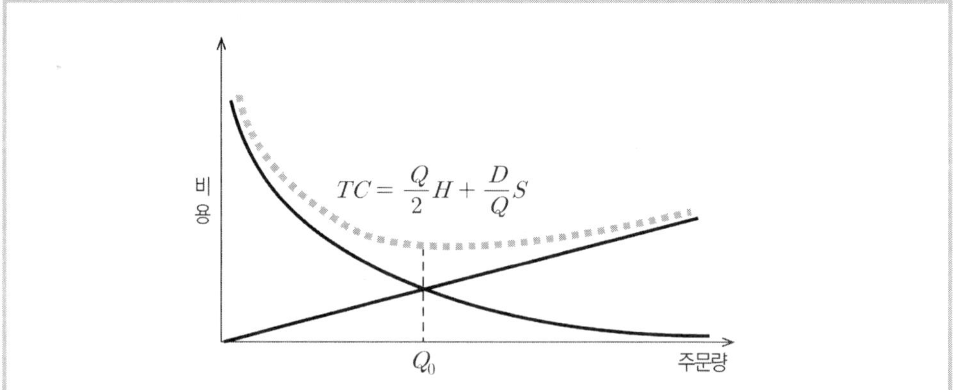

[그림 7-8] 총 재고비용 곡선 (출처 : 생산운영관리)

예제 1 국내 A 자동차 판매업체에서는 매년 자동차를 판매하고 있으며 연간 자동차의 수요는 1,200대가 발생한다. 자동차 1대를 1년 동안 재고로 보유하는데 24달러, 주문비용은 주문 당 100달러가 든다고 할 때, 다음 문제를 해결하시오.

(1) 기본 경제적 주문량 모형에 따라 경제적 주문량(EOQ)은 몇 대인가?
(2) 경제적 주문수량에 따라 주문했을 때, A 자동차 업체는 1년에 몇 번 수문해야 하는가?
(3) 만일 경제적 주문량이 주문된다면 연간 총 비용은 얼마인가?

답

(1) $Q_0 = \sqrt{\dfrac{2DS}{H}} = \sqrt{\dfrac{2 \times 1,200 \times 100}{24}} = \sqrt{\dfrac{240000}{24}}$
$= \sqrt{10000} = 100$대

(2) 연간 주문 수 $= \dfrac{D}{Q} = \dfrac{1,200}{100} = 12$번

(3) $TC = \dfrac{Q}{2}H + \dfrac{D}{Q}S = \dfrac{100}{2}24 + \dfrac{1,200}{100}100 = 1,200 + 1,200$
$= 2,400$달러

4. 총 재고유지비용의 추정

여기서 재고유지비용과 주문비용, 연간 수요량은 회계상 정확한 수치가 아니라 추정된 값으로 보아야 한다. EOQ 역시 정확한 수치가 아니라 추상적인 수치로 인식해야 한다.

근사치인 EOQ 수치는 매우 견고하여 총 재고비용곡선이 EOQ 영역에서 특히 [그림 7-9]에서 보면 EOQ의 우측 부근에서 매우 서서히 증가하고 있다. 총 비용곡선이 EOQ 부근에서 거의 변화하지 않고 완만하기 때문에 총비용은 크게 증가하지 않고 있다. EOQ에서 주문량을 약간 수정할 수 있는 유연성이 존재할 수 있다.

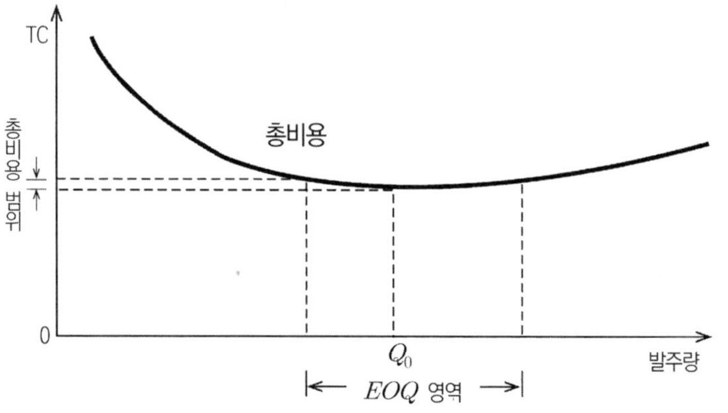

[그림 7-9] 총 재고유지비용 곡선에서의 EOQ 값 추정 (출처 : 생산운영관리)

05 정량발주모형

EOQ 모형은 "얼마나 주문할 것인가?"에 대해 질문하고 있으나 "언제 주문해야 하는가?"에 대한 대답은 못하고 있다. 이에 대해 재주문점(ROP : ReOrder Point)은 보유하고 있는 재고량이 특정 시점으로 감소할 때 공급 소요시간과 주문을 고려하여 언제 재주문 해야 하고 재고를 보충할지를 나타내고 있다.

1. 재주문점과 리드타임

재주문점은 재고량이 미리 결정된 양까지 줄어들 때 해당 품목을 재주문해야 하고, 수량은 리드타임 기간 동안의 기대수요와 안전재고를 포함해야 한다. 또한 재주문점에 도달할 때를 미리 알기 위해 지속적으로 재고조사가 실시되어야 한다. 이런 경우 연속조사 시스템을 통한 재고조사를 활용하여 실시간으로 재고파악이 필요하다.

주문은 재고량이 리드타임 동안 수요를 만족시킬 수 있는 시점에서 신속히 이루어지는 것을 목표로 한다. 재주문점의 결정요인은 다음과 같다.

① 수요율(예측에 따른)

② 리드타임

③ 수요나 리드타임의 변동성 정도

④ 경영자가 인식하는 재고부족의 위험 정도

재주문점은 다음과 같이 간단한 공식으로 나타내는데, 이때 수요와 리드타임은 동일한 시간단위로 사용해야 한다.

$$\text{재주문점}(ROP) = d \times LT$$

(여기서, $d=$ 수요율(단위 : daily, weekly 등), $LT=$리드타임)

예제 2 철수는 아침과 저녁으로 하루 두 개씩 매일 영양제를 먹고 있다. 이 제품을 주문하면 7일 안에 집으로 배송해주고 있다. 이 때, 철수는 영양제가 몇 개 남았을 때 재주문을 해야 하루도 빠지지 않고 영양제를 챙겨먹을 수 있을까?

답 수요율(d) = 하루 2개의 영양제
리드타임(LT) = 7일
재주문점(ROP) = $D \times LT$ = 2 × 7 = 14개
철수는 14개의 영양제가 남았을 때 재주문을 해야 한다.

위 사례에서 수요가 매일 두 개로 일정하고 주문 한 이후 제품 도착시간이 7일로 고정되어 있는 상황이다. 그러나 현실에서 수요와 제품의 배송시간은 매번 다양하고, 특히 수많은 제품을 취급하는 풀필먼트 업체의 경우에는 수요의 변동성이 더 클 수 있다.

이렇게 수요와 리드타임에 변동성이 있을 경우에는 실제 수요가 예상 수요를 초과할 가능성이 있다. 따라서 리드타임 동안 재고량 부족 위험을 예방하기 위해 안전재고(Safety Stock)의 추가 재고가 유지되어야 한다. 이때 재주문점은 안전재고로 인해 증가하게 된다.

$$ROP = \text{리드타임 동안 기대수요}(d \times LT) + \text{안전재고}$$

예를 들어 리드타임 동안 기대수요가 200단위이고 안전재고가 20단위인 경우, ROP는 220단위가 된다. 리드타임 동안 안전재고가 재고부족 위험을 어떻게 예방하고 있는지 [그림 7-10]에 나타나 있다. 여기서 리드타임 동안 안전재고는 재고부족을 예방하기 위해 필요한 것으로 나타나 있다.

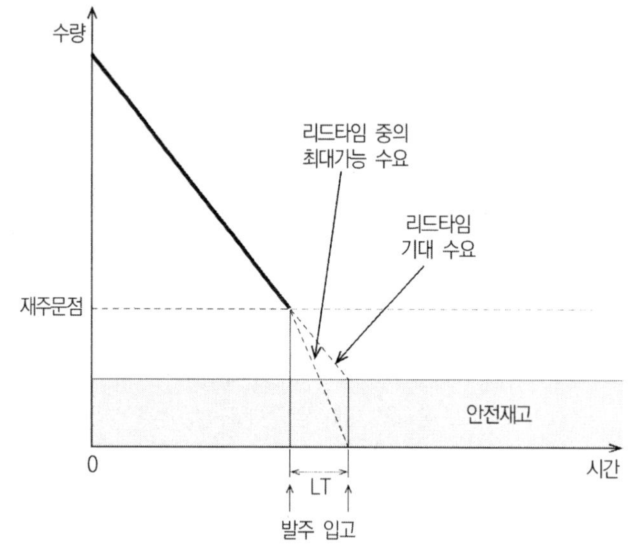

[그림 7-10] 안전재고와 재주문점 (출처 : 생산운영관리)

2. 안전재고와 서비스 수준

안전재고를 관리하기 위해서는 유지비용이 발생하므로 재고부족 위험과 안전재고 유지비용을 서로 비교해 보아야 한다. 재고부족 위험이 감소하면 고객서비스 수준은 증가하게 된다.

서비스 수준(Service Level)은 리드타임 동안 발생하는 수요를 모두 만족시킬 수 있는 확률이고, 보유재고로 수요를 만족시키는 확률을 의미한다. 이는 안전재고량을 결정할 때 사용하는 개념으로 이 수준에 따라 안전 재고량의 크기를 결정한다.

만일 서비스 수준이 95%라면, 리드타임 동안 수요가 공급을 초과하지 않을 확률이 95%라는 것을 의미한다. 서비스 수준이 95%인 경우, 재고부족 위험이 5%라는 것을 나타내고 서비스 수준의 공식은 다음과 같다.

서비스 수준 = 100% - 재고부족 위험

안전재고는 예상하지 못한 수요증가로 인해 운영이 지연되는 상황에 대비할 수 있는 추가 재고를 의미한다. 재고부족으로 인한 운영지연은 고객 불만족과 기업의 경쟁력 하락에 영향을 미칠 수 있다.

일반적으로 안전재고는 리드타임 동안 수요예측에 대한 불확실성에 대비하기 위해 미리 보유하고 있는 재고를 말하고, 적정재고는 안전재고에서 경제적인 측면까지 고려하는 최선의 재고를 의미한다. 적절한 안전재고의 양은 다음과 같은 요인에 의해 변할 수 있다.

① 평균수요율과 평균 리드타임
② 수요나 리드타임의 변동성 크기
③ 적절한 서비스 수준

수요율과 리드타임의 변동성이 클수록 필요한 안전재고량도 크게 될 것이다. 목표하는 서비스 수준이 커질수록 안전재고량도 많아질 것이다. 적절한 서비스 수준은 재고부족으로 인해 발생하는 비용과 기업의 정책을 반영하면서 결정할 사항이다.

(1) 안전재고의 중요성

① 품절위험 감소 : 안전재고를 유지하여 재고부족 방지와 고객주문에 적절히 대응할 수 있다.
② 예상치 못한 사건에 대응 : 안전재고로 예상치 못한 재고부족 및 공급망 중단을 예방할 수 있다.
③ 고객만족도 향상 : 안전재고로 기업은 고객의 요구와 기대를 충족시킬 수 있다.
④ 재고비용 균형 : 기업은 수익성을 유지하면서 안전재고와 재고비용 사이의 적절한 균형을 찾을 수 있다.

(2) 안전재고를 계산하는 단계

① 리드타임 결정 : 안전재고를 정확히 계산하기 위해서는 리드타임을 정확히 결정하는 것이 필수적이다.

② 리드타임 동안 수요계산 : 리드타임 동안 평균 수요를 결정하는 것이 중요하다.

③ 서비스 수준 결정 : 서비스 수준은 리드타임 동안 고객 요구를 충족할 확률이며, 일반적으로 백분율로 표시한다.

④ 안전재고 계산 : 리드타임 동안 수요와 원하는 서비스 수준을 고려하며, 공식은 다음과 같다.

안전재고 = (리드타임 중 수요 × 서비스 수준) - 평균 리드타임 수요.

예를 들어 리드타임 동안 평균수요가 100 단위이고 서비스 수준이 95%이며 평균 리드타임 수요가 80 단위인 경우, 안전재고는 (100 × 95%) - 80 = 15 단위가 된다.

3. 서비스 수준과 품절위험

재발주점은 리드타임 기대수요의 추정값과 표준편차를 이용할 수 있을 때, 다음과 같은 공식을 얻을 수 있다.

$$ROP = \text{리드타임 기대수요}(d \times LT) + z \times \sigma_{dLT}$$

(여기서, z = 표준편차의 배수, σ_{dLT} = 리드타임 수요의 표준편차)

리드타임이나 수요율의 변동성은 정규분포에 의해 적절히 나타낼 수 있다고 가정하고 [그림 7-11]을 살펴보고자 한다. 여기서 z는 표준편차의 배수로 경영자가 인식 가능한 품절위험을 나타내고 있다. 품절위험이 작을수록 z값은 커지는데 주요 수치는 다음과 같다.

① 90% 서비스 수준(품절위험 10%) : z = 약 1.29

② 95% 서비스 수준(품절위험 5%) : z = 약 1.65

③ 99% 서비스 수준(품절위험 1%) : z = 약 2.33

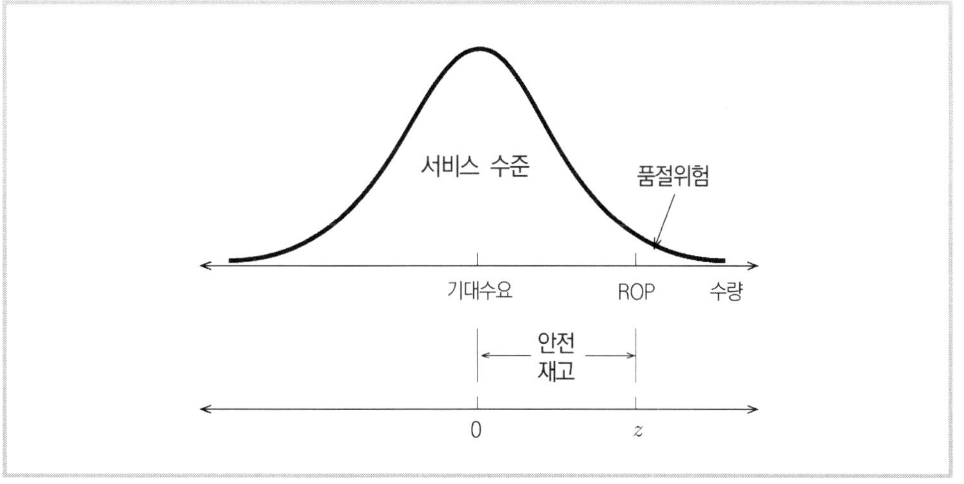

[그림 7-11] 서비스 수준과 품절위험 (출처 : 생산운영관리)

예제 3 B 유통회사의 재고 담당자는 과거의 기록으로부터 리드타임 동안 평균 50L의 물을 판매한다는 것을 파악하였다. 그리고 담당자는 리드타임 동안의 수요가 평균 50L와 표준편차 5L를 가진 정규분포로 나타낼 수 있다고 생각하고 있다. 재고 담당자가 기꺼이 5% 이하의 재고부족 위험을 받아들인다고 가정할 경우, 물 공급업체로부터 제품을 주문하기 위한 재주문점(ROP)을 구하여라. (95% 서비스 수준(품절위험 5%) : z = 약 1.65)

답 $ROP = d \times LT + z \times \sigma_{dLT}$

5% 이하의 재고부족 위험을 받아들인다는 것은 95% 이상의 서비스 수준을 달성하고자 하는 것이며 이때 z값은 1.65를 사용

안전재고 = $z \times \sigma_{dLT} = 1.65 \times 5L = 8.25L$

재주문점(ROP) = $d \times LT + z \times \sigma_{dLT} = 50 + 8.25 = 58.25L$

재고 담당자는 물이 재고량이 $58.25L$ 남았을 때 물공급업체로부터 재주문을 하면 된다.
(만일 물이 1L 단위로 판매되는 경우 95% 이상의 서비스 수준을 달성하고자 하기 때문에 올림을 하여 59L를 주문하는 것이 타당하다.)

리드타임 수요에 대한 데이터를 이용할 수 없을 때, 일별(주별) 수요 자료와 리드타임 길이의 자료는 이용할 수 있다.

① 수요만 변동하는 경우, $\sigma_{dLT} = \sigma_d \sqrt{LT}$

$$ROP = \bar{d} \times LT + z \times \sigma_d \sqrt{LT}$$

(여기서, $\bar{d}$ = 일별(주별) 평균수요, σ_d = 일별(주별) 수요의 표준편차,

LT = 리드타임)

② 리드타임만 변동하는 경우, $\sigma_{dLT} = d\sigma_{LT}$

$$ROP = d \times \overline{LT} + z \times d\sigma_{LT}$$

(여기서, d = 일별(주별) 수요, $\overline{LT}$ = 평균 리드타임,

σ_{LT} = 리드타임 표준편차)

③ 수요와 리드타임이 모두 변동하는 경우, 리드타임 수요편차(σ_{dLT})는

$$\sigma_{dLT} = \sqrt{\overline{LT} \times \sigma_d^2 + \bar{d}^2 \times \sigma_{LT}^2}$$

이 되며, 재발주점은 다음과 같이 나타낸다.

$$ROP = \bar{d} \times \overline{LT} + z\sqrt{\overline{LT} \times \sigma_d^2 + \bar{d}^2 \times \sigma_{LT}^2}$$

이 모형들은 각자 수요와 리드타임이 독립적이라 가정한다.

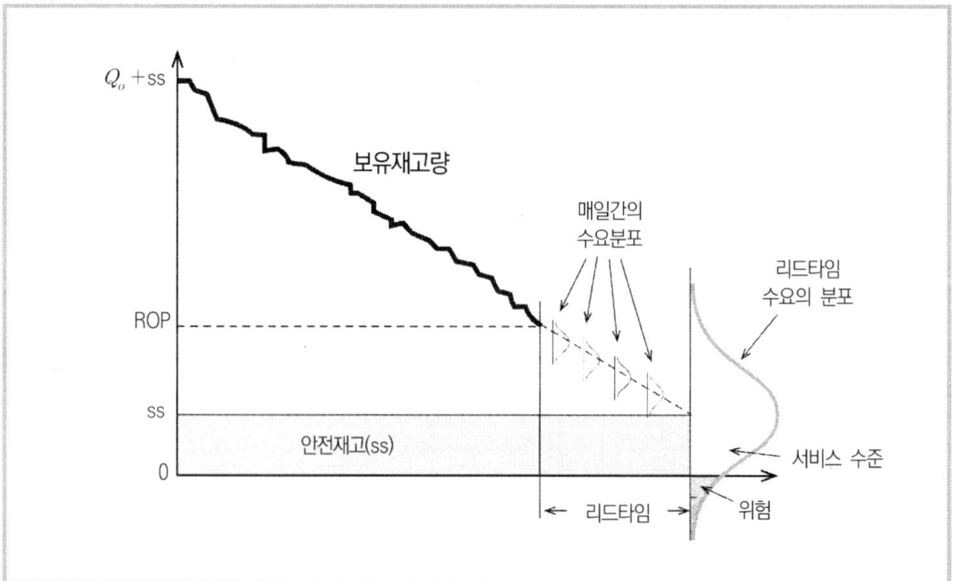

[그림 7-12] 리드타임 수요 (출처 : 생산운영관리)

위 ROP에서 첫째 항인 기대수요($d \times LT$)는 일별(주별) 수요와 리드타임 날짜수의 곱으로 나타냈다. 또한 둘째 항은 리드타임 동안 수요의 표준편차에 z를 곱한 값으로 나타낸다. 수요만 변하는 경우 [그림 7-12]와 같이 일별(주별) 수요가 정규분포를 보이는 것으로 가정하고 평균과 표준편차가 동일한 것으로 가정하고 있다.

위 식에서 기대수요($d \times LT'$)는 일별(주별) 수요와 리드타임 날짜수의 곱으로 나타냈다.

예제 4 C 레스토랑에서는 특별한 요리를 위해 해외로부터 수입해온 소고기를 매주 평균 50kg을 사용한다. 표준편차는 주별 3kg이다. 해외에서 수입해 오는 소고기의 리드타임은 2주이다. 레스토랑의 사장은 리드타임 동안 재고부족에 대해 10% 이하의 위험을 받아들인다고 할 때 재주문점을 구하여라. (90% 서비스 수준 (품질위험 10%) : z = 약 1.29)

답 일반적으로 주문한 이후 제품이 도착하는 리드타임의 경우 변동성이 크지는 않다. 그러나 수요는 상대적으로 변동성이 커서 리드타임은 고정이고 수요가 변동인 경우가 많이 발생한다. 해당 문제도 마찬가지로 리드타임은 2주로 고정이고 수요만 평균 50kg이 사용된다고 제시되어 있어 수요만 변동하는 문제로 풀면 된다.

$$ROP = \bar{d} \times LT + z \times \sigma_d \sqrt{LT}$$

10% 이하의 재고부족 위험을 받아들인다는 것은 90% 이상의 서비스 수준을 달성하고자 하는 것이며 이때 z값은 1.29를 사용

안전재고 $= z \times \sigma_d \sqrt{LT} = 1.29 \times 3\text{kg} \times \sqrt{2} = 5.47\text{kg}$

재주문점$(ROP) = d \times LT + z \times \sigma_d \sqrt{LT} = 50 \times 2 + 5.47$

$= 105.47\text{kg}$

06 정기발주모형

정량발주모형(Q-Model, Fixed Order Quantity Model)은 보유한 재고의 양이 재주문점에 도달하는 시점에 주문하므로 재주문점시스템이라 부른다.

정기발주모형 (P-Model, Fixed-Order-Interval Model)은 일정한 시간간격(정기적)으로 주문이 이루어지는 경우 사용되므로 주기조사시스템이라 부른다. 일반적으로 정기발주모형은 주로 소매업에서 사용되고, 정량발주모형에 비해 안전재고가 많다는 특성이 있다.

1. 개념과 특징

정기발주모형은 일정시간 간격으로 일정하지 않은 수량을 주문하는 방식으로 그 개념과 주요 특징에 대해 살펴보고자 한다.

(1) 개념

미리 정해진 주기마다 재고수준을 점검하고 필요한 경우 재고를 보충하여 목표재고수준을 유지하도록 설계된 시스템이다. 재고관리를 체계화하고 비용절감에 유용하지만 수요의 변동성이 크거나 시장이 급변하는 환경에서는 추가적인 관리전략이 필요할 수 있다.

(2) 주요 특징

① 정해진 시간 간격으로 재고수준을 점검하고 결정된 주문량으로 재고를 보충한다.

② 목표재고수준은 주문주기, 리드타임 동안 예상되는 수요와 안전재고수준을 결정한다.

③ 재고관리를 단순화하고 주문절차를 표준화하여 재고유지비용을 절감할 수 있다.

④ 예상하지 못한 수요증가나 공급지연 등 불확실성에 대비하기 위해 안전재고를 유지하고 있다.

⑤ 공급자에게 여러 제품들을 통합하여 주문함으로써 수송비용을 절감할 수 있다.

2. 정량발주모형과 정기발주모형

수요율과 리드타임이 모두 동일할 경우에는 정량발주모형과 정기발주모형이 서로 동일하다. 두 모형은 수요와 리드타임이 변동할 때 차이가 나타난다. 정량발주모형과 정기발주모형을 비교하여 〈표 7-1〉과 [그림 7-13]에 정리하였다.

〈표 7-1〉 정량발주모형과 정기발주모형

	정량발주모형(Q-Model)	정기발주모형(P-Model)
목표	• 최적발주량을 계산해 재고비용을 최소화	• 고정된 주기마다 주문해 재고량을 유지
주문주기	• 재고가 일정수준 이하로 내려가면 수요에 따라 주문 • 보유재고량이 재주문점에 도달하면 주문	• 고정된 주기마다 주문 • 보유재고량 관계없이 일정 시간을 두고 주문
발주량 결정	• 경제적 주문량(Q)을 계산해 최적발주량 결정	• 고정된 주문량으로 주문
장점	• 경제적 주문량(Q)을 고려하므로 재고비용 최소화 가능 • 자동화를 통해 효율적으로 관리 가능	• 수요변동에 유연함
한계점	• 수요변동, 예측오차에 취약 ⇒ 추가비용 발생 가능	• 경제적 주문량(Q)을 고려하지 않으므로 재고비용 상승 가능

두 모형은 다음과 같은 차이가 있다.

평균 이상 수요가 발생하는 경우, 정량발주모형은 시간 간격을 줄이고 정기발주모형은 발수량을 증가시킨다. 재고수준을 검토하는 경우, 정량발주모형은 현재 재고량이 언제 재주문점에 도달하는지 재고수준을 살펴보는 반면 정기발주모형은 얼마나 많이 주문할 것인지 주문하기 전에 주기적인 검토만 점검한다.

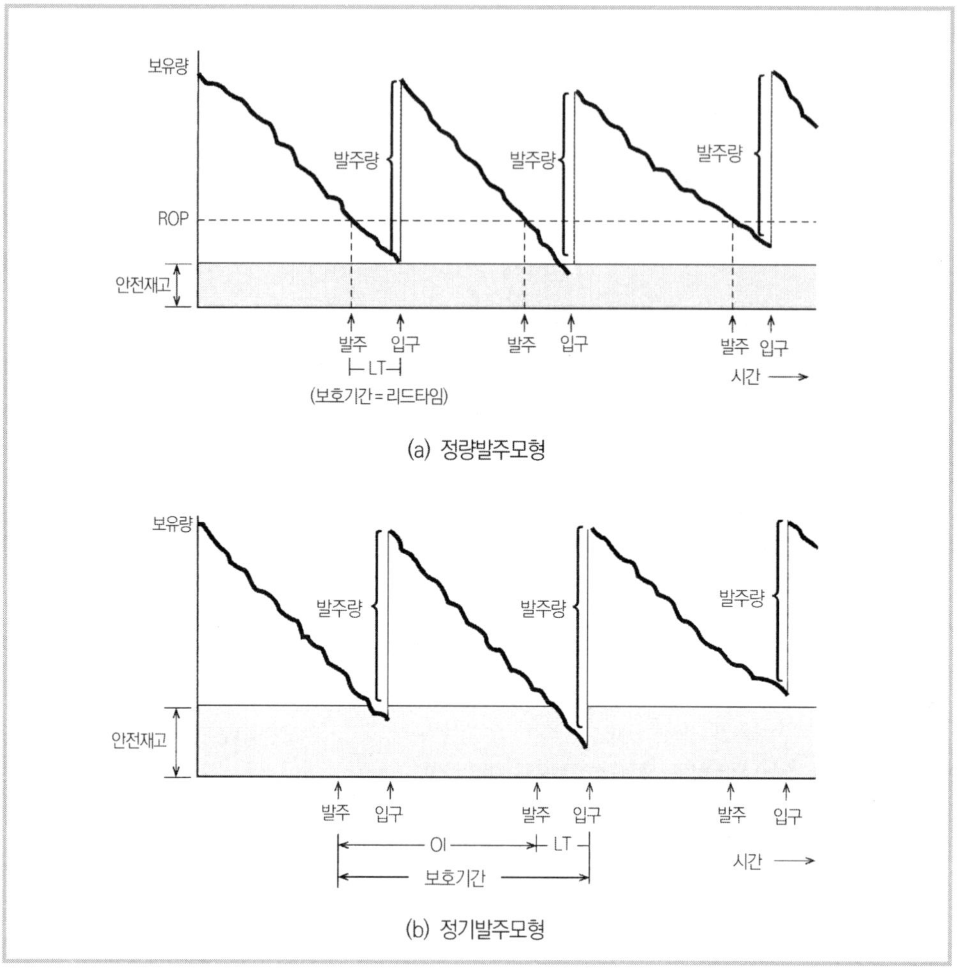

[그림 7-13] (a) 정량발주모형과 (b) 정기발주모형 (출처 : 생산운영관리)

(1) 정기발주모형에서 발주량의 공식

발주량(Q) = 보호기간 예측수요 + 안전재고 - 재주문 시기의 보유재고

$$= d(OI + CROSSLT) + z\sigma_d\sqrt{OI + LT} - A$$

(여기서, OI = 발주간격, A =재주문 시기의 보유재고)

(2) 정기발주모형의 재고부족 위험

1) 주문 직후 현재 입고를 기다리는 동안 발생하는 경우

- ROP 공식 이용(수요만 변동할 때)

$$A = \bar{d} \times LT + z\sigma_d \sqrt{LT}$$

2) 사이클 끝 지점에 다음 주문의 입고를 기다리는 동안 발생하는 경우

- FOI 고정주문공식 이용

$$Q + A = \bar{d}\,(OI + LT) + z\sigma_d \sqrt{OI + LT}$$

예제 5 D 온라인 쇼핑몰에서는 매일 평균 30개의 청바지를 판매하고 있다. 해당 청바지의 표준편차는 매일 3개이며 주문 후 제품이 도착하기까지 시간은 2일 걸린다고 한다. 쇼핑몰 업체에서는 매주 1회 재고조사를 통해 재고량을 확인한다고 할 때, 주문량을 구하시오. [재주문시점에 보유중인 재고량이 71개이며 99%의 서비스 수준(z = 약 2.33)을 활용하여 계산할 것.]

답 발주량(Q) = 보호기간 예측수요 + 안전재고 - 재주문시기에 보유재고

$$= \bar{d}\,(OI + LT) + z\sigma_d \sqrt{OI + LT} - A$$
$$= 30(7 + 2) + 2.33 \times 3 \times \sqrt{7 + 2} - 71$$
$$= 270 + 20.97 - 71$$
$$= 219.97$$

청바지의 경우 소수점으로 제품을 주문할 수 없기 때문에 올림하여 220개의 제품을 재주문시점에 주문하면 된다.

3. 정량발주모형의 장점과 단점

정량발주모형은 사전에 지정한 재고수준에 도달했을 때 자동으로 정해진 양을 재주문하는 시스템으로 장점과 단점은 다음과 같다.

(1) 장점

① 재고부족으로 인한 판매기회 및 생산중단의 위험을 줄일 수 있다.

② 적절한 안전재고 수준을 유지하여 수요증가나 공급지연에 대응할 수 있다.
③ 재고관리의 간편성을 제공하여 소요시간과 노력을 크게 감소시킬 수 있다.
④ 필요한 재고량만 주문하여 재고비용을 줄이면서 전체 운영비용을 절감시킨다.

(2) 단점

① 수요변동이 큰 제품일 경우 적합하지 않을 수 있다.
② 수요예측이 어려우면 정해진 주문량이 무의미하고 재고 과잉이나 부족으로 이어진다.
③ 리드타임, 안전재고, 수요량을 정확히 파악하기 위해 높은 예측능력을 요구한다.
④ 정량 주문법을 사용하면 주문 빈도가 높아지면서 주문처리비용이 증가할 수 있다.

4. 정기발주모형의 장점과 단점

정기발주모형은 정해진 기간마다 재고수준을 검토하고 필요한 만큼 추가 주문하는 방식으로 다음과 같은 장점과 단점이 있다.

(1) 장점

① 다양한 제품을 취급하는 기업에서 유용하게 활용할 수 있다.
② 수요변동에 유연하여 시장변화 및 수요증가에 신속히 대응할 수 있다.
③ 여러 제품의 주문을 한 번에 통합해서 주문하여 주문비용을 절감할 수 있다.
④ 정기적으로 재고수준을 검토하여 재고관리의 효율성을 높이면서 자본유동성을 개선할 수 있다.

(2) 단점

① 정량 발주법에 비해 재고부족의 위험이 높아질 수 있다.
② 예상치 못한 수요증가나 공급망 차질로 인해 고객만족도가 하락할 수 있다.
③ 이를 방지하기 위해 안전재고를 많이 확보해야 하는데 고정비용이 증가할 수 있다.
④ 정기적인 재고 검토와 관리로 추가적인 시간과 노력이 필요하다.

07 단일기간모형

단일기간모형(Single Period Model)은 한 번의 주문으로 특정기간의 수요에 대비하기 위한 재고관리모형을 의미한다. 그 개념과 목적에 대해 살펴보고자 한다.

1. 개념

일간지, 월간잡지, 발렌타인데이 초콜릿, 크리스마스 카드 등 단일기간 상품의 최적 주문량을 결정하는 모형으로 신문팔이 소년문제(Newsboy Problem)라 부르기도 한다.

또한 부패성 제품이나 제한된 사용주기를 가진 제품을 주문하기 위한 모형으로 판매되지 않거나 사용되지 않으면 다음 기간으로 이월 보관될 수 없다. 다음과 같은 경우에 발생한다.

① 유통기간이 임박한 가공식품은 할인된 가격에 판매
② 판매되지 않은 해산물은 폐기
③ 날짜가 지난 잡지는 헌책방에 할인하여 제공
④ 주문은 기간 동안 단 1회만 발생하며 최적주문량을 결정하는 문제

2. 부족비용과 초과비용

단일기간모형의 주문량을 결정할 때 고려해야 하는 비용으로 부족비용과 초과비용에 대해 살펴보고자 한다.

(1) 부족비용

부족비용(Shortage Cost)은 재고를 너무 적게 보유하여 판매손실에 따른 기회비용 발생과 고객 호의의 손실 비용으로 내용은 다음과 같다.

① 단위당 실현되지 않은 이익
② 판매 손실에 따른 기회비용 발생

③ 생산에 사용되는 품목 또는 부품의 경우 실제 생산손실비용 발생

$$C_{부족} = C_s = \text{단위당 판매가격 - 단위당 구매원가}$$

(2) 초과비용

초과비용(Excess Cost)은 재고를 너무 많이 보유하여 기말의 잔여품목 한 단위당 발생하는 비용으로 내용은 다음과 같다.

① 유통기간 마지막에 남은 품목의 구입가격과 잔존가치의 차이
② 남은 품목을 처리하는데 비용이 발생한 경우 잔존가치는 (-)가 되며 초과비용은 더욱 커짐

$$C_{초과} = C_e = \text{단위당 구매원가 - 단위당 잔존가치}$$

3. 단일기간모형의 목적

장기적으로 초과비용 및 부족비용을 최소화할 수 있는 주문량이나 재고수준을 파악하는 것으로 연속분포인 경우와 이산분포의 경우로 구분하고 있다.

(1) 연속수요일 때 재고수준

① 수요가 균등분포 또는 정규분포와 같은 연속분포
② 석유, 액체, 가스 등 수요가 연속적으로 변하는 경우

(2) 수요가 균등분포일 때

① 연속수요 중 최적재고수준 파악은 균등분포를 보일 때 가장 간단하다.
② 균등분포의 각 모서리는 단위당 부족비용과 단위당 초과비용이 위치한다.
③ 최적재고수준은 재고수준의 비용가중치가 균형을 이루는 지점이다.
④ 서비스 수준은 [그림 7-14]에서 수요가 균형점까지 분포하는 확률이다.
⑤ 서비스 수준(SL)의 공식은 다음과 같다.

$$SL = \frac{C_s}{C_s + C_e}$$

(여기서, C_s = 단위당 부족비용, C_e = 단위당 초과비용)

실무에서 수요가 최적재고수준(S_0)을 초과하면 재고부족이 나타나면서 단위당 부족비용이 균형점 우측에서 발생한다. 반면 수요가 S_0보다 적으면 재고초과가 나타나면서 단위당 초과비용이 균형점 좌측에서 발생한다.

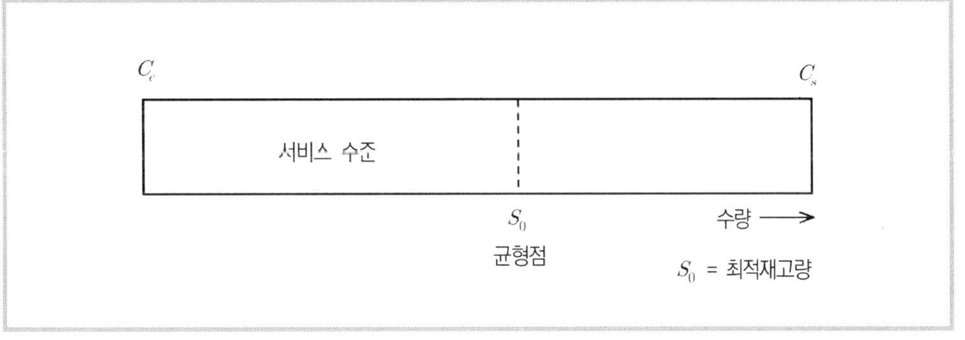

[그림 7-14] 최적재고 수준 결정 (출처 : 생산운영관리)

만일 C_s = C_e면 S_0은 분포의 중앙에 위치하며, C_s와 C_e 중에서 더 큰 쪽으로 S_0가 가까이 위치하게 된다.

(3) 이산수요일 때 재고수준

① 빈도 또는 포아송 분포와 같은 이산분포

② 트럭, 차, 컴퓨터 등 수요를 개수로 셀 수 있는 경우

재고수준이 이산수요인 경우에는 연속수요의 서비스 수준 공식을 사용하는 것은 적합하지 않을 수 있다. 예를들어 최적주문량이 5단위와 6단위 사이에 위치하고 있으면, 이 경우 서비스 수준은 더 높은 6단위가 선택되어야 한다. [그림 7-15]에 설명되어 있다.

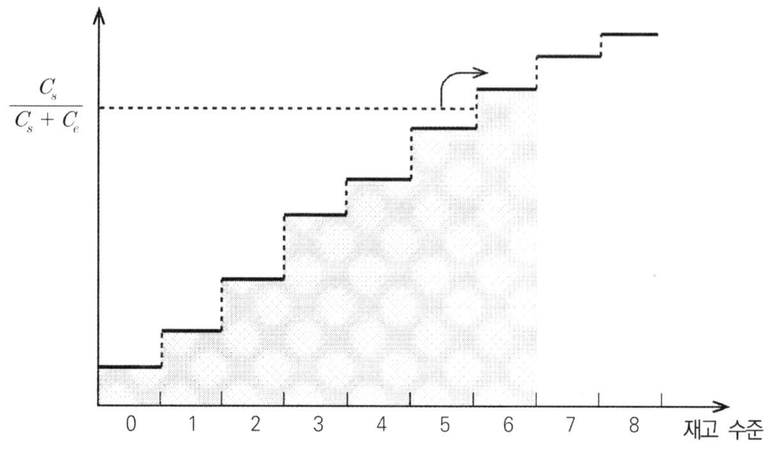

[그림 7-15] 이산분포에서 서비스 수준 (출처 : 생산운영관리)

제8장

디지털 물류정보시스템

물류정보시스템에는 자재소요량 계획(MRP), 적시생산방식(JIT), 자원분배 계획(DRP), 생산관리시스템(MES), 전사적 자원관리(ERP), 유연생산시스템(FMS) 등이 있다.

01 자재소요량 계획

자재소요량 계획(MRP : Material Requirement Planning)은 최종 제품의 생산에 소요되는 필요한 부품의 양을 종합적으로 관리하기 위한 계획으로 정의와 주요기능은 다음과 같다.

1. MRP 정의

자재소요량 계획은 원자재에서 최종 완제품에 이르기까지 생산수량 및 일정을 토대로 필요한 원자재, 부분품, 조립품, 공산품 등의 흐름을 관리하는 기법이다.

필요한 자재(what)를 필요한 양(how much), 필요한 시기(when), 필요한 곳(where)에 공급하기 위한 자재조달 계획을 수립하고, 일정 관리하여 효율적으로 재고관리하는 시스템으로 자재관리 및 재고통제기법의 비반복적 생산에 적합하다.

MRP는 제품의 생산계획을 토대로 부품이나 소재의 다양한 정보를 계산하는 시스템이다. 공장에서 부품들이 각각 몇 개 필요한지 파악하고 사용처를 지정하지 않고 재고를 관리하는 방식이다.

MRP 절차는 [그림 8-1]과 같이 제품단위당 소요자재 결정에서 생산수량에 따른 자재소요량 결과 보충자재와 보충수량의 결정으로 진행되고 있다.

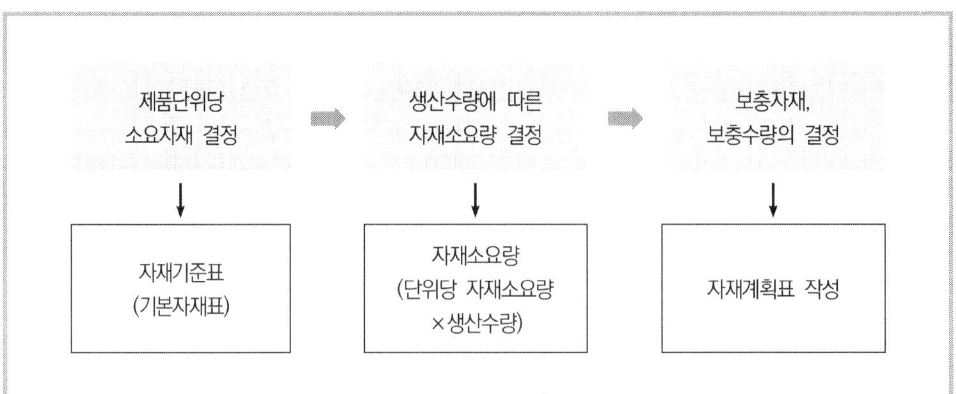

[그림 8-1] MRP 절차 (출처 : 경영지도사)

2. MRP 계획 수립

수요예측을 기반으로 하는 MRP는 급격한 수요변화에 대처하기가 어려울 수 있으므로 실제 수요가 발생하기 전에 자재계획을 미리 수립하는 방안이 필요해 보인다.

(1) 자재계획

자재계획은 소요자재의 수량계획을 중심으로 수립하게 되며, 원자재는 사용빈도가 높기 때문에 상비자재와 비상비자재로 나눈 후 일정수준의 상비자재를 확보하는 것이 유리하다.

(2) 자재계획 수립 시 고려사항

수량적 요인, 품질적 요인, 시간적 요인(발주점, 발주에서 납품까지 기간, 납기의 확실성, 지불시기의 문제 등), 공간적 요인(저장 공간), 자본적 요인(재고유지비), 원가격 요인(원가절감 측면 고려) 등을 고려한다.

3. MRP 주요기능

주요기능은 다음과 같이 재고관리, 우선순위관리, 생산능력관리가 있고, 주문시기와 주문량, 언제 주문을 독촉할 것인지를 알려주어야 한다.

① 필요한 물자를 언제, 얼마나 주문할지 파악
② 구매 및 제조에 앞서 경영자가 사전에 계획을 검토
③ 경영자 계획에 맞추어 주문 시점을 결정
④ 수요 및 공급의 상황변화에 따라 주문 변경 가능
⑤ 상황변화에 따라 우선순위를 정하고 재고관리를 효율적으로 진행
⑥ 자재조달과 생산 작업 계획에 도움
⑦ 재고 및 생산 등의 실적을 추적하고 분석

4. MRP 구조

MRP의 구조는 Input 요소와 Output 요소로 구성되어 있다. Input 요소로서 운영

에 필요한 자료에는 대일정계획, 자재명세서, 재고기록철이 있으며 그 내용은 다음과 같다.

(1) Input 요소

① 주일정계획(MPS), 자재명세서(BOM), 재고기록철(IRF)로 구성

② 수요예측 및 고객주문, 재고입출고, 제품설계변경 정보 등을 얻을 수 있음

(2) Output 요소

① 생산 및 재고관리 주문에 관한 보고서

② 계획실천관리에 관한 보고서

(3) 운영에 필요한 자료

예측된 수요를 기반으로 생산계획을 세우기 위해서는 다음 사항인 MPS, BOM, IRF에 대해 잘 이해하고 있어야 한다.

1) 주일정계획(MPS : Master Production Schedule)

① 생산 일정 계획을 장기 · 중기 · 단기로 수립할 때 장기에 해당하는 것으로 보통 6개월에서 1년에 걸쳐 생산 활동의 방향을 정하는 계획

② 주로 판매계획과 생산계획을 확정한 주요 일정계획

2) 자재명세서(BOM : Bill of Materials)

① 완성품이나 프로젝트를 생산하기 위해 필요한 모든 부품과 자재, 구성품의 목록을 정리한 문서

② 부품목록, 재료명세서, 자재목록, 구성품 명세서, 파트목록이라 함

3) 재고기록철(IRF : Inventory Record File)

① 재고의 개별품목 각각에 대한 보유량과 주문량 정보를 정리한 기록

② 재고의 사용과 보충 사항을 실시간으로 신속 정확하게 반영하는 것이 중요

5. MRP 구성과 흐름

MRP는 총괄생산계획에서 주 일정계획, 자재소요계획으로 구성되며, 자재소요 계획은 주보고서와 부보고서로 흐름이 이어진다.

① MPS로 최종 제품의 생산 일정과 생산 계획 수립
② BOM을 이용하여 최종 제품에 필요한 부품 및 자재의 종류와 수량 산출
③ IRF을 점검하고 품목별 재고량과 조달기간 확인
④ MRP 계획표 작성하고 필요 자재의 구매 및 생산 계획 수립
⑤ 자재의 소요량 및 재고량 확인 후 주문 및 생산 계획 실행
⑥ 재고 및 생산 등의 실적을 파악하고 분석

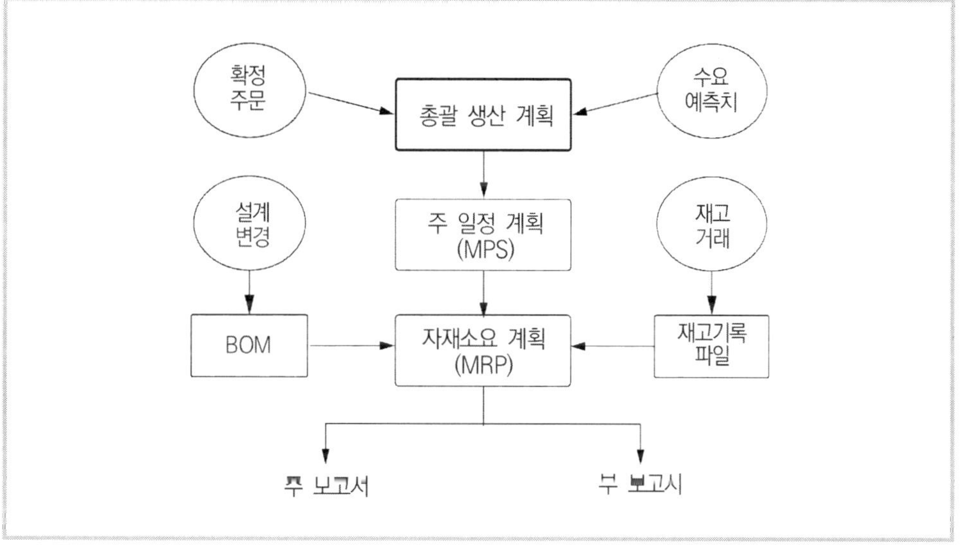

[그림 8-2] MRP 구성과 흐름도 (출처 : Romantic Deer Project)

[그림 8-2]에서 자재소요 계획이 주보고서와 부보고서로 흐름이 이어지는데 그 내용은 다음과 같다.

(1) 주 보고서(Primary Report)

① 발주계획 보고서(Planed Orders)
② 발령된 주문보고서(Order Releases)

③ 변경일정 보고서(Changes)

(2) 부 보고서(Secondary Report)

① 예외 상황보고서(Exception Reports)
② 성과보고서(Performance Control Reports)
③ 계획수립 보고서(Planning Reports)

6. MRP 장점과 단점

컴퓨터 프로그램을 활용하여 MRP를 구축하고 제품의 정확한 수요예측과 인도시간 절감, 생산운영의 효율성을 향상시킬 수 있다. MRP의 장점과 단점은 다음과 같다.

(1) 장점

① 정확한 수요예측으로 필요 자재를 적시에 확보하여 생산성 향상
② 적정 재고를 유지하여 부족 현상을 최소화하고 자본비용을 절감
③ 자재 상황을 파악하여 생산 계획을 효율적으로 개선
④ 자재 소요량과 재고량 등의 경영정보를 제공하여 의사결정을 지원
⑤ 더 좋은 고객서비스를 제공할 수 있음

(2) 단점

① 생산계획이나 재고정보 등의 정확한 정보입력이 필요
② 생산계획이 한번 수립되면 시장변화에 유연한 대응이 어려움
③ 시스템 구축 및 운영에 대한 유지비용 발생
④ 기업의 생산능력에 대한 판단과 대응이 부족

02 적시생산방식

적시생산방식(JIT : Just In Time)은 적시공급생산으로 다품종 소량생산에 적합하고, 적은 비용으로 품질을 유지하며 자동화와 함께 도요타 자동차가 창안한 기법이다. JIT에서 In-Time은 '하루 내'의 의미를 Just는 '바로'를 의미하며, 하루 동안 수요에 맞추어 공장에서 곧 바로 생산 조달한다는 소비자 중심의 철학이다.

1. JIT 정의

필요한 제품이 필요한 시점에 정확한 수량을 제공하는 것으로 재고를 쌓아 두지 않고 필요할 때마다 적시에 제품을 공급하는 생산방식이다. 생산 및 재고를 효율적으로 관리하여 필요한 부품을 정확한 수량으로 적시에 제공하면서 불필요한 재고를 최소화하는 것을 목표로 하고 있다.

공장에 입고된 재료를 재고로 남기지 않고 그대로 사용하는 상품관리 방식으로 다시 말해 재고를 0로 만들어 재고비용을 최대한 줄이기 위한 방안이다. 재료가 제조라인에 투입될 때에 맞추어 공급자로부터 재료가 적시에 반입되는 이상적인 상태에 접근하는 것을 의미한다.

2. JIT 효과

JIT는 재고없이 주문과 동시에 생산을 시작하는 시스템으로 다음과 같은 효과가 있다.

① 적시에 부품을 조달할 수 있어 유휴 재고와 창고 공간을 최소화할 수 있다.
② 재촉이나 지연을 제거하여 기계 준비시간을 단축할 수 있다.
③ 품질관련 문제가 발생하면 즉각 조치하여 라인을 중단시키고 문제를 해결할 수 있다.
④ 재고를 최소화하고 생산을 표준화하여 수요 변동에 유연하게 대응할 수 있다.
⑤ 생산 준비시간을 최소화하고, 생산과잉과 재고낭비를 제거할 수 있다.

⑥ 현장 근로자의 사기진작에도 도움이 된다.

3. JIT 목표

재고는 팔리지 않으면 손실을 보게 되므로 JIT의 핵심은 재고를 쌓아두지 않는 것이다. JIT의 주요 목표는 다음과 같다.

① 필요한 제품을 필요한 시점에 필요한 수량만 생산한다.

② 한 단위 생산을 위해 오직 한 단위 재공품*이 존재하고 최소 원자재 및 완제품 재고가 있어야 한다.

③ 완제품을 판매하는 시점에 맞추어 완제품을 생산·조달해야 한다.

④ 완제품이 생산되는 시점에 서브어셈블리**가 완제품으로 조립되고, 가공품은 서브어셈블리로, 원자재는 가공품으로 제조하는 것이다.

⑤ 공정흐름화, 필요한 수량으로 택트타임 설정, 후공정 인수의 3원칙으로 운영한다.

4. JIT 운용구조

JIT가 추구하는 목표는 작업자의 참여가 아니라 원가 절감, 재고 감축, 품질 개선을 통해 투자수익을 증가시키는데 있다. JIT는 일반적으로 자동차, 전자제품, 기계류 등과 같이 반복되는 생산 작업에 사용되고 있다.

JIT는 주일정계획에서 시작하여 각 생산공정 및 구매업자와의 관계를 긴밀하게 유지하는 구조를 보이고 있다. JIT가 전체적으로 어떤 상호관계를 유지하면서 운용되고 있는지 [그림 8-3]에서 살펴볼 수 있다.

* 재공품 : 제조과정에서 완성품이 되기 이전 단계의 제품으로 원재료가 완제품으로 변하는 과정 중에 있는 상태이다. 이미 일부 가공이 이루어진 상태이지만 아직 최종 제품으로 완성되지 않은 상태를 의미한다.

** 서브어셈블리 : 전기, 전자부품 및 설비 용어이다. 어느 장치 또는 유닛의 일부분으로 되는 2 이상의 기초 부품이고, 일체로서 교환 가능하지만 개개로 교환 가능한 부분을 포함하는 것이다.

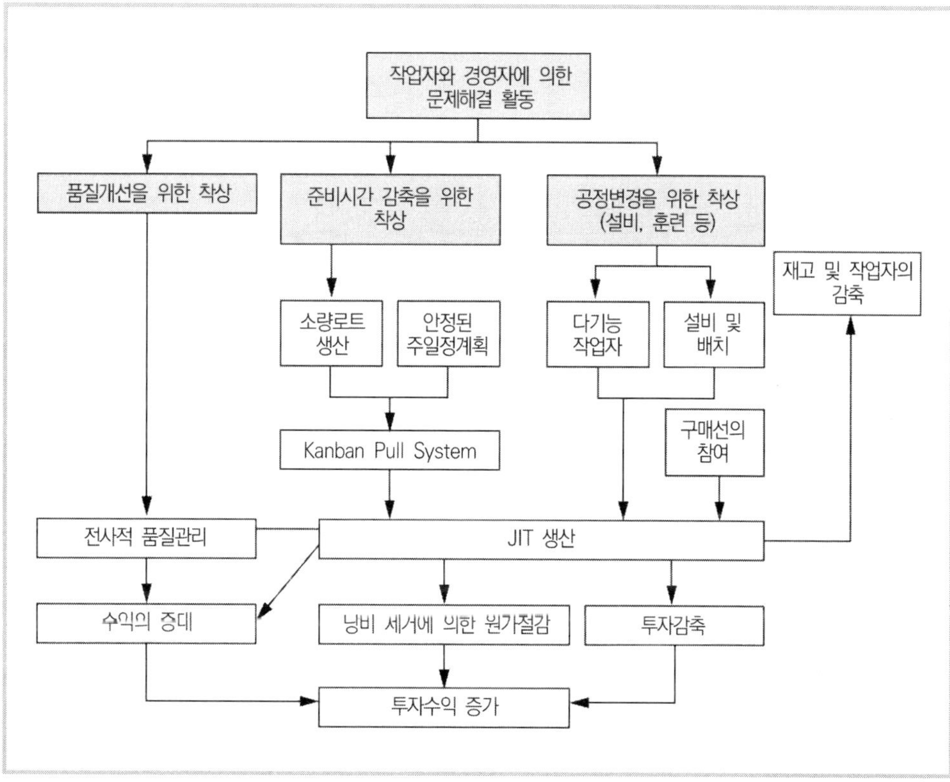

[그림 8-3] JIT 운용구조 (출처 : 네이버 블로그)

(1) 간반시스템

간반시스템 (Kanban System)은 후속 조립공정을 위해 정해진 시간 내에 더 많은 부품이 필요하다는 것을 알리고, 그 부품들이 생산되는 것을 확실히 파악하는데 목적이 있다. 간반은 기능에 따라 운반간판(Conveyance Kanban)과 생산간판(Production Kanban)으로 구분하고 있다. 여기서 간판(Kanban)은 신호, 표시, 카드를 의미한다.

(2) 운반간판

운반간판은 어떤 공정 A에서 다음공정 B로 자재를 공급하는 경우에, 공정 B가 공정 A로부터 공급받은 자재를 모두 소모했을 때 운반간판 하나를 공정 A로 보냄으로써 다음 자재로트를 보낼 것을 지시하는 기능을 한다.

(3) 생산간판

생산간판은 공정 A에서 새 자재로트를 공정 B로 보낼 때 공정 A로 하여금 다음 로트생산을 개시하도록 지시하는 기능을 한다. 두 간판은 흔히 색깔로 구분하며 간판 위에는 품목명, 수량, 행선지 등의 정보를 기재한다.

[그림 8-3]에서 Kanban Pulling System은 최종 생산라인을 의미하며, 필요한 부품들을 모두 끌어오는 작업을 나타낸다.

5. JIT 장점과 단점

JIT 방식은 재고관리에서 비용과 인력을 대폭 축소시킬 수 있는 기법으로 다음과 같은 다양한 장점과 단점이 있다.

(1) 장점

① 수요변화에 대응하고 생산량 조절과 재고 최소화로 리드타임을 단축시킬 수 있다.
② 주문 즉시 판매로 인해 재고 및 유지보수 비용을 줄여 생산성을 향상시킬 수 있다.
③ 협력업체와 밀접한 관계를 통해 품질을 향상시킬 수 있다.
④ 생산과정에서 낭비 최소화로 단위당 생산비용을 낮출 수 있다.

(2) 단점

① 수요 예측의 부정확성으로 부품조달이 지연되면 생산중단에 따른 문제가 생길 수 있다.
② 품질 문제가 발생할 수 있어 부품공급업체의 관리가 중요하다.

6. JIT 필요성

제품의 리드타임과 거래처의 정확한 제품조달, 제품수요와 재고회전율에 대해 파악하면서 다음과 같이 JIT 필요성에 대해 살펴보고자 한다.

① 제품의 리드타임이나 생산기간이 비교적 짧다.

② 거래처는 언제나 정확한 시간에 제품조달이 가능하다.

③ 제품에 대한 수요와 재고 회전율을 잘 파악할 수 있다.

④ 주기적인 계획을 통해 생산량을 균등하게 조절할 수 있다.

⑤ 소로트 생산*을 실현하여 생산 준비시간을 단축할 수 있다.

7. JIC 시스템

JIC(Just In Case : 비상대비관리)는 '혹시 몰라서'라는 뜻으로 혹시 모를 상황을 대비하여 재고를 넉넉히 보유하는 전략을 의미한다. 재고 최소화를 위해 JIT 시스템을 채택한 기업들이 최근 공급망 안정성을 고려하여 JIC 시스템에 관심을 가지고 있다.

〈표 8-1〉 JIC와 JIT 비교

JIC (비상대비 재고관리)	JIT (적시생산 재고관리)
수요발생 이전에 생산	수요발생 이후에 생산
일정량 이상 생산	주문량만 생산
대량생산으로 비용절감	재고최소화로 비용절감
수요급증 대응 가능	수요급증 대응 불가능
공급망 리스크 대응 쉬움	공급망 리스크 대응 어려움
재고보관비용 발생	재고보관비용 최소화
과잉재고 가능성 큼	과잉재고 가능성 작음
재고노후화 가능성 큼	재고노후화 가능성 작음

(출처 : BoxHero)

과거에는 수요예측이 정확하지 않고 기술이 부족하여 대부분 기업이 JIC 시스템으로 재고관리를 수행하였다. 도요타가 JIT 시스템으로 전환하면서 많은 기업이 JIT의 장점으로 인해 전환하게 되었다. 그러나 코로나19, 기후변화, 전쟁으로 공급망의 불안정성 증가, 무역 항로의 병목현상이 심화되면서 JIC 시스템으로 되돌아가는 움직임이 나타나기도 하였다.

* 소로트 생산 : 생산 단위를 크게 하면 단위당 생산준비 비용부담이 줄어드는 반면 과잉생산과 재고낭비가 발생할 수 있다. 그래서 재고낭비를 배제하고 생산준비시간을 단축하기 위하여 생산단위를 작게 하는 방식이다.

코로나19가 완화되면서 JIC로 전환이 조금씩 줄어들고 있지만 여전히 공급문제로 인해 JIC를 채택하는 기업도 존재하고 있다. 최근 최적의 공급망 관리를 위해 두 시스템을 적절히 조합하는 기업들이 생겨나고 있어 당분간 다양한 형태의 재고관리모형이 공존할 것으로 예측되고 있다.

8. 도요타 생산방식

도요타 생산방식은 '린 생산(Lean Production) 방식'으로 부르기도 하며 소로트 생산과 다품종소량 생산체제를 지향한다. 도요타의 JIT 사고방식은 "생산량을 늘리지 않고 생산성을 향상시켜야"하는 과제를 풀기 위한 것이다.

이를 위해 생산에 필요한 부품이 필요할 때 필요한 양을 생산 공정이나 현장에 인도하여 '적시에 생산하는 방식'이다.

또한 JIT 시스템은 비용만 발생시키고 부가가치 창출에 기여하지 않는 활동 또는 자원으로서 즉각적으로 제거되어야 하는 7가지 낭비요소를 선정하였다.

〈표 8-2〉 도요타 생산방식이 제거하려는 7가지 낭비

낭비제거의 수단	7가지 낭비
JIT 생산	재고의 낭비, 과잉생산의 낭비, 대기의 낭비
소로트 생산	재고의 낭비
자동화	가공의 낭비, 동작의 낭비
TQC 및 현장개선	불량의 낭비, 가공의 낭비, 동작의 낭비, 운반의 낭비

(출처 : 한국가치경영인증원)

낭비요소 7가지는 불량의 낭비, 재고의 낭비, 과잉생산의 낭비, 운반의 낭비, 비합리적인 프로세스에 의한 낭비, 동작의 낭비, 대기의 낭비가 있다. 이를 최소화하는 것으로 기본 목표를 추구하고 있다.

03 자원분배 계획

자원분배 계획(DPR : Distribution Resource Planning)은 상위 · 중앙 · 하위의 물류센터 네트워크를 형성하여 중앙 물류센터가 상위 · 하위 물류센터와 정보를 쌍방으로 주고받게 하는 방식이다. 즉 중앙 물류센터가 상위 · 하위 물류센터를 통제하여 상품의 재고수준을 낮추는 방식이다.

1. DRP 정의

DRP는 푸시시스템*으로 각 지역 센터에서 예측되어 결정된 정보들이 중앙물류센터로 모두 집계되어 예측 및 분배 계획을 수립하게 된다. 하위센터가 부족한 재고를 채우기 위해 상위센터의 재고를 끌어가는 방식으로, 여기서 유통자원은 창고, 인력, 운송장비라 할 수 있다.

DRP 전개는 구매계획이나 재고계획 등을 수립하는데 이용된다. DRP 논리는 기본 데이터를 토대로 자원요구량의 시계열적 모델을 수립하고, 자원요구량에 대해 공급원의 현재 가용량과 미래 가용량을 파악하고 비교한 후에 미래 부족한 재고를 예상하여 부족을 피할 수 있도록 대비할 수 있게 한다.

2. DRP 출현 배경

유통 네트워크에서 재고관리방식으로 풀 시스템과 푸시 시스템이 사용되고 있는데 이 시스템에 대해 살펴보면서 자원분배 계획이 출현하게 된 배경을 찾아보고자 한다.

(1) 풀 시스템

풀 시스템(Pull System)은 유통 네트워크의 하위센터가 상위센터에서 제품을 끌어당기는 방식으로 각각의 유통센터는 독자적으로 수요예측과 발주량, 안전재고의 양을 결정하고 있다. 전통적인 재고관리 방식은 대부분 풀 시스템 방식이다.

* 푸시시스템 : 유통네트워크에 있어서 중앙의 Control Center가 있어서 상 · 하위 Center에서 발생하는 정보를 쌍방향으로 주고받음으로써 해당 네트워크에 대한 공급량을 결정하게 된다.

풀 시스템은 사전에 계획적으로 수요를 예측하고 준비하는 기능이 부족하므로 중앙 유통센터에서 안전재고 양을 충분히 책정해야 한다. 풀 시스템의 정보 흐름은 상위에서 하위로 일방통행 방식이므로 이러한 문제점을 극복하기 위해 푸시 시스템의 도입이 필요해 졌다.

(2) 푸시 시스템

푸시 시스템(Push System)은 중앙 유통센터에서 종합적으로 재고 계획을 세우고 결정한다. 상위 · 하위 유통센터 간 정보공유를 바탕으로 네트워크에 대한 공급을 결정하는데, 이러한 푸시 시스템은 MRP의 연장선상에 위치하고 있다.

MRP가 생산 시스템의 종속수요를 다루로 있다면 푸시 시스템은 유통 네트워크에서 종속수요를 다루기 위한 시스템이다. DRP는 이러한 푸시 시스템에서 가장 널리 보급된 한 형태이다.

(3) DRP 등장

DRP는 여러 기업들이 가지고 있는 유통부분에 대한 문제점을 개선하기 위한 체계적 접근 방법이라 할 수 있다. 대부분 기업의 경우, 가장 큰 문제점은 재고가 너무 많거나 또는 너무 적다는 점이다.

이것은 기업마다 각 분야에서 요구하는 재고수준이 서로 다르다는 것이 근본적인 원인으로 보인다. 기업의 구매, 판매, 생산부서에서는 다소 여유 있게 재고를 유지하기 원하지만, 그 외 경영자나 재고관리부서는 가능하면 재고를 줄이려고 한다.

이러한 재고수준을 만족시켜 주기 위해 어떤 체계적인 방법의 필요성을 느끼게 되었고 이러한 배경에서 DRP가 등장하게 되었다.

3. DRP 효과

중앙센터에서는 종합적으로 재고계획을 세우고 결정하는 역할을 한다. 만일 하위센터에서 재고가 부족하면 중앙센터의 판단 하에 상위센터의 재고를 하위센터로 끌어가 효율적인 재고관리가 가능하도록 수행한다.

(1) 재고계획 수립에 이용

DRP를 통해 나타난 결과는 구매계획이나 재고계획 등을 수립하는데 이용하고 미래 부족한 재고를 예상하고 계획하여 미리 부족을 피할 수 있는 방안을 찾을 수 있다.

재고가 많으면 돈이 잠기게 되어 낭비가 되고, 재고를 줄이면 고객 수요를 만족시키지 못하여 손해를 보게 된다. 재고가 많아지면 제품의 흐름속도가 늦어지게 되어 신제품 출시가 지연될 수 있다.

재고를 줄이면서 고객 만족을 높이고 제품을 공급하기 위해서는 유통속도를 빠르게 하는 방법이 있다. 선박이 아닌 비행기를 사용하거나, 거리를 줄이기 위해 고객과 가까이 공장을 짓거나, 유통용량을 늘려기 위해 트럭을 여러 대 운행하는 방법이 있다.

(2) 정보의 획득과 활용

더 중요한 방법으로 '정보의 획득 및 흐름과 활용'이 있다. 수요를 정확히 예측하여 재고를 필요한 수량과 시기에 적절히 공급하는 것이다. 정보의 '획득'을 위해 가능한 고객과 가까운 곳에서 예측하는 것이 중요하다.

정보의 '흐름'은 획득한 정보를 신속하게 수요지로 보내는 것으로 인터넷을 이용한 EDI*가 적절한 방안이 될 수 있다. 정보의 '활용'은 시장의 정보를 이용하여 생산·공급계획을 수립하면 재고를 줄이고 물류자원을 적절히 사용할 수 있다.

4. DRP 모델

DRP는 판매되어 재고가 없어지는 시점을 결정하고 품절되는 것을 방지하기 위해 계획을 세우는 시간기반 접근방식으로 창고와 같은 중앙시설이 여러 경로를 통해 다른 설비를 공급하는 구조를 사용하고 있다. DRP는 아웃바운드 물류시스템**이 인바운드 재고관리를 관리하고, 전체 재고 수준을 최소화하기에 적절한 기법이다.

* EDI(전자데이터교환) : 기업 간 비즈니스 문서를 전자적으로 교환하는 프로세스를 의미한다. 물류산업에서 EDI는 주문서, 송장, 발주서 등과 같은 비즈니스 문서를 전자적 형태로 송수신하여 업무 프로세스를 자동화하고, 효율성을 향상시켜 데이터의 정확성을 향상시키고 인력 및 시간을 절약할 수 있다.

** 아웃바운드 물류시스템(Outbound Logistics System) : 완성된 제품이나 서비스를 소비자에게 배송하는 활동으로 효율적인 배송시스템은 고객만족도를 높이는 데 중요하다.

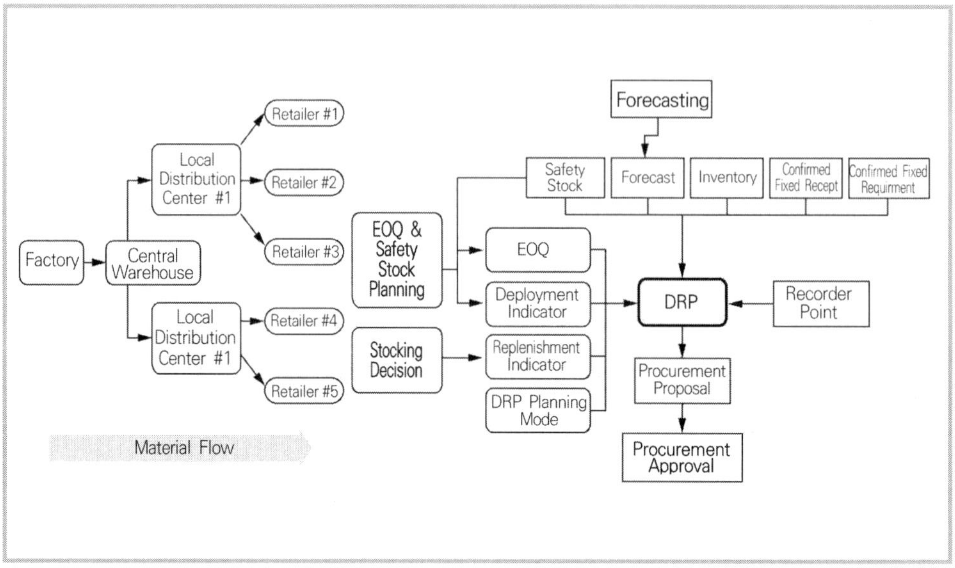

[그림 8-4] DPR 모델 (출처 : 네이버블로그)

5. MRP와 DRP의 연관성

대부분 DRP는 MRP 보다 더 포괄적으로 배송일정을 수립할 수 있지만 일반적으로 MRP 시스템과 함께 사용하고 있다. DRP의 기본 근거는 수요를 보다 정확하게 예측한 후 그 정보를 사용하여 납품일정을 수립하는 것이다.

(1) MRP 이해

MRP는 제품의 생산수량 및 일정계획을 토대로 제품생산에 필요한 원자재, 부분품, 반제품, 조립품 등의 소요량 및 소요시기를 산출하여 자재조달 계획을 수립하고, 효율적인 재고관리를 파악하는 시스템이다.

MRP는 제조활동관리를 비롯하여 재무 및 마케팅 관리를 포괄한 시스템으로 기업의 모든 자원을 관리하는 전사적 정보시스템으로 확장하고 있다.

(2) MRP와 DRP 비교

① MRP : 제품의 생산과 관련된 원재료나 부품 등에 관한 생산관리시스템

② DRP : 생산이 완료된 제품에 대한 판매관리시스템

MRP는 최종 완제품에 대한 수요로부터 하위부품에 대한 주문정책을 설정하는 체계적인 절차를 갖고 있으며, 동일한 개념을 판매에도 적용할 수 있는데 이것이 DRP 계산절차의 기본이 된다.

MRP로 물류창고를 운영하면 더욱 정확한 수요를 파악할 수 있고 전체 분배망의 효율적 관리가 가능하게 되는데, 이를 DRP의 효용성이라 할 수 있다.

(사례) 물류창고의 경우, 물류창고의 수요는 지점이나 영업소 수요의 합으로 나타날 것이다. 물류창고를 운영하는 입장에서 MRP 개념을 이에 응용하면 보다 정확한 수요를 파악할 수 있으며 전체 분배망의 효율적인 관리도 가능하게 될 것이다.

04 생산관리시스템

제품주문에 의한 착수에서 완성품의 품질검사까지 모든 생산활동을 관리하는 시스템이다. 생산현장의 각종 정보, 즉 생산실적, 작업자활동, 설비가동, 제품품질 등을 실시간으로 수집하여 분석하고, 생산 공정을 통제하면서 고품질의 수익 지향적 생산체제를 갖추게 하는 통합 생산관리시스템을 말한다.

1. MES 정의

생산관리시스템(Manufacturing Execution System)은 제조업체의 공장관리를 위한 개념으로 주문 착수부터 완성품 품질검사까지 생산활동의 모든 과정을 관리하는 시스템을 의미한다. 생산과정에서 생산실적, 작업자행동, 생산설비, 제품품질정보 등 다양한 정보를 수집하여 분석하고, 생산 공정을 제어하는 수익 지향적 생산체제를 갖추는 것이다.

MES는 1990년대 미국 매사추세츠 보스턴에 소재한 컨설팅회사에서 최초로 소개되었으며, 계획 · 실행 · 제어로 이어지는 3계층 시스템으로 구성되어 있다. 생산 공정의 상황을 실시간 데이터로 이용하여 모든 작업에 가이드라인 역할을 하며, 신속한 대응으로 공정의 효율을 극대화하는 것이 주요 목적이다.

2. MES 개요

생산현장에서 생산계획의 진행상태를 실시간으로 정확히 관리하여 생산성을 향상시키고 생산제품의 품질향상에 기여한다. 최근 고객사의 요구사항이 증대하고 있어 기업의 업종과 현장의 특성을 반영하고 관리측면의 필요사항을 고려하여 구축되는 시스템이다.

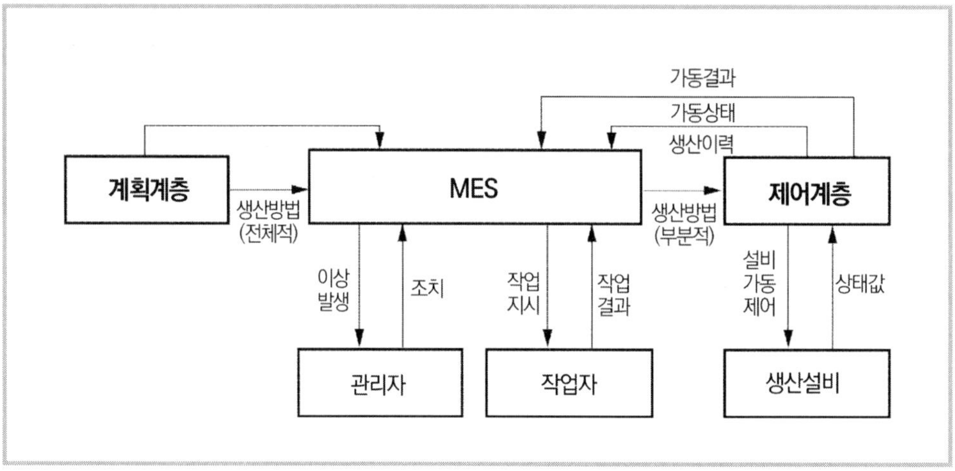

[그림 8-5] MES 개요 (출처 : 컴퓨터메이트)

ERP(전사 자원관리시스템)는 기업의 자원을 관리하는 반면, MES는 생산 공정에 집중하고 있어 두 시스템은 상호 보완적인 역할을 수행하여 기업 전체의 생산활동을 효율적으로 관리하고 있다. MES는 제품주문에서 최종 완제품을 생산하는 제조활동 과정에서 발생가능한 다양한 상황에 효율적으로 대응하기 위한 최적화된 관리지원시스템이다.

MES는 주문에서 완제품을 생산할 때까지 효율적인 생산활동을 위해 다음과 같은 역할을 수행하고 있다.

① 다양한 상황에 대한 정보를 제공
② 실시간 정확한 데이터로 생산 활동을 지시
③ 생산활동에 신속하게 대응
④ 생산활동의 보고 기능

3. MES 운영방안

MES는 현장에서 생산가치가 적은 활동을 줄이면서 고객의 요구 등 외부 변화에 빠르게 대응할 수 있도록 지원하여 공정의 효율성을 높이고 고객서비스 향상과 품질, 납기 등 업무프로세스 개선을 가능하게 한다.

MES를 운영하기 위해서는 정확한 데이터 입력이 매우 중요하다. 기본적인 데이터 입력에는 생산스케줄, 계획, 작업지시 등 원재료의 투입부터 산출까지 얼마나 걸리고 파트공정에서 작업이 어떻게 진행되고 있는지 바로 확인 가능하도록 운영되어야 한다.

만일 수동적인 시스템일 경우 A공정에서 1,000개 투입을 990개루 정확히 입력하지 않을 경우 제품이 산출되는 과정에서 시스템이 완료 일정을 더 앞당길 수 있어 재고수량이 수분보다 부족하게 되어 추가 생산을 요청하는 일이 발생하세 된다.

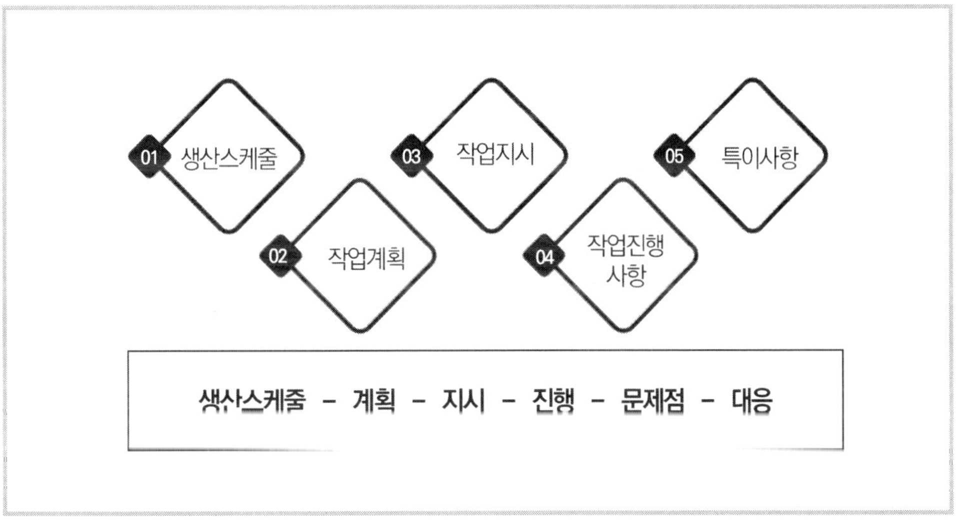

[그림 8-6] MES 운영방안 (출처 : 네이버블로그)

기본 데이터 입력을 정확하게 하여 투입부터 최종 산출까지 몇 개 제품이 생산되는지 판단하고 납품을 위해 추가 생산해야 할지를 신속히 의사결정을 내릴 수 있도록 운영해야 한다. 정확한 데이터 입력으로 최대의 효율성을 얻기 위해 운영하는 것이 바로 MES의 목적이라 할 수 있다.

4. MES 기대 효과

MES 도입으로 기대하는 효과는 업무운용, 고객서비스, 기술적, 비용 측면으로 구분하여 다음과 같이 파악할 수 있다.

〈업무운용 측면〉	〈고객서비스 측면〉	〈기술적 측면〉	〈비용 측면〉
실시간 품질관리 실시간 현장 모니터링 업무간소화	고객요구 즉각 응대 품질개선 신뢰 향상	자동화 인프라 기반 정보시스템 통합효과 검사/측정 속도 향상	생산성 향상 가동률 향상 원가절감(인건비 등)

[그림 8-7] MES 기대효과 (출처 : 컴퓨터메이트)

(1) 업무운용 측면

① 실시간 정확한 품질관리 및 현장 모니터링

② 업무간소화 및 시스템 통합효과

(2) 고객서비스 측면

① 고객요구에 즉각 응대

② 품질개선에 신속한 의사결정으로 신뢰도 향상

(3) 기술적 측면

① 자동화 인프라 구축

② 정보체계화 및 통합관리시스템 효과

③ 운영 및 공정의 효율성 향상

④ 검사 측정 속도 향상

(4) 비용 측면

① 생산성 및 가동률 향상

② 재고 및 인건비 절감

MES는 공정진행정보의 Monitoring 및 Control, 설비제어 및 Monitoring, 품질정보 Tracking 및 Control, 실적정보 집계, 창고운영 관리, 재공품 관리, 자재투입관리, 인력관리, 공무관리 등 생산 현장에서 발생할 수 있는 모든 정보를 통합 관리할 수 있다.

MES 도입으로 현장 데이터 디지털화로 문서 작성시간이 단축되고, 제품 재고 파악, 자금 흐름이 최적화되며, 생산 실적 및 현황이 한눈에 파악되어 생산 효율성이 극대화되는 효과를 누릴 수 있다

5. MES 핵심 기능

MES에는 다양한 기능들이 포함되어 있는데 그 중에서 5가지 핵심 기능에 대해 살펴보고자 한다.

① 자재관리 : 입고, 출고, 발주 관리 등
② 생산관리 : 수주, 작업지시, 생산 등
③ 품질관리 : 검사 관리 및 이력, SPC 분석 등
④ 설비관리 : 설비 점검, 설비보전 관리 및 이력
⑤ 제품관리 : 제품 입고, 출고, 재고 현황 등

이러한 핵심 기능은 생산과정에서 발생하는 모든 정보를 수집하여 생산 현장을 더욱 효율적으로 관리할 수 있다는 것이 가장 큰 특징이다.

05 전사적 자원관리

전사적 자원관리(Enterprise Resource Planning)는 기업의 재무 및 인사관리, 제조, 공급망, 서비스, 조달 등 경영관련 모든 부문에서 자동화와 프로세스를 지원하여 운영 효율성을 높여주는 소프트웨어 시스템이다.

1. ERP 정의

ERP는 이해관계자인 임직원과 공급업체 등이 판매와 주문에서 생산 및 출하에 이르기까지 일련의 공급 프로세스와 회계와 인적관리를 포함한 기업 전체 업무를 관리하는 통합정보시스템을 의미한다.

기업 내 모든 경영 프로세스를 통합적으로 관리하면서 발생하는 정보들을 서로 공유하고 새로운 정보의 생성과 신속한 의사결정을 지원하고 있다. 기업의 목적 달성을 위해 한정된 자원을 낭비없이 자원 배분이 잘 이루어지도록 조직의 모든 응용시스템을 연결한 전사적 정보시스템이다.

2. ERP 특징

ERP는 통합자원관리, 표준화된 프로세스 적용, 비즈니스 프로세스 리엔지니어링, 타 시스템과 연동 기능, 파라미터 방식의 개발, 확장성 및 연계성, 의사결정을 위한 다양한 정보를 제공하는 특징이 있다.

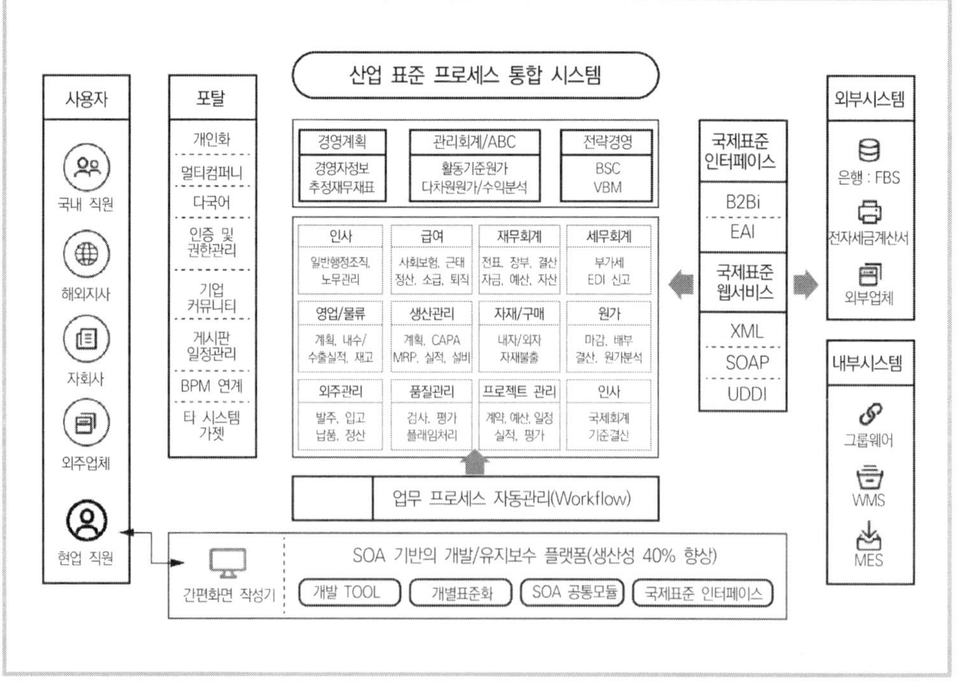

[그림 8-8] ERP 시스템 사례 (출처 : INNOSOFT, 선박애듀)

ERP는 비즈니스 자료를 통합하여 처리함으로써 전사적으로 최적화를 추구할 수 있으며, 다양한 정보공유 및 의사결정에 필요한 정보를 제공하고 있다. ERP를 도입하면 비즈니스 프로세스 리엔지니어링을 추진하는 것이고 업무 프로세스의 혁신을 가져오게 된다.

〈표 8-3〉 ERP의 일반적인 특징

구 분	내 용
광역성	기업의 모든 업무에 작용 가능하도록 개발
통합성	논리적 연관관계가 있는 업무끼리 통합되어 작업 및 자료의 중복없이 최적화
유연성	사용자 정의 방식을 지원하는 유연한 적응 수단 제공
개방성	정보처리시스템 조직하는 방식을 고객이 결정 가능
국제성	다국적 업무처리 지원
편의성	사용자 편의를 위한 UI/UX 설계 반영

(출처 : 선박에듀, 최인규)

3. ERP의 혜택

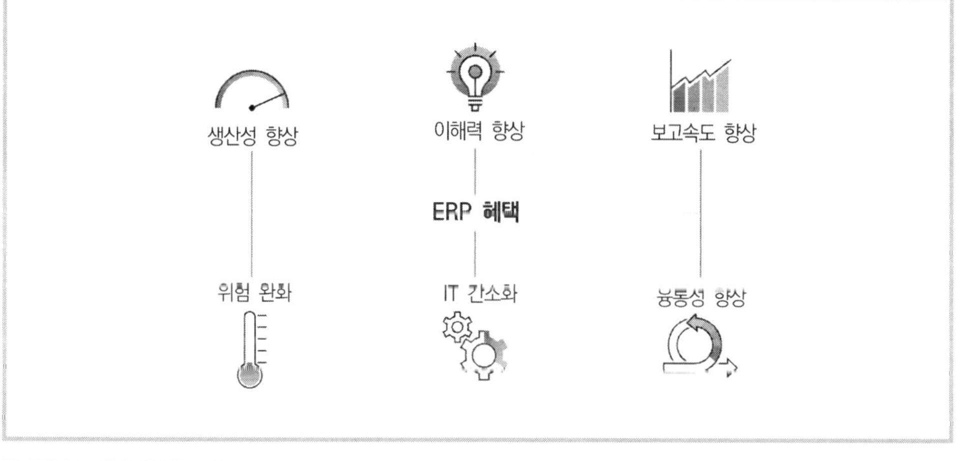

[그림 8-9] ERP의 혜택 (출처 : SAP)

(1) 생산성 향상

주요 비즈니스 프로세스를 합리화 및 자동화하여 조직의 모든 인력이 더 적은 리소스로 더 많은 작업을 할 수 있다.

(2) 이해력 향상

정보 사일로(Silo)를 없애고 단일 데이터 소스를 구축해 중요한 비즈니스 질문에 대한 답을 신속하게 얻을 수 있다.

(3) 보고속도 향상

비즈니스와 재무 보고속도를 높이고 결과를 손쉽게 공유할 수 있다. 이해력을 토대로 조치를 취하고 성과를 실시간으로 개선할 수 있다.

(4) 위험 완화

비즈니스 가시성과 관리 역량을 극대화하고 규제 요건을 준수하며 위험을 예측하고 예방할 수 있다.

(5) IT 간소화

데이터베이스를 공유하는 통합 ERP 애플리케이션을 사용해 IT를 간소화하고 모든 인력이 수월하게 업무를 처리할 수 있도록 한다.

(6) 융통성 향상

효율적인 운영과 즉시 액세스 가능한 실시간 데이터를 바탕으로 새로운 기회를 빠르게 포착하고 대처할 수 있다.

4. ERP 구성요소

ERP 시스템의 구성요소는 다음과 같이 재무, HR 관리, 소싱 및 조달, 판매, 제조, 물류 및 공급망 관리, 서비스, R&D 및 엔지니어링, 기업자산관리가 있다. 이에 대해 살펴보고자 한다.

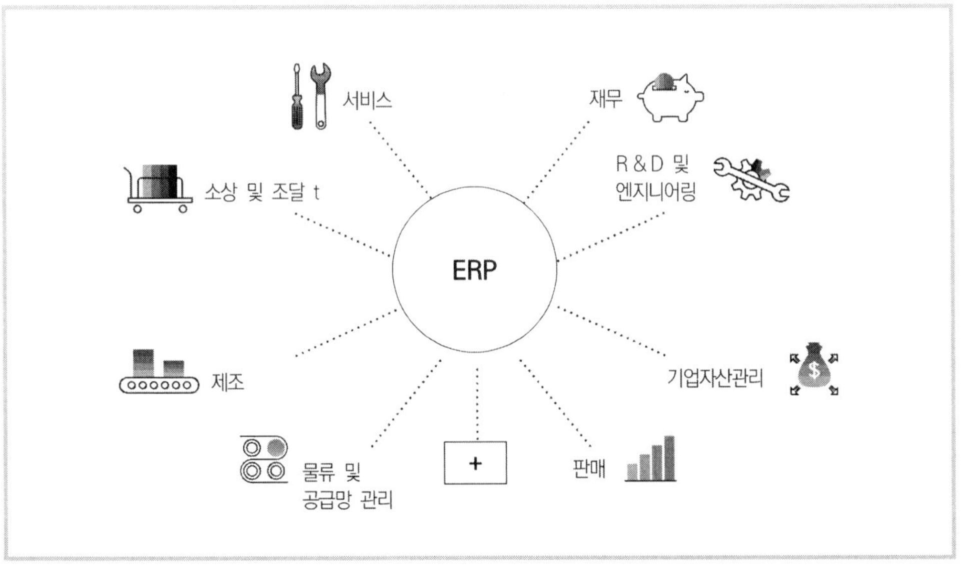

[그림 8-10] ERP 시스템의 구성요소 (출처 : SAP)

(1) 재무

재무 및 회계 모듈은 ERP 시스템 대부분의 근간이다. 이 모듈은 총계정원장을 관리하고 주요 재무 업무를 자동화하고 더불어 채무와 채권(AR) 추적, 효율적인 결산, 재무 보고서 생성, 매출 인식 기준 준수, 재무 위험 완화 등 다양한 기능을 수행한다.

(2) HR 관리

대부분 ERP는 근태와 급여 등 핵심 기능을 제공하는 HR 모듈이 포함되어 있다. 전체 인적자본관리 제품군을 ERP에 연결해 인력 분석부터 직원 경험관리에 이르는 모든 영역에서 더욱 강력한 HR 기능을 제공할 수 있다.

(3) 소싱 및 조달

소싱 및 조달 모듈은 비즈니스에서 상품 또는 재판매하려는 품목을 제조하는 데 필요한 자재와 서비스를 효율적으로 구매 조달할 수 있도록 지원한다. 이 모듈은 견적 요청, 계약생성 및 승인을 포함해 구매를 중앙화 및 자동화한다. 미달구매와 초과구매를 최소화하고 AI 지원 분석을 통해 공급업체와의 협상 능력을 개선하며 구매자 네트워크와 원활하게 통합할 수도 있다.

(4) 판매

판매 모듈은 가능 고객 및 기존 고객과의 커뮤니케이션을 추적하고 담당자가 데이터를 토대로 분석하여 적절한 프로모션과 매출을 향상시키고 잠재 고객을 대상으로 판매할 수 있도록 도움을 준다. 이 모듈은 주문관리, 계약, 청구, 판매실적관리, 영업 인력 지원 등과 같은 주문/결제 프로세스 관련 기능을 제공하고 있다.

(5) 제조

제조 모듈은 ERP 소프트웨어의 핵심적인 계획 및 실행 컴포넌트이다. 이 모듈은 회사의 복잡한 제조 프로세스를 간소화하고 생산과 수요를 일치시킬 수 있도록 한다. 일반적으로 자재소요량 계획, 생산일정 계획, 제조실행, 품질관리 등과 같은 기능을 제공한다.

(6) 물류 및 공급망 관리

공급망 모듈은 조직의 공급망 전반에 걸쳐 상품과 필수용품의 이동을 추적한다. 이 모듈은 실시간 재고관리, 창고보관 작업, 운송 및 물류를 위한 툴을 제공하며 공급망의 가시성과 회복 탄력성을 강화할 수 있도록 한다.

(7) 서비스

회사는 ERP의 서비스 모듈을 사용해 고객이 기대하는 신뢰할 수 있고 맞춤화된 서비스를 제공할 수 있다. 이 모듈에는 사내수리, 스페어 파트, 필드 서비스관리, 서비스 기반 수익흐름을 위한 툴이 포함될 수 있다. 또한 이 모듈은 분석을 제공해 서비스 담당자와 기술자가 고객의 문제를 빠르게 해결하고 고객 충성도를 높일 수 있게 한다.

(8) R&D 및 엔지니어링

다기능 ERP 시스템에는 R&D 및 엔지니어링 모듈이 포함되어 있다. 이 모듈은 제품 디자인 및 개발, 제품수명주기관리(PLM), 제품규제준수 등을 위한 툴을 제공해 회사가 새로운 혁신사항을 빠르고 경제적으로 개발할 수 있도록 지원한다.

(9) 기업자산관리

강력한 ERP 시스템에는 EAM* 모듈이 포함될 수 있다. 자산 집약적 비즈니스에서 이 모듈을 사용하여 다운타임**을 최소화하고 기계와 설비의 운영효율을 극대화할 수 있다. 이 모듈은 예측유지보수, 자산운영 및 계획, 환경보건안전(EHS) 등과 관련된 기능을 제공한다.

5. MES VS ERP

제조 시스템은 ERP와 MES으로 구분할 수 있는데 두 시스템의 차이점에 대해 살펴보고자 한다.

(1) ERP

ERP는 회사의 모든 자원을 통합하여 각 자원의 소요계획 및 생산계획을 수립하고 생산결과에 대하여 기업 전체 입장에서 평가를 수행하는 '전사적 자원관리 시스템'이다.

주로 영업정보, 무역정보, 구매, 인사 등의 영역에서 활용되고 있다. 실제로 생산라인에서 적용해서 사용하기에는 경영시스템 구축에 최적화되어 있는 관리기법이기 때문에 한계점이 존재하고 있다.

(2) MES

반면 MES는 생산관리시스템의 의미를 가지고 있다. 제조 현장과 상위 전산시스템(ERP) 간의 교량 역할을 수행하며 전산 시스템만으로 포착하기 어려운 원가 상승과 품질 저하 등의 요인을 추적하고 분석함으로써 제어할 수 있도록 지원하고 있다.

MES는 ERP와 연동하여 생산에 대한 최적화된 정보를 얻을 수 있다. MES를 활용해서 공정작업, 생산기재, 보유자원, 설비현황, 품질자료 등의 정보를 DB화하여 관리하고 있다. 이를 기반으로 여러 정보들의 표준화 및 정형화가 가능하게 도와주고 있다.

* EAM : 통합인증 및 접근권한 관리(Extranet Access Management)은 전사적자산관리라 부르며 운영자산 및 장비유지보수와 제어에 사용되는 소프트웨어, 시스템, 서비스의 조합을 의미한다. EAM은 작업관리, 자산유지보수, 계획 및 일정관리, 공급망관리는 물론 환경, 건강, 안전이니셔티브가 포함되어 있다.

** 다운타임(Downtime) : 시스템을 이용할 수 없는 시간을 의미한다.

이로 인해 관리자 및 작업자가 실시간으로 현장 상태에 대한 정보를 파악하고 이를 기반으로 의사결정을 할 수 있다.

06 유연생산시스템

유연생산시스템(Flexible Manufacturing System)은 다품종 소량생산에 적합한 융통성 높은 자동화 생산시스템을 의미한다. 서로 상이한 공정순서와 처리시간을 가진 공작물을 임으로 가공할 수 있고, 제품의 품종과 생산량 변화에 유연하게 대응할 수 있다.

1. FMS 정의

FMS는 여러 부품 유형의 혼합과 수요패턴 변화에 따라 조정되는 생산량에 유연하게 대응할 수 있다. 여러 작업장에서 다양한 부품들을 동시에 처리할 수 있는 생산의 유연성과 생산성을 동시에 지향하는 생산시스템이다.

대표적으로 CNC*와 MCT** 가공을 활용하고 있다. FMS는 고도로 자동화된 GT(Group Technology) 셀로 중품종 중량생산에 적합한 시스템이다. 자동 자재 취급 및 보관시스템과 연결되어 있는 작업장 그룹(CNC 머신)으로 구성되어 있고 분산 컴퓨터 시스템으로 제어한다.

다양한 작업장에서 동시에 여러 부품 율형을 처리할 수 있고 부품 유형의 혼합 비율과 생산량이 수요패턴의 변화에 따라 조정될 수 있어 유연함이 있다.

FMS는 여러 대의 공작기계와 산업용 로봇, 기공물의 자동 착탈 장치, 자동 공구교환장치, 무인운반차(AGV), 자동창고시스템(AS/RS) 등의 자동생산기술과 이를 종합적으로 관리하고 제어하는 시스템을 종합한 자동생산시스템이다.

* CNC : Computer Numerical Control은 컴퓨터 수치 제어를 의미하고 컴퓨터를 이용해 기계의 움직임을 정밀하게 제어하는 기술이다.

** MCT : 머시닝센터를 의미하며 CNC 기술을 기반으로 한 단계 발전된 형태의 기계이다. MCT의 가장 큰 장점은 가공의 유연성과 생산성 향상이다.

또한 중앙컴퓨터 지시에 의해 자재를 자동으로 운반하는 전산화된 시스템으로 GT의 가장 진보된 시스템이다.

2. FMS 특징

제품 다양성과 생산량이 중간 정도인 환경에 적합하고 여러 종류의 작업물을 동시에 순서없이 생산가능한 시스템이다. 예전에 비해 공식 기계 대수가 감소되는 대신 다음과 같은 기능을 갖추는 추세를 보이고 있다.

(1) 주요 특징사항

① 공구의 자동 공급 및 교환 기능(ATC : Auto Tool Change)
② 공작기계 내 측정 기능
③ 무인운전과 원격운전을 위한 각종 제어 및 자동보정기능과 같은 자동화를 위한 하드웨어
④ 기업 내 상위 정보시스템과 통합기능을 갖는 소프트웨어(CPS, 스마트팩토리)
⑤ 기본적으로 절삭공정에 가장 큰 적용분야(CNC 가공)
⑥ GT의 원리는 따름(완벽하게 유연할 수 없기에 최대한 미리 정의된 유형, 크기, 공정 내에서 부품을 생산하도록 설계)
⑦ FMS는 단일 부품군이나 제한된 범주의 부품군만 생산(GT*의 원리)

(2) 유연성

유연성은 수동과 자동시스템 모두에 적용되는 속성으로 수동시스템에서는 작업자로 하여금 시스템 유연성을 가능하게 하는 인자로 제조시스템이 유연성을 갖추기 위해서는 다음과 같은 세 가지 능력이 필요하다.

① 시스템에서 처리되는 여러 부품들 또는 부품 유형을 식별하고 구별하는 능력 : 동일한 설비에서 얼마나 다양한 공작물을 처리할 수 있는가에 대한 유연성

* GT(Group Technology) : 전통적인 주문생산에서의 생산방식과는 달리 가공시간과 준비시간을 최소로 하기 위해 부품을 흐름라인의 원리에 입각하여 제조할 수 있도록 부품군(Parts Family)과 기계그룹(Machine Group)을 형성한다.

② 공정지시의 신속한 변환 : 다른 공작물의 혼합 비율 변화에 대한 유연성

③ 물리적인 셋업의 신속한 변환 : 설계 및 생산품목의 변경, 동일한 공작물에 대한 다양한 공정계획 및 이동경로에 대한 유연성

3. FMS 구조와 구성요소

FMS 목표는 크게 유연성, 생산성, 신뢰성이라 할 수 있고 수치제어 공장기계와 자동반송시스템, 중앙통제컴퓨터, 자동창고시스템, 산업용 로봇으로 구성되어 있다. FMS의 구조와 구성요소에 대해 다음과 같이 살펴보고자 한다.

(1) FMS 구조

1) 작업장

CNC 머신(수평형), 장착 및 탈착 작업장과 세척장비, 판재성형공정도 포함될 수 있다.

2) 자재 운반 및 보관시스템

① 공작물 이송 : 다른 기계로 운반될 수 있어야 됨(자동)

② 공작물 형상 취급 : 주로 모듈형 팰릿 고정구를 이용하여 다양한 공작물 처리

③ 임시 저장 : 유연한 생산량 관리(임시)

④ 컴퓨터 제어시스템과 호환성(작업, 이송, 저장을 동시에 연계)

(2) FMS 구성요소

① 보관시스템과 연결되어 있는 작업장

② 작업물 운송시스템 및 보관시스템

③ 수치제어에 의해 다양한 작업물의 가공이 가능한 CNC 기계집단

④ 임의의 순서로 공작물이 투입되고 공정 처리할 수 있는 분산 컴퓨터 제어시스템인 중앙컴퓨터

⑤ 시스템을 관리하고 동작시킬 인력이 필요함

4. FMS 핵심기술

FMS 핵심기술은 단일 시스템의 핵심기술과 통합된 시스템의 핵심기술로 구분하여 살펴보고자 한다.

(1) 단일 시스템 핵심기술

설비시스템은 공작물 공급시스템, 공정처리시스템, 공구공급시스템으로 세분화된다. 대부분 NC의 원리에 의하여 제어되는 시스템으로 기본적으로 기술개발 동향은 고속화, 고기능화, 개방화, 자동화 등이 있다.

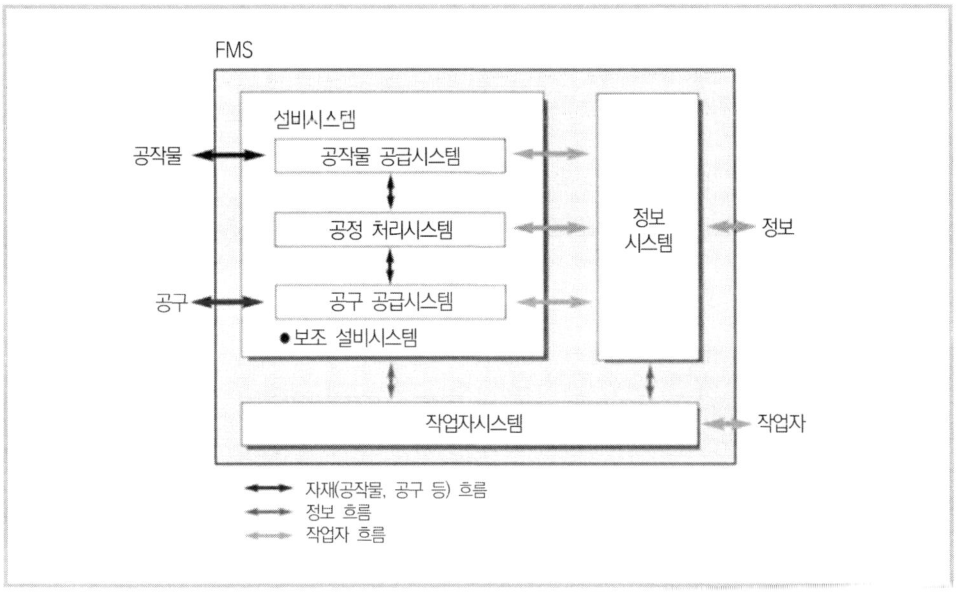

[그림 8-11] 단일 시스템 핵심기술 (출처 : 강소제조인)

(2) 통합된 시스템 핵심기술

자동화된 단위 설비들을 하나의 자동생산시스템인 FMS로 통합되는 시스템 설계 및 구축 과정과 이를 운용하는 과정에서 요구되는 시스템 수준의 핵심기술은 다음과 같이 크게 6가지로 구분하고 있다.

① FMS 설계기술

② FMS 제어 네트워크 설계 및 구축기술

③ FMS 시스템 및 셀 제어기술

④ FMS 경제성 분석기술
⑤ FMS 감시 및 진단기술
⑥ FMS 운용기술

5. FMS 기대 효과

FMS 도입으로 생산성, 가동률, 품질 등이 향상되는 효과를 얻을 수 있는데 구체적인 사항은 다음과 같다.

① 제품 변경 및 설계변경에 대한 대응력 향상
② 제조과정이 압축되고 시스템적 관리로 가공준비 및 대기시간의 최소화 ⇒ 제조소요시간의 단축
③ 설비이용률 향상으로 생산능력 향상
④ 직접 인력의 감축으로 생산 인건비의 감소
⑤ 균일하고 높은 품질수준 향상 및 유지
⑥ 공정 재공품 및 재고의 감소
⑦ 향상된 공정처리시스템은 자동화시스템으로 생산관리 능력의 향상
⑧ 전용설비보다 범용설비를 필요로 하며, 그에 따라 다기능 숙련공의 양성 필요

6. FMS 장점

FMS는 기계이용률의 증가, 공간의 감소, 변화에 따른 빠른 응답성, 재고와 제조 리드타임 감소 등 다양한 이점이 있다. 추가로 다음과 같은 장점에 대해 살펴보고자 한다.

① 향상된 기계 가동률
② 필요한 기계 수 감소
③ 필요한 공장면적 감소
④ 상황에 대한 대응 능력 향상
⑤ 필요한 재고 감소
⑥ 직접노동 감소 및 노동 생산성 향상
⑦ 무인 생산의 가능성

제9장

마이크로 풀필먼트 센터

쿠팡, 마켓컬리 등의 기업들이 익일배송, 새벽배송 등의 혁신적인 배송서비스가 등장하면서 기존 2~3일 정도 걸리던 온라인 배송 시간이 빠르게 단축되고 있다. 여기서 더 나아가 온라인에서 상품을 주문하게 되면 1~2시간 안에 소비자에게 배송해주는 서비스가 등장하였다.
이를 퀵커머스(Quick-Commerce)라고 하며, 기존 이커머스가 중요시 여기던 가격 경쟁력과 상품의 다양성뿐 아니라 배송의 신속성을 확장시킨 서비스이다. 빠르고 정확하게 소비자들에게 배송하기 위해 마이크포 풀필먼트 센터가 등장하고 있다.
풀필먼트 서비스는 상품의 입고와 재고관리, 포장, 출하, 배송에 이르는 일련의 물류 프로세스이다. 반면 마이크로 풀필먼트 센터는 신속한 배송을 위해 도심 내 비교적 적은 규모의 매장을 풀필먼트 센터로 활용하는 것을 의미한다.

01 개념과 배경

마이크로 풀필먼트 센터(MFC : Micro Fulfillment Center)는 기존의 풀필먼트 센터와 달리 비교적 작은 규모의 창고나 물류센터에서 빠르고 효율적으로 주문을 처리하는 물류시설이다. 마이크로 풀필먼트 센터는 다음과 같은 개념과 배경이 있다.

1. MFC 개념

최근 이커머스 유통시장이 확대되면서 물류산업의 핵심이 크게 변하고 있는데 그 중에 마이크로 풀필먼트 센터가 자리하고 있다. 다음에는 마이크로 풀필먼트 센터의 정의와 역할에 대해 살펴보고자 한다.

(1) MFC 정의

마이크로 풀필먼트 센터는 고객 접점에서 최종 소비자에게 제공될 상품이 마지막으로 머무는 공간이다. 빠르고 신뢰할 수 있는 배송을 비롯하여 생활 물류서비스의 최전선에 자리한 물리적 공간을 나타내고 있다.

마이크로 풀필먼트 센터는 도심형 물류센터와 도심형 점포매장이 혼합된 개념으로 보관 · 유통 · 분류 · 배송 · 반품 등의 활동과 인근 매장 마이크로 풀필먼트 센터의 재고보충 기능을 수행하고 있다.

도심 속에 있는 작은 풀필먼트 센터로써 빠르고 정확한 배송을 위해 도심 내 비교적 작은 규모의 매장을 풀필먼트 센터로 활용하는 것이 바로 마이크로 풀필먼트 센터이다.

도심 내 마이크로 풀필먼트 센터는 주문이 접수되면 소비자와 가장 근접한 물류창고에서 상품을 피킹하여 최단 시간 내 전달하는 시스템이다. 주로 취급하는 상품은 속도와 배송품질을 필요로 하는 품목들이다.

상품이 소비자에게 전달되는 과정

상품입고 → 종류별 분류 · 보관 → 소비자 주문 접수 → 상품 위치 검색 및 픽업 → 포장 → 출하 · 배송

(2) MFC 역할

물류센터는 제조업체에서 생산된 제품을 보관해 주는 것이 주요 기능으로 장기보관을 하거나 일시보관을 해주는 역할을 수행하고 있다. 또한 보관된 제품을 파악하고 소비자의 주문을 확인한 후에 대형 유통업체에 공급해 주는 역할을 하고 있다.

이런 목적으로 인해 대다수 물류센터는 규모가 크거나 상대적으로 임대료가 저렴한 도심 외곽지역에 위치하는 것이 일반적이다. 주문이 오게 되면 대부분 도심지역으로 배송이 이루어지게 된다.

최근 소비자의 소비성향이 오프라인에서 온라인 쇼핑으로 옮겨가고 있다. 이로 인해 온라인 주문이 급속히 증가하자 신속한 배송을 원하는 소비자가 늘어나고 있다. 기존의 물류센터로는 소비자의 요구를 만족시키는데 한계를 보이면서 나타나는 현상이다.

이를 해결하기 위해 물류센터는 도심 외곽지역에서 도심 내 여러 개의 소규모 마이크로 풀필먼트 센터를 운영하면서 이러한 문제점을 해결하고자 노력하고 있다. 소비자에게 빠르고 정확한 배송을 통해 상품을 전달하면서 물류시장에 커다란 변화가 나타나고 있다.

마이크로 풀필먼트 센터는 상대적으로 소규모이며, 주문에 신속하게 대응하고 특정 시장이나 지역에 관심을 두면서 전문적으로 운영하고 있다. 고객서비스 만족을 위해 최신 첨단기술 및 자동화를 도입하여 주문과 재고관리, 신속한 상품 배송을 위해 최적화하고 있다.

최근에는 다양한 판매 채널에 대응하기 위해 옴니채널 전략을 지원하고 주문량 변동과 다양한 제품에 빠르게 대응할 수 있도록 유연성을 갖추고 있다.

(3) MFC의 특징

1) 지역 밀착 서비스 특화

신속 배송의 물류수요들을 처리하고 지역 점포기반의 신선식품 배송 등의 시너지를 확대하고 있다.

2) 고밀도 보관을 위한 수직 공간 확장

지상과 지하의 수직 확대를 통한 공간 확보가 가능하다.

3) 초고속 주문 처리를 위한 신기술 적용

기술기반 상품 인식, 입출고 자동화 설비, 피킹로봇 등을 도입하여 업무처리의 신속성과 효율성 및 정확성을 극대화하고 있다.

4) GTP(Good To Person) 방식 활용

업무 평준화를 통하여 효율성을 극대화할 수 있다. 그리고 사람이 하면서 발생하는 오류와 안전사고 등이 최소화되고 선제대응을 추구할 수 있다.

5) 응용데이터의 활용

주문데이터 기반 상품의 적치, 배송을 고려한 출고처리 등의 고객정보, 배송정보, 주문정보 등에 대한 데이터 분석을 활용하여 최적의 물류센터 운영시스템을 구축할 수 있다.

2. MFC 등장 배경

마이크로 풀필먼트가 등장하게 된 배경에는 소비자의 신속성, 안정성, 편리성의 추구와 신기술의 개발 및 적용, 고객 차별화 전략 등이 있는데 그 내용은 다음과 같다.

(1) 소비자의 다양한 요구

마이크로 풀필먼트는 코로나19 이후 온라인 쇼핑이 급증하면서 필요성이 더욱 높아지고 있다. 전 세계적으로 비대면 쇼핑을 선호하면서 온라인 주문이 폭발적으로 증가하고, 이로 인해 빠른 배송의 중요성이 더욱 부각되고 있다.

소비자는 당일배송 및 새벽배송 등 가능한 신속성과 안전성, 편리함을 추구하게 되었다. 이는 소비자가 제품을 주문 받을 수 있는 채널이 과거 오프라인에서 온라인으로 급격하게 이동하면서 속도중심의 경쟁이 가속화되고 있는 것이다.

전통적인 전자상거래에서는 온라인 주문을 통해 배송이 이루어졌으나 상품에 대한 배송시간이 보통 3~5일 정도가 걸리고, 무료 배송서비스를 받기 위해서는 상품을 대량으로 주문해야 했다.

그러나 MFC를 활용한 퀵커머스에서는 고객이 필요할 때마다 원하는 장소에서 즉시 소량의 상품을 주문할 수 있게 되었다. 일반적으로 1~2시간 이내에 주문 품목을

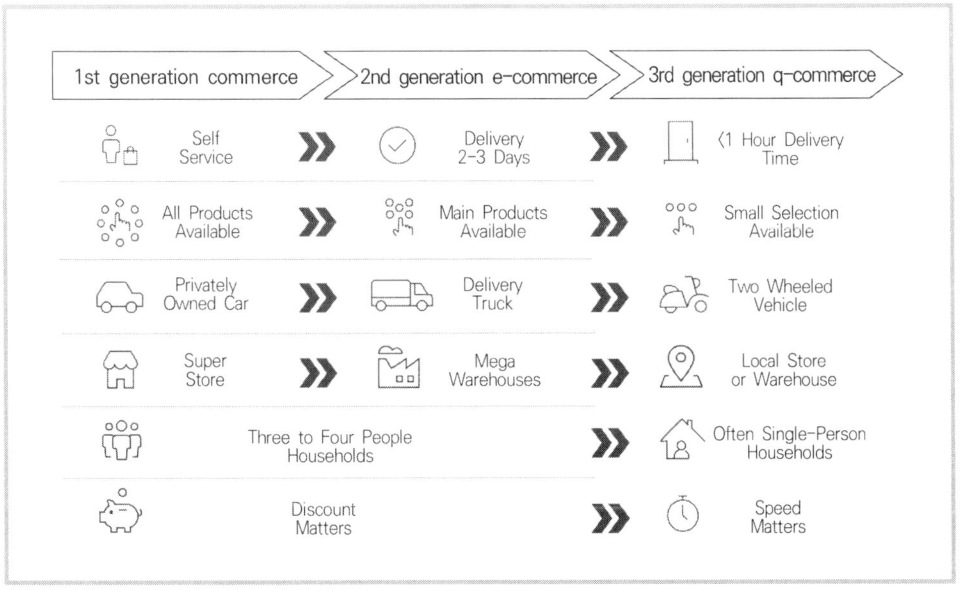

[그림 9-1] 전자상거래 변화 (출처 : 딜리버리히어로)

소비자의 목적지까지 배송이 이루어지게 되었다.

국내 온라인 쇼핑시장 규모는 최근 연평균 16%씩 성장하면서 2023년에 229조 원을, 2024년에는 250조 원대 규모를 추산하고 있다. 특히 음식서비스, 음식료품에 대한 온라인 주문이 가장 많이 증가하고 있다. 인터넷 쇼핑이 23.1%, 모바일 쇼핑이 73.9%를 차지하였다.

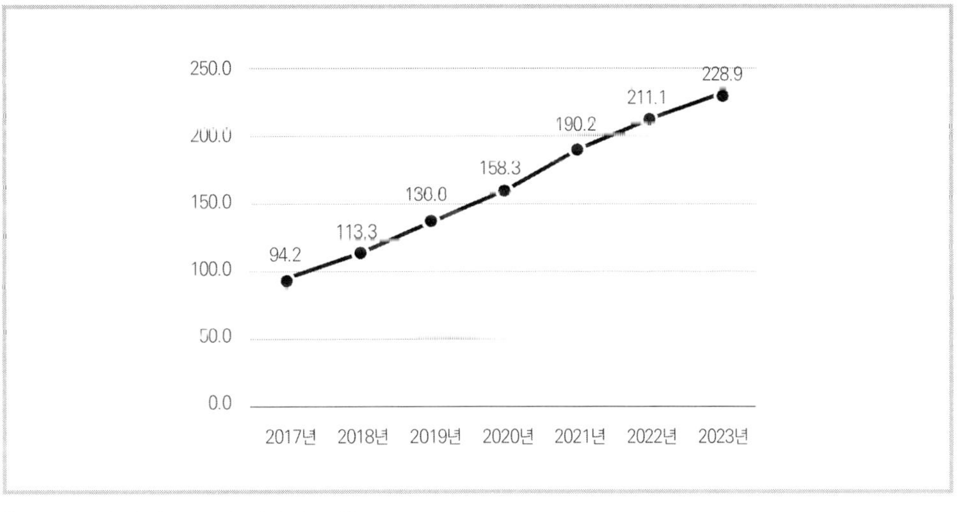

[그림 9-2] 온라인 쇼핑 거래액 동향 (출처 : 통계청)

1) 배송비용 효율화

빠른 배송에 수반하는 배송비 효율화의 필요성이 증대되고 있다. 많은 기업들이 라스트마일 배송서비스 경쟁으로 인해 비용이 증가하는 것에 대응하기 위해 배송비용 효율화 관점에서 소비자 인접지역에 배송센터를 구축하기 시작하였다.

2) 외곽에서 도심지로

대규모 풀필먼트 센터는 주로 도심지 외각에 위치하여 배송 시 교통 혼잡 등의 이유로 상당한 시간이 지연될 수 있었다. 이를 해결하기 위해 도심지에 소규모 창고를 두고 소비자와 물리적 거리를 최소화하여 배송시간 단축으로 소비자 요구에 신속히 대응할 수 있게 되었다.

3) 도심 내 소규모 창고

코로나19 이후 도심 내 폐쇄점포가 증가하고 공유경제의 확산으로 인해 오피스와 주차장 등 도심의 유휴공간이 확대되고 있었다. 마이크로 풀필먼트 센터는 도심지 내 기존 상업시설이나 소형 창고를 활용하는 것이 일반적이다.

4) 소비자 만족도 향상

대규모 물류창고를 새로 건설하는 것보다 비용측면에서 경제적이고 유휴 공간을 효율적으로 활용할 수도 있었다. 이로 인해 물류배송의 신속성과 정확성을 높이면서 소비자 만족도를 향상시킬 수 있었다.

[그림 9-3] 서울 내곡 주유소의 MFC (출처 : 에너지산업신문)

(2) 신기술의 개발 및 적용

입출고와 보관, 피킹, 패킹 등 물류영역별로 모듈화된 신기술의 진화로 인해 과거에 비해 한정된 공간에서 빠르게 소비자들의 주문처리가 가능하게 되었다. 또한 다양한 고객정보와 배송정보, 피킹정보 등 응용데이터를 처리할 수 있는 알고리즘이 개발되고 적용함으로써 좁은 공간에서 최적화기법을 적용하는 것이 과거에 비해 용이해졌다.

(3) 고객 차별화 전략

수많은 기업이 라스트마일 관련 사업에 참여하면서 기업의 고객차별화를 위한 전략이 필요하게 되었다. 배송속도와 물류 품질의 차별화로 고객을 Lock-In 시키고 신수요 창출, 수익 극대화를 위해 도심지에 마이크로 풀필먼트 센터 구축이 시내적 흐름으로 떠오르고 있다.

이를 위해 온라인 기반의 유통기업은 M&A나 도심 내 시설확보를 통해 MFC 구축을 지속적으로 추진하고 있다. 기존 오프라인 기반의 유통기업들은 기존점포를 MFC로 전환하거나 MFC 공용으로 활용하는 사례가 증가하고 있다.

영국의 오카도(Ocado)나 테스코(Tesco) 등의 기업들은 기존 오프라인 매장과 독립된 온라인 전용 스토어를 구축하였다. 또한 고객의 주문에 빠르게 대응하고자 다크스토어(Dark Store)를 구축하였다.

다크스토어는 도심 내 소규모 물류거점에 있으며 점포 후방에 별도의 온라인 배송 장비를 설치한 창고이다. 원래 오프라인 매장이었으나 다크스토어는 고객이 직접 방문하여 상품을 구매할 수는 없고, 퀵커머스와 같은 온라인 플랫폼으로 주문한 상품만 배달하는 역할을 하고 있다.

국내에서는 롯데마트가 기존 오프라인 매장의 특정 공간을 Semi Darkstore* 형식으로 운영하면서 배송 경쟁력을 확보하고 있다.

* 세미다크스토어(Semi Darkstore)는 대형마트가 오프라인 영업뿐만 아니라 온라인 주문처리 능력까지 넓힐 수 있는 형태이다. 배송 전 단계인 패킹에 중점을 두고 매장 영업과 동시에 후방에 핵심 자동화 설비를 구축한다.

02 기능과 장점

마이크로 풀필먼트 센터는 대규모 물류센터와 달리 도심지 내 여러 곳에 분산되어 소규모 센터를 운영하며, 소비자에게 더욱 빠르고 효율적인 서비스를 제공하고 있다. 그 기능과 장점에 대해 살펴보고자 한다.

1. MFC 기능

마이크로 풀필먼트 센터는 다음과 같이 재고관리, 주문처리, 배송최적화 등 다양한 기능을 수행하고 있다. 이러한 기능으로 MFC는 전통적인 대규모 풀필먼트 센터보다 더 빠르고 효율적인 서비스를 제공하고 있다.

(1) 재고관리

인공지능과 머신러닝 알고리즘으로 주문예측 및 재고관리에 활용하여 재고 부족이나 과잉을 방지하고 있다. 이를 통해 운영 효율성을 높이고 도심 내 여러 소규모 창고가 서로 연결되어 재고를 실시간 관리하면서 최적화하고 있다.

(2) 주문처리

자동화 시스템과 자율 주행 로봇으로 소비자의 주문을 빠르게 처리하고 속도를 높여 포장 및 배송을 효율적으로 수행하고 있다. 자동화된 피킹 시스템은 상품을 신속하게 찾아 포장 및 배송준비를 자동으로 빠르게 처리하고 있다.

(3) 배송최적화

도심 내 여러 곳에 분산되어 있는 소규모 창고로 구성되어 있고, 중앙시스템과 연결되어 있어 전체적으로 물류 네트워크를 효율적으로 운영하고 있다. 도심 내 여러 창고가 협력하여 재고를 공유하고 주문량에 따라 유연하게 대처하고 있다. 이를 통해 배송지연을 방지하고 가장 가까운 배송으로 시간을 단축시키면서 배송비용을 절감하고 있다.

2. MFC 장점

마이크로 풀필먼트 센터는 기존의 물류센터와 비교하여 많은 장점이 있다. 이 장점들은 온라인 쇼핑몰이 소비자의 요구에 대응하고 경쟁력을 강화시키는데 많은 도움을 주고 있다.

(1) 신속한 배송

빠른 배송시간은 주요 장점 중 하나라 할 수 있다. 소비자와 가장 가까운 소규모 물류센터에서 주문사항을 즉시 처리하고 신속하게 당일배송이나 익일배송이 가능하다. 이로 인해 소비자 만족도를 크게 향상시키면서 반복적인 구매를 유도할 수 있다. 빠른 배송은 온라인 쇼핑시장에서 중요한 차별화 요소로 작용하고 있다.

(2) 재고관리 최적화

재고를 보다 통합적으로 관리할 수 있다. 재고를 여러 소규모 센터에 분산시켜 재고 부족이나 과잉 문제를 최소화할 수 있다. 실시간 재고관리 시스템으로 주문량 및 수요 변화에 적극 대응하면서 운영 효율성과 경쟁력을 확보할 수 있다.

(3) 운영비용 절감

기존 대규모 물류센터와 비교하여 운영비용을 감소할 수 있다. 소규모 창고를 활용하여 상대적으로 임대료와 인건비가 저렴하고 근거리 배송으로 물류비용도 줄일 수 있다. 자동화 설비와 로봇공학의 도움으로 인건비를 절감할 수 있다. 이를 통해 기업의 전체적인 운영 효율성을 향상시킬 수 있다.

(4) 환경적 이점

도심 내 소규모 창고를 통해 짧은 배송거리를 유지하며 탄소 배출을 크게 줄이게 되어 환경적인 측면에서 긍정적인 효과를 얻을 수 있다. 이는 기업의 지속 가능성 목표를 달성하는데 중요한 요소로 작용하고 있다. 효율적인 재고관리와 최적화된 배송경로 설정으로 자원 낭비를 최소화할 수 있다.

03 구축 및 운영

MFC는 자동화된 소형 물류창고로 온라인으로 주문받은 상품을 피킹하는 시설이다. 현재 유통산업에서 중요한 흐름으로 부각되고 있으며, 그 구축과 운영에 대해 살펴보고자 한다.

1. MFC 구축

지금까지 풀필먼트 센터는 일반적으로 교외나 물류허브 가까이 위치하면서 대규모 창고를 중심으로 대량의 상품을 보관하면서 운영되어 왔다.

(1) 자동화 첨단시스템 활용

최근 마이크로 풀필먼트 센터는 소규모로 전문화되어 운영되고 있으며, 도심지 여러 곳에 분산되어 있어 소비자에게 더욱 빠르고 정확한 배송서비스를 제공할 수 있게 되었다.

마이크로 풀필먼트 센터는 소비자의 주문에 맞추어 가능한 빠르게 처리하고 신속한 배송을 실현하기 위해 구축되어 왔다. 이를 위해 인공지능 자동화 첨단시스템과 로봇공학 등 스마트 기술이 융합되어 활용되고 있다. 이로 인해 소비자의 주문처리와 배송과정이 신속·정확하게 효율적으로 운영되고 있다.

(2) 소비자의 더 빠른 배송

향후 온라인 쇼핑시장이 더욱 확대되면서 마이크로 풀필먼트에 대한 중요성이 더욱 커질 것으로 기대하고 있다. 소비자들은 갈수록 더 빠른 배송을 요구할 것으로 보고 있다.

이에 대응하기 위해 다수의 물류업체들은 마이크로 풀필먼트를 구축할 것으로 추정하고 있다. 온라인 쇼핑시장과 유통·물류산업에 큰 변화가 나타나면서 시장은 더욱 성장할 것으로 기대가 된다.

2. MFC 운영

마이크로 풀필먼트 센터는 도심지 내 여러 곳에 소규모 창고로 분산되어 있다. 이를 보완하고 물류 네트워크를 통합적으로 운영하기 위해서는 각 센터들이 중앙시스템과 연결되어 있어야 한다. 이런 과정을 통해 소비자의 주문과 동시에 가장 가까운 센터에서 상품을 신속히 준비하고 가능한 빠르게 소비자에게 배송할 수 있다.

소비자 주문을 받고 도심 내 센터들이 서로 협력하여 정보와 재고를 공유하게 되면 지역기반 물류 네트워크는 더욱 강화될 것이다. 일부 센터에 주문이 몰리거나 재고가 부족할 경우에 다른 센터에서 이를 해결해 준다면 소비자에게 배송지연은 발생하지 않을 것이다.

마이크로 풀필먼트 센터는 신속한 주문처리와 더욱 빠른 배송을 실현하면서 소비자 만족도를 높이고 기업의 경쟁력을 강화하는데 기여하고 있다. 이를 위해 마이크로 풀필먼트 센터에 AI 자동화 시스템과 로봇공학을 도입하여 주문예측 및 재고관리에 활용하면서 운영 효율성을 극대화하고 인건비를 절감하기 위해 노력해야 한다.

3. MFC 운영 형태

소비자와 가장 근거리에 소형 물류 배송 거점을 만들어 고도로 자동화된 저장시설과 고객에 가까운 입지 조건으로 상품 배송에 들어가는 비용과 시간을 크게 줄이기 위한 취지를 갖고 있다.

최근 MFC는 전 세계적으로 많은 기업이 다음 두 가지 형태로 운영하고 있다.

① 기존의 매장 내부 공간을 활용하고 소매 유통업체가 직접 운영하는 방식으로 주로 식료품점에서 활용하고 있다.

② 기존 매장과는 관계없이 사업자들이 단독으로 구축하고 다른 소매유통 업체에게 임대하는 방식으로 운영하고 있다.

국내에서 새벽배송, 로켓배송 등이 익숙할 정도로 퀵커머스가 급속히 부상하고 있으며 더욱 빠르게 진행되고 있다. 소비자 만족도를 향상시키기 위한 노력이 지속되어야 하고 MFC를 더욱 활성화시켜 경쟁력을 강화해 나가야 한다.

MFC 구축은 간접비 절감, 민첩성 증진, 빠른 라스트마일 배송 등의 효과를 거둘 수 있다. 또한 MFC 도입은 수작업으로 이루어진 상품 피킹 및 포장 작업과 비교하여 제반 비용을 큰 폭으로 줄일 수 있게 될 것이다.

4. 풀필먼트 센터와 마이크로 풀필먼트 센터의 비교

오프라인에서 온라인 시대로 급속히 전환되면서 소비자들의 요구가 더욱 다양해지고 있다. 기존 풀필먼트 서비스에서는 단순히 배송시간을 단축하는 것뿐만 아니라 다양한 상품을 취급할 수 있어야 했다.

(1) MFC의 다양한 유형

풀필먼트 센터는 재고수(SKU), 규모, 자동화 수준, 위치, 매장 연계 여부 등에 따라 [그림 9-4]와 같이 다양한 유형으로 나타나고 있다.

[그림 9-4]에서 ① CFC : Centralized Fulfillment Center, ② MFC : Micro Fulfillment Center, ③ DFC : Decentralized Fulfillment Center, ④ ISF : In-Store Fulfillment를 설명하고 있다.

풀필먼트 센터는 고객의 주문 이후 출하에서 배송과 반품에 수반되는 물류서비스를 이행하는 센터이다. 마이크로 풀필먼트 센터는 소비자와 인접한 도심 내 가까이

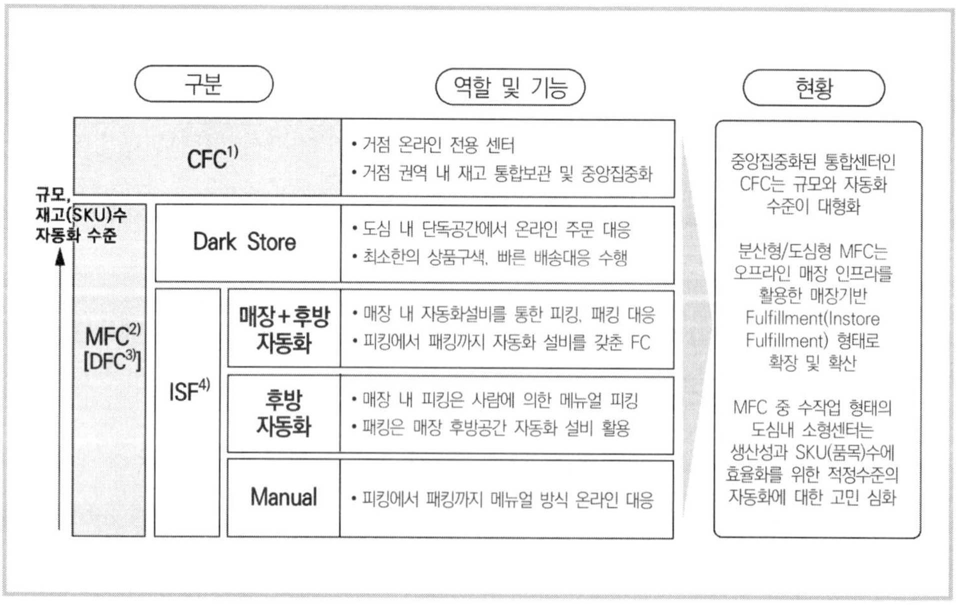

[그림 9-4] 다양한 형태의 풀필먼트 센터 (출처 : LG CNS)

구축되어 최단 시간 내에 주문들을 일괄처리 하는 도심형 풀필먼트 센터를 의미한다.

MFC는 좁은 공간에서 빠른 주문처리를 위한 신기술이 적용된 고기능 물류시스템으로 기존 풀필먼트 센터에서 속도의 경쟁력을 확보하고 신수요 창출을 위한 물류전략으로 활용하고 있다.

(2) MFC 운영프로세스

[그림 9-5]에서 마이크로 풀필먼트 센터는 단시간 배송처리를 통한 서비스 차별화를 시도하고 있다. 신선식품의 온라인 전환이 가속화되면서 보다 빠른 주문 이행, 센터 내 주문 처리 속도와 정확성, 출고 이후 배송을 고려하면서 센터를 운영하고 있다.

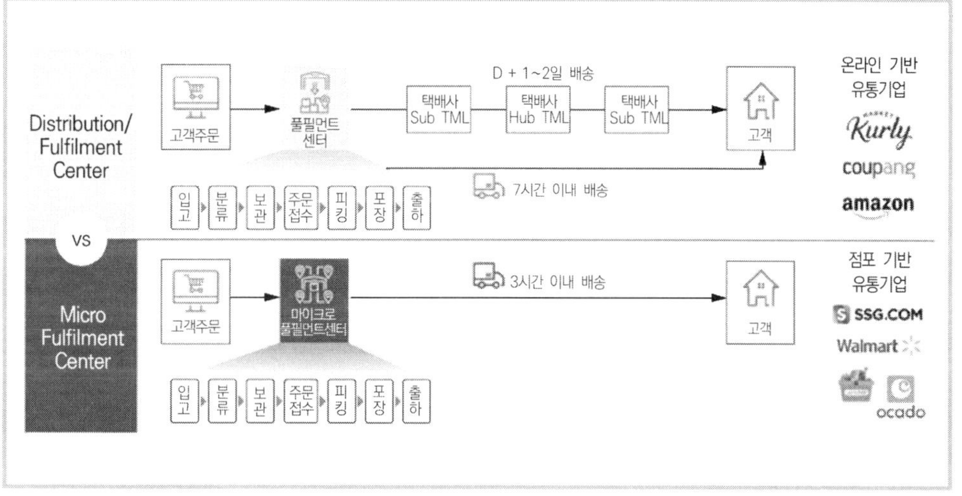

[그림 9-5] 풀필먼트 센터와 MFC 운영프로세스 비교 (출처 : 지식산업정보원 재인용)

(3) 풀필먼트와 MFC 비교

마이크로 풀필먼트 센터는 [그림 9-6]에서 기존 풀필먼트 센터의 수요를 지역별로 분산 병렬 처리를 통해 하나의 대형센터보다 공간, 시간, 비용에서 효율성을 높이고 있다. 또한 MFC는 네트워크 효과를 통해 새로운 고객가치를 창출하고 있다.

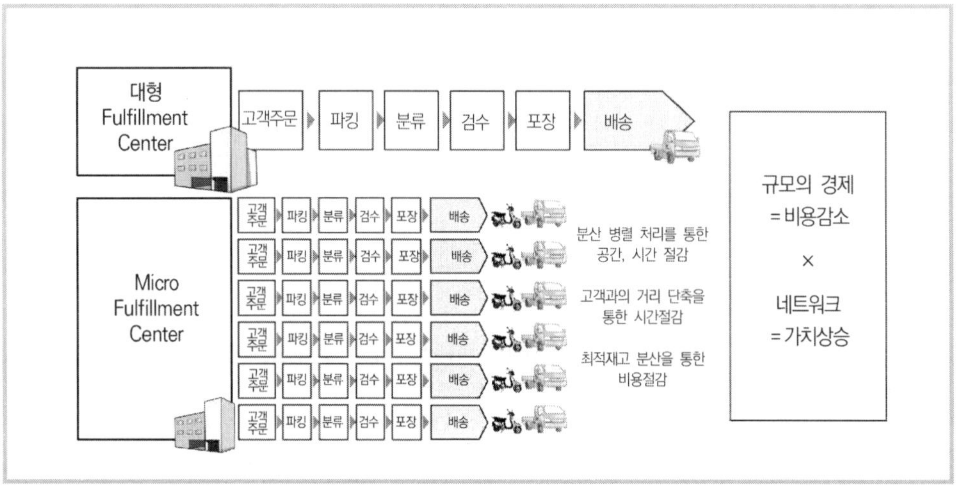

[그림 9-6] 풀필먼트와 마이크로 풀필먼트의 비교 (출처 : LG CNS)

04 실무사례 및 도입배경

마이크로 풀필먼트 센터의 국내외 기업의 실무사례와 도입전략 그리고 단계별 전략에 대해 살펴보고자 한다.

1. MFC 해외 사례

마이크로 풀필먼트 센터를 도입하여 실생활에서 운영하고 있는 아마존, 월마트, 타겟, 패브릭, 데스코 등 해외 사례를 살펴보고자 한다.

(1) 아마존

아마존은 마이크로 풀필먼트의 성공 사례라 할 수 있다. 아마존은 마이크로 플필먼트를 선도적으로 도입하여 운영하고 있으며, 아마존 프라임의 당일배송 및 익일배송 등 빠른 배송서비스는 소비자에게 큰 인기를 끌고 있다. 아마존은 도심지 내 소규모 물류센터를 운영하면서 주문 및 배송을 신속하게 처리하면서 경쟁력을 강화하고 있다.

(2) 월마트

월마트(Walmart)는 마이크로 풀필먼트 센터를 통해 큰 성과를 거두고 있다. 월마트는 자사 매장을 마이크로 풀필먼트 센터로 전환하여 온라인 주문을 신속히 처리하고 빠른 배송을 제공하고 있다.

월마트는 로봇 MFC를 활용하면서 근거리 배송을 최적화하고, 전자상거래 시장에서 경쟁력을 지속적으로 높여가고 있다.

월마트는 셔틀형 로봇시스템 알파봇(Alphabot)을 구축하여 피킹 능력을 확대하고 주문처리 정확성을 대폭 상승시키고 있다. 오프라인 점포의 MFC 전환과 네트워크 강화로 일부 권역의 3시간 배송을 구현하고 있다.

월마트의 MFC의 운영전략은 다음과 같다.

① 물류서비스의 전 공정을 로봇 기반으로 자동화하여 고객주문 · 제품픽업 · 배송의 전 기능이 연계된 물류처리를 일원화하고 있다.

② GTP(Good To Person) 기반의 무인 물류시스템을 구축하여 생산성을 향상시키고 인력 대비 작업 생산성을 10배 향상시키고 있다.

③ 알파봇 MFC 플랫폼 확대를 통해 배송서비스를 차별화하고 있다. 도심지에 매장을 2,200개로 확대하여 교외에 위치한 풀필먼트 센터 대비 배송속도와 품질을 차별화하고 있다.

월마트의 MFC는 입하 · 보관, 이송 · 피킹, 분류 · 포장, 유통가공의 방식으로 운영하고 있다. 다양한 상품을 보관할 수 있도록 MFC에서 고밀도 보관을 하고, 주문이 들어오면 알파봇 로봇이 보관 지역 내에서 수직 또는 수평으로 이동하여 상품을 피킹 후, 포장과 픽업 지역으로 배송을 한다.

[그림 9-7] 월마트 사례 (출처 : 월마트)

(3) 타겟

미국의 유통업체인 타겟(Target)은 매장 내 마이크로 풀필먼트 센터를 도입하여 소비자에게 효율적으로 배송서비스를 수행하고 있다. 타겟은 매장에서 온라인 주문을 처리하고 가까운 인근 지역으로 빠르게 배송하면서 소비자 만족도를 높여 나가고 있다.

매장 내 일부 재고를 감축하고 공간을 활용하면서 마이크로 풀필먼트 센터를 운영하고 있는데, 이를 타켓 플로우센터라 부른다. 일정 수준으로 재고가 떨어지면 판매량이 많은 상품 중심으로 외곽의 재고를 도심 내로 이동시켜 보충하면서 비용절감이 가능하도록 한다.

(4) 패브릭

이스라엘 기업 패브릭(Fabric)은 식료품 온라인 유통 전용 마이크로 풀필먼트 센터 업체로 160평 규모에 고객주문 집중 품목 8,000SKU를 운영하고 있다. 패브릭은 기존의 지하주차장을 리모델링하여 MFC를 구축하고 공간을 수직적으로 확대하여 자동화 시스템을 도입하였다.

상품보관과 출고를 위해 기존 고객정보의 기계학습을 토대로 주문 정보처리를 통해 생산성을 향상시켰다. 자동 Rack Shulle과 이동형 로봇이 수직 또는 수평으로 이동하여 주문건별로 상품을 피킹하고 있다. 피킹 후에는 포장과 픽업 지역으로 반송하고 재고물량과 유통기한 등을 자동으로 관리하고 있다.

패브릭의 물류센터 운영전략은 다음과 같다.

① On Demand 방식의 MFC 구축으로 주문 후 1시간 내 배송할 수 있을 정도로 배송체계를 혁신하였다. 전 공정을 로봇을 통한 자동화로 GTP 기반 피킹 시스템을 구축하여 인력 개입을 최소화하였다.

② Mini 및 Micro 공간 내 주문처리 이행을 위한 고기능 자동화 설비시스템을 구축하였다. 단위 생산성의 극대화와 상품 입고에서 배송까지 실시간 상품 추적 관리 시스템을 구축하였다.

(5) 테스코

테스코(Tesco)는 영국의 유명 마트로써 다크스토어 매장을 운영하고 있다. 다크스토어는 온라인으로 유입되는 고객의 주문을 바로 배송할 수 있는 도심형 물류센터이자 오프라인 매장의 융합 형태이다. 또한 온라인 주문을 처리하기 위해 기존 매장을 지역형 물류거점으로 활용하는 전략을 추구하고 있다.

2. MFC 국내 사례

해외 사례에 이어 이번에는 국내에서 MFC를 운영하고 있는 배달의 민족, 롯데프레쉬, 이마트, 코너스의 사례에 대해 살펴보고자 한다.

(1) 배달의 민족

배달의 민족의 B마트는 국내에서 가장 먼저 MFC를 활용한 퀵커머스를 시작하여 시장에서 단독 1인사로 자리 잡고 있다. 지난 2018년 퀵커머스를 시작한 배달의 민족은 연평균 250% 이상의 매출액 성장을 보이고 있다.

서울 전역에 MFC 서비스를 제공하고 있으며 기타 지역으로 서비스를 확대하고 있다. 2022년 기준 B마트는 서울에 27개, 경기/인천 지역을 포함하여 32개의 MFC를 운영하고 있다.

B마트에는 밀키트*나 과일 등의 식품류와 생활 잡화, 가전 등 30개 이상의 카테고리가 있으며 8,000개 이상의 SKU를 운영하고 있다. 국내 주요 경쟁업체인 쿠팡 이츠마트와 비교해 보면 취급 품목수가 매우 많은 편이다.

〈표 9-1〉 B마트와 이츠마트 비교

구 분	SKU
B마트	8,500여종
쿠팡 이츠마트	1,000여종 미만

(출처 : DBR 329호)

(2) 롯데프레쉬

롯데슈퍼의 롯데프레쉬는 2019년 의왕시에서 약 450평 규모로 운영을 시작하였

* 밀키트(Meal-kit) : 소비자가 쉽게 요리를 할 수 있도록, 요리에 알맞게 손질된 식재료와 배합된 양념 따위를 모아 놓은 세트이다.

다. 의왕, 안양, 안산, 군포, 수원 등 174만 명 인구를 대상으로 온라인 주문을 대응하기 위해 풀필먼트 센터에 14명의 직원이 약 5,000SKU 품목을 취급하고 있다.

롯데프레시는 환경변화에 적극 대응하기 위해 Grid 시스템을 구축하였고 고임금 복지가 권역에서 높은 운영효과를 보이고 있다. 물량증가 시에는 셀을 추가하는 방법으로 확정성이 높은 유연한 물류시스템을 운영하고 있다.

(3) 이마트

이마트의 청계천점 PP센터는 약 1,500평 규모로 기존의 점포를 리뉴얼하여 2020년 1월에 다시 오픈하였다. 청계천점 주변에 빠른 배송을 위한 점포형 풀필먼트 센터로서 약10,000SKU를 취급하며 일 최대 5,000건을 처리하고 있다.

신세계 그룹 온라인 전용센터 NEO와 동일한 자동화 설비를 구축하여 1인당 피킹 건수는 125% 향상되고 처리건수는 500% 증가하였다.

[그림 9-8] 이마트 (출처 : 서울경제)

온라인 시장에 밀리고 있는 오프라인 대형마트 점포의 부진을 만회하기 위해 2시간 이내 배송을 목표로 새로운 기회를 창출하고 있다. 기존 오프라인 점포를 축소한 후 온라인 전용센터로 전환하여 배송을 위한 물류기지로 운영하고 있다.

지하 1층은 오프라인 매장이고 지하 2층에는 온라인 전용 MFC를 배치하였다. 크레인 로봇을 활용하여 5초 픽업을 실행하고 고객이 볼 수 있도록 최첨단 설비를 전면에 배치하고 있다.

(4) 코너스

국내에서 마이크로 풀필먼트 센터를 운영하고 있는 스타트업 코너스(Connus)가 있다. 코너스는 20-30평의 소규모 창고가 대부분이고 이 소규모 창고들은 서로 네트워크로 연결되어 클러스터 개념으로 진행되는데 물류센터를 공유하면서 운영하고 있다.

고회전의 상품들은 도심 내부에 배치하고, 이외 제품들은 도심 외곽에 보관하여 배송속도를 빠르게 유지하고 있다. 또한 최소한의 공간에서 제품의 패킹, 라벨링, 배송까지 모두 가능하도록 운영하고 있다.

3. 도입전략

온라인 유통시장이 빠르게 성장하고 있다. 대형 유통업체와 신규 유통업체는 MFC를 도입하여 다품종 소량 구매의 소비자 요구에 대응해야 한다.

아직 역량이 부족한 중소 유통업체나 신규업체는 독자적으로 MFC를 구축하기 어려우므로 공동으로 물류인프라 구축을 위한 방안을 마련해야 한다.

마이크로 풀필먼트의 성공적인 도입을 위해 기술도입, 인프라 구축, 단계별 전략에 대해 살펴보고자 한다.

(1) 기술도입

마이크로 풀필먼트 센터를 운영하기 위해서는 다음과 같은 기술이 필요하다.

① 재고관리시스템 : 실시간 재고관리가 가능한 고도화된 창고관리시스템이 필요하다.
② 자동화기술 : 자동화 시스템과 자율로봇으로 주문 및 배송을 신속히 처리한다.
③ 데이터분석 도구 : 판매량을 분석하여 수요예측 및 재고관리를 위한 도구가 필요하다.

(2) 인프라 구축

마이크로 풀필먼트 센터를 운영하기 위해 다음과 같은 적절한 인프라 구축이 필요하다.

① 센터위치 선정 : 주요 도심 밀집지역에 센터를 구축하여 배송시간을 단축시킨다.
② 공간 최적화 : 공간을 최대로 활용하기 위해 레이아웃 설계 및 설비 배치가 필요하다.
③ 기술통합 : 다양한 기술과 시스템을 통합하여 운영 효율성을 극대화한다.

(3) 단계별 전략

마이크로 풀필먼트 센터를 도입하기 위한 단계별 전략은 다음과 같다.

① 시장조사 및 분석 : 목표 시장의 수요와 경쟁 상황을 분석하여 타당성 평가를 한다.
② 파일럿 프로젝트 실행 : 소규모 파일럿 프로젝트로 초기에 성과와 문제점을 파악한다.
③ 확대 및 최적화 : 파일럿 프로젝트 결과를 통해 규모 확대 및 운영과정을 최적화한다.
④ 지속적인 개선 : 지속적인 자료 분석과 피드백을 통해 운영 효율성을 개선해 나간다.

4. 성공요인 분석

마이크로 풀필먼트 센터를 도입한 기업들의 공통적인 성공요인은 다음과 같다.

(1) 전략적 위치 선정

도심 내 주요 지역에 마이크로 풀필먼트 센터를 설립하여 고객과의 물리적 거리를 최소화하고 빠른 배송을 가능하게 한다.

(2) 효율적인 기술 활용

자동화 시스템, 로봇 공학, 인공지능 등 첨단 기술을 적극 도입하여 주문처리와 재고관리의 효율성을 극대화하고 있다.

(3) 유연한 운영방식

여러 개의 소규모 창고를 유기적으로 연결하고 상황에 따라 유연하게 대응할 수 있는 운영체계를 구축한다.

(4) 고객중심 서비스

빠른 배송과 함께 고객의 요구에 신속하게 대응하는 서비스를 제공하며 고객서비스를 높이고 반복 구매를 유도한다.

05 MFC 스마트 물류

최근 빠르고 정확한 주문배송을 위해 물류시장이 급속히 발전하고 있다. 오늘날 고객과의 거리를 최소화하기 위한 다양한 방법이 주목받으며 물류시장에 경쟁력 확보를 위한 방법이 주요 핵심으로 떠오르고 있다. 이에 마이크로 풀필먼트 센터와 스마트 물류에 대해 살펴보고자 한다.

1. MFC 물류센터

[그림 9-9] MFC 물류센터 1

(출처 : Unsplash, 리터니즈블로그)

[그림 9-10] MFC 물류센터 2

(출처 : 진코퍼레이션)

MFC 물류센터는 도심 내 소규모 물류센터로 고객과의 거리를 최소화하여 빠른 주문 처리 및 배송을 진행하고 있다. 고객들의 빠른 배송 요구를 충족시키기 위해 마이크로 풀필먼트 센터가 등장하고 퀵커머스 확산으로 더욱 부각되고 있다.

마이크로 풀필먼트 센터는 일반적인 물류센터보다 규모가 작아 유지 관리비용을 절감할 수 있으며 소비자와 가까운 도심 내에 위치하고 있어 배송시간을 대폭 단축할 수 있다.

2. MFC 스마트 물류시스템

최근 개인형 1~2인 가구 비중과 소량 구매가 증가하면서 빠른 배송이 더욱 요구되고 있다. 마이크로 풀필먼트 센터가 규모는 작지만 주요 상품을 집중적으로 보관하고 있어 빠른 주문처리가 가능해지고 있다. MFC 스마트 물류는 물류시장의 핵심 인프라로써 앞으로 더욱 빠르게 확산될 것으로 예상되고 있다.

[그림 9-11] MFC 스마트 물류센터 (출처 : Unsplash, 리터니즈블로그)

(1) 자동화 물류시스템 활용

MFC의 원활한 구동을 위해 다양한 자동화 물류시스템이 활용되고 있다. 실시간 재고 파악시스템을 도입하여 재고의 부족 및 과잉을 방지하고, 최적의 재고수준을 유지하는 재고 관리시스템을 활용하고 있다.

또한 피킹 작업의 정확성을 높이기 위해 고안된 자동화 피킹 시스템으로 자동화 보관 및 검색 시스템(AS/RS), 자율이동로봇(AMR), 픽-투-라이트(Pick to Light)*

* 픽-투-라이트 : 창고 및 물류센터를 위한 주문 피킹기술이다.

등을 활용하고 있다.

[그림 9-12] AS/RS (출처 : FORTNA)

[그림 9-13] AMR (출처 : FORTNA)

[그림 9-14] Pick-to-Light (출처 : Matthews)

[그림 9-15] High-speed Piece Picking (출처 : Matthews)

최근 인공지능 기술의 급격한 발전은 물류시장에도 커다란 영향을 미치고 있다. 과거에 불가능하였던 방대한 양의 데이터를 수집하고 분석하는 것이 가능하게 되었다. 이에 따라 물류시장 전반에 운영 효율성을 향상시키고 고객만족도를 높이는데 크게 기여하고 있다.

(2) 자동화 물류시스템 사례 : LG CNS

1) 상품 배치 최적화

AI 기반 기술로 상품의 형태를 인식하고 상품의 타입으로 분류하여 작업자의 생산성을 향상하였다. 테트리스 알고리즘은 마치 테트리스 같은 방식으로 상품을 담아 가장 많은 상품을 효율적으로 운반할 수 있도록 지원하고 있다.

2) 배치 피킹 최적화

LG CNS의 오토스토어는 동일한 면적에 최대 4배의 물량을 집약하여 보관할 수 있다. 바닥 공간을 활용하여 상품을 피킹, 보관, 분류할 수 있는 물류자동화 창고시스템 '갠트리 시스템(Gantry System)'이 적용하고 있다.

3. 국내 스마트 물류센터 사례

온라인 쇼핑시장의 급성장으로 소비자는 빠른 주문처리와 신속한 배송을 기대하고 있다. 국내 기업들도 물류 효율성을 높이기 위해 마이크로 풀필먼트 센터를 도입하여 스마트 시스템 구축에 적극 투자하고 있다.

(1) 인천광역시와 국도교통부

인천시는 2024년 총 2,330억 원의 투자 규모로 지역물류 시행계획을 확정하고 물류체계 구축에 본격적으로 나서고 있다. 제4차 지역물류 기본계획(2023~2032년)은 인천공항 및 인천항에 스마트 물류센터를 구축하여 첨단기술 기반의 효율적인 물류시스템을 구축할 예정이다.

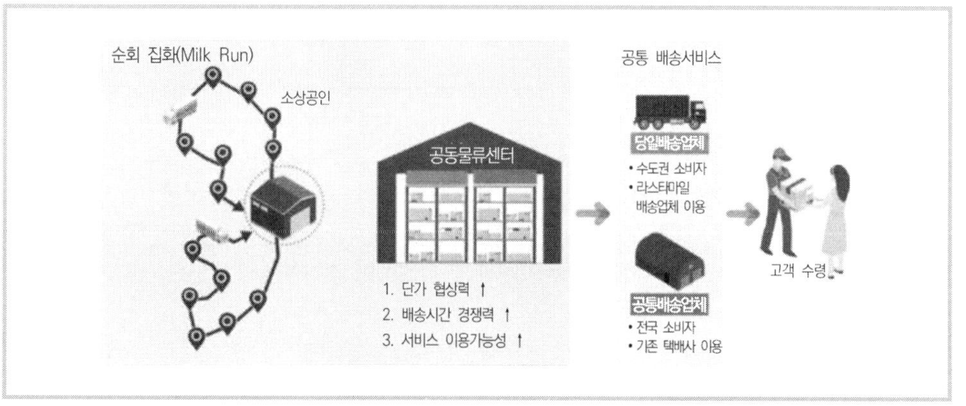

[그림 9-16] 인천광역시와 국도교통부의 스마트 물류 (출처 : 경인일보, 리터니즈블로그)

1) 인천광역시 스마트 물류 사례

① 스마트 물류센터 구축 : 인천공항 및 인천항에 물류센터를 구축하여 효율적인 물류 자동화 시스템을 구축한다.

② 대규모 풀필먼트 센터 건립 : 도심 내 대규모 물류시설 설치 유휴지를 발굴하여 아마존, 쿠팡 등 대규모 플랫폼 기업의 풀필먼트 물류센터 건립을 적극 추진할 계획이다.

③ 지속가능성 : 물류 자동화 시스템 구축 외에 물류산업 안전관리 강화, 친환경 물류 장비 및 기반시설 확충, 신재생 에너지 물류 분야를 활성화할 예정이다.

(2) 우아한형제들 : B마트

국내 최대 배달 플랫폼 '배달의 민족'의 운영사 우아한형제들은 지속적인 투자와 신규 서비스 도입하고 비용절감 노력을 통해 꾸준한 흑자를 기록하며 놀라운 성장세를 보여주고 있다. '배민 B마트'가 포함된 커머스 부문 매출액이 큰 폭으로 증가하고 있다. 우아한형제들은 전국 70여 개 도심형 유통센터를 이용한 물류 효율화 시스템으로 운반 및 보관비용을 감소하고 있다.

(3) GS리테일 : 우리동네 딜리버리

'우리동네 딜리버리'는 GS리테일이 2020년 처음 선보인 배달 서비스 중개 플랫폼으로 일반인이 배달원이 되는 독특한 서비스이다. '우친'이라는 이름으로 불리는 배달원들은 모바일 애플리케이션 '우리동네 딜리버리'를 통해 배달 주문 콜을 받고 도보로 상품을 배달하고 있다.

GS리테일과 이디야커피는 우리동네 딜리버리와 이디야커피 배달시스템을 연동하여 근거리 도보 배달서비스를 확대하고 물류 효율성을 개선할 계획으로 있다. 스마트 연동시스템은 기존 배달서비스보다 빠르고 정확하게 상품을 배달하면서 고객만족도를 높이고 있다.

4. 역물류 자동화 시스템

스마트한 물류시스템 구축과 물류 자동화 시스템이 주목받고 있으나 역물류 자동화 시스템도 관심을 가지고 살펴보아야 한다. 최근 온라인 쇼핑 증가, 제품 수명 단축, 잦은 반품 등 다양한 요인으로 인해 역물류 처리량이 급증하고 있다.

역물류 작업은 자동화를 활용하여 인건비를 절감하고 생산성을 향상시키는 것이 필요하다. 초기 자동화 구축 단계에서는 높은 설치비용과 시스템 구축의 어려움을 겪을 수 있다. 스마트 자동화 시스템을 활용하여 물류서비스를 강화하기 위해서는 필요한 시스템이라 판단된다.

역물류 자동화 시스템은 간편한 주문 접수와 물류창고 및 온라인 쇼핑몰 간 강력한 B2B 기능으로 주문접수를 위임할 수 있다. 또한 편안한 정산으로 주문확인부터 정산까지 언제든지 현황을 파악하고 거래명세서를 확인할 수 있다.

06 향후 전망

마이크로 풀필먼트 센터는 지속적인 기술 발전과 시장 변화로 인해 더욱 발전해 나갈 것으로 예상된다. 효율적인 운영, 비용 절감, 빠른 배송 등의 많은 장점들로 인해 지금의 성장세는 앞으로 지속되리라 예상된다.

1. 기술 발전

마이크로 플필먼트의 성장에는 기술 혁신이 큰 역할을 하고 있다. 자율 배송 드론과 자율 주행 차량은 물류의 라스트마일을 획기적으로 개선해 주는 중요한 기술로 부각되고 있다. 이 기술들은 도심 내에서 더욱 빠르고 정확한 배송을 가능하게 하고 물류 비용을 절감시켜 줄 것이다.

인공지능과 머신러닝, 로봇공학의 발전으로 마이크로 풀필먼트의 효율성은 더욱 향상될 것으로 보인다. 인공지능 기반 판매량 예측은 재고관리와 수요예측을 더욱 정확하게 만들어 갈 것이다. 로봇공학은 자동화 수준을 높이면서 주문 및 배송처리 속도를 증가시켜 나갈 것이다.

스마트 창고시스템은 재고관리와 주문처리의 효율성을 극대화하여 운영의 복잡성을 줄이고 정확성을 높여나갈 것이다. 자율로봇 및 자율주행차량, 드론을 통한 배송기술도 더욱 발전할 것으로 기대하고 있다. 재고 부족이나 과잉을 방지하면서 고객만족도를 향상시키는데 크게 기여할 것으로 보고 있다.

이러한 기술 발전으로 마이크로 풀필먼트의 미래는 밝아 보인다. 지속적인 기술 혁신과 도입으로 마이크로 풀필먼트는 물류산업에서 중요한 역할을 하게 될 것이다. 기업의 경쟁력 강화와 비용절감에 크게 기여할 것으로 보인다.

2. 시장 변화

온라인 쇼핑시장이 계속 성장하면서 마이크로 풀필먼트 시장도 빠르게 증가할 것으로 기대하고 있다. 최근 글로벌 마이크로 풀필먼트 시장이 급속히 확대되고 있어 국내 시장도 함께 성장할 것으로 기대한다. 온라인 쇼핑시장을 이용하는 소비자가 빠른 배송을 요구하고 있어 이러한 기대치를 충족시켜 나갈 것으로 보인다.

앞으로 소비자의 요구사항은 더욱 다양해지면서 기대치는 더 높아질 것으로 보인다. 이로 인해 더 많은 기업들이 마이크로 풀필먼트에 관심을 가지고 도입하게 될 것이다. 신속한 주문 및 배송처리가 중요한 요소로 부각되면서 주요 도심지에 위치한 소규모 물류창고의 중요성이 더욱 커질 것으로 보인다.

3. 지속 가능한 물류

환경에 대한 관심이 높아질수록 마이크로 풀필먼트는 지속 가능한 물류시스템 구축에 기여할 것으로 보인다. 소규모 센터에서 가장 가까운 배송으로 탄소 배출을 줄이면서 환경적으로 큰 호응을 받게 될 것이다. 효율적인 재고관리와 불필요한 자원 낭비를 최소화시켜 비용절감의 효과를 얻을 수 있다.

이상으로 마이크로 풀필먼트는 소비자의 다양한 요구에 대응하면서 지속 가능한 미래를 위한 더욱 발전해 나갈 것으로 보인다. 기업들은 기술 발전과 시장 변화에 맞추어 마이크로 풀필먼트에 대한 관심을 높여가면서 경쟁력을 강화하고 지속적으로 성장해 나갈 것이다.

풀필먼트의 스마트 기술 제10장

물류시장에는 최근 온라인 전자상거래를 중심으로 24시간 운영, 새벽배송, 당일배송 등의 속도 중심의 배송서비스 경쟁이 심화되고 있다. 이에 따라 물류창고의 효율적 운영에 스마트 기술을 접목하려는 시도가 증가하고 있다. 인건비 상승과 노동환경에 대한 사회적관심이 증가하면서 사람 기반의 운송시스템 운영에도 어려움을 겪고 있다.

01 풀필먼트 스마트 솔루션

최근 온라인 쇼핑시장이 지속적으로 증가하고 풀필먼트 물류시장이 급성장하면서 업체 간 경쟁이 더욱 높아지고 있다. 경쟁력을 확보하기 위해서는 대규모 물류센터에서 다음과 같은 보다 높은 수준의 자동화 시스템과 첨단 물류기술의 도입이 요구되고 있다.

[그림 10-1] 풀필먼트 스마트 솔루션 (출처 : ASETEC)

① 물류자동화 솔루션 : 입고, 피킹, 보관, 운반, 분류, 포장, 출고 관련 솔루션
② 물류 IT 솔루션 : 물류창고통합관리 및 제어 IT S/W 솔루션
③ 물류컨설팅 · 엔지니어링 : 물류전문가 컨설팅 및 물류엔지니어링 제공

물류 · 유통분야에서 물류관련 첨단기술이 갈수록 도입되면서 온라인 시장의 경쟁력은 더욱 치열해지고 있다. 물류기술의 진화로 인해 지금의 풀필먼트 서비스가 등장하였으며, 운영의 효율화와 배송속도가 빠르게 증가하고 있다.

〈표 10-1〉은 물류기술의 진화과정을 4단계로 구분하여 나타내고 있다. 물류창고관리시스템(WMS), 자동창고시스템(AS/RS), 주문관리시스템(OMS), 운송관리시스템(TMS), 물류창고제어시스템(WCS), 물류창고실행시스템(WES)이 정리되어 있다.

〈표 10-1〉 물류기술의 진화

구 분		1단계 : 반자동화	2단계 : 자동화	3단계 : 첨단화	4단계 : 지능화
목표		• 공간 효율성 증대 • 작업 단순화	• 처리속도, 오류개선 • BOX 단위 처리	• 낱개 단위 처리 • 옴니 채널	• 유통물류 공급망 연결 • 지능형 Mixed 단위 처리
하드웨어	입고	• 컨베이어	• 컨베이어	• Palletizing 로봇	• 지능형 Mixed Palletizer • Post-Shuttle AS · RS
	저장 · 반출	• 랙 시스템	• 랙 시스템	• Shuttle 기반 AS · RS	• Post-Shuttle AS · RS
	피킹 · 출고	• 수동	• Pick-by-Light	• Good to Person • 자동운송로봇	• Pick-by-Robot
소프트웨어		• 기초적인 WMS	• OMS, TMS • 실시간 처리 · 모니터링 • 이종 시스템 통합	• WCS, WES • Robotics Sw	• 로봇관리 시스템 • AI(센싱, 최적 경로 등) • TMS

(출처 : 지식산업정보원)

02 스마트 물류로봇

전자상거래시장이 급성장하면서 고객의 주문에 효율적으로 대응할 수 있도록 물류 창고시스템 구축과 다양한 종류의 물류로봇 도입을 신속히 요구하고 있다.

1. 의미

최근 물류센터는 설비와 장비 중심의 웨어하우스*에서 AI, 클라우드, 빅데이터 등 디지털 전환(DX : Digital Transformation) 신기술 기반의 디지털 웨어하우스로

* 웨어하우스(Warehouse) : 기간 시스템의 데이터베이스에 축적된 데이터를 공통의 형식으로 변환하여 일원적으로 관리하는 데이터베이스로 창고라는 의미이다.

전환하고 있다. 자동화 및 지능화 물류센터는 AI와 데이터를 기반으로 운영되어 기존의 물리적인 한계를 극복하고 빠른 배송을 가능하게 하고 있다.

학습과 경험으로 누적된 데이터와 고도화된 알고리즘으로 생산성을 높이고 있다. 스마트 물류에서 인공지능의 활용도가 높은 로봇 제어, 예측분석 및 재고관리, 이동경로 최적화, 상품 분류, 품질 검사 분야의 사례를 토대로 앞으로 발전 방향을 살펴보아야 한다.

미래에는 생성형 AI 기반의 물류센터 운영도 가능해질 것으로 보고 있다. 최근 아마존, 구글, DHL, 알리바바 등 세계적인 글로벌 기업들이 스마트 물류로봇을 경쟁적으로 도입하고 있다. 물류로봇에 AI, 빅데이터, 클라우드 등 디지털 전환 혁신기술이 융복합되면서 스마트시대로 진입하고 있다.

2. 다양한 종류의 스마트 물류로봇

스마트 물류로봇에는 상품의 보관, 적재, 배송이 모두 가능한 자동화로봇 '오토스토어', AI로 상품 특성을 파악하고 정확히 이동시키는 'AI 피킹로봇', 고정된 경로에서 반복적으로 상품을 이동시키는 '무인운송로봇' 등 다양한 종류가 있다.

(1) 오토스토어 시스템

오토스토어 시스템은 작업 능률을 향상시키는 큐브 형태의 모듈식 자동창고기술이 특징이다. 오토스토어의 라우터(Router) 소프트웨어는 모든 로봇의 경로를 실시간

[그림 10-2] 오토스토어 시스템 (출처 : 로봇신문)

으로 계산하고 추적하여 로봇이 가장 빠른 경로로 움직이도록 이동 효율성을 개선하고 있다.

실시간 재고관리로 고객에게 최고의 서비스를 제공하기 위해 더 많은 제품을 더 빨리 제공할 수 있다. 오토스토어 자동저장회수시스템(AS/RS)은 재고관리, 주문품 처리 작업 및 서비스 우수성으로 자율로봇을 포함한 시스템 구현을 실현하고 있다.

(2) AI 피킹 로봇

AI 피킹 로봇은 카메라가 찍은 2D/3D 이미지를 AI가 상품의 크기, 수량, 상태 등을 분석하여 최적의 이동경로로 신속히 이동시킨다. 바닥에 부착된 QR 코드로 위치를 파악하고 이동하여 슈트(Chute)에 상품을 분류할 수 있으며, 더 나아가 센서로 주변을 감지하고 스스로 상품을 배송하는 자율주행로봇으로 진화하고 있다.

[그림 10-3] AI 피킹 로봇 (출처 : 로봇신문)

(3) 무인운송로봇

무인운송로봇(AGV : Automated Guided)은 자율주행로봇과 함께 기술개발이 이루어지고 있다. 무인운송로봇은 고정된 노선에서 상품을 이동시키는데 정해진 단거리에 적합하다.

자율주행로봇(AMR : Autonomous Mobile Robot)은 먼 거리나 예상하지 못한 변수에 대응이 가능한 자율주행기능이 있는 로봇이다. 무인운송로봇은 입고된 상품이 주문과 동시에 피킹 및 포장 작업이 진행되고 출고되어 발송하는데 도움을 준다.

[그림 10-4] 무인운송로봇 (출처 : 쿠팡)

무인운송로봇에는 아마존의 키바(KIVA) 로봇이 대표적이다. 아마존은 기존 창고에서 쓰던 키바를 풀필먼트 센터에 도입하면서 선반을 이동시키고 사람이 하던 일을 대행하고 있다. 고객이 주문한 상품의 픽업처리, 피킹 작업자의 동선 효율성과 생산성 향상을 도모하고 있다.

[그림 10-5] 무인운송로봇 키바 (출처 : Robohub)

03 자율주행로봇

자율주행로봇은 스스로 주변에 있는 장애물을 감지하고 바퀴나 다리를 이용하여 목적지까지 최적 경로로 찾아가는 로봇이다. 자율주행로봇은 서빙로봇, 배송로봇, 안내로봇, 물류로봇 등으로 구분하는데 그 내용은 다음과 같다.

1. 서빙로봇

서빙로봇이 힘들고 반복되는 단순한 일을 대신해 매장 운영의 효율을 높이면서 한 번에 다양한 제품을 더 많은 서빙이 가능하게 한다. 스마트한 주행으로 여러 대를 동시에 사용해도 안정적으로 운영할 수 있다.

[그림 10-6] 서빙로봇 (출처 : LG전자)

2. 배송로봇(실내용)

차탈 가능한 파티션으로 1칸~4칸의 수납공간으로 변경할 수 있이 다양한 물품을 편리하게 수납할 수 있다. 항균 처리된 내부 소재를 적용하여 보다 위생적인 공간을 제공하며 목적지에 도착 후 내부 물품을 감지하여 자동으로 문열림/닫힘 기능을 제공하고 있다.

[그림 10-7] 배송로봇 (출처 : LG전자)

3. 안내로봇

상하단 센서로 낮은 장애물을 인지하고 자율주행이 가능하며 시설물 정보와 위치 안내지도 제공과 목적지 동반서비스까지 제공해 스마트한 가이드 역할을 충실히 할 수 있다. 순찰 영상 저장 및 원격 모니터링으로 돌발 위기상황에 유기적으로 대응하며 관람객 안내 및 전시물 설명이 가능하다.

[그림 10-8] 안내로봇 (출처 : LG전자)

4. 물류로봇

물류센터를 운영하기 위해 로봇 기술을 적극 활용하여 물류과정을 자동화하고 있다. 물류로봇은 가변트레이형, 롤테이너형, 적재형으로 구분하고 있다.

(1) 가변 트레이형

다양한 사용 환경과 조건에 따라 적재 트레이의 높이를 조절할 수 있어 작업 편의성을 확보하고 있다. 공장 및 소형물류 센터 등 협소한 환경에서도 빠르고 안전한 배송이 가능하다. 자율주행로봇으로 복잡한 창고나 물류환경에서도 최적의 경로를 찾아내고 장애물을 감지하여 안전하고 빠르게 이동할 수 있어 창고운영이 효율적으로 이루어질 수 있다.

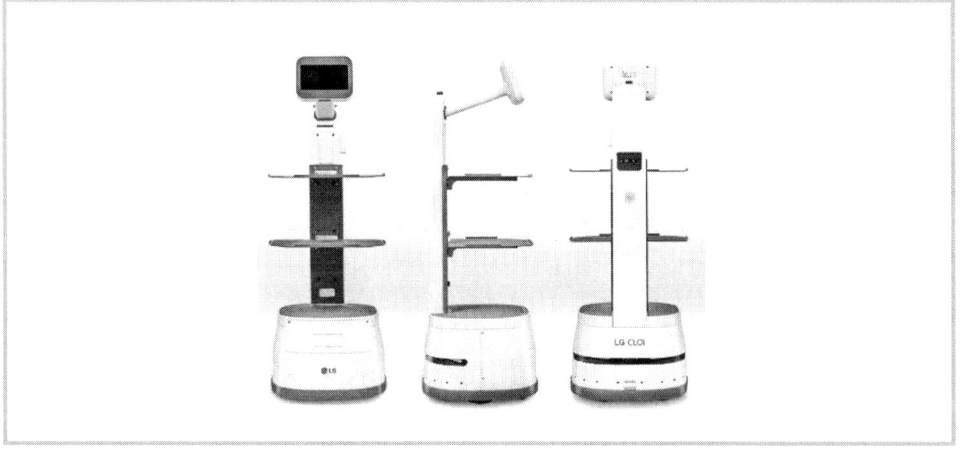

[그림 10-9] 가변 트레이형 (출처 : LG전자)

(2) 롤테이너형

탈착 가능한 롤테이너를 통해 중대형 물품 이송이 가능하며, 동일한 물품이 담긴 박스를 피킹하여 별도의 선별 장소에서 재분류/포장 후 출고하는 총량 피킹에 사용할 수 있다. 한 대의 충전대를 공유하여 사용할 수 있어 효율적인 공간 활용이 가능하고

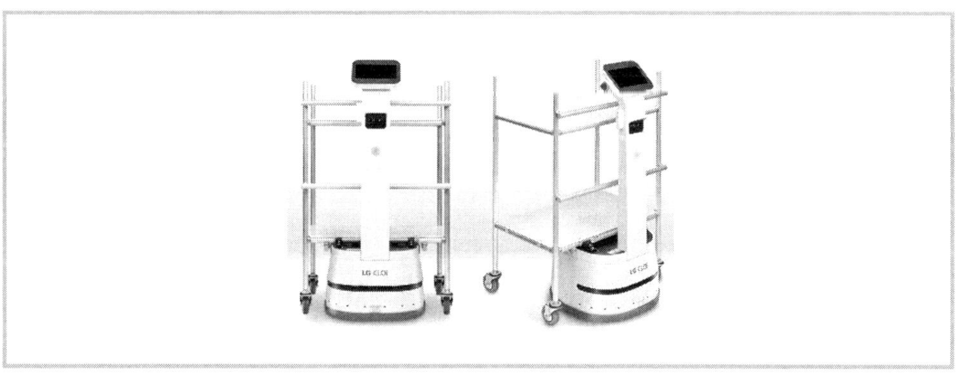

[그림 10-10] 롤테이너형 (출처 : LG전자)

주문서 물품에 따라 물품 및 박스를 적재하여 최적의 생산성을 구현할 수 있다. 사용자의 눈높이를 고려한 최적화된 디자인을 가지고 있어 작업 편의성을 높이고 생산성을 향상시킬 수 있다.

(3) 적재형

좁은 폭의 통로에서 빠른 주행으로 작업생산성을 높일 수 있다. 고객이 사용하는 다양한 크기의 Tote Box를 여러 배열로 조합하여 로봇에 실을 수 있으며, 한 대의 충전대를 공유하여 사용할 수 있기 때문에 공간을 효율적으로 활용할 수 있다.

FMS를 장착하여 로봇이 목적지까지 가장 빠른 경로를 설정하고 이동하여 작업에 소요되는 리드타임을 줄이면서 작업 생산성을 향상시킬 수 있다.

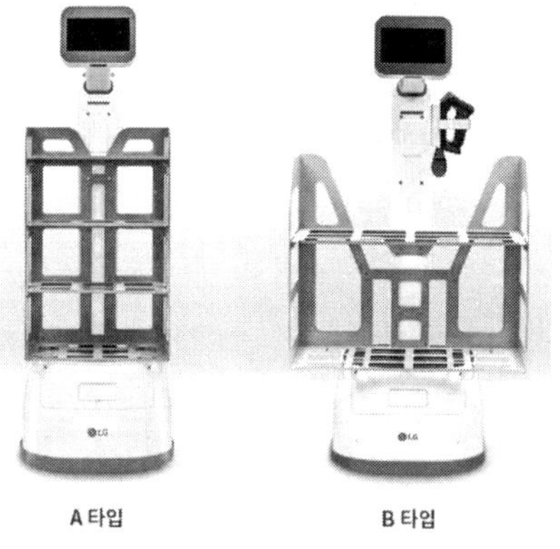

[그림 10-11] 적재형 (출처 : LG전자)

5. 배송로봇(실외용)

배송로봇은 주로 차도, 인도, 자전거도로 등 실외에서 운영되고 있다. 차도인 경우 무인 자율주행 자동차와 유사하게 고속주행이 필요한 곳에서 사용될 수 있다. 배송로봇은 탑승자가 없으므로 다른 차량들과의 상호작용이나 보행자, 장애물과의 충돌 방지만 고려하면 된다.

인도와 자전거 전용도로에서는 저속으로 주행하도록 되어 있다. 보행자나 다른 이륜차와의 충돌 방지 등 여러 기술적인 문제를 해결하기 위한 감지 및 인공지능 기능이 필요하다. 인도에서 주행은 자율주행 로봇 통행을 금지하는 여러 법률과 규제가 해결되어야 한다.

실외에서 사용되는 배송로봇은 주로 라스트 마일배송을 위한 택배물류나 음식배달 서비스 등 다양하게 사용될 수 있다.

[그림 10-12] 자율주행로봇 세임데이 봇 (출처 : FedEx)

04 무인물류차량

무인물류차량(Automatic Logistics Vehicle)은 운전자가 탑승하지 않고 컴퓨터에 의해 자동적으로 원격 조정되는 무인차로 화물을 지정 입출·입고지로 이동시킨다.

1. 시장 개요

무인물류차량은 별도의 운전자 없이 자체적으로 보유한 동력으로 정해진 경로에 따라 물품을 이동시키는 물류로봇을 말한다. 최근 센서 및 IoT 등 IT 기술에 의해 4차 산업이 발전하고 있으며, 인건비 증가로 인해 수요가 점점 더 증가하고 있다.

현재 최소 50kg에서 10ton의 중량까지 한 번에 운반 가능하도록 개발되어 작업 효율성이 높은 것으로 평가되고 있다.

무인물류차량은 형태에 따라 견인차, 유닛로드 캐리어, 팰릿 트럭, 조립라인용 차량, 지게차 등으로 분류되고 있다. 유도방식에 따라 레이저 유도, 자기 유도, 전자기 유도, 광 테이프 유도, 시각 유도 등으로 분류하고 있다.

2. 시장 규모

무인물류차량의 세계 시장규모는 2020년 2,141백만 달러에서 향후 연평균 약 6.98% 성장하여 2026년 3,209백만 달러가 될 것으로 전망하고 있다. 우리나라는 2020년 75.5백만 달러에서 연평균 약 7.50% 성장률을 보이며 2026년 111.9백만 달러에 이를 것으로 전망하고 있다.

무인물류차량은 형태별로 2020년 시장규모는 견인차 585백만 달러, 유닛로드 캐리어 549백만 달러, 팰릿 트럭 495백만 달러, 그 외 약 500백만 달러로 구성되어 있다([그림 10-13] 참조).

무인물류차량은 산업별로 2020년에 자동차 335백만 달러, 금속 및 중기계 264백만 달러, 식품 및 음료 270백만 달러, 화학 234백만 달러, 헬스케어 244백만 달러, 3자물류 201백만 달러, 반도체 및 전자 176백만 달러, 항공 162백만 달러, 전자상거래 172백만 달러 규모를 보였다.

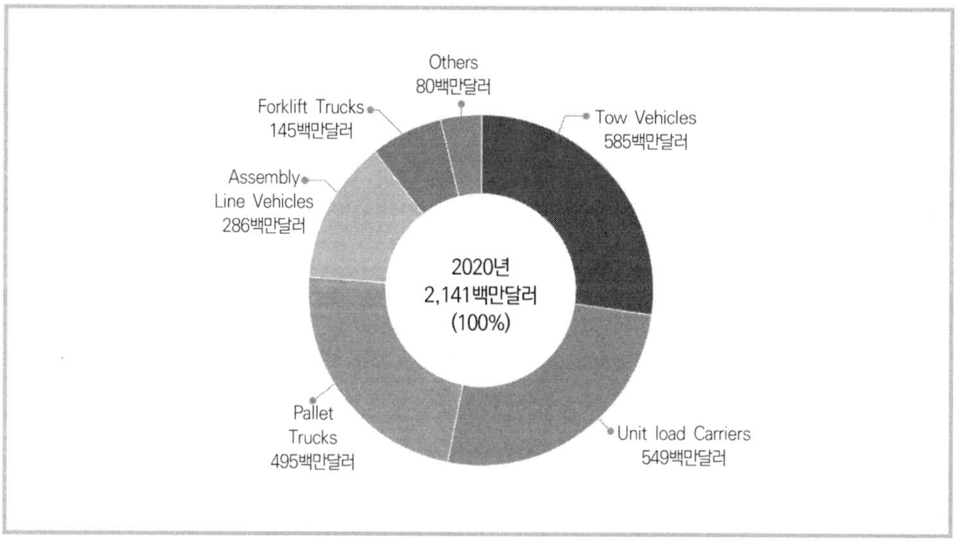

[그림 10-13] 무인물류차량 형태별 시장규모 (출처 : KISTI)

향후 2026년에 자동차 485백만 달러, 금속 및 중기계 372백만 달러, 식품 및 음료 441백만 달러, 화학 329백만 달러, 헬스케어 385백만 달러, 3자물류 313백만 달러, 반도체 및 전자 266백만 달러, 항공 221백만 달러, 전자상거래 290백만 달러, 기타 106백만 달러로 추정하고 있다.

3. 시장에서 역할

기존의 물류자동화는 컨베이어, OHS(Overhead Hoist Shuttle), OHT(Overhead Hoist Transport)가 주를 이루었다. 설치된 레일에서만 이동이 가능하여 제어 변수가 거의 없고 주행 속도가 빠르기 때문에 선호되었다.

하지만 무인물류차량에 비해 초기 투자비용이 많고 레일설치 공간 확보와 이동경로의 변경 및 확장이 어렵다는 단점 때문에 반도체 및 디스플레이 등 대규모 생산시설에 주로 적용되었다.

반면 무인물류차량은 레일 없이 모든 바닥에서 주행가능하고 작업자와 이동경로를 공유할 수 있다. 아마존과 쿠팡 등 물류센터에서 성공적으로 도입하여 물류산업으로 확대할 가능성을 보여주었다.

무인물류차량은 효율성 향상, 인건비 절감, 안전성 향상 등 여러 가지 장점을 제공하고 있다. 운전자의 피로나 실수에 영향 받지 않으며 안전한 환경에서 시간에 구애받지 않고 작동할 수 있다. 또한 창고관리 시스템과 통합하여 재료 및 제품의 실시간 추적 및 모니터링이 가능하여 재고 정확성을 향상시키고 지연을 줄일 수 있다.

05 드론

드론(Drone)은 조종사 없이 무선전파로 유도되면서 비행과 조종이 가능한 비행기나 헬리콥터 모양의 무인기를 의미한다. 과거 군사용으로 개발되었으나 이제는 상업용으로 확대되면서 수요가 급증하고 있다.

[그림 10-14] 드론 배송

(출처 : 헤럴드경제)

[그림 10-15] 드론

(출처 : YOUNG IN Mobility)

[그림 10-16] 군수품 수송용 드론

(출처 : 브릿지경제)

[그림 10-17] 항공촬영드론

(출처 : YOUNG IN Mobility)

1. 정의

드론은 조종사를 태우지 않고, 공기역학적 힘에 의해 부양하여 자율적으로 또는 원격조종으로 비행하며 일반화물을 실을 수 있는 동력 비행체로 정의하고 있다. 드론은 수벌을 의미하는 것으로 프로펠러가 돌아가는 소리가 마치 벌의 날개짓 소리와 유사하여 부르고 있다.

드론은 항공물류시장에서 배송을 위한 활약에 큰 기대를 걸고 있다. 무인 택배서비스를 위해 드론 개발 및 서비스망 구축에 거대한 액수의 투자가 이루어지고 있다.

아마존은 드론으로 30분 이내 물품을 배송하는 '아마존 프라임 에어(Amazon Prime Air)' 서비스를 개발하였다. 구글은 드론 택배서비스 '프로젝트 윙(Wing)'을 개발하였으며, DHL과 UPS 등 기존 물류배송업체도 드론을 활용한 택배서비스를 본격적으로 운영할 계획으로 있다.

2. 활용 분야

최근 소형화 및 이동성이 강화되면서 상업용으로 확대되고 있으며 드론을 활용하면서 항공물류산업에 혁신적인 변화가 나타나고 있다. 물류 및 여객운송 영역으로 물류시스템에 드론의 비중이 계속 증가하고 있으며, 월마트나 아마존 등 대형 유통사에서 드론 택배를 빠르게 도입하면서 화물 및 택배 등 창고업에서 높은 성장세를 보이고 있다.

드론은 고공영상 및 사진촬영, 기상정보 수집, 농약 살포 등 다양한 분야에서 활용하고 있다. 정밀농업을 비롯한 농업, 3D 매핑과 열화상 항공촬영, 스마트시티를 실현하는 건설현장, 건축물 및 시설 안전진단, 긴급구조 및 실종자 수색, 해상인명 구조, 산불 및 화재 진압, 화생방사고 대응, 탐정 및 경찰 드론 등 공공기관, 디지털트윈 등에서 널리 활용하고 있다.

기상관측과 태풍 등 기상변화를 실시간 모니터링하고, 응급환자를 찾아 수송하며, 동물의 지역적 분포와 이동경로를 확인하고, 지리적 특성을 파악하면서 정밀한 지도를 제작하는 데 활용하고 있다. 영화와 방송 등의 항공 촬영과 송유관 점검과 해상석유시설관리 등에 활용하고 있다.

또한 육군은 '군수품 수송용 드론'을 시연하면서 유사시 고립된 부대에 식량 등 군수품을 수송하는 임무를 수행할 계획으로 있다. 아마존의 상업용 드론에 착안하여 개발한 군수품 수송용 드론은 한 번에 최대 20kg를 약 500m 상공에서 약 5km 거리를 30분가량 비행할 수 있다. 지상에서 컴퓨터로 원격 조종하여 자율 비행도 가능하다.

3. 드론 시장 전망

국토교통부는 지난 '2022년도 드론 산업 조사 보고서'에서 국내 드론 시장은 2017년 1,999억 원에서 2021년 8,406억 원으로 약 4.2배 성장하였으며, 오는 2030년에는 2조 2,200억 원으로 대폭 증가할 것으로 전망하였다.

또한 세계 드론 시장은 2021년 32조 원에서 2032년 146조 원으로 연평균 14.9%

씩 꾸준히 성장할 것으로 전망하였다. 향후 드론 시장은 국내외에서 성장가능성이 매우 높을 것으로 기대하고 있다.

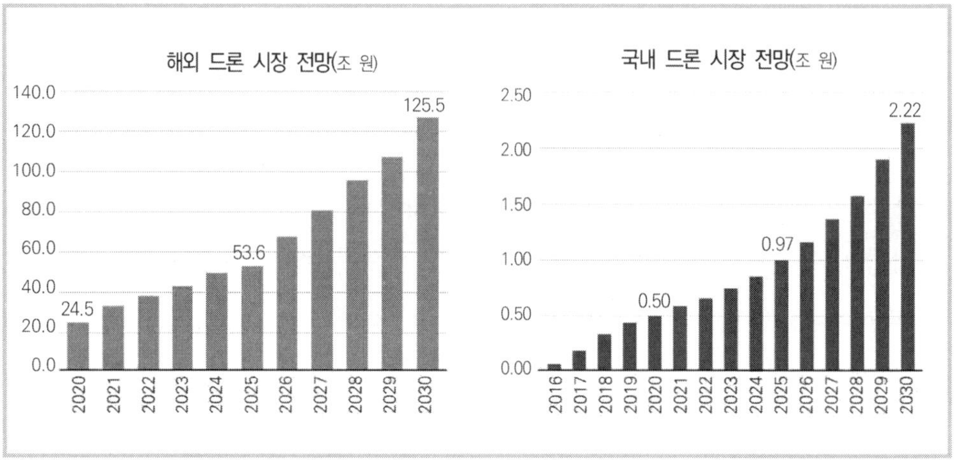

[그림 10-18] 국내와 해외의 드론 시장 전망 (출처 : 국토교통부, 와이드경제)

드론은 운송비용을 절감하면서 새로운 시장을 창출하고 연결성을 향상시킬 수 있어 경제적, 사회적으로 높은 성장 잠재력을 지니고 있다. 교통이 복잡한 도시지역을 큰 어려움 없이 이동할 수 있으며, 도로나 철도, 공항 등 교통시설에 구애받지 않고 자유롭게 운영할 수 있다.

드론의 활용으로 토지 사용이 변할 수 있으며, 도시 외곽으로 기업이나 주거지를 이전하여 대도시 과밀화 문제를 해결하는 방안이 될 수도 있다. 드론의 스피드를 겨루는 드론 레이싱도 전망이 밝아 보인다. 드론 파일럿은 모니터 속에서 마치 자신이 최고 150km로 비행하는 것처럼 속도감을 즐길 수 있다.

자유롭게 비행하면서 더 높은 속도감을 느낄 수 있도록 부품과 모터를 교체하면서 레이싱의 재미를 느낄 수 있다. 경주용 드론은 가격이 50만 원 정도로 저렴하여 누구나 쉽게 접할 수 있는 취미로서 새로운 시장으로 부각되고 있다.

4. 국내 시장 현황

항공안전기술원이 지난 2022년도 드론 산업 실태 보고서에서 국내 드론 활용 업체는 총 4,649개라 하였다. 이 중 촬영 · 레저로 활용하는 업체는 2,233개로 48%를, 농업 · 방제가 1,389개로 30%, 측량 · 탐사 업체가 520개로 11%, 교육관련 업체가

486개로 11%를 차지하고 있다. 반면 제작업체는 345개로 활용 업체에 비해 매우 적은 수치로 나타났다.

〈표 10-2〉 국내 드론 업체 수와 매출액

(단위 : 백만원)

구 분	업체 수	평균 매출액	총매출액
제작분야	345	1,020	351,961
활용분야	4,649	105	488,658
계	4,994	168	840,619

(출처 : KIAST)

국내 드론 산업의 총 매출액은 제작업체가 3,520억 원(41.9%), 활용업체가 4,887억 원(58.1%)을 기록하였나. 드론관련 매출액을 보면, 부품이나 소프트웨어를 제작하는 시장에서 하드웨어 완제품은 1,502억으로 약 42.7%를, 하드웨어부품은 1,005억 원으로 약 28.6%를, 소프트웨어는 933억 원으로 약 26.5%를 차지하고 있다.

드론 활용업체의 매출액은 농업·방제가 1,954억 원으로 40%를, 촬영·레저가 1,360억 원으로 28%를, 측량·탐사가 831억 원으로 17%를, 교육·기타가 740억 원으로 15%를 차지하였다. 종사 인원수는 총 16,753명으로 제작업체가 4,152명, 활용업체가 1,260명으로 기록되어 있다.

국토교통부 주최 '2024 대한민국 드론박람회'에 따르면 중국은 전 세계 드론 시장의 약 95% 시장점유율을 차지하고 있다. 이중 DJI가 약 90%를 Autel Robotics가 약 5%를 차지하고 있다.

한국을 비롯하여 미국과 유럽은 약 5%를 차지하고, 드론 기업을 보유한 국가 순위에서 한국은 9위에 위치하고 있다. 향후 물품배송, 재난구조, 의료물품 운송 등 물류분야에서 배송 드론의 활약은 더욱 커질 것으로 기대하고 있다

5. 물류에서의 드론 기술 동향

아마존은 소형 드론을 이용하여 물품 배송서비스에 나서고 중국의 앤트워크는 물류배송 라이센스를 취득하고 드론으로 의약품을 안전하게 배송하고 있다.

(1) 아마존

아마존의 프라임에어(Prime Air) 서비스는 소형 드론을 사용하여 30분 이내의 거리에 최대 5파운드 물품을 배송할 수 있는 서비스이다. 아마존은 프라임 서비스를 위해 물류·택배에 관한 권리를 지속적으로 확보하고 있다.

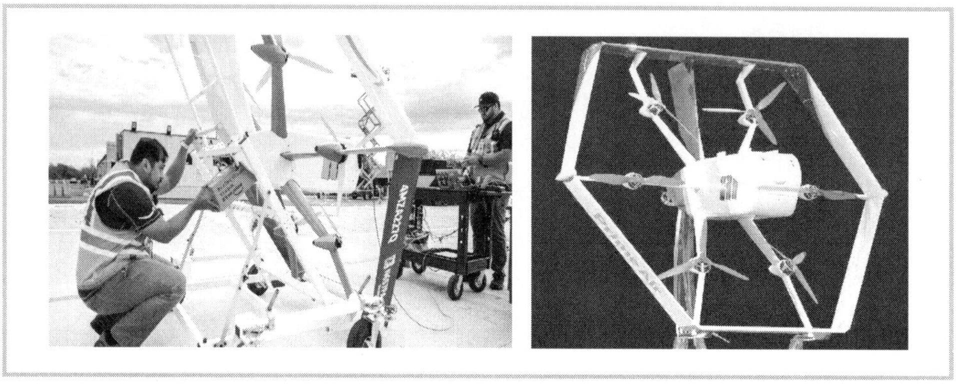

[그림 10-19] 아마존 하이브리드형 드론 (출처 : 아마존)

아마존은 드론을 활용하여 물류 저장 및 관리, 비행 안전관리, 충전 및 유지보수, 물품 배송 등과 관련된 혁신적인 특허를 출원하고 있어 향후 드론 배송이 가능하게 될 경우 가장 강력한 배송 네트워크를 구축할 것으로 예상되고 있다.

아마존이 발표한 하이브리드형 드론은 약 24km 이상 비행할 수 있으며, 약 88km/h의 속도로 비행하고 수평 비행하는 것이 특징이다.

(2) AntWork와 Blue Innovation

중국의 드론 업체인 앤트워크의 드론 본체와 블루 이노베이션의 비행 제어기술을 결합하여 드론 배송서비스를 추진하고 한다. 앤트워크의 드론은 6kg 이하의 화물을 운송할 수 있으며, 비행거리는 최대 20km 수준이다. 항풍성과 방수성이 우수하여 우천시에도 배송이 가능하다는 장점이 있다.

앤트워크는 19년 중국 민간 항공국이 발행한 드론 물류배송 라이센스를 최초로 취득하였으며 도시에서 물류배송 드론을 최초로 승인받은 사례이다. 코로나19 기간 동안 대면접촉을 피하기 위해 앤트워크의 드론을 활용하여 의약품을 안전하게 배송한 사례가 있다.

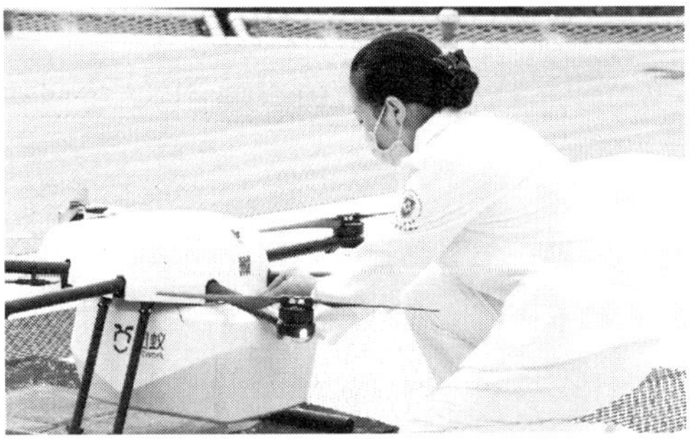

[그림 10-20] Antwork의 의약품 배송 (출처 : Antwork)

06 인공지능

인공지능(AI) 도입으로 비용절감 효과가 발생하는데 제조업은 약 64%, 공급관리는 약 61%가 발생한다고 맥킨지가 설문조사 결과를 발표하였다. MS는 AI 선두기업으로 제조업체가 AI 도입으로 11%의 이익 개선 효과를 얻을 수 있다고 밝혔다.

스마트 물류에서 인공지능의 역할을 예측 · 자동화 · 분석으로 구분하고 있다. 수집된 데이터를 분석하여 상태를 감지하고 확인하고 있다. 자율주행차량, 로봇, 드론 등의 자율주행을 조정하고 있다. 물류센터와 풀필먼트 센터 등 물류 전반의 프로세스에 대한 이상 유무를 진단하고 있다.

〈표 10-3〉 스마트 물류에서 인공지능의 역할

구 분	항 목	활용내용
예측	계획	수요 예측 및 공급량 계획
자동화	자동화 창고	창고 내 로봇, 결함 감시, 예지 보전*
	자동화	화물 분류, 자율 주행 및 드론
	분석	가격 책정, 배달 경로 최적화
	사무지원	자동화 사무, 고객 응대를 위한 챗봇
분석	마케팅	영업, 자동 이메일, 영업 및 마케팅 분석

(출처 : 지식산업정보원)

1. AI 도입

미국 통계국 보고서(2023년 11월)에서 미국의 산업 평균 약 4%가 AI를 사용하고 있으며, 향후 약 7%가 AI를 도입할 예정이라 밝혔다. 산업용 AI 시장은 아직 초기국면이지만 향후 본격적으로 성장세가 나타날 것으로 기대하고 있다.

(1) 효과와 규모

산업용 AI 도입의 효과로는 비용 절감, 수율 및 품질 개선, 서비스 및 경영 효율 증대 효과 등이 있다.

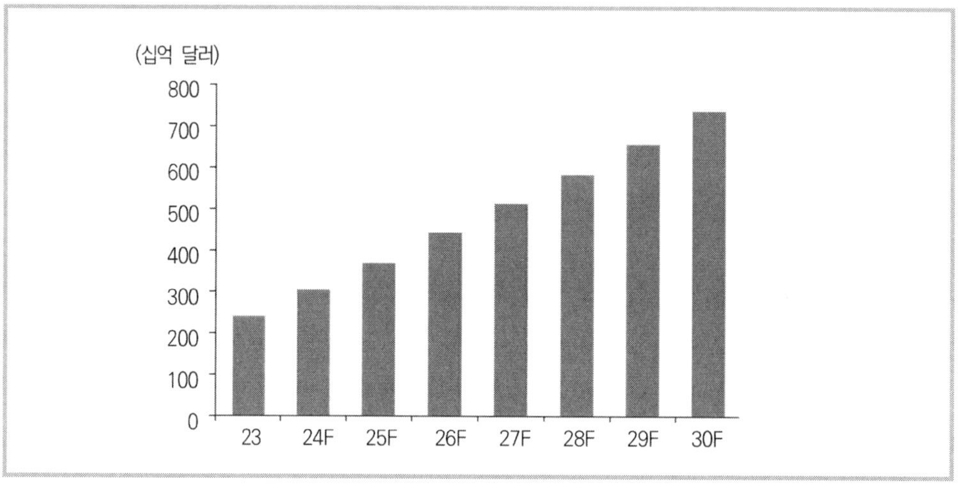

[그림 10-21] 글로벌 AI 시장 규모 (출처 : Statista, 가비버디)

시장조사기관 Statista는 글로벌 AI 시장이 2024년 약 3,060억 달러에서 2030년까지 7,388억 달러로 연평균 약 16%씩 성장할 것으로 전망하고 있다. ([그림 10-21] 참조)

Market Research Future는 산업용 AI 시장의 경우 2022년 약 20억 달러에서 2023년 약 30억 달러로 성장하고 2032년까지 약 900억 달러로 연평균 약 46%씩 시장 규모가 급성장할 것으로 전망하고 있다([그림 10-22] 참조).

* 예지 보전 : 설비의 사용 수명을 유지하거나 연장하기 위해 기능 구조, 시스템 또는 구성 요소의 열화를 감지하거나 방지하는 고정된 일정 또는 규정된 기준에 따라 수행되는 유지관리이다.

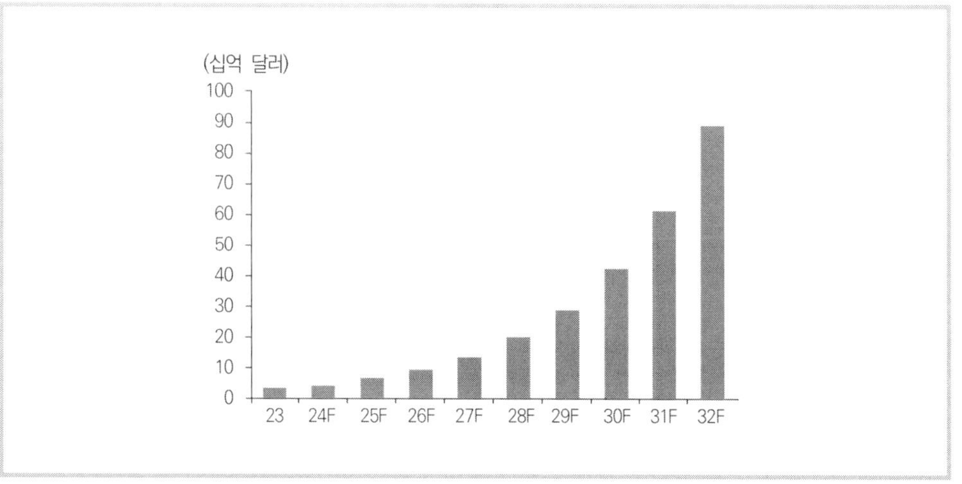

[그림 10-22] 글로벌 산업용 AI 시장 규모 (출처 : Market Research Future, 가비버디)

(2) 국내 AI 규모

시장조사기관 IDC(인터넷 데이터센터)는 국내기업의 약 41%는 현재 AI를 활용하고 있으며, 주로 IT 업무와 고객서비스 응대 업무에 적용하고 있다고 밝혔다. 이 중에 약 82% 기업은 기대한 효과를 거두고 있는 것으로 제시하였다.

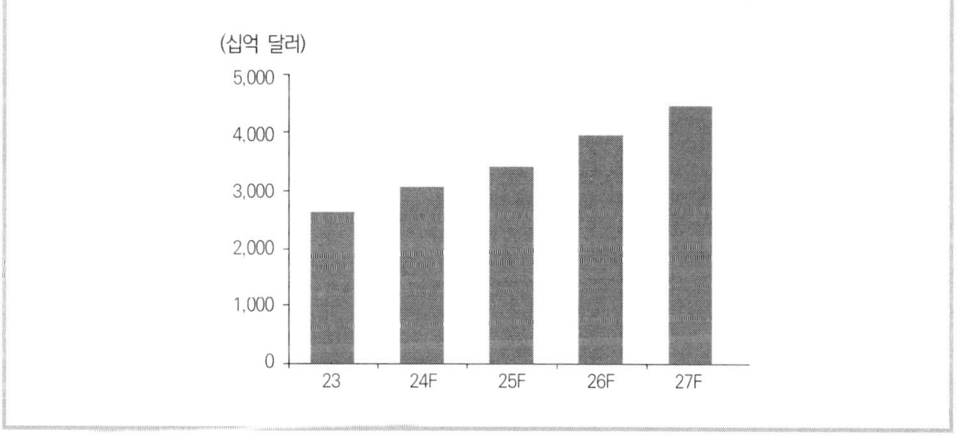

[그림 10-23] 국내 AI 시장 규모 (출처 : IDC, 하나증권)

한국 IDC는 국내 AI 시장의 경우 2023년 약 2조 6,123억 원에서 2027년 4조 4,636억 원으로 연평균 약 17%씩 성장할 것으로 기대하고 있다([그림 10-23] 참조).

[그림 10-24] 인공지능 로봇 (출처 : 코베리언트)

2. 산업용 AI 도입

산업 현장에서는 빅테크 기업과 저렴한 노동력을 앞세운 해외 경쟁자들과 대응하고 있다. 이런 환경에서 기업은 성장을 위해 원가절감, 효율성 극대화, 비즈니스 혁신이 필수적이다. 이에 따라 기업은 디지털 전환을 넘어 AI 도입이 필요한 시점이다.

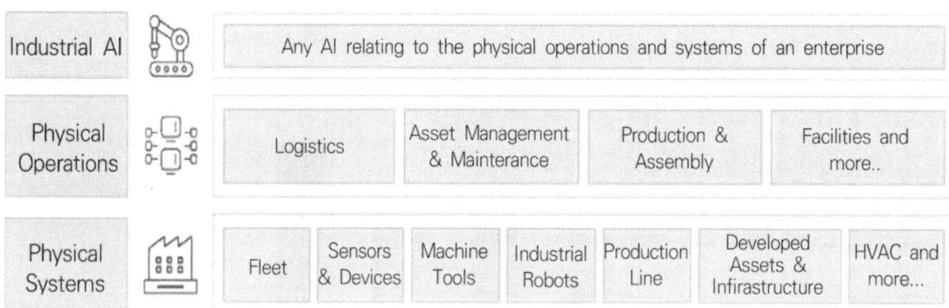

[그림 10-25] 산업용 AI 정의 (출처 : CloudPulse Strategies, 하나증권)

(1) 제조실행시스템

제조실행시스템(MES)은 제조공정에서 ERP*와 PLC** 사이에 생산 현장의 실시간

* ERP : 전사적 자원관리(Enterprise Resource Planning)는 기업의 모든 부분을 하나로 통합 관리하는 시스템이다. 경영자원을 최적화하기 위해 구매, 생산, 물류, 마케팅, 회계 등 업무기능의 효율화를 추구하는 통합된 정보시스템이다.

** PLC : Programmable Logic Controller는 미리 정해진 순서에 따라 제어의 각 단계를 점차 진행하는 제어이다.

정보를 제공하고 제조공정을 효율적으로 관리하기 위한 솔루션이다.

MES 사용으로 생산 일정부터 품질, 설비, 재고, 제조, 실적 등 다양한 공정에서 분석이 가능하여 생산성 극대화가 가능해진다. 여러 공정과 벤더의 생산정보 등을 통합하고 연결하여 장비 원자재 등의 주문 및 재고관리의 최적화가 가능하다.

또한 AI 도입으로 수집되고 분석된 원자재와 재고 등의 데이터를 기반으로 제조 공정 자동화에 차질이 없도록 실시간 주문이 가능해진다.

(2) 물류 : 로봇

수작업 또는 부분 자동화를 통해 운영되던 물류산업은 AI와 데이터 기반 운영으로 물리적 한계를 극복할 것으로 기대된다. 하지만 방대한 양의 물류 특성상 전체 시스템을 하나의 AI 솔루션으로 통합하기는 어려우며, 산업용/생성형 AI 기술의 고도화를 통해 오차를 줄여 나갈 것으로 기대하고 있다.

(3) 머신 비젼

검사 공정에서 머신 비젼은 사람이 눈으로 보고 판단하는 품질 검사를 빠르고 정확하게 대행하는 인공지능이다. 카메라나 광학 모듈 등의 하드웨어와 이미지를 처리하고 분석하는 솔루션으로 구성되어 있다.

기존의 Rule-based 방식은 반도체나 2차 전지, 디스플레이 등 제조 공정이 복잡하고 다양하여 비정형화된 오류를 탐지할 때는 한계를 보여 주었다. 이 문제를 해결하기 위해 AI 딥러닝 기술이 도입되어 AI를 활용한 머신 비젼 시장이 확대되고 있다.

3. 인공지능 기술사례

LG CNS와 아마존에서 활용되고 있는 인공지능의 구체적인 사례에 대해 살펴보고자 한다.

(1) LG CNS

물류산업에서 적용하고 있는 스마트 물류에는 AI 피킹 로봇, 재고관리 및 예측, 상품분류 및 검수 등이 있으며 LG CNS와 LX Pantos 등에서 적용하고 있다. 이러한 산업용 AI는 물류공정을 보유한 기업들이 원가절감의 목적으로 활용하고 있다.

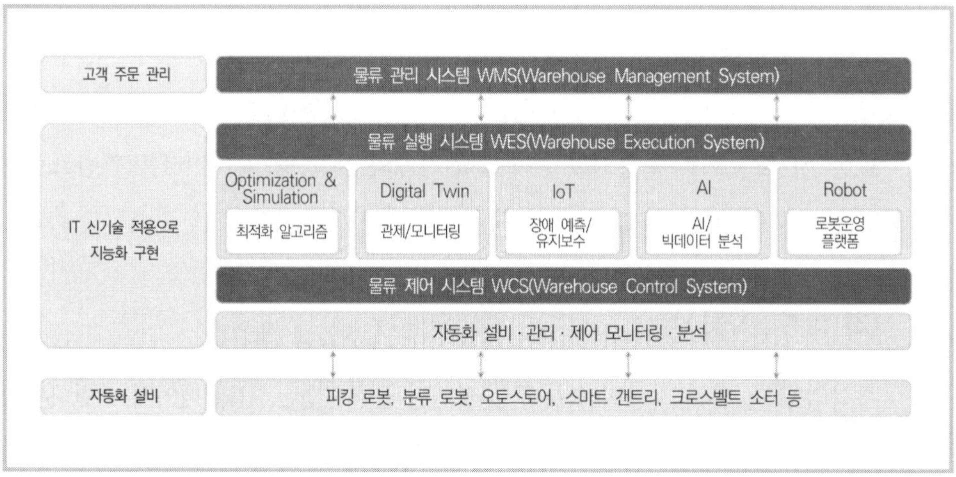

[그림 10-26] LG CNS 스마트 물류 플랫폼 (출처 : LG CNS, 하나증권)

1) AI 피킹 로봇

물류의 이동과정에 AI 피킹 로봇을 통해 제품 준비시간을 단축하고 카메라를 통해 제품의 형태를 인식하며 로봇의 이동 루트를 계획하는 것이 중요하다. 생성형 AI를 적용할 때 프로그래밍 등의 과정 없이 코칭이 가능하여 취급 가능한 물류의 종류는 급격히 증가할 전망이다.

2) 재고관리 및 예측

물류센터는 적정 재고 유지와 폐기가 필수적이며, 거점별 재고 현황을 실시간으로 추적할 필요가 있다. 또한 AI 기반 예측분석을 통해 재고관리 비용의 최소화 가능, 원자재 및 재고의 효율적 주문관리가 가능하다는 점에서 MES와 연결성을 갖는다.

3) 상품분류 및 검수

분류단계에서는 AI 딥러닝을 통해 대상의 이미지 크기와 형상의 빠른 판독이 가능하며 이를 통해 분류의 정확도가 상승하고 운영 인건비의 절감이 가능해진다.

검수단계에서는 피킹된 제품을 학습된 이미지로 분류 후 기존 학습된 제품의 특징과 비교를 통해 상품을 판독 후 최종적으로 PLC에 전달하게 된다.

(2) 아마존

온라인 및 오프라인 유통채널을 통해 수집된 고객데이터를 기반으로 맞춤형 소비경험을 제공하기 위한 딥러닝 기반의 초개인화(Hyper Personalization) 서비스 기술, 상품 공급망 관리, 암호화폐 기반의 소매 결제, 고객정보 수집 · 관리 · 보관에 블록체인 기술이 도입되고 있다.

이러한 기술을 통해 미래 소비자의 구매 결정과정이 인공지능과 사물인터넷, 빅데이터 기술이 대체할 수 있으며, 무노력 쇼핑(ZEC)이 가능해진다.

아마존의 Personalize 시스템에서는 사용자 데이터에 따라 모델 학습과 머신러닝 기반의 맞춤형 추천, 유사항목 추천, 맞춤형 프로모션과 알림기능 제공 등의 기술을 제공하고 있다. 이를 통해 아마존에서 발생하는 매출의 35%는 개인화 추천 서비스를 기반으로 발생하고 있다.

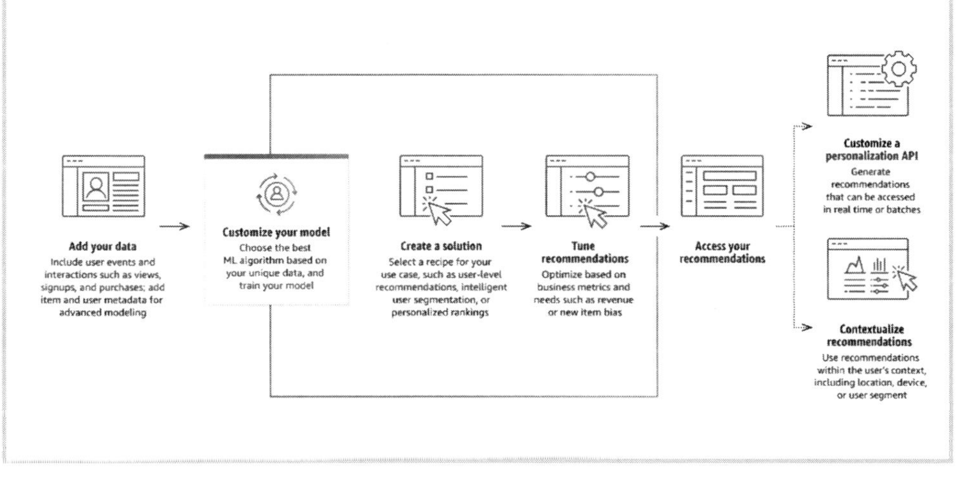

[그림 10-27] 아마존의 Personalize (출처 : 아마존)

국내 롯데마트는 고객 프로필에서 구매이력과 선호도를 조사하여 M-쿠폰을 통해 제품을 추천해 왔다. 그러나 이는 재구매 가격이나 선호하는 브랜드와 같은 대상 조건이 올바르게 설정되었을 때만 제대로 추천이 이루어졌다.

각 구매자에 대한 개별화된 추천에는 적합하지 않아 실제 구매율은 매우 낮았다. 이에 롯데마트는 Amazon Personalize를 통해 기존 방식으로 촉진하기 어려운 신제품을 비용 효율적으로 추천할 수 있게 되었다.

70만 명을 목표로 M-쿠폰 추천서비스를 테스트하여 초당 발생되는 트랜잭션을 줄이고 비용 최적화를 가져왔다. 개인화된 추천서비스를 통해 쿠폰 사용량이 두 배 이상 증가하는 효과를 얻었다.

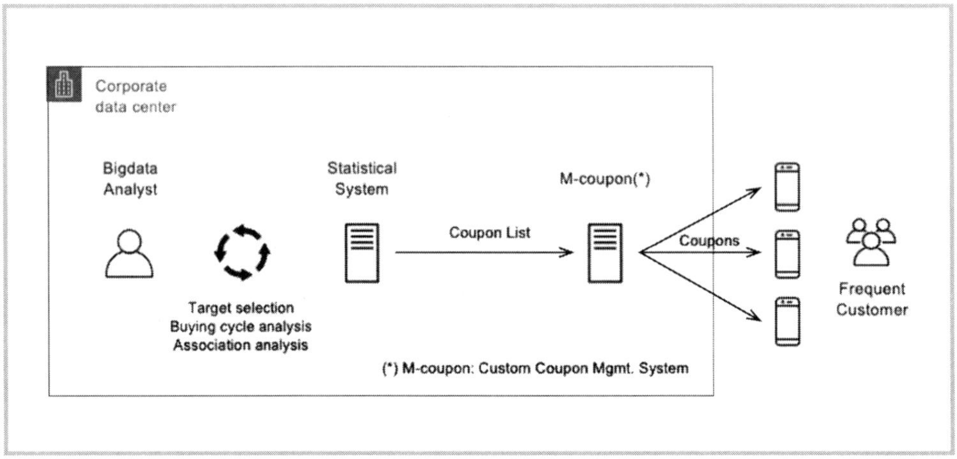

[그림 10-28] 롯데마트 M쿠폰의 아마존 Personalize 활용 (출처 : 아마존)

07 AI를 활용한 스마트 물류

AI 활용한 스마트 물류에는 로봇 제어, 예측분석 및 재고관리, 이동 경로 최적화, 상품 분류, 상품 검수 등이 있다.

1. 로봇 제어

물류과정에서 수작업이 많은 작업 중 하나가 상품을 집는 피킹이다. 딥러닝 비전과 강화 학습 알고리즘을 활용한 AI 피킹 로봇으로 다양한 형태의 상품을 처리하기 위해 준비하는 시간을 단축할 수 있다.

(1) 생성형 AI 적용

먼저 3D Vision 카메라로 3D 포인트 클라우드 데이터를 생성한다. 관심 영역 필터, 특징추출, 다운 샘플링, 세분화 등을 거쳐 상품을 인식하고 로봇의 이동경로를 계획한다. 로봇-카메라 보정과 강화 학습 모델 기반의 피킹 포인트 선정으로 보다 정확한 피킹을 구현한다.

[그림 10-29] AI 기반 피킹 과정 (출처 : LG CNS)

생성형 AI가 적용되면 로봇의 티칭과 제어도 기존과 같은 물리적인 조작없이 쉽게 가동할 수 있다. 작업 대상물이나 프로세스의 변화에 유연하게 대응할 수 있다. 생성형 AI가 사용자와 대화하며 다양한 사용 목적에 맞게 코드를 생성하고 로봇을 제어하면서 협업하는 일이 가능하게 된다.

(2) RPA* 기술 도입

물류에서의 서류처리 방식은 단순히 반복적이고 수작업으로 이루어지고 있는 경우가 많은데 이는 물류 생산성 저하의 원인이 될 수 있다.

이를 위해 인공지능 기술을 활용한 RPA는 사전에 정해진 순서에 따라 사람이 하는 작업을 모방하여 기존 IT 환경에서 동일하게 업무를 처리하는 소프트웨어 로봇이다. RPA는 단순 반복 작업을 대체하는 자동화 기술을 의미한다.

* RPA : Robotics Process Automation의 약자로 로봇업무자동화를 의미한다. 사람이 반복적으로 처리하는 단순 업무를 로봇이 대신 수행하는 것을 말한다. 이메일 열기부터 웹에서 데이터 모으기, SNS 통계 데이터 수집 등 단순 반복해야 하는 일들을 자동으로 처리한다.

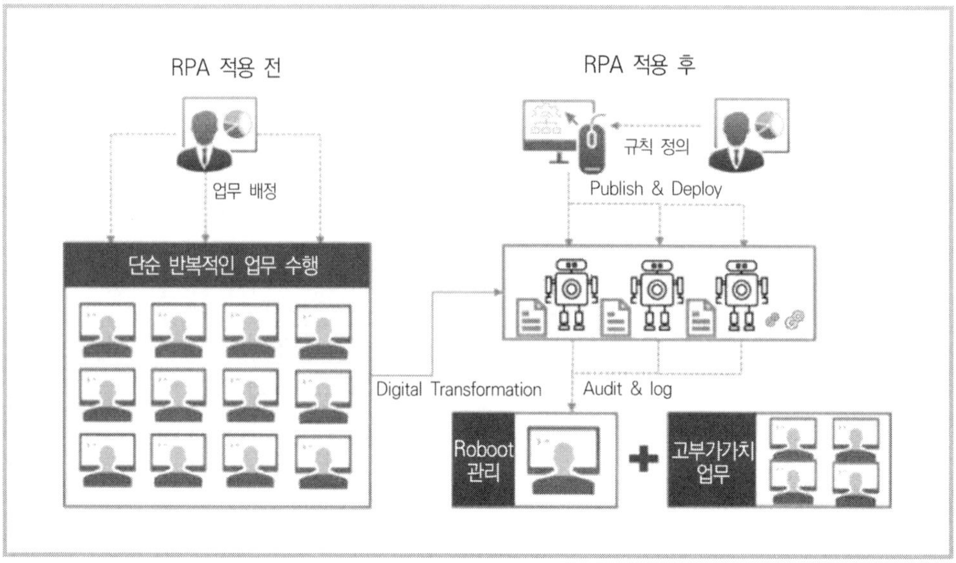

[그림 10-30] RPA 활용 예시 (출처 : KTDS)

이미지 인식 기능을 중심으로 단순한 서류처리와 데이터 입력 과정을 자동화하는데 기여할 수 있다. RPA 전문 기업들은 반복적이고 단순 수작업에 이미지 인식과 패턴 인식 등 인공지능 기술을 접목하고 있다.

RPA는 담당자가 수작업으로 서류를 처리할 필요 없이 인공지능 기술이 담당자를 대신하여 서류에 있는 데이터를 분석하고, 필요한 작업을 처리할 수 있도록 지원할 수 있다.

2. 예측분석 및 재고관리

AI를 활용한 공급관리시스템은 재고창고와 물류센터 등에서 적정 재고 유지와 폐기율을 최소화하기 위해 필수적이다.

대량의 주문과 입고가 대량으로 발생하는 물류 특성상 AI 기반 예측과 분석을 통해 재고관리 비용을 절감할 수 있다.

(1) 재고 최적화 구현

데이터를 기반으로 네트워크 구성 최적화 모델을 발굴하여 최적 거점을 도출한다. 데이터 분석 자동화 솔루션을 활용하여 상품 판매 데이터를 학습시켜 거점별 수요예측 모델을 구현한다.

구현된 모델로 거점별 화주사와 재고관리 코드별(SKU) 출고량 예측 결과를 활용하여 재고 최적화를 구현할 수 있다.

운영사 측면에서는 거점별 상품 출고 데이터를 분석하여 SKU별 적정 입고 수량을 예측한다. 이를 기반으로 출고량을 예측하여 미출 및 과잉 재고 이슈를 방지할 수 있다. 온라인 판매자 입장에서는 거점별 상품 보충을 최적화하고 재고 회전율을 높여 사업 수익성을 극대화할 수 있다.

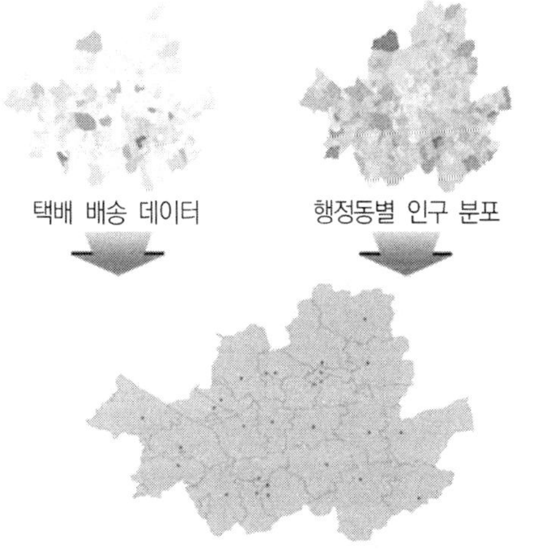

[그림 10-31] MFC 거점별 수요 예측 (출처 : LG CNS)

(2) 서비스 비용 예측 서비스

글로벌 모빌리티 기업 Uber에서는 화물운송 분야에서 화물운송 중개 디지털 플랫폼 Uber Freight 서비스를 운영하고 있다.

인공지능 기술을 활용하여 특정 시점 이후 서비스 구간별 요금을 예측하여 화주에게 제공하는 서비스 비용 예측 서비스인 Lane Explorer를 제공하고 있다.

Uber Freight는 디지털 플랫폼을 통해 화물운송 중개가 이루어지는 과정에서 다양한 상황에 따른 서비스 요금 데이터가 저장되며, 저장된 운송 서비스 요금을 학습하여 미래 서비스 요금 예측에 활용하는 것이 가능해진다.

3. 이동 경로 최적화

풀필먼트 센터의 배송에서와 같이 1회 운송 시 여러 고객에게 상품을 배송해야 하는 경우 VRP(Vehicle Route Planning) 최적화를 통해 최적 배송경로를 계산하고 전체 배송경로의 소요시간을 최소화하여 수익을 창출하고 있다.

기존의 최적화 알고리즘은 최적화 탐색에 걸리는 시간을 감안하여 고려가능한 제약 요인들을 제한하는 것이 일반적이다. 수리적으로 모델링하기 어려운 현장의 복잡한 제약 요인들을 모두 반영하는 것이 어려운 한계점이 존재하고 있다.

(1) UPS ORION 시스템

인공지능 기술은 기존 최적화 한계점을 보완하여 다양한 현장의 요인들을 학습시켜 현실적인 배송경로를 최적화하는데 활용하고 있다. 세계 최대의 특송 기업 중 하나인 UPS는 배송경로의 최적화를 위해 ORION 시스템을 도입하고 매일 개별 트럭의 배송경로를 최적화하여 트럭의 배송비용 절감에 활용해 오고 있다.

과거 UPS ORION 시스템은 현장의 복잡한 상황을 모두 반영하는 것이 어려워 이에 대한 보완이 필요하였다. 이에 특정 지역과 트럭, 배송 기사의 노하우를 반영한 실제 배송 결과를 인공지능 기술로 학습하여 모형화하였다.

이를 배송경로 최적화 부분에 접목하여 보다 현실적이고 배송비용을 최소화할 수 있는 시스템으로 고도화하기 위해 노력하고 있다.

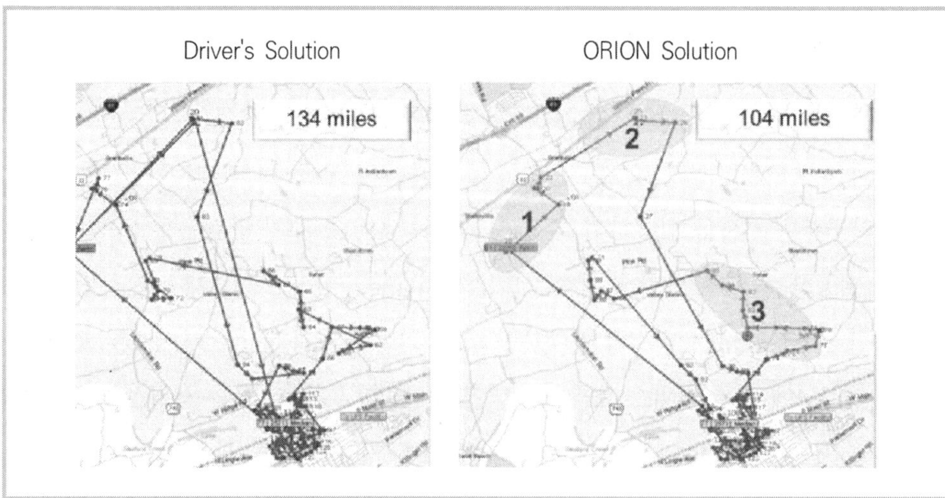

[그림 10-32] UPS ORION 시스템의 배송경로 최적화 (출처 : Holland, UPS)

(2) 무인운반로봇 선정

주문 이후 출하 생산성을 높이기 위해서는 최적 이송 경로 알고리즘을 적용하여 무인운송로봇 운영 및 배송경로 최적화를 구현할 수 있다. 고객의 주문을 가장 효율적으로 피킹할 수 있는 무인운반차(AGV : Automated Guided Vehicles)를 선정하고 작업을 할당한다.

이어 AGV 별 최적 운행 경로를 결정하고 신속한 피킹을 수행한다. AGV 간 간섭을 최소화하고 교착을 방지할 수 있는 운행 경로 최적화도 가능하다.

출하 후 최적 배송경로 도출을 위해 정적 방해물 정보, 동적 정보 기반 최적의 배송 루트를 선정하고 실시간 교통상황을 반영한 최적 배송경로를 추천한다.

배송 물량을 차량에 적재 시 AI가 배송 순서와 물량을 분석하여 적재 순서를 최적화한다. 도로 데이터와 이전 배송 정보에 실시간 상황이 반영되어 최적의 배송경로를 추천하는 방식이다. 최소화된 경로를 통한 배송시간 단축으로 비용 절감 및 처리량 증대를 기대할 수 있다.

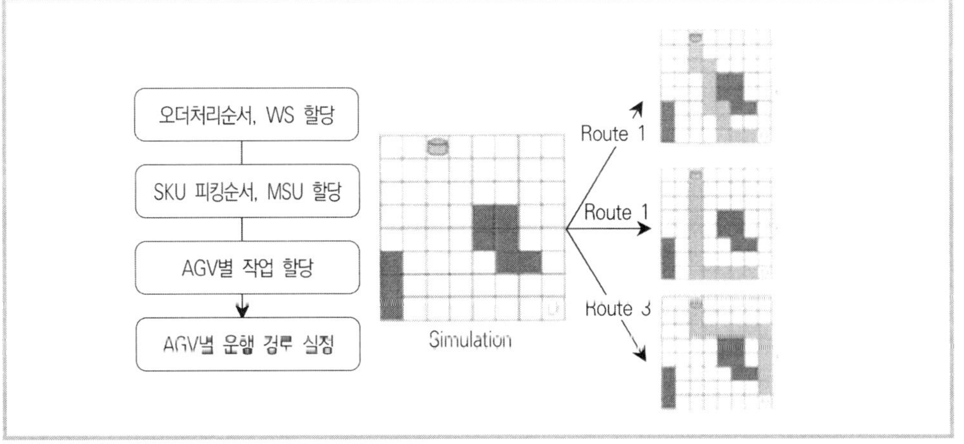

[그림 10-33] 강화학습 기반 최적 경로 선정 (출처 : LG CNS)

4. 상품 분류

지능형 화물 자동 분류는 AI 딥러닝으로 이미지 크기와 형상을 자동 판정하는 기술이다. 물류창고 상황에 맞게 분류 기준을 조정하고 현장에서 AI 분류 모델을 학습해 적용한다.

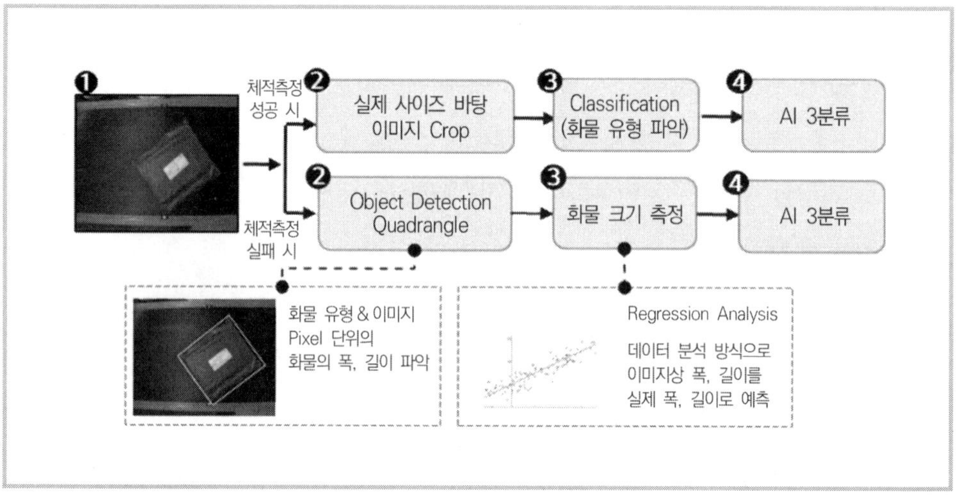

[그림 10-34] AI 화물 판정 프로세스 (출처 : LG CNS)

프로세스는 카메라를 통해 체적 측정, 실제 사이즈 바탕의 이미지 절단, 화물 유형을 파악하여 AI로 분류 등이 있다. 이러한 AI 판정 및 분류 기술은 상품 분류 정확도를 향상시키고 운영 인건비를 절감할 수 있어 다양한 산업분야에서 적용될 수 있다.

5. 상품 검수

AI 딥러닝으로 수작업에 의존하던 상품 발송 전 검수 프로세스도 자동화할 수 있다. 주요 적용 기술은 물체검출, 배경분리, 특징추출, 상품검색 및 분류 등이 있다.

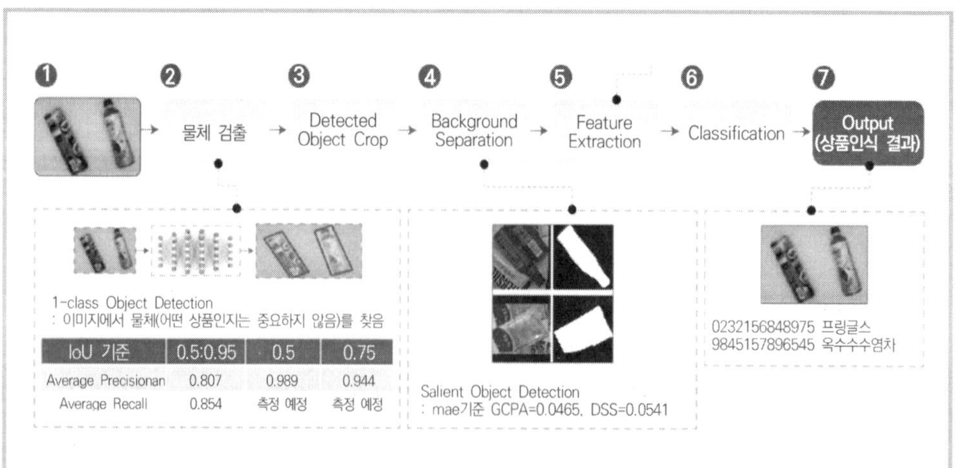

[그림 10-35] AI 화물 자동 검수 프로세스 (출처 : LG CNS)

[그림 10-35]에서 ① 촬영된 이미지 입력 및 피킹 리스트 수령, ② 각 물체 위치 검출, ③ 분석할 물체 영역 crop, ④ 배경을 분리하여 분석할 물체에 집중, ⑤ 각 물체의 특징 추출, ⑥ 저장되어 있는 특징들과 비교하여 상품 검색, ⑦ PLC 결과 전달(상품 및 피킹 리스트 동일 여부)을 나타내고 있다.

08 풀필먼트 스마트 기술의 종류

스마트 기술에는 딥러닝, 빅데이터, 감성 컴퓨팅, 스마트 머신기술, 학습 적응형 로봇, 물류자동화 로봇, 스마트 인프라 기술, 사물인터넷 등 다양한 기술이 있다.

1. 딥러닝

딥러닝(Deep Learning)은 머신러닝(Machine Learning)의 일부이고 머신러닝은 AI의 일부이다. 딥러닝은 여러 층을 가진 인공 신경망을 이용하여 데이터를 학습하는 방식이다. 데이터를 학습하는 과정에서 신경망의 층이 많기 때문에 딥(Deep)이라는 표현을 쓰고 있다.

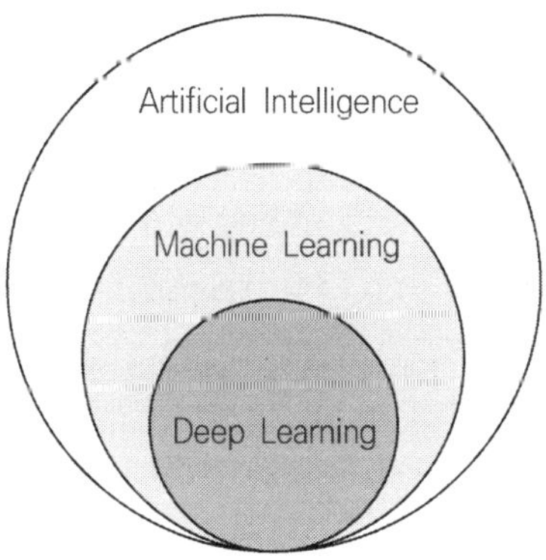

[그림 10-36] AI, 머신러닝, 딥러닝 (출처 : 이영준)

(1) 딥 러닝의 유형

딥 러닝 알고리즘은 매우 복잡하며 특정 문제나 데이터 세트를 해결하기 위한 다양한 유형의 신경망이 있는데, 이 중에서 6가지 유형은 다음과 같다.

1) CNN

컨벌루션 신경망은 주로 컴퓨팅 비전 및 이미지 분류 애플리케이션에 사용된다. 이미지와 비디오 내의 특징과 패턴을 감지하여 물체 감지, 이미지 인식, 패턴 인식 및 얼굴 인식과 같은 작업을 수행할 수 있다. 이 신경망은 선형대수학, 특히 행렬 곱셈의 원리를 활용하여 이미지 내의 패턴을 식별한다.

2) RNN

순환 신경망 순차 또는 시계열 데이터를 사용하기 때문에 일반적으로 자연어 및 음성 인식 애플리케이션에 사용된다. 이 학습 알고리즘은 주로 시계열 데이터를 사용하여 미래 결과를 예측할 때 사용한다. 주식시장 예측이나 판매 예측, 언어 번역, 자연어 처리, 음성 인식 및 이미지 캡션과 같은 순서적 또는 시간적 문제가 포함된다.

3) 오토인코더 및 변형 오토인코더

딥 러닝은 이미지, 음성 및 기타 복잡한 데이터 유형의 분석을 추가하여 수치 데이터 분석을 넘어서는 것을 가능하게 하였다. VAE(Variation Autoencoders)는 사실적인 이미지와 음성을 생성하는데 널리 사용된 최초의 딥러닝 모델이다.

4) GAN

생성적 대립 신경망은 인공 지능 내부와 외부 모두에서 원본 훈련 데이터와 유사한 새로운 데이터를 생성하는데 사용되는 신경망이다. 여기에 사람의 얼굴로 보이는 이미지가 포함될 수 있지만 실제 사람을 촬영한 것이 아니라 생성된 이미지이다.

5) 확산모델

점진적인 노이즈 추가 및 제거의 순방향 및 역방향 확산 프로세스를 사용하여 학습되는 생성모델이다. 확산모델은 학습된 데이터와 유사한 데이터(이미지)를 생성한 다음 학습에 사용된 데이터를 덮어 사용한다.

6) 변환기모델

인코더 - 디코더 아키텍처와 텍스트 처리 메커니즘을 결합하여 언어 모델 학습방식에 혁명을 일으켰다. 인코더는 주석이 없는 원시 텍스트를 임베딩으로 알려진 표현으로 변환한다. 디코더는 이러한 임베딩을 모델의 이전 출력과 함께 가져와서 문장의 각 단어를 연속적으로 예측한다.

(2) 응용 분야 사례

컴퓨팅 비전은 이미지 분류, 객체 감지, 의미론적 분할을 포함하는 인공지능 분야이다. 컴퓨팅 비전에는 다음과 같은 응용 분야가 있다.

1) 자동차

아직 무인 자동차 시대가 도래하지 않았지만, 차선 감지 등의 기능을 통해 운전자와 승객의 안전을 개선하는 기반 기술이 자동차에 적용되기 시작하였다.

2) 의료

컴퓨팅 비전이 방사선 기술에 통합되어 의사가 건강한 해부학적 구조에서 암 종양을 더 잘 식별할 수 있다.

3) 마케팅

소셜 미디어 플랫폼에서 프로필에 게시된 사진 속 인물 추천 기능을 제공하여 사진 앨범에서 친구를 쉽게 태그할 수 있도록 한다.

4) 소매업

일부 전자상거래 플랫폼에는 시각적 검색 기능이 통합되어 브랜드가 기존 옷장에 어울리는 아이템을 추천할 수 있다.

2. 빅데이터

빅데이터는 우리가 매일 사용하는 컴퓨터, 모바일 기기, 기계 센서에서 흐르는 방대한 제타 바이트급 데이터로 구성된 정보의 바다를 의미한다. 빅데이터는 조직이

의사결정을 내리고 프로세스와 정책을 향상시키며 고객 중심 제품과 서비스 경험을 구축하는데 사용된다.

(1) 분석의 중요성

빅데이터 가치는 데이터를 분석하고 이해할 수 있는 정도에 따라 측정한다. 인공지능, 머신러닝, 최신 데이터베이스 기술을 활용하면 빅데이터의 시각화와 분석으로 실행 가능한 실시간 인사이트를 제공할 수 있다.

빅데이터 분석으로 기업은 새로운 기회를 실현하고 비즈니스 모델을 구축할 수 있다. 제프리 무어(Geoffrey Moore)는 “빅데이터 분석이 없다면 기업은 고속도로 위의 사슴처럼 눈과 귀가 먼 상태로 웹을 방황하는 셈”이라고 설명하였다.

(2) 빅데이터 3가지 유형

빅데이터는 일반적으로 구조와 색인 편리성 여부에 따라 [그림 10-37]과 같이 3가지 유형으로 분류한다.

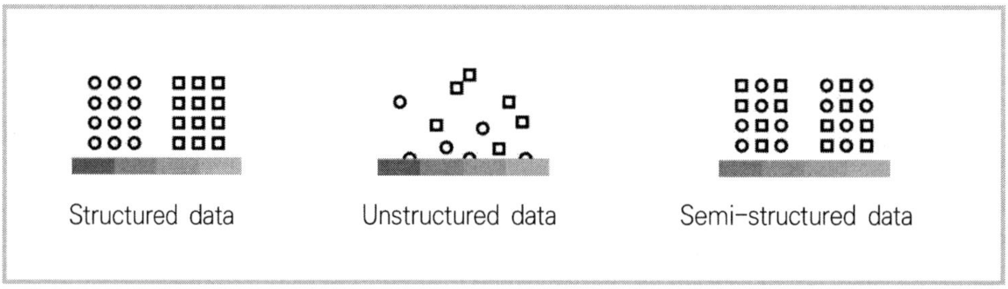

[그림 10-37] 빅데이터 3가지 유형 (출처 : SAP)

1) 정형 데이터(Structured data)

조직화와 검색이 가장 간편하고 재무 데이터, 시스템 로그, 인구통계 상세정보 등이 포함되어 있다. 행과 열의 레이아웃이 사전 정의된 엑셀 스프레드시트는 정형 데이터의 대표적인 사례이다.

2) 비정형 데이터(Unstructured data)

소셜 미디어 게시글, 오디오 파일, 이미지, 주관식 고객 의견 등이 포함되어 있다. 이 유형은 표준적인 행-열 관계형 데이터베이스로 포착하기가 쉽지 않다.

3) 반정형 데이터(Semi-structured data)

정형, 비정형 데이터의 하이브리드이다. 전자메일은 이 데이터의 대표적인 예로 메시지 본문에는 비정형 데이터가 포함되며 발신자, 수신자, 제목, 날짜 등 구조화된 속성도 포함되어 있다.

(3) 빅데이터 5가지 특징

빅데이터의 5가지 특징으로 볼륨, 속도, 다양성, 정확성, 가치가 있으며 그 내용은 다음과 같다.

1) 볼륨(Volume)

데이터량이 빅데이터를 만드는 유일한 요소는 아니지만 분명 중요한 특징이다. 빅데이터를 완전하게 관리하려면 고급 알고리즘과 AI 기반 분석이 필요하다.

2) 속도(Velocity)

과거에는 기존 데이터베이스에 데이터를 수작업으로 입력한 후에 분석할 수 있었다. 이제는 빅데이터 기술을 활용하여 데이터가 생성되는 동안 데이터베이스가 데이터를 처리, 분석, 구성할 수 있다.

3) 다양성(Variety)

정형 데이터로 구성된 데이터 집합은 아무리 양이 커도 꼭 빅데이터가 되지는 않는다. 일반적으로 빅데이터는 정형, 비정형, 반정형 데이터의 조합으로 구성된다.

4) 정확성(Veracity)

최신 데이터베이스 기술을 활용하여 기업은 엄청난 양의 빅데이터를 수집하고 이해할 수 있지만 그 데이터는 정확성, 관련성, 적시성을 지닌 경우에만 가치가 있다.

5) 가치(Value)

의심의 여지없이 빅데이터 분석의 결과는 매우 놀랍고 예상을 넘어선 경우가 많다. 하지만 기업에서 빅데이터 분석은 경쟁우위와 회복탄력성을 확보하고 고객서비스를 향상하도록 지원할 인사이트를 제공해야 한다.

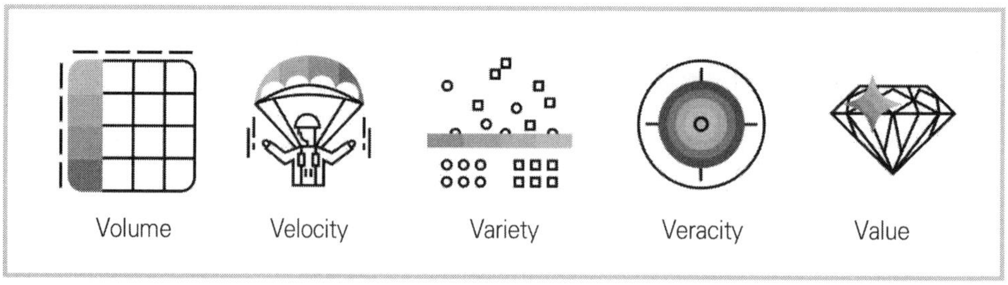

[그림 10-38] 빅데이터의 5가지 특징 (출처 : SAP)

3. 감성 컴퓨팅

감성 컴퓨팅(Affective Computing)은 인간 감성의 인지 · 해석 · 설계와 관련된 인공지능을 개발하고 연구하는 것을 말한다. 감성 컴퓨팅의 발전은 인공지능의 발전과 함께 진행되어 왔는데, 인간의 미세한 감정 변화를 연구하는 분야이기 때문에 센서 개발을 통해 발전해 가고 있다.

(1) 감성 컴퓨팅 시장 동향

인간과 컴퓨터가 교감하는 감성 기반의 지능형 컴퓨팅 기술을 감성 컴퓨팅이라 하는데 그 시장 동향에 대해 살펴보고자 한다.

① 인지과학과 ICT 분야의 융합으로 감성 컴퓨팅 기술이 급속히 발전하면서 감성 컴퓨팅 시장은 최근 연평균 40% 이상의 상승률을 보이며 급성장하고 있다.

② 딥러닝, 인공지능, 뉴럴 네트워크(Neural Network), 빅데이터가 감성 컴퓨팅의 핵심기술로 관심을 받고 있다.

③ 언어인지(Speech Recognition), 동작인식(Gesture Recognition), 안면인식(Facial expression) 기반 소프트웨어 개발을 통한 기술 선점을 위한 연구가 진행되고 있다.

④ Markets and Markets에서 발표한 글로벌 감성 컴퓨팅 마켓 분류에 따르면 어펙티바, 애플, 아이비엠, 마이크로소프트, 구글, 인텔이 글로벌 선두기업. 전 세계 마켓에서 56% 차지하고 있다.

(2) 감성 컴퓨팅의 응용분야

감성 컴퓨팅의 응용분야인 학습, 로보틱스, 고객중심경영, 이미지인식, 언어인식 등에 대해 살펴보고자 한다.

1) 학습(Learning)

교육 프로그램 스타트업 페피팔(Peppy Pals)이 머신러닝 기반의 학습을 통해 사용자의 감정을 인식하는 시스템을 사회성과 감수성 개발에 활용하고 있다.

2) 로보틱스(Robotics)

소프트뱅크의 세계 최초 감정인식 로봇 '페퍼'는 사용자의 감정에 반응하는 로봇과의 상호작용을 실현하고 있다.

3) 고객중심경영

마케팅 전문회사 클로버 리프는 상점에 구매자의 감정의 패턴을 인식하기 위한 LCD 디스플레이 '셀프포인트(ShelfPoint)'를 설치하여 마케팅과 판매증진에 사용하고 있다.

4) 이미지 인식

미국 디지털 광고회사로 알려진 'Unruly'는 2017년 미식축구를 시청하고 있는 1,500명의 얼굴표정과 이미지를 분석한 바 있으며, 버드와이저의 광고효과가 22%로 가장 높은 것으로 발표하였다.

5) 언어 인식

음성처리 기반으로 인간의 감정을 심층적으로 분석하는 시스템이다.

(3) 감성 컴퓨팅의 발전 양상

감성 컴퓨팅의 기술은 크게 감성스피치, 얼굴 감정 탐지, 몸동작 인식 등으로 발전해 나가고 있다.

1) 감성 스피치(Emotional Speech)

인간의 감정에 따라 자율 신경계에서 변하는 스피치를 분석함으로써 사용자의 감성 상태를 추출한다.

2) 얼굴 감정 탐지(Facial Affect Detection)

안면 근육 움직임과 이미지 인식 인터페이스를 활용하여 인간의 감정을 느끼고 읽을 수 있는 알고리즘을 개발하고, 안면 신경 네트워크 프로세스를 통해 인간의 감정을 분류한다.

3) 몸동작 인식(Body Gesture)

몸의 움직임을 분석하여 사용자의 감정을 인지하는 3D 탐지기술로 몸동작 인식 알고리즘과 IoT 기술의 접목이 필요하다.

4. 스마트 머신기술

스마트 머신(Smart Machine)은 스스로 주어진 환경을 분석하여 자율적으로 움직이는 기계들로 자율 운행 차량, 최신 로봇, 가상 개인 비서 등을 말한다.

(1) 특징

제조장비 혁신을 이끄는 요소로 제조상품의 특성과 복잡성이고 높아지는 생산성과 품질 기준이 있다. 오늘날 장비를 설계할 때는 소규모 생산단위, 다양한 고객 맞춤형, 한 장치에 다양한 기능을 결합하여 고객의 요구에 맞추는 범용 장비를 제작하는 추세에 있다.

스마트 머신은 센서 네트워크를 활용하여 작업과정과 장비상태, 환경정보를 획득하여 구동시간과 품질수준을 높인다. 최신 시스템은 시간 흐름에 따라 성능을 향상시킬 수 있다. 데이터 수집과 시뮬레이션 모델 활용, 학습 알고리즘 등을 적용하면서 작업이 최적화되고 있다.

최신 장비는 기존 장비들보다 한층 독자적으로 작업을 수행하고 있다. 원재료의 조건 변화와 온도 변동, 기계부품 마모 및 파손 등과 같은 방해요소로 인한 작업 오류를 방지하고 수정할 수 있다.

스마트 머신은 다른 자동화 시스템과 정보를 교환할 수 있어 보다 상위 레벨의 제어 시스템에 상태 정보를 업데이트한다. 이를 통해 실시간으로 변화하는 조건에 빠르게 적응하고, 장애가 발생하기 전에 담당자에게 알려주는 지능형 공장 및 지능형 자동화 생산 라인을 구축할 수 있다.

(2) 실생활 활용

스마트 머신기술에는 대표적으로 웨어러블* 디바이스가 있다. 웨어러블에는 먼저 옷으로 옷은 있을 수 있고, 손목에 차는 스마트 워치가 있다. 그리고 신발이 있는데 신발 안에 스마트 센서들을 넣어 다양한 신체의 기능을 실시간 체크할 수 있다.

스마트 머신기술에는 로봇이 있다. 개인 비서 로봇으로 과거 스마트폰에 들어가 있었던 기능 중에 시리(Siri)가 있었다. 시리는 인공지능 형태로 수행하면서 일정을 잡거나 메시지를 보내거나 시간을 체크하는 정도로 스마트 머신 형태로 들어가 있다.

스마트 머신기술에는 자율 주행 자동차가 있다. 자율 주행 자동차는 최근 상용화되어 일반 도로에서 자율 주행 자동차를 볼 수 있게 되었다. 스마트 머신기술이 실생활에서 웨어러블, 로롯, 자율 주행 자동차 등의 형태로 더욱 발전할 것으로 기대해 본다.

5. 사물인터넷

사물인터넷 (IoT : Internet of Things)은 센서가 장착된 연결된 오브젝트와 장치로 이루어진 네트워크를 말한다. 스마트 기기의 가장 큰 특징이 '네트워크로 연결된다.'는 점에서 사물 간의 연결을 가능하게 하는 것이 바로 '사물인터넷'이다.

(1) 개념

사물인터넷은 사람의 개입을 최소화하고 사물과 사물끼리 데이터를 주고받을 수 있는 기술을 말한다. 사물끼리 알아서 서로를 인식하고 상황에 맞는 특정한 기능을 수행할 수 있게 되어 있다. 예를 들어 알람시계와 커피미신을 서로 연동시켜 놓으면 특정 시간에 알람이 울리면서 커피머신에서 커피가 만들어질 수 있다.

최근 의료나 자동차, 농업 분야에서 사물인터넷을 다양한 방법으로 활용하고 있다. 환자가 약병을 열면 센서가 감지하여 인터넷으로 환자가 약을 먹었다는 정보를 병원

* 웨어러블(Wearable) : 옷이나 시계, 안경처럼 자유롭게 몸에 착용하고 다닐 수 있는 기기이다. 미국 군사 훈련용으로 개발되기 시작하여 점점 일상생활은 물론이고 패션, 이동통신기기, 디지털 제품에 그 영역을 넓히고 있다.

에 보내게 된다. 차량끼리 서로 신호를 교환하여 교통사고를 미연에 방지하는 시스템이 구상되고 있다.

농작물이 심어진 토양과 관개 장비 간 연결되어 있어 토양의 상태에 따라 물과 비료를 적절히 사용할 수 있게 한다. 이러한 사물인터넷은 스마트 기술의 핵심이다. 이외에 스마트 기술에는 빅데이터, 클라우드, 블록체인, 스마트 로봇 등 다양한 기술이 사용되고 있다.

(2) 작동방식

IoT 기기는 사람이 물리적으로 있을 수 없는 곳에서 사람을 대신하여 수집하도록 프로그래밍 된 모든 데이터를 수집하고 있다. 수집된 데이터는 분석을 거쳐 후속 조치 또는 의사결정에 도움이 되는 정보를 제공하거나 적절한 조치 및 결정을 자동화하는데 사용된다. 이 프로세스의 주요 4단계는 다음 [그림 10-39]와 같다.

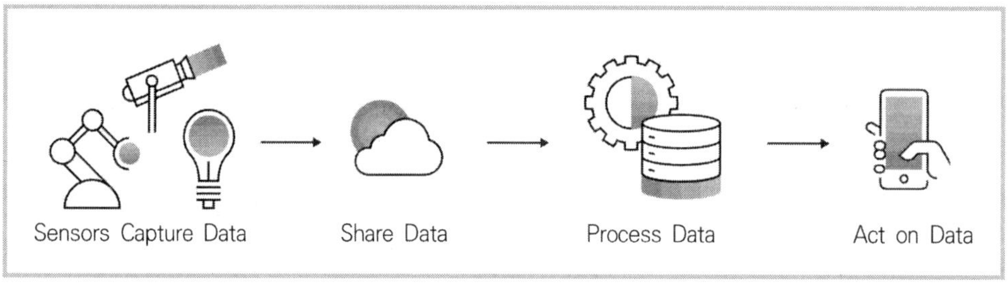

[그림 10-39] IoT의 작동방식 (출처 : SAP)

(3) IoT의 4가지 단계

1) 데이터 수집

IoT 기기는 센서를 통해 기기 주변의 환경에서 데이터를 수집한다. 이 데이터는 온도처럼 단순할 수도 있고 실시간 동영상 피드처럼 복잡할 수도 있다.

2) 데이터 공유

IoT 기기는 사용 가능한 네트워크 연결을 통해 이러한 데이터를 퍼블릭 또는 프라이빗 클라우드 시스템에 전송한다(기기-시스템-기기). 또는 다른 기기에 전송하거나(기기-기기), 엣지에서 처리하도록 지시된 대로 로컬에 저장한다.

3) 데이터 처리

이 단계에서는 해당 데이터를 기반으로 팬을 작동하거나 경고를 보내는 등의 작업을 수행하도록 소프트웨어가 프로그래밍 된다.

4) 데이터를 기반으로 한 조치 수행

IoT 네트워크 내의 모든 기기에서 누적된 데이터는 분석을 거치게 된다. 이 분석을 통해 강력한 인사이트를 추출하여 신뢰할 수 있는 조치와 비즈니스 의사결정에 도움이 되는 정보를 제공한다.

부록

01 물류정보시스템
02 물류유통
03 IT 솔루션
04 통계 분포표

01 물류정보시스템

1. 물류정보시스템 정의

물류정보시스템(Logistics Information System)은 물류의 전반적인 과정을 효율적으로 관리하기 위한 시스템이다. 다양한 물류활동으로 운송, 보관, 포장, 배송 등을 통합적으로 관리하는 것을 의미한다.

기업의 물류비용 절감과 서비스품질 향상을 목표로 하며, 기업 경쟁력을 결정하는 중요한 요소 중 하나이다. 기업의 성장과 발전을 위해 효율적인 물류 프로세스를 구축하는 것은 매우 중요한 사항이다.

물류정보시스템에는 주문관리(OMS), 창고관리(WMS), 수송 및 배송관리(TMS), 물류관련 경영전략관리(SCM) 등이 있다. 물류센터에 물류시스템을 구축하게 되면 물류 전 과정을 보다 효율적으로 운영할 수 있으며, 물류관련 업무를 빠르게 처리할 수 있다.

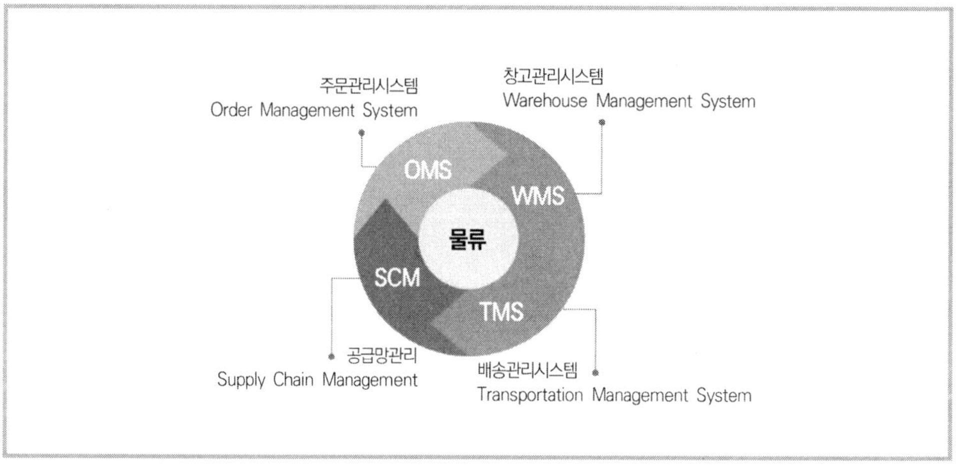

[그림 1] 물류정보시스템 (출처 : DAWON)

2. 주문관리시스템

주문관리시스템(OMS : Order Management System)은 고객의 주문을 확인하고 결제, 배송, 취소, 반품 등의 모든 과정을 통합하여 처리하는 시스템이다. 주문관리시스템은 물류서비스의 첫 번째 단계이다.

주문을 확인하고 송장출력과 발송정보를 제공하는 등 다양하고 복잡한 상품등록이나 수정절차를 한 번에 일괄적으로 처리할 수 있다. OMS를 통해 주문과 반품을 일괄적으로 처리하는 과정에서 제품의 선호도를 파악하고 더 나아가 재고관리에 활용할 수 있다.

고객의 다양한 주문을 일괄적으로 파악할 수 있는 OMS를 선택해야 한다. 이를 통해 고객의 주문과정과 구매경로 등을 확인하고 고객관리 및 재고관리를 효율적으로 수행할 수 있어 더 좋은 브랜드로 성장할 수 있다.

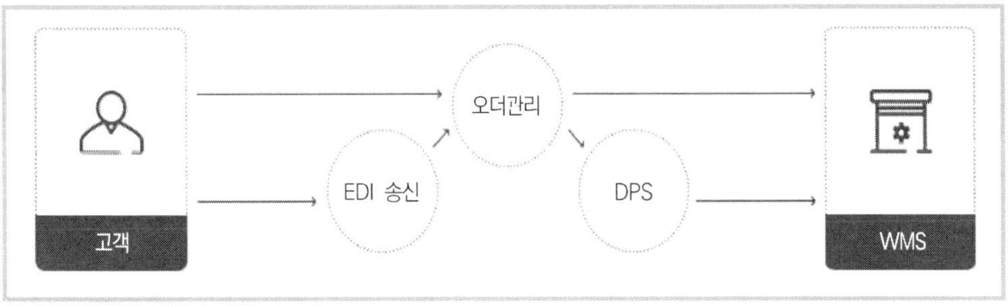

[그림 2] 주문관리시스템1 (출처 : 롯데글로벌로직스)

[그림 3] 주문관리시스템2 (출처 : DAWON)

3. 창고관리시스템

창고관리시스템(WMS : Warehouse Management System)은 상품이 물류센터로 입고, 적치, 재고, 피킹, 출고 등의 모든 과정을 전산화시켜 관리하는 통합시스템이다. 상품의 재고파악을 수월하게 확인할 수 있으면 출고 및 배송 시간을 단축할 수 있다.

WMS로 입출고의 오류를 줄여나가면 브랜드 가치와 고객만족도가 향상될 것이고 재구매 이용률이 높아질 것이다. 또한 정확한 입출고로 창고 공간 및 재고파악이 효율적으로 운영되면서 빠른 배송이 가능해 질 것이다.

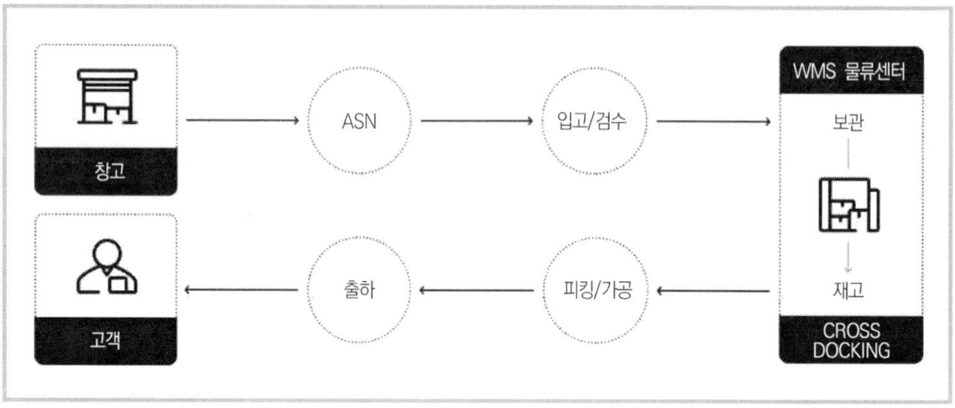

[그림 4] 창고관리시스템1 (출처 : 롯데글로벌로직스)

[그림 5] 창고관리시스템2 (출처 : DAWON)

4. 운송관리시스템

운송관리시스템(TMS : Transportation Management System)은 물류시스템의 마지막 단계로 배송과정을 컨트롤하는 시스템이다. 고객에게 상품을 배송하는 과정에서 이동경로를 효율적으로 확인하면서 운송관리를 할 수 있다.

TMS는 차량의 정보, 배차, 위치 및 적재량과 배송경로를 파악하여 최적의 운송관리를 설계할 수 있다. 이를 통해 비용 절감이 가능하고 적절한 경로로 상품이 배송되어 빠른 배송이 가능하게 된다. TMS는 고객만족도 높이고 제품과 브랜드 가치를 향상시킬 수 있다.

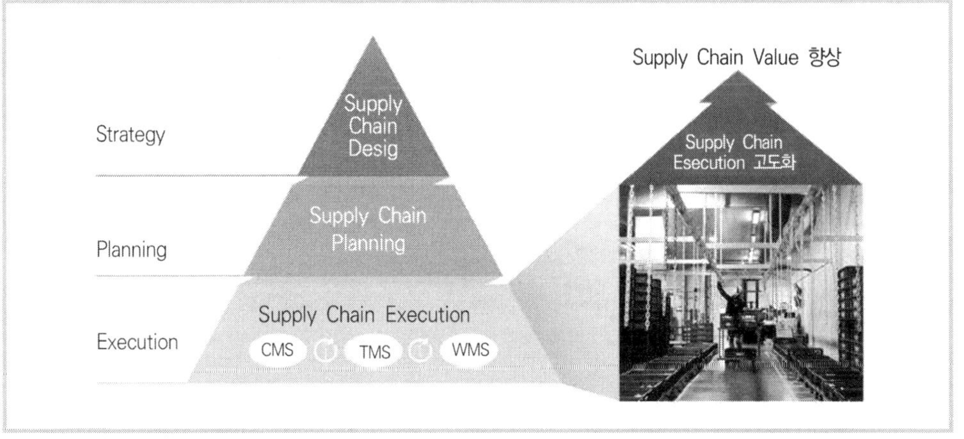

[그림 6] 운송관리시스템 (출저 : 롯데글로벌로직스)

[그림 7] 운송관리시스템 (출처 : DAWON)

5. 공급망관리

공급망관리(SCM : Supply Chain Management)는 상품생산을 위한 원재료 구매부터 최종 고객에게 이르는 모든 물류 프로세스를 통합하여 관리하는 경영전략시스템이다.

[그림 8] SCM 창고

[그림 9] SCM 수송

(출처 : 롯데글로벌로직스)

SCM은 물류창고 자동화와 AI 재고관리, 스마트 선반, 자동 발주시스템 등 다양한 기능을 관리하고 있어 기업은 물류 프로세스를 효율적으로 운영해야 한다. 적절한 SCM 구축으로 물류비용을 절감하고 고객만족도와 경쟁력을 높일 수 있다.

SCM에서 수송은 대형 차량을 이용한 물류거점 간 물량이동 대행 서비스이고, 배송은 소형 차량을 이용한 고객배송 대행서비스를 나타낸다.

[그림 10] 공급망관리 (출처 : DAWON)

6. 리얼패킹

리얼패킹(Realpacking)은 고객에게 발송되는 실제 상품의 포장과정을 촬영하여 고객에게 동영상을 전송하는 서비스로 물류의 효율성을 높여주는 시스템이다.

고객은 실제로 받아볼 상품의 포장과정을 직접 보면서 쇼핑할 수 있으며, 작업자는 불필요한 클레임을 예방할 수 있다. 리얼패킹은 물류시스템 외에 추가로 물류창고 내에 효율성을 증대시킬 수 있다.

각 송장별로 상품의 포장과정을 자동으로 촬영하여 고객 불만을 미리 예방하고 검수기능을 통해 포장 실수를 막을 수 있으며 브랜드에 대한 차별화를 제공할 수 있다.

리얼패킹은 최근 LG생활건강, 번개장터, CJ대한통운, 파스토, 한섬, LVMH, DHL, 이디야커피 등 여러 기업에서 활용하고 있다. 리얼패킹은 영상기록증거, 효율적인 작업자 배치, 책임감향상, 작업환경 최적화 등으로 불필요한 지원업무 감소 효과를 얻을 수 있다.

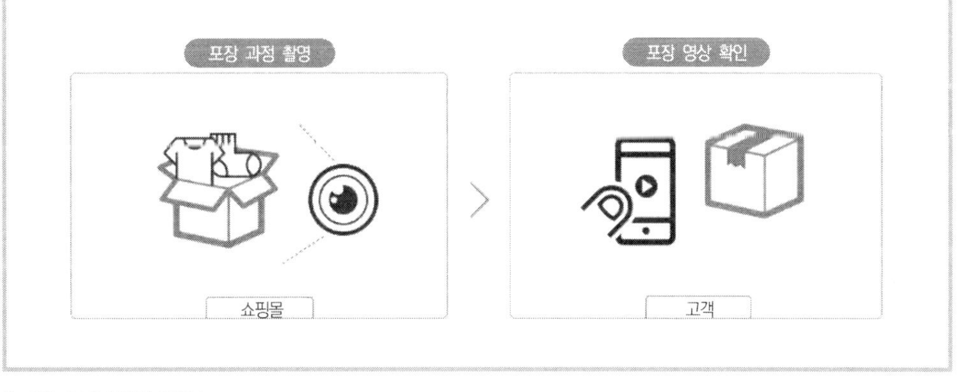

[그림 11] 리얼패킹1 (출처 : firstmall)

[그림 12] 리얼패킹2 (출처 : Shopling)

7. 물류정보시스템 도입사례

물류정보시스템은 물류활동의 효율성을 높이고 비용을 절감하며, 의사결정을 지원하는 중요한 도구이다. 이를 통해 기업은 보다 신속하고 정확한 물류 운영을 구현할 수 있으며, 고객 만족도를 높이는데 기여할 수 있다. 각 기업의 특성과 요구에 맞는 맞춤형 물류정보시스템을 도입함으로써 물류활동의 경쟁력을 강화할 수 있다.

(1) 대형 유통업체

다양한 상품을 취급하는 대형 유통업체는 물류정보시스템을 통해 재고수준을 실시간으로 모니터링하고 공급망 전체를 효율적으로 관리하고 있다.

(2) 전자상거래 기업

온라인 주문량이 많은 전자상거래 기업은 주문처리 속도와 정확성을 높이기 위해 물류정보시스템을 활용하고 있다.

(3) 제조업체

원자재 수급부터 생산, 배송까지 모든 물류 프로세스를 통합 관리하여 생산 효율성을 높이고 있다.

이상으로 물류정보시스템은 WMS, TMS, OMS, SCM, 리얼패킹 등의 시스템들을 통합하여 사용할 수 있는 시스템이라 할 수 있다. 물류정보시스템으로 데이터를 수집하고 분석하여 새로운 물류 세상으로 나아가기를 기대해 본다.

02 물류유통

1. 쿠팡

[그림 13] 쿠팡 대구 물류센터 (출처 : 쿠팡)

"커머스의 미래를 만들어 갑니다"

쿠팡은 고객이 앱을 여는 순간부터 주문이 집으로 배달되는 순간까지 고객을 감동시키는 것을 목표로 쇼핑 경험을 재창조하고 있다. 뛰어난 End-to-End 물류 네트워크와 고객만을 생각하는 문화를 통해 쿠팡은 빠른 서비스, 넓은 선택의 폭, 낮은 가격이라는 세 가지 목표를 모두 이루고 있다.

쿠팡은 신선식품을 포함한 수백만 개의 상품을 1년 365일, 단 몇 시간 내에 전국으로 배송하는 혁신을 실현하고 있다. 당일 · 새벽 · 익일 배송으로 로켓배송은 수백만 개의 상품 셀렉션을 빠르게 배송하고 있다.

로켓프레시는 자정 전 주문과 새벽 도착으로 국내 최대 규모의 온라인 장보기 서비스이다. 해외 직구도 무료배송으로 로켓직구는 수백만 개의 품목을 해외에서 배송하고 있다.

Coupang Eats는 더 좋은 식사의 시작으로 맛있는 음식을 가장 맛있는 순간에 믿음직한 배달로 더 좋은 식사를 전하고 있다. Coupang Play는 알찬 콘텐츠 라인업으로 스포츠 경기 독점 라이브 스트리밍부터 블록버스터 영화와 쿠팡의 오리지널 콘텐츠까지 모두 즐길 수 있다.

쿠팡은 꾸준한 물류 인프라 투자로 '쿠세권(로켓배송 가능지역)'을 확대하면서 전국 전 지역으로 로켓배송 서비스를 넓혀가고 있다. 로켓배송을 시작한 지난 2014년 이후 국내 물류 인프라를 확보하기 위해 전국 30개 지역에 100여개 이상의 물류센터를 구축하였다.

배송 출발부터 고객이 제품을 수령할 때까지 책임지는 'End-to-End' 풀필먼트 시스템을 확대하면서 전국 전 지역에 모세혈관 같은 배송 네트워크를 구축하고 있다.

[그림 14] 쿠팡 물류센터1 (출처 : 쿠팡)

[그림 15] 쿠팡 물류센터2 (출처 : 쿠팡)

[그림 16] 쿠팡 물류센터3 (출처 : 쿠팡)

[그림 17] 쿠팡 물류센터4 (출처 : 쿠팡)

2. 롯데쇼핑

■ 롯데쇼핑 : 다양한 사업을 운영

① 백화점사업부 : 롯데백화점, 롯데아울렛, 롯데몰

② 마트사업부 : 롯데마트, 롯데마트 맥스, LOHB'S

③ 슈퍼사업부 : 롯데슈퍼

[그림 18] 롯데쇼핑 부산 CFC 조감도 (출처 : 롯데쇼핑)

④ e커머스사업부 : 롯데ON

롯데쇼핑은 롯데백화점을 비롯하여 롯데마트, 롯데슈퍼, 롯데아울렛, 롯데시네마, 롭스 등의 매장을 운영하고 있다. 자회사로 롯데카드, 세븐일레븐, 롯데닷컴, 롯데홈쇼핑, 하이마트 등이 있다. 2000년대 이후 중국, 러시아, 인도네시아, 베트남 등을 전략적 진출 국가로 선정하고, 백화점 및 할인점의 신규 개점과 인수합병 등으로 현지화 전략을 실현하고 있다.

롯데쇼핑은 오카도 스마트 플랫폼을 활용한 최첨단 자동화 물류센터 '고객 풀필먼트 센터'를 구축하고 있다. 롯데쇼핑은 온라인 식료 잡화 판매업을 강화하기 위해 지난 2022년 11월 영국의 오카도와 파트너십 계약을 체결하였다. 오카도 스마트 플랫폼은 수요예측부터 자동화 물류센터에 필요한 피킹, 패킹, 배송, 배차에 이르는 모든 과정을 글로벌 유통업체에게 제공하며, 기술 선도적인 소프트웨어 및 로보틱스 플랫폼 분야에서 성장하고 있다.

롯데쇼핑은 부산 강서구에 인공지능 기반 최첨단 자동화 고객 풀필먼트 물류센터(CFC)를 설립하였다. 식료품 잡화 판매업의 선도에서 소비자의 생활 패턴에 최적화된 서비스 제공 시스템을 구축할 예정으로 있다. 향후 2030년까지 오카도 스마트 플랫폼을 적용한 CFC를 전국에 6개까지 확대할 계획으로 있다. 상품의 변질, 품절, 누락, 오배송, 지연 등 국내 소비자의 불편을 개선하고 빅데이터에 기반한 고객 맞춤형 온라인 쇼핑 환경을 구축할 계획으로 있다.

[그림 19] 롯데백화점 (출처 : 롯데쇼핑)

[그림 20] 롯데 아울렛 (출처 : 롯데쇼핑)

[그림 21] 롯데 쇼핑몰 (출처 : 롯데쇼핑)

[그림 22] 롯데 월드몰 (출처 : 롯데쇼핑)

3. 아마존

아마존 온라인 쇼핑몰은 미국의 종합 인터넷 플랫폼으로 인터넷 서점으로 시작하여 세계 최대 온라인 쇼핑몰과 클라우드 컴퓨팅 서비스를 제공하고 있다. 현재 미국 온라인 쇼핑몰 매출 1위이고, 미국 전체 온라인 소매시장의 약 절반가량 차지하고 있다.

세계 1위의 인터넷 쇼핑몰로 최첨단 물류센터와 인프라를 갖추고 다수의 국가에 해외 항공 직배송하고 있다. 다양한 제품과 저렴한 가격, 간편한 구매 과정으로 해외 직구족의 성지로 성장하고 있다.

아마존은 2족 보행 휴머노이드 로봇 '디짓'을 시애틀 물류창고에 배치하여 사람처럼 팔과 다리가 있고 사람처럼 걸으며 물류작업에 참여시키고 있다.

지난 2022년 8월부터 시애틀 물류창고에 5,000기 디짓을 배치하고 생산성과 효율성을 높이면서 물류서비스 개선에 도움을 주고 있다. 아마존에는 현재 75만개 이상의 로봇이 근로자와 함께 근무하고 있으며, 반복적인 작업을 수행하는데 참여하게 될 것으로 보고 있다.

아마존은 전자상거래와 소매로 시장하여 "1-CLICK" 주문과 빠른 배송으로 고객들에게 편리한 쇼핑 경험을 제공하고 있으며, 아마존 플랫폼에서는 제3자 판매자들도 판매에 참여하며 아마존의 제품 다양성과 경쟁력을 높이고 있다.

아마존 웹 서비스는 클라우드 컴퓨팅 시장에서 선두에 나서며 다양한 클라우드 서비스, 데이터베이스, 스토리지, 인공지능, 머신러닝 등을 제공하고 있어 기업들은 확장 가능한 IT 인프라를 구축할 수 있다.

아마존 프라임 멤버십은 빠른 배송서비스와 독점적인 비디오 콘텐츠, 음악 스트리밍, 독점할인, Kindle 소유주를 위한 콘텐츠 등 다양한 서비스를 제공하고 있다.

[그림 23] 로봇 디짓 (출처 : 아마존)

[그림 24] 로봇 세콰이어 (출처 : 아마존)

또한 자사물류 및 창고에서 로봇을 도입하여 작업의 효율성과 생산성을 높이면서 고객 수요에 맞추고 있다.

자체 하드웨어와 소프트웨어 개발을 통해 킨들, 아마존 에코 스마트 스피커 등 혁신적인 제품을 출시하고 있다. 유기농 및 특수시장에 진출하여 식품관련 시장에도 영향력을 확장하고 있다.

4. 볼드나인

[그림 25] 인천 청라물류센터 (출처 : 볼드나인)

■ 볼드나인 풀필먼트는 다음과 같이 만들어 가고 있다.

① 철저한 재고정리 : 입고부터 출고, 반품까지 히스토리 관리와 정기 재고조사

② 행사 및 특수대응 : 유동적인 물류량에도 넉넉한 인력과 보관창고

③ 상온, 냉장, 냉동 : 3온도 시스템으로 상온상품부터 신선식품까지 최적 보관

④ 원하는 대로 맞춤 포장 : 친환경 포장은 물론 세트, 사은품, 라벨 원하는 그대로

⑤ 빈틈없는 상품 바코드 관리 : 바코드 관리를 통한 정확한 상품관리와 출고

⑥ 해외까지 닿는 풀필먼트 : 소피와 라자다 자동주문을 통해 해외 자동출고까지

⑦ 스마트한 로봇과 자동화기기 : 로봇과 자동화기기 설비 구축으로 오차 없이 빠르게

⑧ 고객사 맞춤 전담 C/S : 고객사를 가장 잘 이해하는 고객사 전담 C/S

⑨ 안심할 수 있는 보안과 관리 : 24시간 관찰하는 CCTV 보안 서비스, 화재보험 가입

볼드나인은 이커머스 통합정보시스템 '이지스토리지(Ezstorage)'에서 물류를 통합하고 있다. 이지스토리지는 기술기반의 풀필민트 서비스로 효율을 높이고 이커머스 판매자들은 상품개발과 마케팅에만 집중하고 있다.

그리고 쇼핑몰 주문 연동, Data Visualization, 정산, 실시간 배송 트래킹을 제공하고 있다. 이지스토리지는 창고관리시스템과 주문관리시스템으로 구성된 정보시스템으로 주문, 입출고, 재고관리, 배송, CS 등의 업무를 지원하고 있다.

네이버 스마트스토어, 카카오 쇼핑, 쿠팡, 11번가, 옥션, G마켓, 사방넷 등 국내

주요 17개 쇼핑몰과 직접 연동되고 450여개 쇼핑몰에서 주문을 수집하고 출고할 수 있다. 자동화 솔루션으로 편리함과 편안함을 느낄 수 있도록 운영하고 있다.

그리고 매칭 자동화, 박스추천, 바코드, 송장번호 자동 등록, 현황 자동 업데이트 등을 지원하고 있다. 유통기한 관리를 통해 선입선출이 가능하고 최신 출고 데이터 분석과 재고소진 예상 알림도 제공받을 수 있다.

현재 볼드나인은 청라, 이천, 김포, 파주, 강남 등 수도권과 공주, 울산 등에 물류센터를 운영하고 있다. 상온상품을 넘어 냉장, 냉동 등 다양한 상품을 원하는 방식으로 보관과 배송까지 취급하고 있다.

유통기한과 제조일자 관리로 안전한 재고관리를 수행하고 철저한 온도관리 (냉장 5도, 냉동 -18도)를 365일 유지하며 꼼꼼한 신선포장으로 원하는 온도를 유지하며 배송하고 있다.

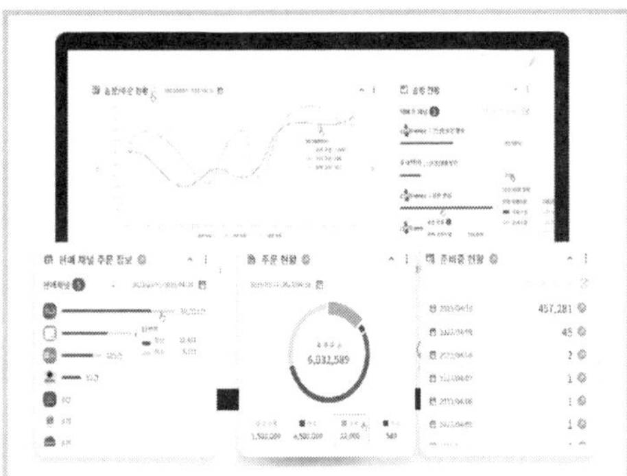

[그림 26] 이커머스 통합서비스

(출처 : 볼드나인)

[그림 27] 온도 플필먼트 서비스

(출처 : 볼드나인)

[그림 28] 플필먼트 진행과정

(출처 : 볼드나인)

[그림 29] 물류센터 (출처 : 볼드나인)

5. 쇼피파이

[그림 30] 쇼피파이 로고 (출처 : 쇼피파이)

쇼피파이는 캐나다 오타와에 본사를 둔 다국적 전자상거래 기업이다. 온라인 스토어와 소매용 판매시점 정보관리(POS) 시스템의 사유 전자상거래 플랫폼의 이름이다. 쇼피파이 플랫폼은 온라인 소매업체들에게 지불, 마케팅, 배송, 고객참여 도구를 포함한 서비스 제품군을 제공하고 있다.

쇼피파이는 물류사업을 직접 운영하는 '내재화' 전략에서 벗어나 '아웃소싱' 전략으로 선회하는 것으로 보인다. 쇼피파이는 소매업자의 재고 부담을 줄이기 위해 수요와 공급, 배송을 소비자 맞춤형으로 진행해 왔다.

소매업자의 재고 부담을 줄이는 것과 동시에, 소비자 선택 폭을 확대하는 구매대행 서비스에서 머신러닝으로 소비자 구매 패턴을 파악하고, 물류창고에 있는 상품을 저렴하게 신속하게 소비자에 전달할 수 있는지를 분석하고 있다.

쇼피파이는 물류시장의 점유율 확대를 위해 플렉스포트 펀딩에 참여하여 중국 물류시장 진출을 확대하고 있다.

플렉스포트는 클라우드를 활용한 온라인 화물운송 예약서비스와 프로세스 자동화로 운송 리드타임을 단축시키는 대표적인 기술업체이다. 현재 200여 국가와 10,000여 고객에게 해상・항공・철도・트럭 등 종합 물류서비스를 제공하고 있다.

6. 무신사

[그림 31] 무신사 스탠다드 명동 (출처 : 무신사)

무신사는 대한민국 최대 규모의 온라인 편집숍이자 대한민국의 10번째 유니콘 기업이다. 의류와 가방, 액세서리 등 다양한 상품을 취급하는데 특히 20대 젊은 남성 고객이 많은 특징이 있다. 상품은 트렌디한 고등학생과 20대 젊은 남성을 대상으로 비교적 저렴한 옷, 신발, 가방. 액세서리, 화장품 등을 많이 취급하고 있다.

무신사의 자체브랜드 무신사 스탠다드가 매출에 많은 부분을 차지하고 있다. 무신사 스탠다드는 무신사 성장의 주요 역할을 담당하고 있으며, 무신사 스탠다드 비중을 온・오프라인에서 50% 비중으로 키우면서 향후 성장에 큰 기대를 걸고 있다. 무신사는 오프라인에서 경험한 소비를 온라인으로 연결하고 무신사 스탠다드 오프라인 매장을 확대하려는 계획을 가지고 있다.

무신사는 빠른 확장을 위해 대형 유통채널에 진입하는 '숍인숍' 전략을 세우고 있으며 디자이너 브랜드를 오프라인으로 연결시킨 브랜드 '편집숍'도 운영하고 있다. 무신사 로지스틱스는 합포장 로봇 등 자동화설비를 풀필먼트 전용인 여주 3센터에 도입하여 빠른 물류처리로 익일 도착하는 'PLUS 배송서비스'를 출시하였다.

[그림 32] 풀필먼트 센터 (출처 : 무신사)

7. 해밀로직스

[그림 33] 경기 광주 해밀로지스 1센터
(출처 : 해밀로직스)

[그림 34] 해밀로직스 2센터
(출처 : 해밀로직스)

■ 해밀로직스는 5가지 맞춤형 서비스를 제공하고 있다.

① 고객사의 제품 특성을 고려한 맞춤형 보관

② 상품의 다양성을 생각한 맞춤형 박스

③ 제품을 효과적으로 보호할 수 있는 맞춤형 완충재

④ 빠르고 편리한 물류 업무를 위한 맞춤형 WMS

⑤ 고객사의 요구를 적극 반영한 맞춤형 유통가공

해밀로직스는 실시간 배차 시스템을 운영하며 당일 요청으로 퀵 차량 출고가 가능하다. 고객사를 위한 전담 매니저가 실시간 의사소통이 가능하며, 종이 포장재와 종이 테이프 등 같은 친환경 부자재를 사용하고 있다. 당일 발송으로 15시 이전 주문은 전부 당일 발송하고 이벤트성으로 크라우드 펀딩과 홈쇼핑 등 단기간 대량 출고가 가능한 서비스를 제공하고 있다.

해밀로직스는 경기도 광주에 해밀 1센터와 해밀 2센터를, 이천에 해밀 3센터를 운영하고 있다. 의류전문 물류센터인 해밀 2센터에 오토스토어를 구축하여 최적화된 재고관리와 빠른 물류작업으로 물류 효율성이 향상되고 있다.

해밀로직스는 2014년부터 온라인 판매 사업자에게 물류서비스를 제공하고 최근 풀필먼트 전문기업으로 성장하고 있다. 풀필먼트 서비스를 1센터에서 화장품과 공산품 등 상온제품을, 2센터에서 의류를 전문으로 취급하면서 취급 품목수가 2,000SKU에 이르고 있다.

[그림 35] 오토스토어1 (출처 : 해밀로직스)

[그림 36] 오토스토어2 (출처 : 해밀로직스)

[그림 37] 이커머스 물류대행 서비스 (출처 : 해밀로직스)

오토스토어는 재고보관 효율을 높이고 빠른 피킹이 가능하여 의류물류에 적합하며 8대 로봇과 5,600개 규모의 빈(bin), 3개 포트(port)로 구성되어 있다. 또한 저빈도 상품 위주로 보관하고 고빈도 상품 중에는 수량이 적어 파렛트로 보관하기 어려운 상품 위주로 처리하고 있다.

03 IT 솔루션

1. LG유플러스

[그림 38] LG유플러스 상암 본사 (출처 : Daum 백과)

LG유플러스(LGU+)는 모바일 통신사업과 유무선 전화에 이어 사물인터넷, 기업대상 통신 보안 서비스 등을 제공하고 있다. 또한 5G 통신망 기반 물류로봇 통신 인프라를 제공하여 물류 자동화에 기여하고 있다.

LGU+는 지난 2023년 8월 자율주행 솔루션 선두기업 유진로봇과 물류로봇사업에 협약을 체결하였다. 물류로봇사업은 안정적인 통신망 공급으로 실질적인 물류자동화를 구현하고, 로봇 관제 플랫폼을 개발하여 사용 편의성을 높이는 것을 목표로 하고 있다.

LGU+는 5G 통신망과 플랫폼을 토대로 안정적인 로봇사용 환경을 구축하고 유진로봇은 고품질의 물류로봇과 시장 내 사업운영 노하우를 제공하는 역할을 수행한다.

LGU+는 서빙로봇 '클로이(CLOi)'로 사업 역량을 쌓아 왔으며 이번 물류로봇사업 진출에 이어 향후 배송 및 안내 등 로봇산업으로 진출한다는 전략이다.

LGU+는 예스24와 큐비콤과 함께 이음5G 기반의 스마트 물류센터를 구축하여 스마트팩토리 솔루션을 제공할 방침으로 있다. 또한 3사는 이음5G 기반의 '스마트 풀필먼트 센터(SFC)'를 구축할 계획으로 있다. SFC는 통신망을 기반으로 상품보관과 고객주문에 따라 출고와 배송, 재고관리까지 One-Stop으로 관리하는 차세대 물류센터이다.

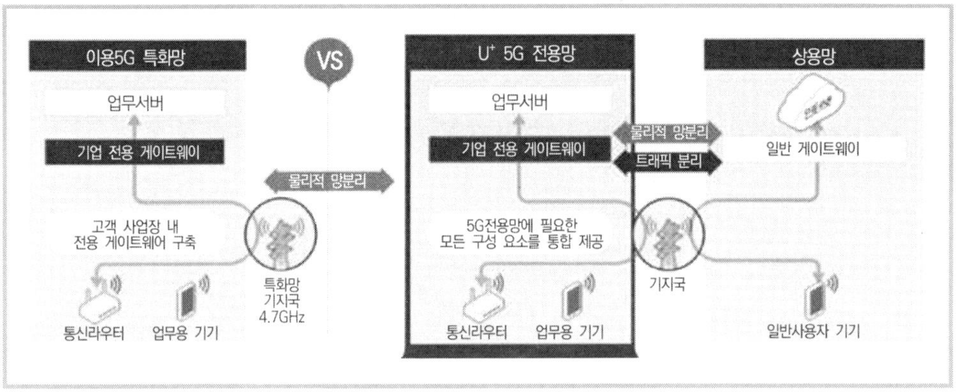

[그림 39] 5G전용망 (출처 : LG유플러스)

2. 삼성SDS

[그림 40] 테크토닉파크 (출처 : 삼성SDS)

삼성SDS는 클라우드와 디지털 물류서비스를 제공하는 기업이다. 기업 맞춤 삼성 클라우드 플랫폼을 통해 최적화된 클라우드 환경을 구현하고 39년간 산업별 노하우를 바탕으로 올인원 매니지드 서비스를 제공하며 다양한 성공사례로 검증된 SaaS 솔루션을 통해 업무 효율과 고객서비스 혁신을 제고하고 있다.

삼성SDS는 기업 환경에 최적화된 클라우드 서비스와 디지털 물류 플랫폼 기반 물류서비스를 제공하고 있다. 삼성 클라우드 플랫폼(Samsung Cloud Platform)의 차별화된 기술력과 다양한 업종 및 프로세스에 대한 노하우를 바탕으로 Hybrid/Multi 클라우드 서비스, 업무 프로세스별 SaaS 도입과 운영, 디지털 기술을 활용하는 부분까지 클라우드 기반의 디지털 전환 서비스를 제공하고 있다.

혁신적인 IT 기술을 결합한 디지털 물류플랫폼(Cello Square)을 통해 수출입 물류 서비스를 중심으로 고객의 공급망 계획 수립부터 물류 실행까지의 글로벌 통합 물류 서비스를 제공하고 있다. Cello Square는 글로벌 네트워크를 통해 신속하고 안전한 국제운송을 제공하고 있다. 매출액 11.2조원으로 국내 1위에 글로벌 Top 20위, 36개 국가에 56개 물류거점과 327개 사이트 직접 운영, 전세계 전문가 6,700명으로 구성되어 있다.

Cello Square는 즉시 견적부터 예약과 정산까지 하나의 플랫폼에서 가능하고 필요한 기능만을 모아볼 수 있는 커스텀 대시보드와 이상상황 알림이 있다. 운영자와 실시간 의사소통으로 복잡하고 어려운 물류를 빠르고 편리하게 만나볼 수 있다. 물류 전 영역에 대한 가시성을 실시간으로 확인 가능하여 지도 기반 화면을 제공하고 버튼 클릭 하나로 정보를 공유할 수 있다.

삼성SDS는 'Cello Square 유니버스'를 통해 서비스 범위를 확장하고 해상운송 플랫폼사와 연계를 강화하여 실시간 해상물류 화물 추적과 정확한 스케줄 정보 확인이 가능하나. 국내와 국외 트럭의 예약과 배차, 결제 기능을 제공하는 디지털 트럭커(Digital Trucker)가 Cello Square로 연계되어 글로벌 내륙운송의 즉시 견적과 예약 등을 진행할 수 있다.

[그림 41] Cello Square1 (출처 : 삼성SDS)

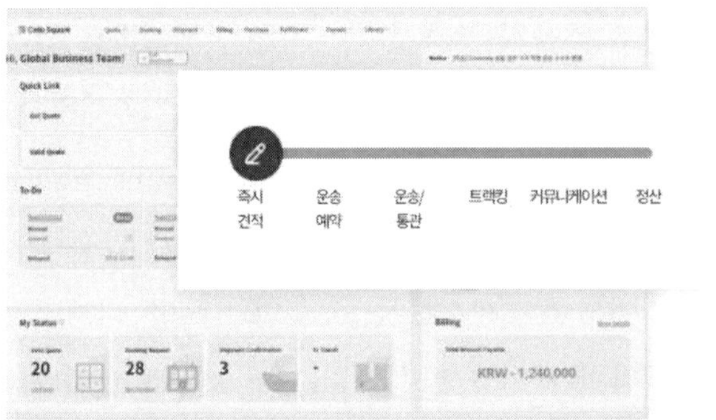

[그림 42] Cello Square2 (출처 : 삼성SDS)

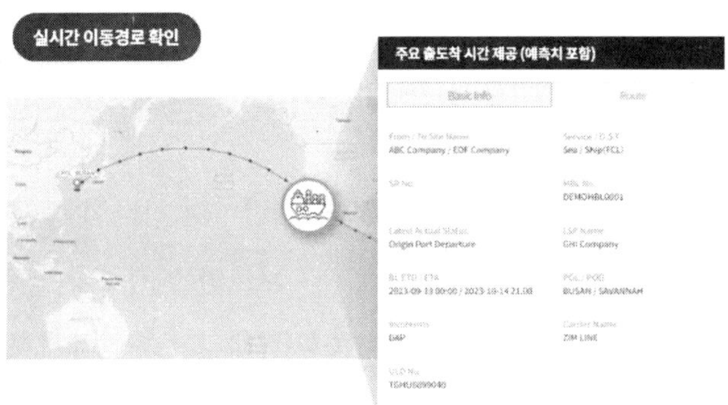

[그림 43] Cello Square3 (출처 : 삼성SDS)

3. 카카오엔터프라이즈

[그림 44] 카카오엔터프라이즈 (출처 : 카카오엔터프라이즈)

카카오엔터프라이즈는 2019년 12월 출범하여 AI 기반 플랫폼과 솔루션을 개발하는 B2B 전문기업이다. 기업형 IT 시장에서 서비스형 플랫폼(PaaS)과 서비스형 소프트웨어(SaaS) 분야에서 성장하는 것을 목표로 하고 있다. 사용하는 AI 기술은 자체 개발한 엔진을 사용해 만든 '카카오 i'이다.

카카오엔터프라이즈는 카카오클라우드, 카카오 i 커넥트 센터, 카카오 i 커넥트 톡, 카카오 i 커넥트 메시지, 카카오워크, 카카오 i 라스, 카카오 i 커넥트 라이브, 카카오 i

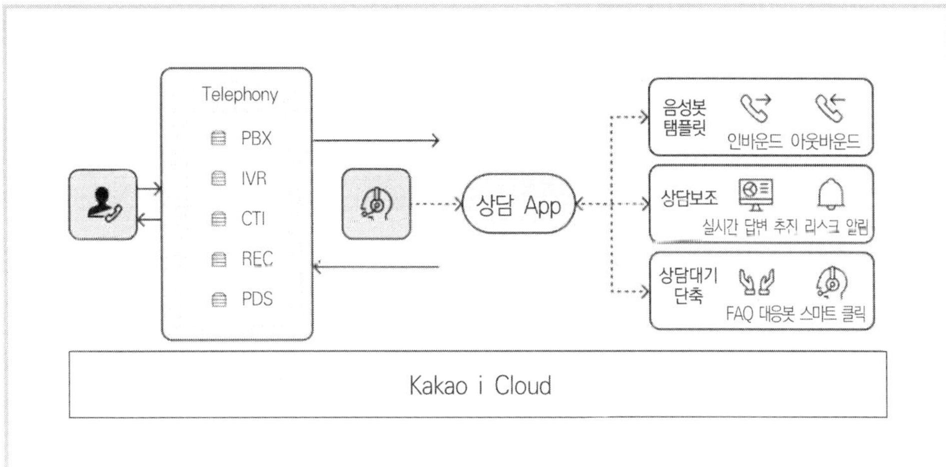

[그림 45] 카카오 i (출처 : 카카오엔터프라이즈)

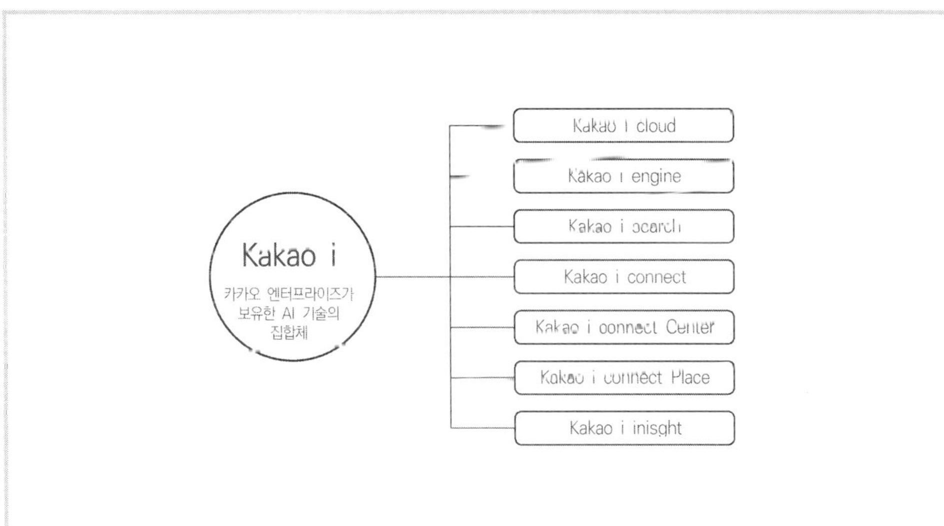

[그림 46] 카카오 i (출처 : 카카오엔터프라이즈)

커넥트 플레이스 등을 서비스하고 있다. 카카오 i 커넥트 센터로 쉬운 도입과 낮은 투자비용과 간편한 맞춤형 AI 전화 음성봇 개발 등 혁신적인 AI 컨택 센터를 구현하고 있다.

카카오엔터프라이즈는 AI로 연결되는 물류 생태계 플랫폼을 Kakao i LaaS로 연결하고 있다. 카카오 i 라스는 물류를 모두에게 쉽고 편하게 주문부터 배송까지 물류의 End-to-End를 SaaS 솔루션과 플랫폼으로 연결하고, 의사결정에 필요한 검색과 추천 및 AI 기반의 SCM 인사이트를 제공하고 있다.

카카오엔터프라이즈는 아세테크와 AI 기반 물류기술 개발을 위해 '카카오 i 라스 LAB(Logistics AI Base) 곤지암'을 구축하였다. '카카오 i 라스 LAB 곤지암'을 거점으로 물류 데이터를 확보하고 체계적으로 데이터 분석 환경을 마련하고 있다. 카카오 i 라스의 창고 매칭과 주문/물류 관리시스템(OMS), 창고관리시스템(WMS) 등 주요 솔루션을 연결해 생산성을 최적화하고 다양한 물류를 처리할 수 있도록 지원한다.

04 통계 분포표

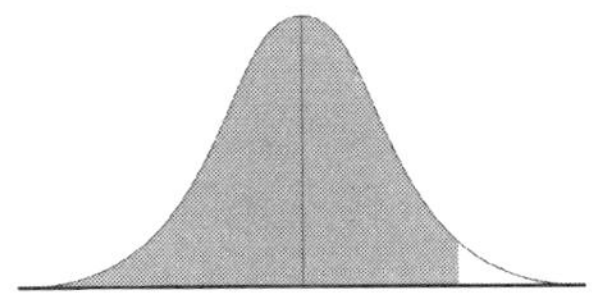

0 z

z	0	0.01	0.02	0.03	0.04	0.05	0.06	0.07	0.08	0.09
0	0.5000	0.5040	0.5080	0.5120	0.5160	0.5199	0.5239	0.5279	0.5319	0.5359
0.1	0.5398	0.5438	0.5478	0.5517	0.5557	0.5596	0.5636	0.5675	0.5714	0.5753
0.2	0.5793	0.5832	0.5871	0.5910	0.5948	0.5987	0.6026	0.6064	0.6103	0.6141
0.3	0.6179	0.6217	0.6255	0.6293	0.6331	0.6368	0.6406	0.6443	0.6480	0.6517
0.4	0.6554	0.6591	0.6628	0.6664	0.6700	0.6736	0.6772	0.6808	0.6844	0.6879
0.5	0.6915	0.6950	0.6985	0.7019	0.7054	0.7088	0.7123	0.7157	0.7190	0.7224
0.6	0.7257	0.7291	0.7324	0.7357	0.7389	0.7422	0.7454	0.7486	0.7517	0.7549
0.7	0.7580	0.7611	0.7642	0.7673	0.7704	0.7734	0.7764	0.7794	0.7823	0.7852
0.8	0.7881	0.7910	0.7939	0.7967	0.7995	0.8023	0.8051	0.8078	0.8106	0.8133
0.9	0.8159	0.8186	0.8212	0.8238	0.8264	0.8289	0.8315	0.8340	0.8365	0.8389
1	0.8413	0.8438	0.8461	0.8485	0.8508	0.8531	0.8554	0.8577	0.8599	0.8621
1.1	0.8643	0.8665	0.8686	0.8708	0.8729	0.8749	0.8770	0.8790	0.8810	0.8830
1.2	0.8849	0.8869	0.8888	0.8907	0.8925	0.8944	0.8962	0.8980	0.8997	0.9015
1.3	0.9032	0.9049	0.9066	0.9082	0.9099	0.9115	0.9131	0.9147	0.9162	0.9177
1.4	0.9192	0.9207	0.9222	0.9236	0.9251	0.9265	0.9279	0.9292	0.9306	0.9319
1.5	0.9332	0.9345	0.9357	0.9370	0.9382	0.9394	0.9406	0.9418	0.9429	0.9441
1.6	0.9452	0.9463	0.9474	0.9484	0.9495	0.9505	0.9515	0.9525	0.9535	0.9545
1.7	0.9554	0.9564	0.9573	0.9582	0.9591	0.9599	0.9608	0.9616	0.9625	0.9633
1.8	0.9641	0.9649	0.9656	0.9664	0.9671	0.9678	0.9686	0.9693	0.9699	0.9706
1.9	0.9713	0.9719	0.9726	0.9732	0.9738	0.9744	0.9750	0.9756	0.9761	0.9767
2	0.9772	0.9778	0.9783	0.9788	0.9793	0.9798	0.9803	0.9808	0.9812	0.9817
2.1	0.9821	0.9826	0.9830	0.9834	0.9838	0.9842	0.9846	0.9850	0.9854	0.9857
2.2	0.9861	0.9864	0.9868	0.9871	0.9875	0.9878	0.9881	0.9884	0.9887	0.9890
2.3	0.9893	0.9896	0.9898	0.9901	0.9904	0.9906	0.9909	0.9911	0.9913	0.9916
2.4	0.9918	0.9920	0.9922	0.9925	0.9927	0.9929	0.9931	0.9932	0.9934	0.9936
2.5	0.9938	0.9940	0.9941	0.9943	0.9945	0.9946	0.9948	0.9949	0.9951	0.9952
2.6	0.9953	0.9955	0.9956	0.9957	0.9959	0.9960	0.9961	0.9962	0.9963	0.9964
2.7	0.9965	0.9966	0.9967	0.9968	0.9969	0.9970	0.9971	0.9972	0.9973	0.9974
2.8	0.9974	0.9975	0.9976	0.9977	0.9977	0.9978	0.9979	0.9979	0.9980	0.9981
2.9	0.9981	0.9982	0.9982	0.9983	0.9984	0.9984	0.9985	0.9985	0.9986	0.9986
3	0.9987	0.9987	0.9987	0.9988	0.9988	0.9989	0.9989	0.9989	0.9990	0.9990

참고문헌

〈기업〉

가비버디, 산업 경쟁력 확보의 원천 - AI, 세상따라잡기, 2024.06.11.
강소제조인, FMS(Flexible Manufacturing System), 유연생산시스템, 네이버블로그, 2019.06.18.
경영지도사, MRP 및 재고통제 관리, 생산관리편.
고용노동부, 풀필먼트 서비스 분석 - 커머스테크의 심장, 풀필먼트, 리서치 리포트, 2022.11.15.
국토연구원, 디지털 물류정책 방향 및 실증사업 동향, 국토 Vol.484, 2022.02.
국토연구원, 풀필먼트 기반의 물류 서비스 구축 및 발전방향 Vol.484, 국토 2022.02.
글로벌경제신문, 부산시, 국토부 '디지털 물류서비스 실증 지원사업' 선정, 이승렬기자, 2024.02.16. (www.getnews.co.kr/news)
김옥남, 수요예측 체계, 어떻게 구축하나, LGERI 리포트.
나애리, 택배용어 알기, 나애리 세상, 2021.08.30.
녹의강산, 일반하역론(오더피킹/오더피킹기기), 2023.06.28.
디지털 물류시장, 연구개발특구진흥재단, 글로벌 시장동향보고서, 2021.04.
로봇신문사, 이스라엘 패브릭, '마이크로 풀필먼트 센터' 직접 판매로 전환, 2023.01.02.
리터니즈블로그, MFC 물류센터란? 퀵커머스의 비결, 마이크로풀필먼트 센터, 물류용어, 2024.05.02. (returneeds.com/blog/logistics)
물류신문, 2023년 물류업계 최대 이슈는 '글로벌 공급망 불안', 2023.11.10.
선박애듀, ERP(전사적 자원관리) 시스템이란?, 경영이론, 2021.07.21.
송상화, 물류 네트워크 구조의 변화, 한국무역협회 보고서, 2016.
송성화, 이커머스 풀필먼트 서비스 : 개념 및 사례들, INU GLOBAL LOGISTICS REVIEW, 2022.
스마트 물류연구소, 소비자 만족도를 높이는 마이크로 풀필먼트 전략, 2024.05.22.
아니타 빌리카, 창고관리 시스템의 6가지 유형, AutoStore, 2023.06.23.
아임유어박스, 마이크로 풀필먼트 시스템이란?, 이커머스 정보공유, 2020.12.04.
오덤스미스, 풀필먼트 전망, 2023.03.17. (ecommerce-world.tistory.com)
오현식, 감성컴퓨팅, 이제는 대세다, MSD 4차 산업혁명 뉴스 포탈, 2018.01.02. (www.msdkr.com)
와이드경제, 성장 가도의 드론 산업, 시장 현황과 전망은?, 와이드경제(김민진) 스페셜리포트, 2024.04.16. (와이드경제 : www.widedaily.com)
위니아에이드, 미들마일(Middle Mile) 소개, 물류, 2023.09.18.
윤진근, 스마트 머신이 떠오른다, MSD 4차 산업혁명 뉴스 포탈, 모션가이드, 2018.11. (www.msdkr.com)
이영준, 딥러닝(Deep Learning)이란 무엇인가?, 2024.03.24.
이철웅, 물류의 혁신과 진화 : 빅데이터 분석을 통한 트랜드 분석, LoTIS 물류기술동향, 2021.11.25.
인프니, 스마트기술의 종류와 특징, 4차 산업혁명 특징 및 내용, 스마트 기술의 발전, 기술의 미래, 2022.07.31.

자동분류시스템(물류), 솔루션소개, Digital Technology of Korea.
장강호, 5월부터 드론으로 마라도 치킨 배달, 골프장 잔디 관리도 '척척', 한경 산업, 2024.03.20.
지식산업정보원, 스마트 디지털 물류 혁신 현황분석, 2022.
(주)씨제이아이, 자동화 시스템, 사업분야. (www.cheonjiin.kr)
(주)컴퓨터메이트, MES 생산관리시스템 이란 무엇인가?, 홍보자료, 2015.09.08.
(주)티엘이엔에스, 물류센터 정의, 기술자료. (tlens.co.kr)
지식산업정보원, 스마트·디지털 물류 혁신 현황분석 : 자율주행, 풀필먼트, 항만, 콜드체인, 서울, 2022.
진코퍼레이션, MFC, 도심속에 풀필먼트센 터가 있다! 마이크로풀필먼트센터란?, 2022.06.09. (blog.naver.com/zin_blog)
진코퍼레이션, WMS 창고관리시스템, 스마트 로지스틱스, 22.03.08.
티스토리, 인지 - 감성 컴퓨팅 (Affective Computing), 2024.04.30. (charstring.tistory.com)
최인규, 블록체인을 활용한 전사적자원관리(ERP) 시스템의 직무권한 개선모델에 관한 연구, 2021.
하나증권 김규상 조정현 김성호 박희철, 산업용 AI - 제조혁신의 시작, 24.03.18.
한경, 5월부터 드론으로 마라도 치킨 배달, 산업, 2024.03.20.
한경제, 비즈니스, 풀필번트 역할 기능 전략 재고, 2024.05. (www.haneconomy.com)
항공안전기술원(KIAST), 2022년 드론산업 실태조사 보고서, 2022.12.30. (www.kiast.or.kr.)
한국가치경영인증원, 적시생산(JIT) 시스템, 자료실, 2018.08.16.
한국교통연구원, 물류산업 변화 및 근로환경 니즈조사, 2020.12.

BoxHero, JIC 시스템과 JIT 시스템, 무엇이 다른가요?, 박스히어로 블로그, 2024.02.14.
Cello-Square, 풀필먼트 : www.cello-square.com
Cello Square, 1PL/2PL/3PL/4PL 무엇이 다를까?, 물류용어집, 2023.06.14.
Centric Software, 수요예측이란?, 2024.04.23.
DBR 303호, 어제밤 12시 주문한 택배가 벌써 왔네, 언택트 시대 풀필먼트 서비스도 진화 중, 2020.08.
DBR 319호, 물류 넘어서 마케팅-공급망 관리까지 풀필먼트, 새 비즈니스 영역 진화 중, 2021.04.
DBR 329호, "가격, 속도, 품목으로 승부건다" 새 유통 전쟁의 승기 누가 잡을까, 2021.09.
DBR 392호, 물류센터 연결 미들마일 37조원 시장 화물이 아닌 효율 실어 날라야 승자, 2024.05.
decideca, 보관의 원칙, 물류코너, 2022.11.17.
DogFootRuler, 분류 모델, 머신러닝과 빅데이터 분석, 2024.03.12 (jyols.tistory.com/64)
DORNER, ENGINEERED SOLUTIONS : Diverters, Pushers, & Gates, Solutions. (www.dornerconveyors.com)
DTK, 자동분류시스템 (ASMS : Autometic Sorter Management System), 솔루션소개.
Grand View Research, 풀필먼트 전망 보고서.
Grand View Research, E-commerce Fulfillment Services Market Size, Share & Trends Analysis Report By Service, Market Analysis Report.

Hytrol, ACCESSORIES, Pushers. (hytrol.com/products)
IBM, 딥 러닝이란 무엇인가요?, Topics, 2024.06.17.
IBM, 예측 분석이란 무엇인가요?, Think 2024. (www.ibm.com/kr-ko)
KayYu, 관리도(Control chart), 네이버 블로그.
Kotra, 미국 배송로봇 시장동향, 해외시장뉴스, 2023.08.03. (dream.kotra.or.kr)
KT Enterprise, 퀵 커머스 시장의 핵심 열쇠, 디지털 물류, DX Story, 2023.09.14. (enterprise.kt.com)
LG CNC, 생성형 AI 만난 스마트물류, 생산성을 극대화하다!, 스마트 물류/팩토리, 2023.09.26.
PG CNS : 감성 컴퓨팅(Affective Computing)', 인간의 마음을 품다!, IT Trend,
Romantic Deer Project, MRP (Material Requirement Planning, 자재소요량계획), 공정설계, 2024.03.15.
Romantic Deer Project, FMS (Flexible Manufacturing System, 유연생산시스템), 공정설계, 2024.03.19.
SAP, 빅데이터란?, Business Technology Platform,
SAP, 사물 인터넷(IoT)이란?, IoT란 무엇이고, 어떻게 작동하나?.
SAP, 최신 공급망을 위한 수요 예측, 공급망 계획.
Start Today, 마이크로 풀필먼트, Fulfillment, 2022.02.21.
Start Today, 빠르고 효율적인 배송의 비밀, 마이크로 풀필먼트, Fulfillment, 2024.05.29.
THE CKB, 물류창고와 물류센터의 차이란? 역할과 종류, 장점과 단점을 설명, 2022.09.17. (s.theckb.com)
WIZCORE, MES, 생산관리시스템 한 번에 이해하기!, 공지, 2022.09.14.
ZEBRA, 풀필먼트의 미래 : 아태지역 비전 연구, 공급망개선.
ZIN Corporation, 창고관리시스템. (www.zin.co.kr)

〈홈페이지〉

국가물류통합정보센터 : www.nlic.go.kr
국토교통부 : www.molit.go.kr
경인일보 : www.kyeongin.com
네이버 블로그 : blog.naver.com
다음 카페 : top.cafe.daum.net
대한상공회의소 : www.korcham.net
더운반 : www.unban.ai
디지털경제신문 : www.deconomic.co.kr
딜리버리히어로 : www.deliveryhero.com
로봇신문 : robotnews.tistory.com
롯데글로벌로직스 : www.lotteglogis.com
맥킨지 코리아 : www.mckinsey.com/kr

모닝뉴스 : www.morningnews.co.kr
물류신문 : www.klnews.co.kr
브로캐리 : www.brokarry.com
비즈니스 인사이더 : www.businessinsider.com
서울경제 : www.sedaily.com
아마존 : www.amazon.com
아시아투데이 : www.asiatoday.co.kr
영원물류시스템 : www.young-won.co.kr
에너지산업신문 : www.eitimes.kr.
우아한청년들 : www.woowayouths.com
월마트 : www.walmart.com
유일이엔지 : moneypin.biz
주간경향 : weekly.khan.co.kr
(주)케이와이지 : www.ky3309.com
지식산업정보원 : www.knin.co.kr
지티티코리아 : www.gltkorea.com
카카오 T 트럭커 : quick.kakaomobility.com
쿠팡 : www.coupang.com
티맵화물 : www.tmapfreight.com
티스토리 : www.tistory.com
하나증권 : www.hanaw.com
한국과학기술정보연구원 : www.kisti.re.kr.
한국부동산뉴스 : www.karnews.or.kr
한국통합물류협회 : koila.or.kr
한진 : www.hanjin.com
현대해운 : www.cyhds.com

Antwork : www.antwork.link
ASETEC : www.asetec.co.kr
CJ대한통운 : www.cjlogistics.com
CloudPulse Strategies : www.crunchbase.com
Daifuku : www.daifuku.com
DAWON : www.dawon119.com
FeDex : www.fedex.com
firstmall : www.firstmall.kr
FORTNA : www.fortna.com
Fortune Business Insight : www.fortunebusinessinsight.com
Gina Global : www.gina-global.com

IMT목재수출포장 : imtwood.nflint.com
INNOSOFT : www.innosoft.co.kr
Kotra : www.kotra.or.kr
KTDS : www.ktds.com
kt Enterprise : enterprise.kt.com
LG CNS : www.lgcns.com
LX인터내셔널 : www.lgicorp.com
Market Research Future : www.marketresearchfuture.com
Matthews : lightningpick.com
NEMO : www.nemokorea.co.kr
NURO : www.nuro.ai
Relay Robotics : www.relayrobotics.com
Robohub : robohub.org
SAP : www.sap.com/korea
SAMSUNG SDS Cello Square : www.cello-square.com
Shopling : www.shopling.co.kr
Shplatec : www.shplatec.com
Southwest Solutions Group : www.southwestsolutions.com
Starship Technologies : www.starship.xyz
Uber : www.uberfreight.com
UPS : www.ups.com

〈저서〉

강종열, 김태호, 윤상흠, 이순희, 최병철, 최종열, 생산운영관리, (주)지필미디어, 서울, 2019.02.
구정수창, 물류센터 & 물류관리(보관하역론), 우용출판사, 서울, 2013.
김태일, 최수호, 김한나, 포스트 코로나 해운연착륙을 위한 금융지원방안 연구, 한국해양수산개발원, 부산, 2023.
마틴 크리스토퍼, 물류관리와 SCM 5판, 청람, 서울, 2017.
양창호, 물류와 SCM의 이해(제3판), 박영사, 서울, 2019.
유창권, 보관하역론, 두남, 서울, 2020.
유창권, 화물운송론, 두남, 서울, 2018.
이서영, 화물운송론, 두남, 서울, 2024.
장성기, 공급사슬관리(개정2판), 두남, 서울, 2022.
지식산업정보원, 스마트·디지털 물류 혁신 현황분석 : 자율주행, 풀필먼트, 항만, 콜드체인, 서울, 2022.
Joel D. Wisner, Keah-Choon Tan, G. Keong Leong, 공급사슬관리, 한경사, 서울, 2020.

〈논문〉

김영남, 김현, 김시연, (2024), 이벤트를 고려한 이커머스 풀필먼트 서비스 수요예측 모델 연구, 차세대융합기술학회논문지, 8(4), 939-944.

박찬정, 김기용, (2022), 특허정보를 이용한 물류 풀필먼트 기술 분석 -쿠팡의 특허를 중심으로-, 물류학회지, 32(1), 93-104.

이기병, 노태우, (2020), 풀필먼트 투자요인의 중요도 산성에 관한 연구, 국제상학, 35(2), 259-277.

최수호, 김도의, (2023), 물류서비스 품질에 따른 온라인 새벽배송시스템이 수용의도에 미치는 영향, 로지스틱스연구, 31(2), 31-45.

최수호, 김민균. (2019). 옴니채널과 멀티채널 상황에서 물류서비스품질에 따른 고객만족에 관한 연구, 한국생산관리학회지, 30(4), 407-428.

Holland, C., Levis, J., Nuggehalli, R., Santilli, B., & Winters, J. (2017). UPS optimizes delivery routes. Interfaces, 47(1), 8-23.

찾아보기

저자약력

최 수 호

- 경영학박사(LSOM 전공)
- 서강대학교 일반대학원 경영학과
- 공군 중위(보급)
- 한국직업능력연구원 평생직업교육연구본부
- 동양미래대학교 경영학부 유통마케팅학과
- 한국해양수산개발원 해운연구본부 해운금융연구실
- 현) 동의대학교 상경대학 유통물류학과 조교수

저서 : 창업의 이해, 도서출판 상학당(2019)

최 정 일

- 경영학박사
- 서강대학교 수학과, 경영대학원
- 공군 중위(기상)
- 동서증권 경제연구소 증권조사부
- 교보증권 리서치센터 금융공학팀
- 국민은행 파생상품사업본부 전문위원
- 현) 성결대학교 경영학부 교수

저서 : 경영학원론, 경영통계학, 증권분석 등

풀필먼트 서비스의 이해

2024년 9월 10일 1판 1쇄 발행

저 자 최수호 · 최정일
발행인 남 승 우

발행처 도서출판 상尙 학學 당堂
서울특별시 동작구 사당로9가길 6
TEL : 02) 595-1692~4
FAX : 02) 595-1394
E-mail : shdbooks@naver.com
신고 : 2-155호(1968. 11. 29)

정가 34,000원

ISBN 978-89-6587-260-3 13320

〈디자인〉 편집 엄해숙 / 표지 토틀컴